YOEL COHEN

DIE
VANUNU
AFFÄRE

YOEL COHEN

DIE VANUNU AFFÄRE

ISRAELS GEHEIMES ATOMPOTENTIAL

Vorwort von
Frank Barnaby

Aus dem Englischen
von Josephine Hörl

PALMYRA

Die Originalausgabe erschien 1992 unter dem Titel
Nuclear Ambiguity – The Vanunu Affair
bei Sinclair-Stevenson, London.
© Copyright 1992 by Yoel Cohen.

Für die deutsche Ausgabe wurde
das englische Original aktualisiert.

Die Deutsche Bibliothek - CIP-Einheitsaufnahme

Cohen, Yoel:
Die Vanunu-Affäre : Israels geheimes
Atompotential / Yoel Cohen.
Vorw. von Frank Barnaby.
Aus dem Engl. von Josephine Hörl.
Heidelberg : Palmyra, 1995
Einheitssacht.: Nuclear ambiguity < dt.>
ISBN 3-930378-03-5

© Copyright der deutschsprachigen Ausgabe 1995 by
PALMYRA VERLAG, Hauptstraße 64, 69117 Heidelberg
Telefon 06221/165409, Telefax 06221/167310
Alle deutschen Rechte vorbehalten
Lektorat: Georg Stein
Umschlaggestaltung: Georg Stein und Matthias Ries
Satz: Matthias Ries
Druck und Bindung: Ebner Ulm
Printed in Germany
ISBN 3-930378-03-5

Inhalt

Vorwort S. 9

Einleitung S. 13

Die Geschichte des israelischen Atomprogramms S. 21

Die »Bombe im Keller« S. 21 · Das irakische Atomprogramm S. 26 · Die Atomprogramme anderer arabisch-islamischer Staaten S. 30 · Das arabische Chemiewaffenpotential S. 33 · Israels Politik der atomaren Zweideutigkeit S. 36 · Vanunus Enthüllungen S. 42 · Reaktionen S. 47

Vanunus Leben S. 62

Sephardischer Jude S. 62 · Vanunu in Dimona S. 69 · Neubeginn S. 78 · Vanunu in Australien S. 81 · Vanunus Haltung zur Atomwaffenfrage S. 83

Prüfung und Veröffentlichung durch die *Sunday Times* S. 93

»Insight« S. 93 · Prüfung und Absicherung S. 98 · Expertenbefragung: Dr. Frank Barnaby S. 108 · Israelische Reaktionen im Vorfeld der Enthüllungen S. 113 · 5. Oktober 1986 S. 123

Rivalität zwischen Sunday Times und Sunday Mirror S. 127

Der *Sunday Mirror*-Artikel S. 127 · Die Rolle von Robert Maxwell S. 143 · Die Behauptungen von Seymour Hersh S. 154

Vanunus Entführung durch den Mossad S. 167

Mossad, MI, Atomprogramm S. 167 · Der Mossad und Vanunu in London S. 175

Spekulationen über die Entführung S. 190

Offene Fragen und Reaktionen S. 190 · Britisch-israelische Spannungen S. 206 · Entführung in Rom? S. 212 · Schauplatz Italien S. 217 · Römische Ermittlungen S. 221 · »Cindy« S. 231 Die Entführung: Schadensbegrenzung für Israel? S. 236 · Auslandsaufklärung S. 246 · Konsens und Entscheidung in Israel S. 248 · Geheimdienstkontrolle und Moral S. 251 · Der Shin Bet und die Sicherheitslücke S. 257

Die Sunday Times und Vanunu S. 266

Die Zeitung und der Informant S. 266 · Mitschuld der *Sunday Times*? S. 273 · Reaktionen der *Sunday Times* S. 282

4 Meter x 3 Meter x 18 Jahre: Der Prozeß S. 299

Vanunus Verteidiger S. 299 · Der Prozeß S. 304 · Die Anklage S. 315 · Zeugenaussagen S. 319 · Vanunus Motiv S. 325 · Das Urteil S. 329 · Die Berufung vor dem Obersten Gerichtshof S. 334 · Vanunus Haftbedingungen S. 339 · Internationale Solidarität: »Freiheit für Vanunu« S. 345 · Chancen auf eine vorzeitige Haftentlassung S. 350

Der Preis des Konsenses   S. 357

Konsens und Zensur S. 357 · Das Editors' Committee S. 367
Publizistische Debatte in Israel S. 370 · Politische Kontrolle
der Atompolitik S. 374 · Dimona als Umweltproblem S. 379
Vanunus Beitrag zu einer öffentlichen Diskussion S. 390

Nachwort   S. 396

Anmerkungen   S. 402

Glossar   S. 413

Chronologie   S. 416

Photos   S. 419

Register   S. 425

Transkriptionshinweis

Die Transkription hebräischer und arabischer Wörter ist nicht einfach, da es in beiden Sprachen mehr Phoneme (bedeutungsunterscheidende Laute) gibt als im Deutschen. Da sich dieses Buch an ein breites Publikum wendet, wurde zur Vereinfachung anstelle der wissenschaftlichen die phonetische Transkription gewählt. Sie entspricht weitgehend der international anerkannten englischen Schreibweise, wie sie in der Originalausgabe des vorliegenden Buches verwendet wurde.

Lediglich bei Begriffen, für die eine »eingedeutschte« Variante existiert, wurde das Transkriptionssystem verlassen. Außerdem wurden Artikel und Präpositionen, die im Hebräischen beziehungsweise Arabischen an den Anfang des Bezugsworts angehängt werden, kleingeschrieben und mit Bindestrich vom Bezugswort abgesetzt, um eine gewisse Einheitlichkeit zu wahren. Etwaige Inkonsequenzen in der Umschrift resultieren aus Abweichungen im Original.

Vorwort

Obwohl Israels Atomwaffenpotential weitgehend bekannt ist, haben die führenden Politiker des Landes Israels Nuklearwaffenbesitz weder offiziell bestätigt noch dementiert. Die allgemein verwendete Standardformel lautet: »Israel wird nicht als erstes Land Atomwaffen im Nahen Osten einführen.« Ministerpräsident Rabin stiftete 1975 noch zusätzlich Verwirrung, als er hinzufügte: »Wir können es uns aber auch nicht leisten, die zweiten zu sein.«
Gerade weil die führenden israelischen Politiker sowohl die Israelis als auch die Weltöffentlichkeit über das Atomwaffenprogramm im unklaren gelassen haben, entschied sich Mordechai Vanunu dafür, sein Wissen über die Vorgänge im Nuklearforschungszentrum Dimona öffentlich zu machen. Vanunus Informationen haben es – gelinde ausgedrückt – wesentlich erschwert, Israels Atompolitik aufrechtzuerhalten. Angesichts der großen Verbreitung von Kernwaffen in der heutigen Welt sind Vanunus Enthüllungen von beträchtlichem Wert für unseren Wissensstand über das israelische Atomarsenal. Vanunus Angaben zufolge haben die Israelis zwischen 1976 und 1985 in Dimona rund 400 Kilogramm Plutonium produziert; vor 1976 wurden wahrscheinlich circa 200 Kilogramm hergestellt und seit 1985 schätzungsweise 300 Kilogramm. Der Gesamtplutoniumausstoß bis Anfang 1995 beträgt somit möglicherweise bis zu 900 Kilogramm – genug für ungefähr 200 Atomwaffen.
Es wird allgemein angenommen, daß die israelischen Kernwaffen als Abschreckungsmittel der *ultima ratio* für den Fall einer existentiellen Bedrohung Israels in einem konventionellen Krieg dienen. Außerdem glaubt man an die Notwen-

digkeit einer atomaren Abschreckung Israels als Gegengewicht zur Bedrohung durch die von einigen arabischen Staaten entwickelten chemischen und biologischen Waffen.

Bis zur irakischen Invasion in Kuwait im August 1990 hatte der Irak ein großes Chemiewaffenarsenal aufgebaut, darunter auch Waffen mit extrem tödlichen Nervengasen. Während des Golfkrieges 1991 feuerte der Irak 39 mit konventionellen Sprengköpfen bestückte Scud-Raketen auf Israel ab. Die irakische Drohung, Israel mit Boden-Boden-Raketen des Typs Scud mit chemischen Gefechtsköpfen zu beschießen, und das tatsächliche Scud-Bombardement hatten eine dauerhafte psychologische Wirkung auf die Israelis; in ihren Augen schien dies eine nukleare Abschreckung Israels zu rechtfertigen.

Israels militärische Unterlegenheit im Nahen Osten hinsichtlich der Anzahl von Panzern, Artillerie, Kampfflugzeugen, Hubschraubern und Raketen wurde bislang durch die Überlegenheit seiner Militärtechnologie und die besseren taktischen und operativen Fähigkeiten der Streitkräfte ausgeglichen. Viele Israelis fürchten jedoch, Israel könne seinen technologischen Vorsprung einbüßen, und sehen Atomwaffen als entsprechende Versicherung für solch einen Fall.

In der israelischen Gesellschaft gibt es unterschiedliche Meinungen darüber, ob Israel über ein Atomwaffenarsenal verfügen sollte. Einige vertreten die Ansicht, Israel könne mit einer atomaren Absicherung leichter die besetzten Gebiete räumen. Sie halten Kernwaffen für einen stabilisierenden Faktor im Nahen Osten. Andere, darunter auch einige Hardliner, sprechen sich gegen den Besitz von Nuklearwaffen aus, weil sie Israels konventionelle Militärstärke erhöhen wollen.

Meinungsumfragen zeigen jedoch, daß die überwältigende Mehrheit der Israelis der Ansicht ist, Atomwaffen seien für die Existenzsicherung des Landes unabdingbar. Solange sich die Bevölkerung nicht wirklich sicher fühlt, ist daher der

Verzicht auf Nuklearwaffen für die israelische Führung politisch schwer durchsetzbar.

Diese Erklärungen für das israelische Atomwaffenarsenal rechtfertigen jedoch nicht seine Größe und qualitative Zusammensetzung. Als Abschreckungsmittel der *ultima ratio*, als Gegengewicht für chemische oder biologische Angriffe auf israelische Städte und als Versicherung gegen den Verlust der technologischen Überlegenheit müßte das Arsenal lediglich rund 30 gewöhnliche Atombomben umfassen; dies würde ausreichen, um die wichtigsten Städte seiner arabischen Gegner zu zerstören. Ein größeres Atomwaffenarsenal und Bomben mit höherer Sprengkraft oder einer höheren Entwicklungsstufe sind für diese Zwecke nicht notwendig.

Warum also hat Israel mit bis zu 200 Nuklearwaffen – darunter wahrscheinlich auch hochentwickelte Bomben – ein bedeutend größeres Atomarsenal aufgebaut? Wahrscheinlich hat der technologische Fortschritt auf dem Atomwaffengebiet vor vielen Jahren eine Eigendynamik entwickelt und somit das Programm für die politische Führung außer Kontrolle geraten lassen. Wie hoch ist die Wahrscheinlichkeit, daß die Politiker die Kontrolle über Israels Atomarsenal zurückgewinnen?

Jede Eindämmung von Kernwaffen im Nahen Osten ist eng verbunden mit der Rüstungskontrolle hinsichtlich sämtlicher Massenvernichtungswaffen – biologischer, chemischer und nuklearer – bis hin zur Abrüstung konventioneller Waffen. Die Verwirklichung dieses Ziels wird jedoch eine lange Zeit in Anspruch nehmen. Einige schlagen vor, Israel könnte in der Zwischenzeit seine Bereitschaft signalisieren, den Dimona-Reaktor stillzulegen und einseitig auf seine Plutoniumproduktion zu verzichten. Ein derartiger Vorschlag wurde von der Regierung Clinton unterbreitet.

Israel und die arabischen Staaten stehen diesem Ansinnen jedoch ablehnend gegenüber. Die arabischen Länder sind nicht gewillt, Israels Atomwaffenmonopol auch nur als Interims-

Vorwort

lösung zu akzeptieren. Israel wiederum ist nicht bereit, internationale Inspektionen des Nuklearforschungszentrums Dimona zu gestatten. Darüber hinaus lehnt die israelische Führung weiterhin eine offene Diskussion über Atomwaffen ab. Dennoch könnte sich die Idee als realistisch herausstellen. Israel ist möglicherweise doch zu einer Stillegung Dimonas zu bewegen, da der Reaktor mittlerweile über 30 Jahre alt ist und seine Lebensdauer erreicht haben müßte. Zudem hat Israel bereits weit mehr Plutonium produziert, als es für vernünftige Zwecke benötigt.

Israel wird sich jedoch wahrscheinlich erst zu weiterreichenden Schritten als der Einstellung der Plutoniumproduktion für Atomwaffen durchringen können, wenn der Friedensprozeß erfolgreich verläuft und die israelische Regierung überzeugt ist, daß die Risiken einer weiteren Kernwaffenverbreitung im Nahen Osten minimiert worden sind. Selbst dann wird die politische Führung Israels diejenigen widerlegen müssen, die behaupten, Nuklearwaffen seien für die Sicherheit eines territorial kleineren Israel sogar noch wichtiger. Von allen Atomwaffen in der Welt wird man sich des israelischen Arsenals am schwierigsten entledigen können.

Yoel Cohens Buch ist eine exzellente und – soweit ich dies aus meiner persönlichen Begegnung mit Vanunu heraus beurteilen kann – sorgfältige Bilanz der Vanunu-Affäre und die Konsequenzen seiner Enthüllungen. Es ist sehr bedauerlich, daß Vanunus Opfer den Nahen Osten dem Ziel einer atomwaffenfreien Zone bislang nicht näher gebracht hat. Vielleicht kommt es aber doch noch dazu.

Zumindest haben Vanunus Informationen einen wesentlichen Beitrag zur Debatte über die globalen Gefahren der Nuklearwaffenverbreitung im allgemeinen und über die Konsequenzen des israelischen Atomarsenals im besonderen geleistet. Daher verdanken wir Vanunu sehr viel.

Frank Barnaby, Oxford, Februar 1995

Einleitung

Die gezielte Weitergabe geheimer Informationen an die Presse kann erst dann als erfolgreich bezeichnet werden, wenn das Zielpublikum in der gewünschten Weise darauf reagiert und auch anderweitig keine unbeabsichtigten Reaktionen auftreten. Unter diesem Aspekt waren Mordechai Vanunus sensationelle Enthüllungen über seine Arbeit im israelischen Nuklearforschungszentrum Dimona gegenüber der Londoner *Sunday Times* im Oktober 1986 nicht auf der ganzen Linie ein Presseerfolg. Vanunu, der neun Jahre lang als Techniker in Dimona gearbeitet hatte, wollte mit seinen Enthüllungen seine Landsleute und die Weltöffentlichkeit eindringlich vor der atomaren Bedrohung warnen. Zum ersten Mal hatte damit ein Insider öffentlich über das israelische Atomprogramm gesprochen. Vorangegangene Schätzungen, daß Israel über ungefähr zwanzig atomare Sprengköpfe verfügt, lagen deutlich unter den Hochrechnungen, die die *Sunday Times* und ihre wissenschaftlichen Berater anstellten: aufgrund von Vanunus Material kamen sie auf 100 bis 200 Sprengköpfe. Vanunu behauptete auch, Israel würde eine Thermonuklearbombe entwickeln. Aber seine Hoffnung, daß die israelische Bevölkerung und die internationale Staatengemeinschaft Druck auf Israels Regierung ausüben würden, das gesamte Atompotential offenzulegen, erfüllte sich nicht.

Vanunus Enthüllungen zogen weite Kreise, hatten aber auch von ihm nicht beabsichtigte Konsequenzen. Israels Politik der atomaren Abschreckung gegenüber der arabischen Welt wurde durch sie verschärft. Israelische Regierungsvertreter äußerten sich fortan offener über das Atomprogramm als vor Vanunus Offenbarungen – was war schließlich ein

Einleitung

Atompotential wert, wenn man es nicht sehen oder zumindest darauf anspielen konnte? Es war beispielsweise ein wichtiger Faktor für Ägyptens Entscheidung zu den Friedensverhandlungen im Jahre 1977. Eine andere, nicht beabsichtigte Folge von Vanunus Enthüllungen bestand darin, daß der Irak dazu ermuntert wurde, seine Anstrengungen beim Wiederaufbau des Atombombenprogramms zu verdoppeln, das durch einen israelischen Angriff auf den irakischen Atomreaktor fünf Jahre zuvor zurückgeworfen worden war. Vanunu hatte sich aber auch insofern verkalkuliert, als er die Zahl der vielen Israelis unterschätzte, die ihr Land im Verdacht hatten, über die Atomwaffe zu verfügen, und deren Besitz befürworteten.

Ein Jahrzehnt später hat sich die politische Landschaft im Nahen Osten jedoch so dramatisch verändert, daß Vanunu am Anfang des langen Weges zur Abrüstung in der Region zu stehen scheint. Israel hat Friedensverträge mit Jordanien und der Palästinensischen Befreiungsorganisation PLO unterzeichnet; ein Abkommen mit Syrien scheint in greifbarer Nähe. Der Frieden mit Ägypten hat seine Bewährungsprobe bereits bestanden. Andere arabische Länder Nordafrikas und der Golfregion sowie Saudi-Arabien haben inoffizielle oder offizielle Beziehungen zum jüdischen Staat entwickelt. Neben den Friedensvereinbarungen wurden auf der Konferenz in Madrid 1991 die multilateralen Rahmenbedingungen zur Lösung von Fragen wie des Flüchtlingsproblems, der Wasserversorgung, der Zukunft Jerusalems und der Rüstungskontrolle festgelegt. Der letzte Punkt spiegelt die Beunruhigung der arabischen Staaten angesichts Israels nuklearem Monopol wider. Teilweise reflektiert er aber auch die Besorgnis der arabischen Partnerstaaten der von den USA angeführten Golfkrieg-Allianz gegen Saddam Hussein im Hinblick auf das Anwachsen des irakischen Potentials an nuklearen und chemischen Waffen sowie auch gegenüber den regionalpolitischen Zielen des Iran. Das Interesse Israels, von seinen Nachbarn diplomatisch anerkannt zu werden und Frieden zu schließen, sowie die Notwendigkeit, den erdrückenden israelischen Verteidigungshaushalt zu reduzieren, steigern die Chancen auf eine Rüstungskontrolle. Ägypten ist die treibende Kraft bei den arabischen Bemühungen, das israelische Atommonopol zu brechen. In einer Rede betonte der ägyptische Außenminister Amr Moussa 1994: »Bei unserem Nachbarn [Israel] – nicht bei unserem Feind – gibt es atomare Entwicklungen, von denen wir nichts wissen. Wir wollen unsere Sicherheit nicht gefährden. Wir wollen wissen, was passiert.« Bereits 1986, kurz nach Vanunus Enthüllungen, konnten alle Dementis, daß Israel keine Atommacht sei, niemanden mehr überzeugen. Es ging jetzt nur noch darum, eine nach Art und Anzahl genau aufgeschlüsselte Aufstellung über die Nuklearkapazität zu bekommen. Vanunus Enthüllung war der Wendepunkt in Israels Atompolitik. Israel argumentiert, daß Frieden keine bilaterale, sondern eine regionale Angelegenheit ist, und hält es angesichts der nuklearen und chemischen Aufrüstung des Iran und des Irak für ausgeschlossen, sein Atompotential aufzugeben. In westlichen und sogar vereinzelt in arabischen Regierungskreisen bringt man diesem Argument ein gewisses Verständnis entgegen, besonders zu einem Zeitpunkt, an dem Israel den Arabern gegenüber Gebietszugeständnisse macht.

Im Januar 1993 regte der israelische Außenminister Shimon Peres jedoch die Unterzeichnung der Konvention über chemische Waffen an, die nach dem Golfkrieg ausgehandelt wurde und deren Unterzeichnerstaaten sich verpflichten, weder chemische Waffen herzustellen oder weiterzugeben noch Produktionsanlagen zu bauen oder zu verkaufen. Angesichts der neuen Situation im Nahen Osten scheint Israel erstmals von seiner alten Standardformel abzurücken, nicht als erstes Land Atomwaffen in der Region »einzuführen«. Israel signalisiert seine Bereitschaft, die Unterzeichnung des Nichtverbreitungsvertrages von Nuklearwaffen (Atomwaffensperrvertrag) zu einem zukünftigen Zeitpunkt zu erwägen, wenn es mit seinen Nachbarn dauerhaft in Frieden gelebt habe. Die Atomwaffenfrage soll nach Ansicht Jerusalems jedoch ganz unten auf der Tagesordnung der Rüstungskontrolle stehen und in den breiteren Komplex nichtkonventioneller Waffen eingebettet sein. Israel möchte sich erst nach der Klärung anderer Themen damit beschäftigen; zunächst soll die Frage ballistischer Flugkörper (Raketen) und danach das Problem chemischer und biologischer Waffen geregelt werden.

Ägypten sieht heute in diesem Problem eher eine bilaterale als eine regionale Frage und will das Thema Atomwaffen getrennt sehen von biologischen und chemischen Kampfstoffen, der arabischen Antwort auf Israels Nuklearkapazität. Darüber hinaus lehnte Ägypten ursprünglich die 1995 fällige Verlängerung des Nichtverbreitungsvertrages von Atomwaffen ab und brachte andere arabische Regierungen auf die einheitliche Linie, ebenso zu verfahren, bis Israel dem Vertrag beigetreten ist. Durch seine Unterschrift erklärt der unterzeichnende Staat, nicht über Atomwaffen zu verfügen, keine Kernwaffen zu entwickeln sowie seine Nuklearanlagen für internationale Inspektionen zu öffnen. Mitte der neunziger Jahre stellt Israels Weigerung, den Atomwaffensperrvertrag zu unterzeichnen, die größte Belastung seiner Beziehungen zu Ägypten dar, das im Laufe der Jahre Israels diplomatische Brücke zur arabischen Welt geworden ist.

Peres' Initiative zog langwierige Beratungen und Meinungsverschiedenheiten in der Regierung nach sich. Ministerpräsident Yitzhak Rabin, der auch das Verteidigungsressort innehat, steht abrüstungspolitischen Maßnahmen skeptisch gegenüber; er zeigt sich besorgt hinsichtlich der Risiken, die mit der Offenlegung der Nuklearkapazität verbunden sind. Der Verteidigungsapparat weist darauf hin, daß der Irak zwar jede Abmachung unterzeichnet hat, die nukleare und chemische

Einleitung

Waffen verbietet, daß internationale Inspektionen bisher jedoch nicht die ganze Wahrheit über dessen Rüstungsprogramm ans Tageslicht gebracht haben. »Die Gespräche können noch jahrelang dauern, weil nichts dabei herauskommen wird«, bemerkte Rabin in einem Interview für das israelische Fernsehen. Peres hält es im Gegensatz dazu für diplomatisch angebracht, über das Thema zu diskutieren, auch wenn es nicht viel zu bereden gibt. Erst mit der Zeit werden sich Israels wahre Absichten erweisen. Selbst wenn der Irak und der Iran einer nuklearen Abrüstung zustimmten, dann – so unken Skeptiker – würde Israel sich möglicherweise darauf zurückziehen, daß eine nichtkonventionelle Bedrohung von außerhalb der Region, beispielsweise aus Pakistan, bestehe und das Problem von nichtkonventionellen Waffen, wie etwa der Mittel- und Langstreckenraketen, nicht in einem regionalen, sondern in einem internationalen Kontext gelöst werden müßte. Darüber hinaus versuchte Israel in der Vergangenheit, das Dimona-Programm vor US-amerikanischen Inspektoren zu verheimlichen.

Auch wenn Vanunus – und Peres' – Ziel eines atomwaffenfreien Nahen Ostens weiterhin utopisch erscheinen mag, so haben doch Israel und die arabischen Staaten, die Beziehungen zum jüdischen Staat unterhalten, mit dem Aufbau vertrauensbildender Maßnahmen begonnen. 1994 kündigte Israel seine Bereitschaft an, arabischen Regierungsvertretern Zugang zu gewissen Militär- und Verteidigungsanlagen zu gewähren. Dies deutet darauf hin, daß eher ein gegenseitiges Verifizierungsabkommen auf bilateraler Ebene ausgehandelt werden soll, als sich auf die unwirksamen Inspektionen durch internationale Institutionen zu verlassen. Beide Seiten stimmten ebenfalls der Errichtung eines Frühwarnsystems mit einem Computerinformationsnetz zu, in dessen Rahmen die andere Seite über militärische Tests, Marinemanöver und Ausbildungsunfälle unterrichtet, die Marineaktivitäten bis hin zu gemeinsamen Suchaktionen auf See koordiniert und in Jordanien, Katar und Tunesien Zentren zur Lösung des Nahostkonflikts eingerichtet werden sollen. Gewiß sind das nur kleine Schritte. Da die israelische Delegation bei den multilateralen Rüstungskontrollgesprächen vom Generaldirektor des Verteidigungsministeriums, also von einem Repräsentanten des Verteidigungsapparats, angeführt wird und nicht von beispielsweise einem Vertreter des Außenministeriums, sollte man die Erwartungen nicht zu hoch schrauben. Wohl erst, wenn aus israelischer Sicht der Irak, der Iran und der Islamismus keine Bedrohung mehr darstellen werden, wird man von Israel erwarten können, daß es das aufgibt, was David Ben-Gurion in den fünfziger Jahren als die ›Waffe des letzten Auswegs‹ für sein Land gedacht hatte. Es wird wahrscheinlich noch Jahrzehnte dauern, bis der Friede im Nahen Osten fest verankert ist und für selbstverständlich gehalten wird.

Weiterreichende Schritte auf dem Weg zu einer endgültigen atomaren Abrüstung sind indes in der Zwischenzeit möglich. Nach Ansicht von Avner Cohen vom *Massachusetts Institute of Technology* müßten solche Maßnahmen auch ein offizielles Versprechen der Staaten im Nahen Osten beinhalten, auf einen Erstschlag mit Massenvernichtungswaffen zu verzichten. Parallel dazu könnte sich Israel bereit erklären, kein atomwaffenfähiges Material zu produzieren, und die arabische Welt ihrerseits Bereitschaft signalisieren, die internationalen Vereinbarungen zum Verbot nichtkonventioneller Waffen zu unterzeichnen. Diese Vorschläge sind zukunftsorientiert und betreffen nicht Waffen generell. Genauso wie Israel sein Atomprogramm heimlich entwickelt hat, wäre es in der Lage, den Trend still und leise umzukehren. Sollte jedoch kein umfassender Friede in der Region erreicht werden, würde es sein Atomprogramm wieder aufnehmen, da die Zerstörungskraft von Atomwaffen zeitlich begrenzt ist.

Israelis und Araber sind auf dem niedrigen Niveau jedoch schneller vorangekommen als die Amerikaner und Russen in ihren Abrüstungsverhandlungen, bei denen die bloße Einrichtung des heißen Drahtes ein Jahrzehnt gedauert hat. Nur sechzehn Jahre nach der Unterzeichnung des Friedensvertrages zwischen Israel und Ägypten begannen die Israelis, den Ägyptern wertvolle Informationen darüber zu liefern, wo in der ehemals israelisch besetzten Wüste Sinai hochangereichertes Uran gelagert wird. Mordechai Vanunu erzählte Freunden 1986 von seinem Traum eines Gipfeltreffens zwischen Ministerpräsident Yitzhak Shamir und PLO-Führer Yassir Arafat. Damals klang dies naiv. Ein Jahrzehnt später war es Wirklichkeit.

Dieses Buch zeigt die Person hinter den Enthüllungen vom Oktober 1986 und berichtet, wie die *Sunday Times* die Behauptungen ihres Informanten überprüft hat. Darüber hinaus beschreibt es die Entwicklung des israelischen Atomprogramms und die Politik der atomaren Zweideutigkeit Israels. Die undichte Stelle verursachte für Jerusalem einige diplomatische Spannungen. Die israelische Regierung wollte Vanunu, der sich in London aufhielt, in Israel wegen des Verrats eines der wichtigsten Staatsgeheimnisse vor Gericht stellen. Seine Entführung aus Italien bedeutete das Verschwinden eines Mannes, der mit einer international anerkannten Zeitung zusammengearbeitet hatte. Das Buch beleuchtet auch die Hintergründe von Vanunus Entführung und berichtet über den Prozeß, der ihm unter Ausschluß der Öffentlichkeit in Israel gemacht wurde.

Mein Dank gilt den vielen Menschen – Atomwaffenexperten, Geheimdienstoffizieren und anderen offiziellen Vertretern, Journalisten und engen Vertrauten Mordechai Vanunus –, die mich bei den Recherchen für dieses Buch unterstützt haben. Einige von ihnen wollen anonym bleiben. Danken möchte ich auch Brigitte Axster für ihre rastlosen Bemühungen. Aaron S. Cohen und Sefton Cohen haben mir unermüdlich mit Rat und Hilfe während der Vorbereitungen zu diesem Buch zur Seite gestanden.

Die israelische Militärzensur hat kurze Passagen des Textes gestrichen. Vom Autor, einem israelischen Staatsbürger, wurde verlangt, folgendes festzuhalten: »Dieses Buch beruht auf ausländischen Quellen, was in keiner Weise etwas über die Wahrheit oder die Unwahrheit der Informationen in diesem Buch besagt.«

Yoel Cohen, Jerusalem, Januar 1995

Die Geschichte des israelischen Atomprogramms

Die »Bombe im Keller«

Israel wird nicht als erstes Land Atomwaffen in der Region einführen.« Dieser Satz, der von sechs aufeinanderfolgenden israelischen Ministerpräsidenten unterschiedlicher politischer Couleur immer wieder geäußert wurde, ist die einzige erklärte Position des jüdischen Staates hinsichtlich eines Atompotentials. »Israel hat keine Atomwaffen, wird nicht auf den Einsatz von Atomwaffen zurückgreifen und wird nicht als erstes Land solche Waffen in der Region einführen«, erklärte Ministerpräsident Yitzhak Shamir 1983 vor amerikanischen Journalisten. Am Tage nach dem Bericht in der *Sunday Times* wurde diese Standardformel von Ministerpräsident Shimon Peres wiederholt.

Israel hat niemals zugegeben, über Atomwaffen zu verfügen. Das Land hat jedoch mehr als einmal angedeutet, sehr wohl in der Lage zu sein, sie zu produzieren, und seine Errungenschaften in Wissenschaft und Atomenergie hochgespielt.[1] Diese anscheinend widersprüchliche Haltung ist als Politik der »Bombe im Keller« beschrieben worden, mit dem Ergebnis, daß die arabischen Staaten vermuten oder überzeugt davon sind, daß Israel Atomwaffen lagert und bereit ist, sie einzusetzen, wenn es von Vernichtung bedroht sein sollte.

Obwohl die Formel »Israel wird nicht als erstes Land« von ausländischen Beobachtern als unverhohlene Lüge angesehen wird, kann sie gleich einem Bibelzitat und im Sinne des Talmud in viele Richtungen ausgelegt werden, um die eigentliche Information über das Nuklearpotential zu verdecken. Die Formulierung »als erstes Land einführen« erlaubt Israel, das zweite Land zu sein. Der Begriff »Atomwaffen« ist unübertrefflich mehrdeutig. Bezieht er sich nur auf zusammengebaute Atomsprengköpfe (im Sinne der Vertreter der Politik von der »Bombe im Keller«), oder schließt er nichtzusammengesetzte Teile oder auch nur die Infrastruktur zum Bau von Atomwaffen mit ein (im Sinne der Vertreter der nuklearen Option)? Sind mit »Waffen« ausschließlich Angriffswaffen gemeint, oder fallen darunter auch jene, die dem »friedlichen« Zweck der Abschreckung dienen? Eine Atomwaffe wird im Nichtverbreitungsvertrag von Nuklearwaffen und auch anderweitig als Waffe definiert, die getestet worden ist. Bis zum heutigen Tag jedoch ist die Behauptung, daß Israel Nuklearwaffen getestet hat, reine Spekulation.

»In der Region« muß sich nicht nur auf die arabischen Staaten beziehen, die – mit Ausnahme des Irak – noch viele Jahre für die Entwicklung einer Atomwaffenproduktion benötigen würden. Gemeint sein könnten damit auch die Stützpunkte und Schiffe der USA. Der Nahe beziehungsweise Mittlere Osten kann sich je nach Definition auch von Marokko bis Afghanistan erstrecken und sogar Indien und Pakistan mit einschließen. Daß Israel nicht das erste Land sein wird, welches in dieser Region Atomwaffen einführt, ist noch genauso wahr wie vor dreißig Jahren.

Es war, um mit den Worten des ehemaligen israelischen Außenministers Abba Eban zu sprechen, der Wunsch, »Zweifel – und schließlich Resignation und Verzweiflung – am arabischen Traum, Israel von der Weltkarte zu tilgen«, zu wecken, der Israels ersten Ministerpräsidenten David Ben-Gurion dazu bewegte, ein Atomforschungsprogramm zu initiieren. Das Territorium Israels ist ungefähr genauso groß wie der amerikanische Bundesstaat New Jersey, die britische Region Wales, das Bundesland Hessen, die französische Region Picardie, die Insel Sardinien oder ein Drittel des australischen Bundesstaates Tasmanien. Vor dem Sechstagekrieg von 1967 erstreckte sich Israel teilweise auf einer Breite von ungefähr dreizehn Kilometern zwischen dem Mittelmeer und dem Westjordanland. Ziel war es, das Überleben des Landes mittels Anerkennung durch die Araber zu sichern und den Kriegszustand zu beenden. Das teilweise verschleierte Nuklearpotential hat nach israelischem Verständnis jahrelang dazu gedient, den arabischen Nachbarn Israels Entschlossenheit, mit allen denkbaren Mitteln zu überleben, eindrucksvoll vor Augen zu führen.

Nach Meinung vieler Israelis hat sich die atomare Abschreckung im arabisch-israelischen Konflikt bewährt. Kurz vor Ausbruch des Sechstagekrieges gab die Regierung unter Ministerpräsident Eshkol Anweisung, zwei Atombomben zusammenzubauen, nachdem es der israelischen Luftabwehr nicht gelungen war, eine ägyptische MiG abzuschießen, die den Reaktor bei Dimona überflogen hatte.[2] Im Yom Kippur-Krieg 1973 wurden 13 Atombomben von den Israelis für 78 Stunden hastig zusammenmontiert, nachdem die Ägypter den ersten israelischen Gegenangriff am Suez-Kanal abgewehrt hatten; dabei gab es hohe Verluste, und die israelischen Streitkräfte auf den Golanhöhen zogen sich nach einem massiven syrischen Panzerangriff zurück.[3] Am 8. Oktober um 22.00 Uhr teilte der Oberbefehlshaber des Nordkommandos, Generalmajor Yitzhak Hoffi, seinem Vorgesetzten mit: »Ich bin nicht sicher, ob wir noch länger durchhalten.« Nach Mitternacht warnte Verteidigungsminister Moshe Dayan Ministerpräsidentin Golda Meir eindringlich: »Dies ist das Ende des Dritten Tempels.« Diese Worte waren ein symbolischer Vergleich des Staates Israel mit den ersten beiden jüdischen Tempeln, von denen einer von den Babyloniern 586 v. Chr. und der andere von den Römern im Jahre 70 zerstört wurde. Golda Meir gab Dayan die Erlaubnis, Atomwaffen zu aktivieren. Jede

Bombe wurde nach dem Zusammenbau eilig zu wartenden Luftwaffeneinheiten gebracht. Aber noch bevor die Zündkapseln eingesetzt wurden, wendete sich das Kriegsblatt zugunsten Israels, und man verfrachtete die dreizehn Bomben in Munitionsbunker in der Wüste.[4] Zu Beginn des Libanonkrieges 1982 schlug Verteidigungsminister Ariel Sharon einen Atomschlag Israels gegen Syrien vor, da Syrien – wie er behauptete – drauf und dran sei, die Golanhöhen anzugreifen. Ministerpräsident Menachem Begin lehnte diesen Vorschlag jedoch rundweg ab.[5] Im Golfkrieg spielte Israel mit dem Gedanken, sein Atompotential einzusetzen, falls der Irak die 39 auf Israel abgefeuerten Scud-Raketen mit chemischen Sprengköpfen bestückt hätte.

Da Israel zur sechsten Atommacht nach den USA, der Sowjetunion, Großbritannien, Frankreich und China avancierte[6], liest sich die atomare Entwicklung des Landes wie eine ›Erfolgsstory‹ in Verteidigungstechnologie. Schon sehr früh wurde eine Forschungs- und Planungsabteilung innerhalb des israelischen Verteidigungsministeriums des Staates eingerichtet, zu deren Aufgaben die Gewinnung von Uran aus Phosphat gehörte.[7] In einer Pilotanlage konnte auch schweres Wasser produziert werden, das bei der Trennung von Plutonium aus Uran benutzt wird. 1954 wurde eine Atomenergiekommission gegründet. 1956 unterzeichneten Frankreich und Israel einen Kooperationsvertrag für die Urangewinnung und die Herstellung schweren Wassers; ein weiterer Vertrag wurde mit den USA über den Bau eines Atomforschungszentrums für zivile Zwecke in Nahal Soreq abgeschlossen. Damit endet die offizielle ›Herkunftslinie‹.

Im September 1956 unterschrieben Frankreich und Israel ein geheimes Abkommen, wonach Frankreich Israel einen relativ großen Reaktor zur Plutoniumproduktion liefern sollte, dessen Bau bei Dimona geplant war.[8] Zwei Monate später bereiteten Israel, Frankreich und Großbritannien eine abgestimmte Kampagne vor, um die Sinai-Halbinsel und den Suez-Kanal unter ihre Kontrolle zu bringen. In der Nacht, als Israel über das Ersuchen der Vereinten Nationen nach einem Waffenstillstand beriet, schickte Ben-Gurion Shimon Peres und Golda Meir nach Paris mit dem Ziel, Frankreich um Garantien zu bitten, Israel bei der Entwicklung der Atombombe zu helfen.[9] Der französische Premierminister Guy Mollet, der sich zuvor auch gegen Frankreichs eigene Bemühungen, Atomwaffen zu entwickeln, ausgesprochen hatte, war ein glühender Verehrer Israels und darauf aus, sowohl Israels Verteidigung sicherzustellen als auch für Frankreich ein Gegengewicht zu Ägypten im Nahen Osten zu schaffen. Er stimmte schließlich Frankreichs eigenem Atomprogramm und der Hilfe für Israel zu. Obwohl die Regierung Mollets im Frühling 1957 abgelöst wurde, erfüllte eine Reihe seiner führenden Helfer, ebenfalls Bewunderer des jungen jüdischen Staates, seine Verpflichtung.[10] Als im Juni 1958 Charles de Gaulle an die Macht kam, gab er zwar seine Zustimmung dafür, daß die Arbeiten an dem Reaktor fortgesetzt würden, wollte aber den Bau der Plutoniumgewinnungsanlage wegen ihrer entscheidenden Rolle bei der Bombenherstellung verzögern. Die Arbeiten wurden jedoch fortgeführt, teilweise auf Anweisung von Jacques Soustelle, dem Atomforschungsminister unter de Gaulle, einem weiteren Freund Israels. Israelische Wissenschaftler waren bei einem französischen Atomwaffentest im algerischen Teil der Sahara als Beobachter zugegen;[11] Frankreich profitierte zudem von Daten aus der israelischen Atomforschung.[12]

Die Rohstoffe kamen aus verschiedenen Quellen: das Uran angeblich aus Argentinien, der Zentralafrikanischen Republik, Gabun, Nigeria und Südafrika, das schwere Wasser für Forschungszwecke aus Norwegen und den USA.[13] Israel hat jedoch nicht selten auch geheime Beschaffungskanäle genutzt.[14] 1984 wurden mehr als vierzig Tonnen Uran von britischen

Firmen an ein Unternehmen in Luxemburg – angeblich zur Stahlproduktion – geliefert, die dann nach Israel gelangten. 1985 wurde ein Amerikaner von einem Gericht in Los Angeles angeklagt, weil er illegal 800 elektronische Hochgeschwindigkeitsschalter, sogenannte Krytonen, nach Israel exportiert hatte; diese Schalter werden in Zündmechanismen von Atomwaffen eingesetzt.[15]

Die sensationellen Informationen über das israelische Atomprogramm, die der ehemals in Dimona beschäftigte Techniker Mordechai Vanunu der Londoner *Sunday Times* enthüllte, bestätigten Israels atomare Vorherrschaft im Nahen Osten; nach Schätzungen der Zeitung soll es über 100 bis 200 Atomwaffen verfügen. Es soll auch Abschußsysteme, bemannte Flugzeuge und ballistische Flugkörper für sein Nuklearpotential besitzen[16] sowie vermutlich 100 Jericho-Raketen, die mit Atomsprengköpfen bestückt werden können. 1989 hat Israel angeblich eine Jericho-Rakete gezündet, die 1 300 km weit flog, und eine gemeinsam von Israel und Südafrika entwickelte Rakete soll eine Strecke von über 1 500 km zurückgelegt haben; damit ist jedes arabische Land und auch russisches Territorium erreichbar. Die Shavit-Rakete, die derzeit entwickelt wird, hat nach Angaben des Internationalen Instituts für Strategische Studien in London eine Reichweite von 7 000 km.

Das irakische Atomprogramm

Israels vermeintlicher Atomwaffenbesitz soll das Vakuum füllen, das die Entwicklung von nichtkonventionellen Waffen durch die arabischen Staaten herbeigeführt hat. In den Augen vieler Israelis sind Israels nichtkonventionelle Abschreckungsmittel für seine nationale Sicherheit nach Abschluß der Friedensverträge mit seinen Nachbarstaaten noch wichtiger geworden. Der Irak und der Iran werden heute als Hauptbedrohung für den jüdischen Staat empfunden. Zwar ist Israel nicht Iraks wichtigster Gegner, wie der Krieg zwischen dem Irak und dem Iran und die irakische Invasion in Kuwait gezeigt haben, Israel war jedoch das Ziel von Angriffen mit Scud-Raketen während des Golfkrieges.

Anfang der sechziger Jahre bauten die Sowjets im irakischen Tuwaitha, ungefähr zwanzig Kilometer südöstlich von Bagdad, einen Atomkomplex, zu dem auch Versuchsanlagen gehörten; zusätzlich bildeten die Russen 100 irakische Studenten zu Atomphysikern aus. Bereits Mitte der siebziger Jahre, als Saddam Hussein noch Vizepräsident war und Pläne für seine Machtübernahme schmiedete, legte er den Grundstein für Iraks Kernwaffen. Mit dem Aufbau eines Atompotentials strebte das Land nach der Vorherrschaft am Persischen Golf und in der arabischen Welt. In den siebziger Jahren erwarb der Irak 250 Tonnen Uranoxidkonzentrat, sogenannten *Yellow Cake*, aus dem ungefähr drei Prozent spaltbares Uran vom nichtspaltbaren Rest des Elements gewonnen werden können. Für den Bau einer Bombe braucht man eine Konzentration von 90 Prozent spaltbarem Uran. 1980 lieferten die Sowjets einen zweiten Forschungsreaktor, wegen ihrer geringen Megawatt-Leistung haben die beiden Reaktoren aber keine militärische Bedeutung. Frankreich baute jedoch 1980 in Tuwaitha einen Reaktor mit höherer Leistung, der nach Berechnungen israelischer Wissenschaftler ein bis zwei Atombomben pro Jahr hätte produzieren können.

Aber was als Iraks Riesensprung in den Atomclub gedacht war, fand ein Jahr später, am 7. Juni 1981, ein jähes Ende, als die israelische Luftwaffe den Reaktor kurz vor seiner Fertigstellung bombardierte. Vierzehn Flugzeuge waren an dem Luftangriff beteiligt: acht F-16-Bomber, von denen jeder zwei 1000-Kilo-Bomben mit sich führte, wurden von sechs F-15-Abfangjägern eskortiert. Obwohl der Reaktor und sein Brennmaterial von der Internationalen Atomenergiebehörde (*International Atomic Energy Agency*, IAEA) in Wien überwacht wurden und deren Inspektion unterlagen, traute Israel dieser Überwachung nicht und glaubte an die Nutzung des Reaktors für militärische Zwecke. Israel erklärte, es werde nicht zulassen, daß irgendein arabisches Land, mit dem es sich im Kriegszustand befindet, ein Atomwaffenarsenal entwickelt. Diese Politik wurde in Israel als problematisch kritisiert, insbesondere, weil es schwierig war, eine solche politische Linie umzusetzen, nachdem andere Staaten bereits über ein Atompotential verfügten. Außerdem kann politischer Schaden entstehen, wenn von westlichen Ländern gelieferte Reaktoren angegriffen werden; zudem ist diese Politik nicht auf Länder anwendbar, zu denen Israel friedliche Beziehungen unterhält.

Als Frankreich sich angesichts des internationalen Drucks weigerte, den Reaktor wiederaufzubauen, versuchte der Irak, Plutonium auf dem Schwarzmarkt zu kaufen. 1982 zahlte das Land 60 Millionen US-Dollar an mehrere Italiener, die vorgaben, Zugang zu Plutonium-Lagerstätten und hochangereichertem Uran zu haben. Das Angebot erwies sich als Schwindel, und die Iraker standen mit leeren Händen da. Durch diesen Vorfall und andere Rückschläge entmutigt, faßte der Irak den Plan, sein eigenes Uran mit Hilfe von Gaszentrifugen anzureichern. Für den Anreicherungsprozeß benötigt man bis zu 500 Zentrifugen, die in Verbänden, sogenannten Kaskaden, angeordnet werden. Die irakischen Anfragen, solche Zentrifugen in den USA, Großbritannien, Deutschland, Frankreich und den Niederlanden zu erhalten, wurden von den jeweiligen Regierungen abgelehnt. Daher machte sich der Irak daran, eigene Geräte herzustellen. Hussein Kamal, Saddam Husseins Schwiegersohn, der das *Technische Korps für Spezielle Projekte* leitete, baute ein Netz von Agenten auf, die beim Kauf von scheinbar harmlosen Maschinenteilen als Strohmänner fungierten; diese Teile sollten bei der Herstellung der Zentrifugen und in anderen Phasen beim Bau der Atombomben eingesetzt werden. Bis 1987 hatten irakische Wissenschaftler alle Teile für ein komplettes Zentrifugenlabor aus Frankreich, Deutschland, der Schweiz und Liechtenstein zusammengetragen. An Uran herrschte kein Mangel; ungefähr 15 Kilogramm angereichertes Uran, genug für eine Bombe, blieben beim Luftangriff von 1981 unbeschadet. Zuvor wurde *Yellow Cake* aus Brasilien, Nigeria und Portugal gekauft. Darüber hinaus gibt es in einem abgeriegelten Gebiet im Chiya Gara-Gebirge an der Grenze zur Türkei eine Mine, aus der Uran im Tagebau gefördert wird und die Saddam Hussein allein 1990 siebenmal besuchte. Rund 15 000 Personen sollen zehn Jahre lang am irakischen Atomwaffenprogramm gearbeitet haben.

Bis zur Golfkrise im Jahr 1990 schätzten amerikanische Regierungsvertreter, daß der Irak noch fünf bis zehn Jahre brauchen würde, um auch nur eine einzige Bombe mit geringer Sprengkraft zu entwickeln; sie gingen davon aus, daß dem Land die Anlagen zur Urantrennung fehlten. Aber als die Krise ausbrach, korrigierte der US-Militärgeheimdienst (*Defense Intelligence Agency*, DIA) – der Saddam Husseins Plan zur Invasion Kuwaits richtig vorausgesehen hatte – seine Einschätzung von fünf Jahren um drei Jahre nach unten, nachdem er Informationen von zwei Agenten im Irak erhalten und neue Einzelheiten über Hussein Kamals geheime Einkäufe an Atomtechnologie erfahren hatte. Durch die Militäroperationen im Rahmen des Golfkrieges wurde das irakische Atomwaffenprogramm innerhalb weniger Wochen zurückgeworfen. Frühzeitige Behauptungen von seiten der USA, daß das nichtkonventionelle Arsenal vollständig vernichtet worden wäre, stellten sich als übertrieben heraus. Teams der Internationalen Atomenergiebehörde suchten nach dem Krieg im Irak nach seinen atomaren und anderen nichtkonventionellen Rüstungsanlagen sowie nach angereichertem Uran. Obwohl viel gefunden wurde, hält sich der Verdacht, dem Irak sei es gelungen, Waffenteile und Uran an geheimgehaltene Orte zu bringen – mit der Absicht, das Atomprogramm in Zukunft wiederaufzunehmen. Nach Einschätzung der CIA kann der Irak weiterhin auf Ressourcen zurückgreifen, die das Land vor dem Krieg zusammengetragen und versteckt hat, und innerhalb von zwei Jahren wieder mit dem Bau von Atomwaffen sowie der Herstellung chemischer und biologischer Kampfstoffe beginnen.

Die Atomprogramme anderer arabisch-islamischer Staaten

Andere arabische Staaten blieben hinsichtlich eines Atomwaffenpotentials weit hinter dem Irak zurück. Größere Besorgnis weckte jedoch der Iran. Obwohl sich die unmittelbaren Interessen des Iran auf den Irak und – wegen noch unausgebeuteter Ölfelder und Gasvorkommen – die Golfstaaten richten, stellt die Feindschaft des Iran gegenüber Israel und seine Rolle als treibende Kraft im zunehmenden Islamismus eine langfristige Bedrohung für Israel dar. Khomeini hielt zwar Atomwaffen für Teufelswerk, aber sein Nachfolger Rafsandschani räumte ihnen höchste Priorität ein: er stellte ein Team von iranischen Atomwissenschaftlern zusammen, die ein Atomprogramm entwickeln sollten. Berichte, wonach der Iran einige atomare Sprengköpfe von islamischen Republiken der ehemaligen Sowjetunion bekommen habe, blieben unbestätigt. Genaue Informationen über den nuklearen Entwicklungsstand des Iran stehen hoch im Kurs. Im Januar 1995 unterzeichnete Rußland mit dem Iran eine Vereinbarung über die Lieferung von zwei Leichtwasserreaktoren. Es ist auch bekannt, daß in Isfahan ein kleiner Forschungsreaktor gebaut

Die Geschichte des israelischen Atomprogramms

wurde, Ausrüstung und waffenfähiges Material aus Argentinien, China, Nordkorea und der früheren Sowjetunion geliefert sowie Zentrifugen zur Urananreicherung entwickelt wurden. 1994 führte der Iran Verhandlungen mit Nordkorea mit dem Ziel, als Gegenleistung für Finanzhilfen und Öllieferungen die No Dong 1-Rakete zu entwickeln, die eine Reichweite von über 1 000 km haben soll und somit Nordisrael erreichen könnte. Zur Zeit hat der Iran noch mit wirtschaftlichen Problemen zu kämpfen; israelische Verteidigungsexperten glauben jedoch, daß der Iran in zehn Jahren die Atombombe besitzen kann. Abgesehen von internationalem Druck, der Beteiligung an einem Embargo und der Subversion durch den Mossad kann Israel nur wenig gegen die iranischen Bemühungen tun, unabhängig davon, daß es dem Iran gegenüber gemeinsame Interessen mit der Türkei, den westlichen Staaten und den Golfemiraten hat.

Libyen fuhr einen Zick-Zack-Kurs: erst schlug der Versuch fehl, eine Atombombe von China zu bekommen, dann stellte sich das Land prinzipiell gegen den Erwerb der Bombe; 1987 änderte es wieder seine Meinung, als Oberst Gaddafi erklärte: »Die Araber müssen die Atombombe besitzen, um sich zu verteidigen, bis ihre Zahl die Milliardengrenze überschritten hat, bis sie gelernt haben, Meerwasser zu entsalzen und bis sie Palästina befreit haben. Wir garantieren, die Bombe nicht auf irgendeinen Staat um uns herum abzuwerfen, aber wir müssen sie haben.« Nachdem Libyen von mehreren Ländern kein nukleares Material erhielt, hat es angeblich Pakistan eine Finanzhilfe von ungefähr 200 Millionen US-Dollar für das pakistanische Atomwaffenprogramm gegeben, daraus aber anscheinend keinen Nutzen gezogen. Auch ein 1978 geschlossenes Abkommen mit Indien hat die libyschen Hoffnungen auf technisches Know-how oder einen atomaren Sprengsatz nicht erfüllt.

Die Geschichte des israelischen Atomprogramms

Obwohl sich Ägypten als erstes arabisches Land für die Atomenergie interessierte – schon 1961 hatte es einen Kernreaktor in Betrieb und Pläne für acht weitere Reaktoren bis zum Ende des Jahrhunderts in der Schublade –, unternahm das Land nur wenige Versuche, Atomwaffen zu erwerben. Syrien wiederum hinkt allen größeren arabischen Ländern aufgrund mangelnder Technologie und knapper Finanzressourcen hinterher. Die Sowjetunion weigerte sich, Syrien Atomwaffen zu überlassen, versprach aber Beistand im Falle eines Angriffs. Als die Beziehungen zwischen den Sowjets und den USA enger wurden, wollte sich Syrien nicht mehr so sehr auf Moskau verlassen.

Pakistan ist das islamische Land mit dem höchsten Entwicklungsstand auf dem Gebiet von Atomwaffen, teilweise aufgrund der Absicht, das indische Atompotential auszugleichen; bereits 1974 zündete Indien einen atomaren Sprengsatz. 1986 nahm Pakistan die Produktion von waffenfähigem Plutonium auf. Das Land ist, trotz der Vorbehalte gegenüber einer Atomwaffenlieferung an Libyen, langfristig bereit, andere Staaten an seinen nuklearen Errungenschaften teilhaben zu lassen. »Wenn wir uns die Technologie aneignen, wird die gesamte islamische Welt sie mit uns besitzen«, sagte der damalige Präsident Zia ul-Haq 1986. Saudi-Arabien, das über atomar bestückte Silkworm-Raketen mit einer Reichweite von 2 000 km – also groß genug, um Israel zu erreichen – verfügt, hat das pakistanische Atomwaffenprogramm finanziell unterstützt, weil die Saudis von der Idee der »Entwicklung der ersten islamischen und arabischen Atombombe« fasziniert waren. Israel war dermaßen besorgt über Pakistans Fortschritte in der Nukleartechnik, daß es bei der indischen Regierung um die Erlaubnis nachgesucht hatte, israelischen Flugzeugen auf dem Weg zur Bombardierung des Reaktors einen Zwischenstop auf einem indischen Luftwaffenstützpunkt zu gestatten, um Treibstoff aufzutanken.[17] Indien verweigerte diese Erlaubnis jedoch. Israel bot der indischen Luftwaffe daraufhin die Lieferung moderner, hochexplosiver Bomben an, die wirkungsvoll gegen die Urananlage eingesetzt werden könnten. Dies hätte sich jedoch negativ auf Indiens Beziehungen zu den arabischen Staaten und seine Stellung in der Dritten Welt auswirken sowie einen pakistanischen Gegenangriff auf Indiens eigenes Atomforschungszentrum provozieren können.[18]

So unglaublich es auch scheinen mag, ein anderes Szenario des schlimmsten Falles ergäbe sich, wenn eine palästinensische Widerstandsorganisation einen atomaren Sprengsatz in ihren Besitz bringen würde und somit Israel erpressen könnte. Gruppierungen, die vor Terrorismus nicht zurückschrecken und nukleare Sprengkörper benutzen würden, um Aufsehen zu erregen oder andere Ziele zu erreichen, waren lange Zeit der Alptraum westlicher Regierungen. Die Palästinensische Befreiungsorganisation PLO versuchte vergeblich, circa zwölf Kilogramm Plutonium auf dem Schwarzmarkt des Sudan zu kaufen.

Das arabische Chemiewaffenpotential

Die Schwierigkeiten beim Bau von Atomwaffen haben verschiedene arabische Staaten motiviert, sich auf Chemiewaffen, die »Bombe des armen Mannes« zu verlegen. Neben dem Irak sollen auch Libyen, Ägypten und der Iran chemische Waffen besitzen. Das irakische Raketenprogramm wurde speziell für den Einsatz von chemischen Sprengköpfen konzipiert. Ägypten war das erste arabische Land, das Chemiewaffen einsetzte, und zwar Mitte der sechziger Jahre im jemenitischen Bürgerkrieg. Als Reaktion darauf organisierte Israel am Vorabend des Sechstagekrieges 1967 einen Eiltransport von Gasmasken aus der Bundesrepublik Deutschland nach Israel, die an die israelische Bevölkerung verteilt werden sollten. Die religiösen Behörden erklärten bestimmte Parkanlagen zu Friedhöfen, aus Furcht, ägyptische Chemiewaffenangriffe könnten zu massiven Verlusten unter der Zivilbevölkerung führen; ihre Ängste wurden jedoch zerstreut, als die ägyptische Luftwaffe innerhalb weniger Stunden zu Beginn des Krieges zerstört wurde. 1989 erwarb Ägypten Ausrüstungsteile für eine Giftgasanlage von einer Schweizer Firma. Mitte der achtziger Jahre produzierte der Irak pro Monat schätzungsweise sechzig Tonnen Senfgas und vier Tonnen der tödlichen Nervengifte Sarin und Tabun in einer geheimen Anlage vierzig Kilometer südlich der Stadt Samarra. Das Programm gewann nach der Zerstörung des Reaktors in Tuwaitha an Bedeutung.

Der Irak setzte erstmals 1984 chemische Waffen im Krieg mit dem Iran ein, darunter sowohl Senfgas als auch Tabun. Im Februar 1986 wurde ungefähr ein Zehntel der Soldaten einer großen iranischen Militäreinheit beim Angriff auf Fao durch chemische Waffen getötet oder verletzt. Der Irak wird beschuldigt, Zyanid und Senfgas gegen Halabja eingesetzt zu haben, einer irakischen Grenzstadt 240 km nordöstlich von Bagdad, die 1988 von den iranischen Streitkräften im Sturm erobert wurde. Ausländische Journalisten, die die Stadt besuchten, sahen in den Straßen Hunderte von Leichen, alle Zivilisten, die bei dem Giftgasangriff getötet worden waren. Nach offiziellen iranischen Schätzungen sind ungefähr 5 000 Menschen umgekommen und weitere 4 000 verwundet worden.

Angesichts der Kriegserfahrungen mit dem Iran räumte der Irak der Produktion eines Chemiewaffenarsenals höchste Priorität ein. Bei Ausbruch des Golfkrieges fehlten Israel fundamentale Informationen beispielsweise darüber, ob der Irak über chemische Sprengköpfe für seine Raketen verfügt. Eine heftige Diskussion innerhalb des israelischen Geheimdienstes über das Ausmaß der wahren – und nicht der psychologischen – Bedrohung durch die Massenvernichtungswaffen des Irak hatte zur Folge, daß die Militäraufklärung Israels dem Sammeln von Informationen über den Irak nicht mehr so großes Gewicht beimaß wie zuvor. Um sicher zu gehen, teilte man an die gesamte Bevölkerung Gasmasken aus, statt sie anzuweisen, unterirdische Bunker aufzusuchen; nachträglich stellte sich heraus, daß diese mehr Schutz geboten hätten, da sie gegen konventionelle Bombenangriffe wirksamer sind. Seit dem Golfkrieg hat die israelische Armee begonnen, Eventualmaßnahmen im Lande selbst für den Fall eines nichtkonventionellen Angriffs vorzubereiten; für die Beibehaltung der wirtschaftlichen und sozialen Grundversorgung ist auch die Abstellung von Reservisten in den zivilen Sektor und die Schulung von Frauen vorgesehen, damit sie bestimmte Aufgaben, beispielsweise im Transportwesen, übernehmen können. Obwohl die Abrüstung des nichtkonventionellen (atomaren, chemischen und biologischen) irakischen Waffenarsenals eine der Bedingungen des Waffenstillstandsabkommens war, die das von den USA angeführte Bündnis ausgehandelt hatte, schätzte die CIA 1993, daß der Irak trotz der internationalen Inspektionen immer noch über 4 000 Tonnen chemischer Kampfstoffe verfügt.

Über Syriens Chemiewaffenpotential ist nicht sehr viel bekannt, obwohl das Land solche Waffen aus der Sowjetunion importiert hat und nördlich von Damaskus lagert. Die sowjetische Quelle ist inzwischen versiegt. Syrien experimentierte eine Zeitlang mit einem chemischen Sprengkopf, der mittels einer Boden-Boden-Rakete abgefeuert werden sollte. Da man der syrischen Luftwaffe wenig Chancen einräumte, in den israelischen Luftraum einzudringen, wurde dieser Sprengkopf nicht für Abwürfe aus Flugzeugen entwickelt.

Wenige Informationen gibt es im Hinblick auf die biologischen Waffen der arabischen Staaten. Bekannt ist lediglich, daß der Irak und Syrien in unterschiedlichen Entwicklungsstadien sind. Der Irak hat das biologische Potential für die

Verbreitung von Cholera, Typhus, Milzbrand und anderer Krankheiten produziert. Die Erreger können mit Raketen oder Bomben zum Einsatz gebracht werden; im Gegensatz zu chemischen Substanzen brauchen biologische Mittel jedoch lange, um die Bevölkerung kampfunfähig zu machen. Zudem gibt es gegen viele der in biologischen Waffen verwendeten Viren Medikamente und Impfstoffe.

Auf die arabische »Bombe des armen Mannes« hat Israel angeblich seine eigene Antwort gefunden. Chemische Waffen sind auch in Dimona und im Biologischen Institut Nes Ziona produziert worden. In diesem Institut wurden 43 unterschiedliche chemische und biologische Kampfstoffe – von Viren über Giftpilze bis hin zu verschiedenen Toxika mit ihren jeweiligen Gegenmitteln – entwickelt.[19] Über die Zusammensetzung von Israels chemischem und biologischem Waffenarsenal ist jedoch noch weniger bekannt als über seine atomare Aufrüstung.

Israels Politik der atomaren Zweideutigkeit

Die Logik hinter der israelischen Politik, die Öffentlichkeit weiterhin über das Atompotential im unklaren zu lassen, ist vielleicht noch am ehesten zu verstehen, wenn man sich die Folgen vor Augen führt, die Israels Gang an die Öffentlichkeit hätte. Israel befürchtet, durch die Enthüllung der Nuklearkapazität die arabische Welt enger zusammenzuschweißen, die ohnehin schon gespannten ägyptisch-israelischen Beziehungen weiter zu verkomplizieren und einen inneren Druck auf die arabischen Regierungen auszuüben, dem Potential Israels etwas entgegenzusetzen. Angesichts der technologischen und wirtschaftlichen Engpässe in den arabischen Ländern müßten diese ihre Lieferstaaten regelrecht beknien, das Gleichgewicht wiederherzustellen. Das Atompotential offenzulegen, könnte ernste Komplikationen für das Hilfsprogramm der

USA für Israel verursachen. Nach der Symington-Klausel des *Foreign Assistance Act* von 1976, der die Rahmenbedingungen für Auslandshilfe gesetzlich regelt, muß eine US-Regierung ihre wirtschaftlichen und militärischen Hilfen sowie Kredite an ein Land einstellen, das Technologie oder Material zur Urananreicherung importiert oder sich weigert, seine Atomanlagen von der Internationalen Atomenergiebehörde überwachen zu lassen.

Obwohl Israel Mitglied der Internationalen Atomenergiebehörde ist, steht nur der Atomreaktor von Nahal Soreq, der laut Aussagen Israels friedlichen Zwecken dient, den Inspektionen durch die IAEA offen. Wie die meisten der Atomstaaten (darunter Frankreich, China, Indien, Pakistan, Brasilien und Argentinien) ist Israel nicht dem Atomwaffensperrvertrag beigetreten, dessen Unterzeichnerstaaten sich zur Öffnung aller Nuklearanlagen für Inspektionen verpflichten. Die meisten Mitgliedsländer besitzen keine Atombombe; arabische Staaten, die den Vertrag unterzeichneten, haben den Vorbehalt eingefügt, daß sich an ihrem Kriegszustand mit Israel nichts ändern werde.

Israels völlig zweideutige Haltung bezüglich des Atomprogramms ließ sich jedoch nur kurz aufrechterhalten. Das Konzept der Doppeldeutigkeit wurde auf zwei Ebenen beeinträchtigt: zum einen durch politische Erklärungen, zum anderen durch die technische Komponente. Als Israel und Frankreich 1956 die geheime Vereinbarung über den Bau des Atomreaktors bei Dimona unterzeichneten, traten alle Mitglieder der israelischen Atomenergiekommission mit Ausnahme des Vorsitzenden zurück, weil sie der Ansicht waren, Israels Atompolitik sollte sich eher an wirtschaftlichen Faktoren als an Verteidigungserwägungen orientieren.[20] Als die Regierung Eisenhower über den Bau des Dimona-Reaktors und die Errichtung einer strengen Sicherheitszone rund um das Gebäude Fragen stellte, versicherte Ministerpräsident Ben-

Gurion, daß es sich um eine Textilfabrik handeln würde. Später behauptete man, es sei ein Wasserpumpwerk.[21]

Die doppeldeutige Haltung war das Ergebnis eines Kompromisses zwischen den israelischen Ministern und Vertretern der Regierung, die die Offenlegung des Atompotentials befürworteten, und denjenigen, die, wie zum Beispiel Levi Eshkol, Yigal Allon und Ariel Sharon, der Meinung waren, Israels Verteidigung solle sich auf konventionelle Waffen stützen. Es bleibt unklar, wann genau die Postition, Israel werde nicht als erstes Land Atomwaffen im Nahen Osten »einführen«, zum ersten Mal konzipiert wurde. Einige meinen, Ben-Gurion habe sie bei einem Treffen mit Präsident de Gaulle im Juni 1960 in Paris aus dem Hut gezaubert. Die beiden unterhielten sich entspannt über die Zukunft Algeriens, die allgemeine weltpolitische Lage und die Denkmodelle der großen Philosophen. Plötzlich schaltete de Gaulle um, fixierte sein Gegenüber mit Adleraugen und brüllte: »Sagen Sie mir ganz ehrlich, Herr Ben-Gurion, wozu brauchen Sie einen Atomreaktor?« Verblüfft versicherte Ben-Gurion dem französischen Präsidenten, daß Israel in diesem Meiler keine Kernwaffen herstellen und auch nicht als erstes Land Atomwaffen im Nahen Osten einführen werde.

Die erste ernsthafte Herausforderung für die Politik der nuklearen Doppeldeutigkeit stellte sich im Dezember 1960, als ein US-amerikanisches Aufklärungsflugzeug vom Typ U-2 den Reaktor photographierte. Die CIA eröffnete dem Kongreßausschuß für Atomenergie in einer Dringlichkeitssitzung, daß das, was die Regierung Eisenhower für eine Textilfabrik halten sollte, in Wirklichkeit eine große, streng bewachte Nuklearanlage sei. »Israel ist auf dem Weg, die fünfte Atommacht zu werden«, erklärte ein CIA-Mitarbeiter vor dem Ausschuß. Dies hatte eine Krise in den Beziehungen zwischen den USA und Israel zur Folge. Washington war aufgebracht, daß es belogen worden war und die CIA dies mehr als drei

Die Geschichte des israelischen Atomprogramms

Jahre lang nicht bemerkt hatte. CIA-Chef Allan Dulles wurde seines Amtes enthoben; da der Irrtum so peinlich war, wurde seine Entlassung durch Präsident Kennedy verschoben.[22] Die USA fragten Israel, ob es plane, in die Atomwaffenproduktion einzusteigen. Ben-Gurion mußte vor der Knesset zugeben, daß gerade ein Thermoreaktor mit französischer Hilfe in der Wüste Negev gebaut wurde, beteuerte aber, daß die Einrichtung für friedliche Zwecke bestimmt sei. Überraschenderweise behauptete der stellvertretende Verteidigungsminister Shimon Peres 1963 immer noch, Dimona sei eine Wasserentsalzungsanlage, die »den Negev in einen Garten« verwandeln sollte. Um sicherzustellen, daß der Reaktor wirklich nur für zivile Zwecke genutzt wird, bestanden die Regierungen unter Kennedy und Johnson auf Inspektionen in Dimona; anderenfalls würden sie die Waffenverkäufe an Israel einstellen. Amerikanische Atomwissenschaftler besichtigten den Reaktor 1961 und 1963, als er sich noch in der Bauphase befand, und berichteten, daß keine Plutoniumgewinnungsanlage errichtet würde. Zu dem gleichen Urteil kamen Inspektoren zwischen 1964 und 1967, obwohl sie anmerkten, aufgrund der Hastigkeit und Begrenztheit der erlaubten Besuche sei keine angemessene Überprüfung möglich gewesen. Ein Team, das die Anlage 1969 inspizierte, hielt in einer schriftlichen Beschwerde fest, »angesichts der von den Israelis auferlegten Beschränkungen der Inspektionsverfahren« nicht dafür garantieren zu können, daß es »keine waffenbezogenen Arbeiten in Dimona« gäbe. Vanunu erzählte der *Sunday Times* von einer falschen Wand, die im Erdgeschoß von *Machon 2* errichtet worden sei, um die Personalaufzüge zu den unterirdischen Stockwerken zu tarnen, in denen Plutonium gewonnen und Bombenteile hergestellt wurden. Laut Abba Eban, dem ehemaligen israelischen Außenminister, wurden in Dimona identisch aussehende Konstruktionen, »die uns einen Haufen Geld kosteten« eingebaut, mit Wänden, die ins Nichts leiteten, Eingängen, die nirgends hinführten, und Fenstern, die sich nicht öffnen ließen. US-Inspektoren haben keine Beweise für eine Atomwaffenproduktion gefunden. Ohne ihr Wissen wurde »die israelische Atombombe entwickelt und in den tiefgelegenen unterirdischen Anlagen hergestellt«.[23]

Die Politik der nuklearen Zweideutigkeit wurde durch eine Reihe unerlaubter Stellungnahmen von hochrangigen israelischen Regierungsvertretern weiter untergraben. In seiner Amtszeit als Staatspräsident sagte Ephraim Katzir – der zudem aufgrund seiner Arbeit in der physikalischen Chemie und Biologie der Polyelektrolyten ein international anerkannter Wissenschaftler und eine wichtige Persönlichkeit in der israelischen Atomenergiekommission war – vor einer Gruppe amerikanischer und europäischer Wissenschaftsjournalisten im Dezember 1974, daß Israel über ein »Atompotential« verfüge. Ein Reporter vertiefte dieses Thema mit der Frage nach Größe und Zeitpunkt der Fertigstellung des Potentials, worauf Katzir erwiderte: »Glauben Sie, ich würde mich unter diesen Umständen auf ein Datum festlegen?« Ein anderer Journalist fragte, ob Israels Atompotential nicht ein beunruhigendes Phänomen sei. »Warum sollte uns diese Angelegenheit Sorgen bereiten?«, konterte Katzir. »Soll sich doch der Rest der Welt Sorgen machen.« Seine Bemerkungen lösten eine Kette von Reaktionen auf der ganzen Welt aus, und der israelische Außenminister brachte das Büro des Präsidenten hastig zu der Richtigstellung, Katzir habe damit das »allgemeine Potential in Israel an Wissenschaftlern und an genereller wissenschaftlich-technologischer Erfahrung« gemeint, »das objektiv eingesetzt werden kann, falls gewünscht«.

Moshe Dayan, der von seinem Amt als Verteidigungsminister nach dem Yom Kippur-Krieg von 1973 zurückgetreten war, sagte 1976 im französischen Fernsehen: »Für Israel sollte die Zukunft eine Möglichkeit des Atomwaffenbesitzes ohne Kontrolle von außen beinhalten. Ich bin der Meinung, daß wir die Möglichkeit haben, die Bombe heute zu bauen. Für den Fall, daß die Araber die Atombombe im Nahen Osten irgendwann in der Zukunft einführen werden, sollten wir die Bombe vor ihnen haben, jedoch natürlich nicht, um sie als erstes Land zu benutzen.« Dayan war ein Angehöriger der politischen Elite in Israel, der den Gang an die Öffentlichkeit befürwortete und dabei hervorhob, daß ein ausschließlich auf konventionellen Waffen aufgebautes Abschreckungskonzept einen erdrückenden Effekt auf die israelische Volkswirtschaft haben könnte. Dadurch wurde ein politischer Streit mit Moshe Arens ausgelöst, der behauptete, Dayans Bemerkungen könnten Israel ernsthaft schaden. Einige Monate später sagte Dayan bei einem Kanada-Besuch: »Israel besitzt das wissenschaftliche und technologische Know-how, eine Atombombe zu bauen, falls uns die Araber mit dem Einsatz einer solchen Bombe bedrohen sollten, aber Israel wird niemals als erstes Land Atomwaffen im Nahen Osten abschießen.«

Solcherlei Spitzfindigkeit kann leicht in doppelzüngiges Gerede ausarten. Im Februar 1978 sagte der damalige Außenminister Dayan vor einer Besucherdelegation des Streitkräfteausschusses des amerikanischen Repräsentantenhauses auf eine Frage nach der israelischen Nuklearkapazität: »Wir werden nicht als erstes Land Atomwaffen einsetzen, aber wir möchten es auch nicht gerne als drittes tun.« Nachdem Yitzhak Rabin, der sich enger an die offizielle Formulierung hielt, wieder heruntergebetet hatte, daß Israel nicht als erstes Land Atomwaffen im Nahen Osten einführen werde, stellte man ihm die Frage: »Wie schnell wird Israel es schaffen, der zweite Staat zu sein, der dies tut?« – »Nun, das ist schwierig zu beantworten«, erwiderte er. »Ich hoffe, daß die Gegenseite nicht der Versuchung erliegt, Atomwaffen einzuführen. Ich glaube, wir können es uns nicht leisten, die zweiten zu sein, aber wir müssen weder das erste noch das zweite Land sein.

Und es hängt davon ab, wann eine der Seiten entschieden hat, es zu tun.«

Die doppeldeutige Haltung wurde ebenfalls dadurch geschwächt, als internationale Spekulationen darüber aufkamen, ob Israel Atomtests durchgeführt hat. Im September 1979 zeichneten US-Satelliten einen doppelten Lichtblitz auf, der vom Südatlantik oder Indischen Ozean ausging. Sowohl die CIA als auch der Militärgeheimdienst DIA führten ihn auf einen von Südafrika und Israel gemeinsam durchgeführten Atomwaffentest zurück. Eine von Präsident Carter eingesetzte wissenschaftliche Untersuchungskommission mutmaßte jedoch, daß der Lichtblitz von einem Aufprall eines kleinen Meteoriten auf einen Satelliten herrührte. Israel soll angeblich bereits 1963 unterirdische Atomtests im Negev durchgeführt haben[24], und man traut den israelischen Atomwissenschaftlern genügend Kompetenz zu, Kernwaffen zu entwerfen, die mit Implosionstechniken gezündet werden können und somit nicht im Verhältnis 1 : 1 getestet werden müssen.[25] Die Tests des Sprengkopfes der Jericho-Rakete und seines nuklearen Explosionspotentials wurden mittels Computersimulation durchgeführt, um die Detonation der Waffe zu umgehen.[26] Thermonukleare Waffen benötigen jedoch bestimmte Arten von Tests.

Vanunus Enthüllungen

Am 5. Oktober 1986 wurden Vanunus genaue Einzelheiten über das Atomforschungszentrum Dimona in der *Sunday Times* veröffentlicht; er beschrieb seine Arbeit, und was er gesehen hatte. Vanunu lieferte Daten über den Plutoniumgewinnungsprozeß, auf deren Grundlage die Zeitung und ihre wissenschaftlichen Berater eine Zahl von 100 bis 200 israelischen Sprengköpfen schätzten. Eine Schätzung in dieser Höhe wurde jedoch nicht zum ersten Mal angestellt. Bereits 1981 sagte man Israel den Besitz von 100 atomaren Sprengsätzen nach; 1985 zitierte *Aerospace Daily* ungenannte Quellen, nach denen Israel möglicherweise über 200 Atomwaffen verfügte. Laut Dr. Frank Barnaby, der Vanunu im Auftrag der Zeitung befragte, lassen sich von dessen Behauptungen drei wesentliche Dinge festhalten.

»Zunächst einmal ist der Reaktor bei Dimona tatsächlich wesentlich größer, nämlich fünf- oder sechsmal so groß, wie wir ursprünglich annahmen. Israel hat bedeutend mehr Plutonium produziert, als wir zunächst dachten: 32 Kilogramm pro Jahr, was für ungefähr acht Atomwaffen ausreicht.« Folglich hat nach Meinung Barnabys Israel möglicherweise 150 Atombomben – oder genug Plutonium für ihre Herstellung –, jede davon mit einer Sprengkraft wie die über Nagasaki gezündete Bombe. »Das Interessanteste, was uns Vanunu erzählt hat, ist, daß Israel Lithium-Deuterid und Tritium herstellt, also das für thermonukleare Waffen benötigte Material.« Tritium ist für den Bau von Atomwaffen besonders geeignet, da es eine hohe Fusionsrate mit Deuterium besitzt und bei dieser Reaktion eine große Menge an hochenergetischen Neutronen freigesetzt wird. Die Verschmelzung von Deuterium und Tritium produziert eine zehnmal höhere Anzahl von Neutronen als eine Kernspaltung mit dem gleichen Energieausstoß. Die dadurch ausgelöste Explosion kommt der Zündung Hunderttausender Tonnen TNT gleich und kann eine ganze Stadt in Schutt und Asche legen. »Drittens ist interessant, daß Vanunus Geschichte und Aufnahmen beweisen, daß die Franzosen den Israelis nicht nur den Dimona-Reaktor geliefert haben, sondern auch eine Plutoniumgewinnungsanlage.« Wenn man Vanunu nicht nach Israel entführt hätte, wären sogar noch mehr Informationen ans Tageslicht gekommen, die das Bild der atomaren Zweideutigkeit weiter angekratzt hätten. Die *Sunday Times* wollte die ursprüngliche Veröffentlichung fortsetzen, konnte dann aber die Artikel nicht mehr mit ihrem Informanten abklären.

Angesichts des beträchtlichen strategischen Nutzens, der Israel aus den Schätzungen seines Potentials auf 100 bis 200 atomare Gefechtsköpfe erwuchs, kam bei der *Sunday Times* und Frank Barnaby der Verdacht auf, daß man Vanunu gerade soviel Bewegungsspielraum gelassen hatte, die Photos im Reaktor aufzunehmen und seine Enthüllungen an die Zeitung weiterzugeben. Schließlich soll der Mossad schon von Vanunu gewußt haben, als er noch in Australien war, also bevor er für einen Monat zur Befragung nach London kam.[27] Am Tag nach der Veröffentlichung in der *Sunday Times* zeichnete der Karikaturist Yaakov Kirschen, der damals für die Rubrik *Dry Bones* der Tageszeitung *Jerusalem Post* arbeitete, eine Karikatur, auf der Präsident Assad zu sehen war, wie er finster in eine Zeitung starrte und sagte: »Israel hat die Neutronenbombe? Das glaube ich einfach nicht! Offensichtlich eine von zionistischen Agenten ausgestreute Lüge, um uns zu erschrekken! Andererseits, vielleicht haben sie die Wahrheit durchsickern lassen, damit wir denken, daß es ein Trick ist, und es nicht glauben!« Wenn Barnaby und die *Sunday Times* mit ihrer Annahme richtig liegen, daß Vanunu von den israelischen Behörden benutzt worden ist, folgt daraus, daß Barnaby und die *Sunday Times* des proisraelisch eingestellten Rupert Murdoch wenn nicht wissentlich, so doch wenigstens unwissentlich bei dem israelischen Desinformationskomplott mitgewirkt haben. All dies setzt jedoch Israels Absicht voraus, daß streng geheime Einzelheiten über den Gebäudekomplex bei Dimona und die Anlage zur Plutoniumgewinnung an die Öffentlichkeit gelangen[28] und Schätzungen über das Atompotential aufgestellt werden.

Nach Vanunus Enthüllungen sickerte noch etwas anderes zu den Medien durch: Satellitenaufnahmen. Die *Aviation Week* machte anhand von Satellitenphotos, die sie von Rußland bekommen hatte, drei Orte in Israel aus, an denen angeblich nukleare Sprengköpfe gelagert werden: auf dem Luftwaffenstützpunkt Tel Nof, in Beer Yaacov in der Nähe von Tel Aviv und im Dorf Zechariah auf den Hügeln von Jerusalem. Im darauffolgenden Jahr druckte die Londoner *Jane's Intelligence Review* acht Satellitenaufnahmen von »Israels nuklearer Infrastruktur« ab, wobei ihr Satellitenbilder aus Rußland und von einer französischen, auf Satellitenphotographie spezialisierten Firma namens *Spot* zur Verfügung standen. Die Photos zeigten neben Zechariah und dem Luftwaffenstützpunkt Tel Nof auch die Waffenfabrik Raphael in Yodfat im Norden Israels, in welcher laut der *Review* Atomwaffenteile zusammengebaut werden sollen.[29] Der Artikel wurde von Harold Yu verfaßt, einem amerikanischen Spezialisten in der Auswertung von Satellitenphotos. Nach dem Zwischenfall um das Aufklärungsflugzeug U-2 im Jahre 1960 waren Luftaufnahmen von Israels Nuklearpotential jedoch nichts völlig Neues. Auf den Photos waren nur die Dächer von Hangars und »die Köpfe von Leuten« zu sehen. Vanunu ist weiterhin die einzige Person mit Insiderwissen über Dimona, also über das, was »im Inneren der Hangars« vorgeht, und kann so die Satellitenbilder bestätigen.

Die Atompolitik Israels wurde noch weiter untergraben, und zwar durch das 1994 erschienene Buch der amerikanischen Journalisten William Burrows und Robert Windrem mit dem Titel *Critical Mass. The Dangerous Race for Superweapons in a Fragmenting World*. In einem Kapitel über Israel behaupten die Autoren, israelische Atombomben seien auf 60 bis 80 Ziele gerichtet und die Abschreckung des Landes sei so gestaltet, daß es selbst auf einen gegnerischen atomaren Erstschlag mit dem Einsatz von Kernwaffen reagieren könne.

Durch die Kuwaitkrise und den Golfkrieg wurde der atomaren Undurchsichtigkeit ein weiterer Schlag versetzt. Statt sich wieder auf die Formel zurückzuziehen, nicht als erstes

Land Atomwaffen in der Region zu stationieren, reagierte Israel auf die vom Irak 1990 ausgestoßenen Drohungen, den jüdischen Staat anzugreifen, vollkommen anders: man ließ durchblicken, den Irak »hundertmal stärker« treffen zu können, und spielte damit auf einen Angriff mit Massenvernichtungswaffen an. Ministerpräsident Yitzhak Shamir sagte in einem Interview mit dem Fernsehsender CNN im Oktober 1990: »Jemand, der Sie mit den schrecklichsten Waffen der Welt bedroht, muß auch auf gewisse Reaktionen hinsichtlich des Einsatzes solcher Waffen gefaßt sein.« Während des Krieges wies US-Verteidigungsminister Dick Cheney bezüglich der irakischen Raketenangriffe gegen den jüdischen Staat auf Israels nukleare Option hin. Vanunus Enthüllungen trugen dazu bei, den Irak davon abzuhalten, die 39 während des Golfkrieges auf Israel abgeschossenen Scud-Raketen mit nichtkonventionellen Sprengköpfen zu bestücken. Bagdad verließ sich richtigerweise darauf, daß Israel nicht mit einem Atomangriff antworten würde, solange der Irak nicht die Schwelle von konventionellen zu nichtkonventionellen Waffen überschreiten würde.

Mitte der neunziger Jahre bestand hinsichtlich der israelischen »Nuklearkapazität« nahezu kein Zweifel mehr. Shimon Peres, der eine Schlüsselrolle bei den Friedensverhandlungen gespielt hatte, äußerte sich beispielsweise in einem Presseinterview nach dem Abkommen zwischen Israel und der PLO in einer Weise unachtsam, die Jahre zuvor undenkbar gewesen wäre. Auf die Frage: »Sie waren Zeuge aller wichtigen Ereignisse seit der Unabhängigkeit Israels. Wie ordnen Sie dieses Abkommen ein?«, sagte Peres: »Niemand hat mich je zu irgendeinem Ereignis eingeladen. Ich machte sie – die Beziehungen zu Dimona, Frankreich, China. Niemand kann mir das nehmen.«[30]

Das Zusammenwirken von Vanunu und dem Golfkrieg hat hartnäckige Zweifel darüber zerstreut, ob Israel die Bombe hat. Die einzigen noch bestehenden Unklarheiten sind die genaue Zusammensetzung des Potentials sowie die israelische Atompolitik selbst.

Reaktionen

In diesem Zusammenhang stellt sich die Frage, inwieweit Atomwissenschaftler und – noch wichtiger – die arabischen Staaten und andere ausländische Regierungen den Behauptungen Vanunus Glauben schenkten. Vanunu gab an, bei seiner Arbeit nur zu bestimmten Abteilungen des Dimona-Komplexes Zugang gehabt zu haben. Er hatte weder zusammengebaute Waffen gesehen, noch wußte er etwas über das israelische Atomarsenal aus eigener Anschauung. Daher ist es möglich, daß die Fusionskomponenten, die Vanunu photographiert hatte, Versuchswaffen waren, so Leonard Spector, Leiter des Studienprogramms für die Verbreitung von Atomwaffen bei der Carnegie-Stiftung. Spector ist der Ansicht, daß »einfache Atombomben« mit einer größeren Zuverlässigkeit das Rückgrat des israelischen Atomarsenals bilden. Das Internationale Institut für Strategische Studien in London hat in einer eigenen Schätzung von 1987 die Zahl der israelischen Nukleargefechtsköpfe auf 100 veranschlagt und damit die Kalkulation der *Sunday Times* weitgehend bestätigt. Diese Schätzung hat sich seither nicht verändert. Regierungsvertreter der USA waren zwar von der Authentizität von Vanunus technischen Angaben überzeugt, stellten aber die Schätzung der *Sunday Times* in Frage, weil sie nicht zu anderen entscheidenden Informationen der Amerikaner paßten, wonach Israel nicht mehr als 50 bis 60 Plutonium-Sprengsätze besäße. Fünf Jahre später korrigierte der US-Geheimdienst diese Zahl jedoch auf 60 bis 80. 1993 schätzte das Internationale Stockholmer Friedensforschungsinstitut (*Stockholm International Peace*

Research Institute, SIPRI), daß Israel bis 1993 zwischen 240 und 415 Kilogramm Plutonium hergestellt hätte, was für 54 bis 98 atomare Gefechtsköpfe ausreichen würde. Eine Schätzung des sowjetischen Geheimdienstes von 1991 ging hingegen von 100 bis 200 Sprengköpfen aus.

US-Regierungsbeamte bezweifelten auch die These der *Sunday Times*, wonach die Kapazität des Reaktors von 24 auf 150 Megawatt aufgestockt worden sei. Die französisch-israelische Vereinbarung sah nur einen Reaktor von 24 Megawatt vor. Für die von Vanunu behauptete Jahresproduktion von 40 Kilogramm Plutonium wäre eine Leistung von 150 Megawatt erforderlich. Daraus folgerte die *Sunday Times*, daß der Reaktor auf das Sechsfache erweitert worden sei. US-Vertreter waren skeptisch, weil für diese Leistung eine bedeutend größere Anzahl zusätzlicher Kühlanlagen benötigt würden. Sie glaubten, daß die ursprüngliche Kapazität nicht wesentlich verändert worden sei, der Reaktor aufgrund der im Wüstenklima erreichten Kühleffizienz aber möglicherweise mit ungefähr 40 Megawatt betrieben wurde. Folglich veranschlagten sie die Zahl der Sprengköpfe auf 50 bis 60 statt auf die von der *Sunday Times* vermuteten 100 bis 200. Die Schätzung der USA stützte sich auf die neun Jahre, die Vanunu in Dimona gearbeitet hatte, also auf die einzig verfügbare zuverlässige Information. Barnaby hielt dagegen, daß die Wiederaufbereitung nicht erst an jenem Tage aufgenommen wurde, als Vanunu nach Dimona kam; er legt daher seiner Schätzung 60 Sprengköpfe aus dem davorliegenden Zeitraum zugrunde. Hätte Barnaby nur die neun Jahre berücksichtigt, in denen Vanunu dort gearbeitet hatte, hätte er den US-Zahlen zugestimmt: 90 Sprengköpfe oder laut einer vorsichtigeren Schätzung 60, wobei davon auszugehen ist, daß der maximale Plutoniumausstoß wegen diverser Faktoren, beispielsweise durch Abfallproduktion, nicht erreicht wird.

Die Geschichte des israelischen Atomprogramms

Ungenannte Experten, die von *The Economist Foreign Report* zitiert wurden, zeigten sich überrascht, daß sich Israels Plutoniumgewinnungsanlage unter der Erde befinden soll, da der Betrieb hochgiftig und radioaktiv ist; ein kleinerer Zwischenfall könnte den ganzen Betrieb gefährden. Dr. Francis Perrin gab jedoch gegenüber der *Sunday Times* an, Frankreich habe die unterirdische Anlage gebaut. Für Verblüffung sorgte ebenfalls, daß die Bombenbauteile angeblich unterhalb der Wiederaufbereitungsanlage des unterirdischen Komplexes *Machon 2* zusammengesetzt werden, weil dies ein unnötiges Risiko darstellt.

In der arabischen Welt wurden Vanunus Behauptungen mit großem Interesse aufgenommen. Die Aufmerksamkeit richtete sich aber weniger auf die genauen Einzelheiten als vielmehr auf das Thema im allgemeinen und die Geschichte des israelischen Atomprogramms. Viele Araber sahen in der Information nichts Neues, sondern eher eine Bestätigung für etwas, das bereits bekannt war. »Vanunu ist kein Kolumbus«, schrieb die Tageszeitung *Al-Itihad* aus Abu Dhabi. Bereits 1966 verurteilte Nasser die israelischen Bemühungen, eine Atombombe zu bauen, und drohte Präventivmaßnahmen an. Während des historischen Sadat-Besuches in Jerusalem 1977 äußerte der ägyptische Premierminister Mustapha Khalil gegenüber dem israelischen Verteidigungsminister Ezer Weizman: »Wovor müssen Sie Angst haben? Sie haben doch Atomwaffen.« Einige arabische Kommentatoren brachten die Möglichkeit ins Spiel, Vanunus Enthüllungen seien Teil eines Mossad-Komplotts, um Israels militärische Position zu stärken. Für die meisten jedoch war der *Sunday Times*-Bericht das Ergebnis einer wirklich undichten Stelle. Die führenden arabischen Politiker gaben keine eiligen Stellungnahmen zur Verurteilung Israels ab; sie wollten weder den Eindruck erwecken, sie seien »abgeschreckt«, noch im eigenen Land Rufe nach einer islamischen Bombe laut werden lassen. Nach William Eagleton, dem früheren US-Botschafter in Damaskus, schien sich der syrische Präsident Hafez al-Assad sogar mit dem israelischen Atompotential abzufinden, er würde dies jedoch in Unterredungen mit westlichen Diplomaten nicht erwähnen.

Die Reaktionen nach Vanunus Enthüllungen nahmen sogar einen normativen Tenor an, nämlich mit der Frage, was die arabische Welt der atomaren Bedrohung Israels entgegensetzen solle. Ein Kommentator sagte in *Radio Damaskus*: »Die Atomwaffe muß es nicht notwendigerweise nur an einem Ort geben oder das Monopol eines bestimmten Volkes sein.« Die ägyptische Oppositionszeitung *Al-Shaab*, die Vanunus Enthüllungen als »Beweis für die Unausweichlichkeit des Konflikts mit Israel« wertete, schrieb, daß die Nuklearkapazität Israels Ägypten dazu verpflichte, »eine nukleare Option anzunehmen«. Die Zeitung druckte den Bericht der *Sunday Times* nach und fügte hinzu: »Unsere Absicht ist es nicht, Ängste vor Israel heraufzubeschwören, sondern eine Diskussion in der ägyptischen Öffentlichkeit auszulösen und unserer Regierung die Missetaten kundzutun, die seit Sadat eine ägyptische Regierung nach der anderen gegen die nationale Sicherheit des Landes begangen hat, indem sie Israel diesen einseitigen Vorteil verschaffte.« Der Chef des israelischen Militärgeheimdienstes, General Amnon Shahak, meinte: »Die Vanunu-Affäre und Veröffentlichungen über Israels ballistisches Potential beschleunigten Syriens Aufbau einer nichtkonventionellen Kapazität auf dem Gebiet chemischer Waffen.«

Die Reaktion der arabischen Staaten schlug sich vor allem in diplomatischer Aktivität nieder. Eine von ihnen eingebrachte Resolution, die eine Untersuchung von Israels Nuklearprogramm durch die Vereinten Nationen und eine atomare Zusammenarbeit mit anderen Ländern forderte, wurde auf der UN-Vollversammlung mit einer Mehrheit von 92 : 2 Stimmen (die USA und Israel) bei zwei Enthaltungen angenommen. Ein im Oktober 1987 veröffentlichter UN-Bericht hielt fest, daß es zwar keine Beweise, aber einen »starken Eindruck« gäbe, »daß Israel das Potential zum Bau von Atomwaffen besitzt«. Als Belege dafür wurden die Weigerung Israels angesehen, seine Nuklearwaffenkapazität zu bestätigen oder zu dementieren, seine widersprüchlichen Aussagen über Kernwaffen allgemein sowie seine ablehnende Haltung hinsichtlich der Unterzeichnung des Atomwaffensperrvertrags. Ein vertraulicher Bericht der Internationalen Atomenergiebehörde in Wien über Vanunus Enthüllungen schlug Alarm und warnte, das israelische Atomprogramm habe »das Gefüge des internationalen Atomkontrollsystems« völlig durcheinandergebracht.

Wenig Auswirkungen hatte die Veröffentlichung der *Sunday Times* auf die offizielle Politik der USA: »Wir sind über die Existenz von nicht überwachten Nuklearanlagen besorgt und haben unsere Besorgnis Israel auch mitgeteilt. Wir haben Israel gedrängt, umfassende Überwachungen zuzulassen«, sagte Charles Redman, der Sprecher des US-Außenministeriums, auf einer Pressekonferenz einen Tag nach der Veröffentlichung in der *Sunday Times*. Damit wurde zwar die Standardposition vieler US-Regierungen wiederholt, in offiziellen Kreisen aber hatten die Enthüllungen beträchtliche Auswirkungen. Präsident Reagan berief den Jason-Ausschuß ein, die hochrangigste Gruppe wissenschaftlicher Berater, die sich unter Ausschluß der Öffentlichkeit zur Analyse der wichtigsten, für die nationale Sicherheit relevanten Entwicklungen trifft; dieses Gremium sollte die Auswirkungen auf die Strategie der USA bewerten. Waffenexperten in den Atomlabors von Los Alamos und Livermore untersuchten Vanunus Aussage – darunter auch viele von der Zeitung nicht veröffentlichte Details – und die 57 Photos, die Vanunu im Inneren von Dimona aufgenommen hatte. Sie rekonstruierten anhand der Photos Nachbildungen der Sprengköpfe[31], und man war von dem Umfang des israelischen Programms überrascht. Die Atomexperten glaubten der Behauptung, Israel produziere Neutronenbomben, aber sie waren hinsichtlich der geschätzten Zahlen der israelischen Gefechtsköpfe anderer Meinung, weil die Statistiken in ihren Augen den Maximalausstoß wiedergaben. Die Bush-Regierung änderte dennoch ihre Haltung, da für sie die Proliferation von nuklearen und chemischen Waffen ganz oben auf der internationalen Prioritätenliste stand. Strengere Verfahren für die Besuche von israelischen Wissenschaftlern in amerikanischen Atomlaboratorien wurden angeblich eingeführt.[32] Zudem untersagten die USA den Verkauf von Hochleistungscomputern an Israel, weil sie bei der Entwicklung von Atomwaffen und bei der Simulation einer Atomwaffenzündung verwendet werden könnten. Statt dessen kaufte Israel ein weniger ausgereiftes Modell von Großbritannien und begann mit der Entwicklung eines eigenen Computers an der Technischen Hochschule in Haifa.

In einer Hinsicht hätten die Beziehungen des jüdischen Staates mit den Vereinigten Staaten durch die Anschuldigungen der *Sunday Times* beeinträchtigt werden können, nämlich im Hinblick auf die Zustimmung des Kongresses zur Auslandshilfe der Regierung für Israel. Beobachter wiesen darauf hin, daß der Kongreß 1975 den geplanten Verkauf von Boden-Boden-Raketen des Typs Pershing an Israel mit dem Einwand verzögert hatte, die Raketen könnten mit atomaren Sprengköpfen bestückt werden. Die Enthüllungen Vanunus wurden zwar vom Kongreßausschuß für Nuklearpolitik geprüft, es gab jedoch keine nennenswerte Initiative, die Auslandshilfe zu kürzen. Die Höhe der amerikanischen Finanzhilfe beziehungsweise der Rüstungslieferungen hat sich in den zwei Jahren nach der Veröffentlichung nicht verändert. Auch haben die Enthüllungen die Friedensbewegung in den USA weniger beeinflußt als in Europa, wo Vanunu im Mittelpunkt der Anti-Atomkraft-Kampagne stand; dieser schwächere Einfluß ist auf die engeren Beziehungen zwischen den USA und Israel und auf die beträchtliche Anzahl von Juden in der amerikanischen Friedensbewegung zurückzuführen. Israel mußte später eine weitere mögliche Zerreißprobe mit den USA fürchten, als der Fernsehsender NBC im Oktober 1989 behauptete, die Kooperation zwischen Israel und Südafrika in Sachen Atomkraft beinhalte auch gemeinsame Tests einer Interkontinentalrakete mit einer Reichweite von über 1 500 km. Es wurden Fragen laut, ob Israel Südafrika an amerikanischer Raketentechnologie habe partizipieren lassen. Vanunu hatte gegenüber der *Sunday Times* gesagt, daß er in Dimona Südafrikaner getroffen habe.[33]

Die meisten Versuche des US-Kongresses, die nukleare Proliferation einzudämmen, schlugen fehl. Nur im Falle Taiwan war man erfolgreich. Taiwan hatte 1987 mit dem Bau einer kleinen Plutoniumgewinnungsanlage begonnen, im März 1988 aber auf den Druck der USA hin die Arbeiten eingestellt und den von Kanada gelieferten Forschungsreaktor stillgelegt. Die USA messen jedoch hinsichtlich der Kontrollen des Kongresses bei der Vergabe von Auslandshilfen an neue Atomstaaten mit zweierlei Maß. »Indien, das 1974 einen nuklearen Sprengkörper gezündet hat, und Israel, dem allgemein der Besitz der Bombe nachgesagt wird, sind irgendwie von den US-Strafaktionen ausgenommen«, bemerkte der pakistanische Journalist Mushahid Hussain. Im Gegensatz dazu werde »Pakistan, ein enger Verbündeter, der keine Waffentests durchgeführt hat, regelmäßig herumkommandiert«. 1994 bestätigte der ehemalige pakistanische Premierminister Nawaz Sharif in einer Diskussion um einen möglichen Atomangriff Indiens auf Kaschmir, daß sein Land über die Atomwaffe verfüge – was ein sofortiges Dementi des Außenministeriums von Pakistan auslöste.

Die Atomwaffenfrage beschäftigte die USA und Israel schon lange. Bereits 1961 bot Präsident Kennedy der israelischen Regierung die Lieferung von Hawk-Raketen an, wenn das Land im Gegenzug versprechen würde, keine Atomwaffen zu entwickeln.[34] Den Höhepunkt dieser Politik des »atomaren Austausches« bildete 1966 eine Vereinbarung mit den USA über den Verkauf von Patton-Panzern und Skyhawk-Jagdbombern an Israel.[35] Kurz nach dem Vanunu-Artikel erklärte Amos Rubin, der Wirtschaftsberater von Ministerpräsident Shamir, gegenüber dem *Christian Science Monitor*: »Wenn Israel allein gelassen wird, bleibt ihm keine andere Wahl, als sich auf eine riskantere Verteidigung einzulassen, die es selbst und die ganze Welt gefährden wird. Damit sich Israel nicht von Atomwaffen abhängig machen muß, sind zwei bis drei Milliarden US-Dollar nötig.«

Der grundlegende Wandel in Israels Verteidigungsdoktrin zu Beginn der neunziger Jahre – Israels wichtigste Sicherheitsziele wurden insofern revidiert, als man den Iran und den Irak als größte Bedrohung ausmachte – hat die israelische Abhängigkeit von den USA verstärkt. Israel kann den Iran oder den Irak weder am Boden besiegen, noch können israelische Flugzeuge dem Iran merklichen Schaden zufügen. Durch diese neue Symmetrie gewannen die Vereinigten Staaten einen stärkeren Einfluß auf Israel, auch im Hinblick auf die israelische Nuklearkapazität. In Washington ist man sich darüber im klaren, daß Israel sein atomares Abschreckungspotential kurzfristig nicht aufgeben wird, denn Israel hält es gerade zu einem Zeitpunkt für besonders wichtig, da es Gebietszugeständnisse macht. Die Vereinigten Staaten wollen jedoch, daß das Programm ausgesetzt und überwacht wird, unter anderem durch Inspektionen und Kontrollen der Rohstoffe wie beispielsweise des Uran. Schließlich kann der US-Geheimdienst die israelischen Aktivitäten in Dimona und anderswo mittels Satelliten und Aufklärungssensoren überprüfen. Da die USA die etwa vierzig Staaten, die in den nächsten Jahren möglicherweise ein Atomprogramm entwickeln werden, zu einer Unterschrift des Atomwaffensperrvertrages bewegen möchte, forderten sie von Israel eine öffentliche Geste in Richtung Atomwaffenverzicht. Den multilateralen Rüstungskontrollgesprächen zwischen Israel und den arabischen Staaten ging daher 1991 eine Initiative Präsident Bushs voraus, nach der die Nahost-Staaten ein Verbot über die Produktion oder den Erwerb von waffenfähigem Material wie angereichertem Uran oder Plutonium verhängen sollten.

Von seiten der Sowjetunion gab es auf Vanunus Enthüllungen keine Reaktion. Moskau folgte weiter seiner Praxis, den arabischen Staaten keine nichtkonventionellen Rüstungsgüter zu liefern. Es beschränkte sich auf den Export hochentwickelter konventioneller Waffensysteme, wie zum Beispiel Scud-Raketen, und auf vage Versprechungen, die arabischen Staaten im Falle eines Atomangriffs zu schützen.

Westeuropäische Regierungen, die die Weitergabe von Atomwaffen an die arabische Welt verhindern wollten, spielten die Enthüllungen ebenfalls herunter. Der Sprecher des französischen Außenministeriums quittierte die Behauptung von Dr. Francis Perrin, Frankreich sei beim Bau einer Plutoniumgewinnungsanlage in Dimona beteiligt gewesen, mit einem »Kein Kommentar«. Der französische Außenminister Jean-Bernard Raymond sagte: »Vanunus Veröffentlichung greift etwas auf, was schon viele Jahre allgemein bekannt ist. Die Kooperation endete 1959; dreißig Jahre sind sicherlich lang genug, so daß israelische Wissenschaftler ausreichende atomare Kenntnisse sammeln konnten, ohne sich auf die französisch-israelische Zusammenarbeit der fünfziger Jahre zu stützen.«

Die einzigen diplomatischen Beziehungen, die durch Vanunus Enthüllungen ernsthaft belastet wurden, waren die zu Norwegen. 1959 hatte Israel 22 Tonnen schweren Wassers von einer norwegischen Firma gekauft. Mit Hilfe von schwerem

Wasser können Atomreaktoren mit natürlichem Uran, das in großen Mengen verfügbar ist, betrieben werden, statt mit angereicherten Uranbrennstäben, die knapp sind und streng kontrolliert werden. Norwegen hatte die Weitergabe des Materials mit für die damalige Zeit ungewöhnlich scharfen Auflagen belegt. Norwegen erhielt von Israel die Zusicherung, das schwere Wasser ausschließlich für friedliche Zwecke zu verwenden, sowie ein Inspektionsrecht zur Überprüfung dieser Verpflichtung. Das Land führte jedoch nur eine einzige Inspektion durch, und zwar 1961, also vor der Fertigstellung des Dimona-Reaktors.[36]

Nach der Veröffentlichung in der *Sunday Times* wollten norwegische Politiker und andere Persönlichkeiten des öffentlichen Lebens wissen, was aus dem schweren Wasser geworden sei, und drängten die Regierung, Norwegens Inspektionsrecht wahrzunehmen. Zunächst lehnte Israel Norwegens Ansuchen, das schwere Wasser durch die IAEA inspizieren zu lassen, mit der Begründung ab, die norwegische Lieferung sei mit anderen Lieferungen vermischt worden und die IAEA wäre voreingenommen. Als der Druck aus Parlament und Öffentlichkeit jedoch immer stärker wurde, teilte die norwegische Regierung Jerusalem mit, Oslo bestehe auf der Rückgabe der Lieferung, falls Israel eine Inspektion ablehne. Im April 1988 paraphierten die beiden Regierungen eine Vereinbarung, wonach norwegische Inspektoren das schwere Wasser im ersten Jahr inspizieren und in den folgenden Jahren die IAEA Inspektionen durchführen dürften. (Die IAEA-Kontrollen wurden für strenger erachtet als die norwegischen.) Dies stellte für Norwegen einen Kompromiß dar, da nach dem Wortlaut des Abkommens nicht mehr festgestellt werden konnte, ob Israel das schwere Wasser in der langen dazwischenliegenden Zeit zur Herstellung von Atomwaffen verwendet hatte. Der Ausschuß für Auswärtige Angelegenheiten des norwegischen Parlaments wies diese Kompromißformel jedoch zurück und bestand darauf zu erfahren, was mit dem schweren Wasser geschehen war. Dies könne, so die Parlamentarier, nur bei einem Zugang der Norweger zu der israelischen Nuklearforschungsanlage herausgefunden werden. Nach nochmaligen Verhandlungen erklärte sich Israel im April 1990 bereit, Norwegen den Rest des schweren Wassers von 10,5 Tonnen zurückzugeben.

Im Oktober 1988 kündigte Norwegen als einer der weltweiten Hauptlieferanten ein Exportverbot für schweres Wasser an, mit Ausnahme geringer Mengen für wissenschaftliche Forschungszwecke. Dieser Entschluß war zum einen von der norwegisch-israelischen Krise bestimmt, aber auch davon, daß vermutlich 15 Tonnen schweren Wassers, die an ein westdeutsches Unternehmen geliefert worden waren, nach Indien umgeleitet wurden und 1986 eine für Rumänien bestimmte Lieferung von 12,5 Tonnen angeblich in Israel aufgetaucht war.

Auch innerhalb der internationalen Wissenschaftlergemeinde wurden die Diskussionen um Israels Atompotential durch Vanunus Enthüllungen angeheizt. Israels Programm war nach Angaben eines Nuklearexperten »immer streng geheim. Jeder hatte ein ungutes Gefühl, wenn er es erwähnte – alle waren sich einig, daß es keinen Nutzen haben würde, es zu veröffentlichen.« Aber jetzt, so fügte er hinzu, war die Katze aus dem Sack. Regierungsvertreter wurden gesprächiger. »Vor Vanunu behandelten US-Vertreter das israelische Programm mit äußerster Geheimhaltung, als verbotenes Terrain selbst in ganz vertraulichen Gesprächen«, bemerkte ein anderer Fachmann. »Danach gab es, obwohl sie sich nicht mit Verschlußsachen befaßt hatten, immer noch genug allgemein bekannte Einzelheiten, um eine fundierte Diskussion über die Richtung des Programms und die Auswirkungen der Authentizität von Vanunus Enthüllungen zu führen.«

Vanunus Enthüllungen hatten kaum Einfluß auf die israelische Atompolitik selbst. »Die Politik Israels hat sich nicht geändert. Wir werden nicht als erstes Land Atomwaffen in der Region einführen«, sagte Ministerpräsident Peres auf einer Kabinettsitzung am Tag nach der Veröffentlichung des *Sunday Times*-Artikels. »Die Regierung ist an sensationelle Presseberichte zum Thema Nuklearforschungszentrum Dimona gewöhnt, und wir pflegen nicht, auf solche Berichte einzugehen«, fügte er hinzu. Darüber hinaus erklärte er gegenüber Knessetabgeordneten seiner Arbeiterpartei, daß die Geschichte »uns nicht geschwächt« habe. Bei offiziellen politischen Verlautbarungen Israels wurde verstärkt auf die nichtkonventionelle Abschreckung angespielt. General Amnon Shahak beispielsweise sagte im Dezember 1986: »Es ist für die Araber offensichtlich, daß sie aufgrund der militärischen Stärke Israels und der Rückendeckung, die das Land von den Vereinigten Staaten genießt, nicht in der Lage sein werden, Israel in einem militärischen Angriff auszulöschen. Die Araber glauben, daß Israel auch über eine nichtkonventionelle Schlagkraft verfügt.«

Die Option, daß Israel jegliches Nuklearpotential offenlegt, ist innerhalb der gut informierten Elite und unter Militärstrategen des Landes ausgiebig diskutiert worden. Diejenigen, die den Gang an die Öffentlichkeit befürworten, verweisen auf viele dafür sprechende Argumente. Ein schlüssiges System gegenseitiger Abschreckung würde den Zustand willkürlicher Entscheidungsfindung ablösen. Unverhohlene Abschreckung wäre nicht nur klar und präzise, sondern auch glaubwürdig. Ein gegenseitiges Abschreckungssystem verlangt nach einer Zweitschlagkapazität für den Fall, daß der Gegner einen Teil der atomaren Streitkräfte des Landes zerstört hat. Die *Sunday Times* unterstellt, daß Israel über eine solche Kapazität zum Zweitschlag verfügt. In diesem Kontext würde die Offenlegung der atomaren Abschreckung Israel Spielraum für Gebietszugeständnisse zur Beilegung des arabisch-israelischen Konflikts geben, ohne die Gefährdung seiner eigenen Sicherheit in Kauf nehmen zu müssen. Darüber hinaus könnte es ein Gegengewicht zu jeder Supermacht bilden, die ihren Einfluß im Nahen Osten auszuweiten versucht.

Vor dem Hintergrund der arabisch-israelischen Friedensvereinbarungen revidierte Shai Feldman seine Meinung. Der frühere Kritiker der Politik nuklearer Zweideutigkeit befürwortet heute deren Beibehaltung. Die von Israels ehemaligen Gegnern als aggressiv empfundene Abschreckungshaltung muß jedoch abgeschwächt werden. Für viele Israelis spielt aber gerade jetzt, da der jüdische Staat Gebietszugeständnisse macht, die atomare Abschreckung weiterhin eine wichtige Rolle in der Übergangszeit, bis der Friede sich gefestigt hat, in einem Prozeß also, der Jahrzehnte dauern kann. Die Herausforderung für die israelische Regierung soll dementsprechend darin liegen, den arabischen Nachbarstaaten zu erklären, daß die nukleare Abschreckung rein defensiv gedacht ist, gleichzeitig aber ihre Funktion gegenüber Israels verbleibenden Gegnern, beispielsweise dem Irak und dem Iran, erfüllt.

Ein Hauptargument derer, die das Nuklearpotential zu einem offiziellen Teil des militärischen Abschreckungskonzepts Israels machen wollen, ist wirtschaftlicher Natur. Konventionelle Waffen würden dann nämlich nicht mehr die Hauptlast der Abschreckung tragen, was qualitative Verbesserungen des konventionellen Arsenals und eine Reduzierung des erdrückenden Defizits im Verteidigungshaushalt ermöglichen würde. Daraus ergeben sich zwei Fragen. Welchen Effekt hätte dies auf den Budgetposten der US-Auslandshilfe, und sind die bilateralen Beziehungen für die Vereinigten Staaten so wichtig, daß die US-Regierung Verteidigungs- und Wirtschaftshilfen in gleicher Höhe zu zahlen bereit wäre, wenn Israel sein Atompotential eingestehen würde? Könnte die US-Regierung zudem Gesetze durch den Kongreß bringen, welche die arabischen Staaten zwingen würden, ihr Chemiewaffenpotential vor dem Aussetzen der amerikanischen Hilfe unter internationale Überwachung zu stellen? Als der Kongreß Druck ausübte, die US-Hilfen für Pakistan einzufrieren, nachdem pakistanische Politiker hatten durchblicken lassen, daß ihr Land über die Bombe verfügt, erließ die Reagan-Regierung im Dezember 1987 ein Gesetz, das Indien dazu verpflichtete, erst seine Atomanlagen internationalen Inspektionen zugänglich zu machen, bevor die wirtschaftliche Hilfe für Pakistan eingestellt werden sollte.

In einer 1994 erstellten Studie des US-Rates für Auslandsbeziehungen wurde der Vorschlag unterbreitet, Israel solle gemeinsam mit Indien und Pakistan als Atommacht anerkannt werden, damit die nukleare Abschreckung stabiler und als weniger aggressiv angesehen werde. Dies setzt aber eine Änderung des Atomwaffensperrvertrages voraus, der diesen Status nur für Länder vorsieht, die vor 1967 Atomtests durchgeführt haben. Dadurch würde nicht nur das »Kongreßproblem« gelöst, sondern auch der Druck von seiten der Araber auf Israel verstärkt, Verhandlungen über sein Atompotential zu beginnen. Das weitaus schwierigere Problem stellt die mögliche Reaktion der arabischen Staaten dar, wenn Israel etwas öffentlich bestätigen würde, von dem die Araber schon lange vermuten, daß es existiert.

Die Enthüllungen der *Sunday Times* haben anscheinend keinen verstärkten arabischen Rüstungswettlauf in Gang gesetzt. Ebensowenig geschah dies, nachdem das amerikanische Aufklärungsflugzeug U-2 im Jahre 1960 den Atomreaktor bei Dimona photographiert hatte. Angesichts der wirtschaftlichen und technologischen Engpässe beim Aufbau eines Atompotentials wurde dieses Thema nicht als vordringlich auf die innenpolitische Tagesordnung der arabischen Staaten gesetzt. Israels Offenlegung seiner Nuklearkapazität könnte also bei der Beeinflussung kurzfristiger regionaler und internationaler Reaktionen eine ebenso wichtige Rolle spielen wie andere Faktoren auch.

Die Geschichte des israelischen Atomprogramms

Die Argumente der Befürworter der gegenwärtigen Politik der atomaren Zweideutigkeit lassen sich in sechs Punkten zusammenfassen. Sie verweisen erstens auf die unberechenbaren Handlungen einiger Staaten, in denen die Entscheidungsgewalt oftmals in den Händen einer politisch kaum einschätzbaren Person konzentriert ist. Ein System gegenseitiger Abschreckung setzt jedoch Rationalität auf beiden Seiten voraus. Zweitens könnte die israelische Bombe die arabischen Staaten dahingehend unter Druck setzen, das nukleare Gleichgewicht wiederherzustellen und dafür den Rüstungswettlauf im Nahen Osten zu forcieren. Drittens würde ein Abschreckungskonzept, das atomare Streitkräfte vorsieht, die Flexibilität konventioneller Streitkräfte reduzieren. Mit Atomwaffen kann man beispielsweise nicht dem Problem des Terrorismus begegnen; sie können nur als Waffe des letzten Auswegs dienen. Viertens würde die Offenlegung des Nuklearpotentials die diplomatischen Schwierigkeiten verstärken, die bei Israels offenen und heimlichen Aktivitäten gegen arabische Versuche, ein nichtkonventionelles Potential zu entwickeln, auftreten – also beispielsweise bei dem Luftangriff auf den irakischen Atomreaktor im Jahre 1981. Fünftens hat sich nach Meinung der Befürworter die atomare Zweideutigkeit bewährt. Die Araber sind abgeschreckt worden, wie der Krieg 1973 bewies, als ägyptische Truppen nach Überquerung des Suez-Kanals die Sinai-Halbinsel einnahmen, aber nicht weiter ins Innere Israels vorrückten. Und schließlich ist es die Unberechenbarkeit der Folgen, die der unumkehrbare Schritt an die Öffentlichkeit nach sich ziehen könnte, welche die Befürworter, wie zum Beispiel Alan Dowty von der Universität Notre Dame in den USA, zu dem Schluß kommen läßt, daß »die derzeitige Situation verständlich, vertraut und – in gewissem Sinne – sicher« ist. Grundlegend erschüttert wurde die Politik der atomaren Zweideutigkeit jedoch durch Vanunus Enthüllungen.

Vanunus Leben

Sephardischer Jude

Shlomo und Mazal Vanunu führten in den fünfziger Jahren in Marrakesch ein angenehmes Leben. Sie hatten zwar als Juden eine Kindheit in Armut verbracht, sich aber ein Stück nach oben gekämpft. Shlomo führte ein Lebensmittelgeschäft, und seine Frau Mazal arbeitete schwarz als Schneiderin. Ihr Einkommen reichte, um sich ein Haus mit fließendem Wasser, Anschluß an die Kanalisation, einem Hinterhof für die Kinder und einen arabischen Diener leisten zu können. Das Leben war typisch für ein arabisches Land; man sprach arabisch und trug lange Gewänder. Shlomo aber, dessen Schwiegervater Rabbi Ben-Abu ein in weiten Kreisen geachteter Gelehrter war, wollte für seine Kinder sowohl eine gute jüdische als auch eine allgemeinbildende Erziehung.

In diesem jüdisch-arabischen Leben kam Mordechai (Motti) am 13. Oktober 1954 zur Welt. Er besuchte die *Alliance*, eine weltliche, jüdische Schule mit Französisch als Unterrichtssprache. Motti packte oft zu Hause mit an und stand seinem Großvater sehr nahe, dem er täglich das von Mazal zubereitete Essen brachte. Es war ein friedliches, ja fast idyllisches Leben, besser als das vieler anderer Juden in der arabischen Welt.

Das Leben der marokkanischen Juden befand sich jedoch im Umbruch. Von den marokkanischen Behörden unbemerkt, bemühten sich Vertreter der *Jewish Agency* seit den fünfziger Jahren im ganzen Land darum, Familien zur Emigration in den jungen Staat Israel zu bewegen. Die Auswanderungen wurden heimlich in kleinen und großen Gruppen organisiert.

Vanunus Leben

Die Vanunus waren unter den letzten, die sich entschieden, von Marrakesch wegzugehen, denn sie wollten den Großvater nicht alleine zurücklassen, der krank geworden war. Nach seinem Tod im Jahre 1963 entschlossen sie sich dann zur Emigration. Shlomo verkaufte das Lebensmittelgeschäft und das einstöckige Haus. Am Tage der Abfahrt zog Mazal ihren sechs Kindern französische Kleider an und setzte ihnen Strohhüte auf. Die Familie nahm den Zug nach Casablanca und von da aus ein Schiff nach Marseille. Shlomo kaufte dort einen Kühlschrank, eine Waschmaschine, ein Radio, einen Kassettenrecorder und sogar Teppiche für ihr neues Zuhause.

Nach ihrer Ankunft in Israel wurde der Familie eine Wohnung in Beersheba, der viertgrößten Stadt Israels, zugewiesen. Unter den 70 000 Einwohnern Beershebas, das im Süden des Landes am Rande der Wüste Negev liegt, lebten auch Neueinwanderer, viele davon aus Nordafrika. Andere kamen aus dem Irak, aus Indien und Osteuropa. Große Siedlungen entstanden am nördlichen und nordwestlichen Stadtrand von Beersheba, um die Neuankömmlinge aufzunehmen. Die Träume der Vanunus von einem guten Leben im Lande ihrer Vorväter verflogen jedoch schnell. Ihnen wurde eine große Hütte mit Faltbetten und Matratzen zugeteilt. Es gab keine Zwischenwände. Den Kindern blieb im Gedächtnis, daß der Kühlschrank auf einem Teppich in der Mitte der Hütte stand. Die Familie brauchte etwa ein halbes Jahr, um sich mit ihrer Lebenssituation in Israel abzufinden. Sie hatte das Gefühl, als hätte sie den Garten Eden gegen die Wüste eingetauscht. Shlomo nahm Kontakt zu Verwandten in Migdal ha-Emeq im Norden Israels auf; ein Onkel schlug ihnen vor, dorthin in ein kleines, freies Apartment umzuziehen, das der vom Staat subventionierten Wohnungsbaugesellschaft *Amidar* gehörte. Sie ließen sich darauf ein, wurden dann aber aus dem Apartment hinausgeworfen und nach Beersheba zurückgeschickt.

Der Zustrom der Juden hätte der Grundstein für die Verwirklichung des zionistischen Traums werden können, aber die Aufnahme von so vielen Einwanderern in so kurzer Zeit war nicht einfach für den jungen jüdischen Staat. Die Häuser für die Neuankömmlinge waren klein und für die vielen Großfamilien oftmals hoffnungslos ungeeignet. Die schon früher Eingewanderten, meist Israelis europäischer Abstammung, waren gut ausgebildet und hielten die meisten leitenden Positionen in Verwaltung und Wirtschaft besetzt. Der Elementarunterricht war kostenlos und breit gefächert, das Niveau lag jedoch in den Gebieten der Neuankömmlinge wegen der Schwierigkeit, qualifizierte Lehrer zu finden, unter dem Durchschnitt. Die schwierigsten Probleme bei der Aufnahme der orientalischen Juden in Israel waren jedoch psychologischer Natur. Die große Kluft zwischen gesellschaftlicher Stellung und Leistung der europäischen *Aschkenasim* und der orientalischen *Sephardim* gründete sich zum Teil auf Vetternwirtschaft und Vorurteile. Die Einwanderer wurden gemeinhin in Schubladen unterschiedlich großer Verachtung gesteckt: die Osteuropäer waren als Diebe verschrien, den Amerikanern sagte man Dollarbesitz nach usw. Die marokkanischen Juden genossen das geringste Ansehen von allen, da sie als Primitivlinge von jenseits des Atlasgebirges galten.

Den Vanunus wurde bald darauf ein kleines Haus in Beershebas Stadtteil Daled zugeteilt, wo sie die nächsten acht Jahre verbringen sollten. Daled war eine konservative Siedlung mit vielen religiösen, politisch nach rechts tendierenden Menschen, aber auch das Drogenviertel der Stadt. Eine Familie durchzubringen, gestaltete sich in diesem Viertel als schwierig, da viele Leute früher oder später mit dem Gesetz in Konflikt gerieten. Die einzige Unterhaltung bestand in Filmvorführungen, bei denen alle paar Monate ein Film auf die Außenwand eines Hauses projiziert wurde. Obwohl Beersheba ein Industriezentrum mit Keramik-, Pestizid- und Textilproduktion war, fand Shlomo nur Arbeit als Erntepflücker und Hilfsarbeiter – ein ziemlicher Abstieg für einen Lebensmittelhändler. Der Vater von sechs Kindern beklagte sich bitter darüber, wie man ihn in seinem Heimatland behandelte. Er wurde schließlich krank und kam in ein Krankenhaus. 25 Jahre später hatte er einen Stand auf dem Stadtmarkt und verkaufte religiöse Kultgegenstände.

»Meine Eltern waren über viele Dinge verzweifelt, und manches davon wurde an die Kinder weitergegeben. Wir haben die Behandlung, die wir bekamen, eigentlich nicht verdient«, schrieb Mordechai später darüber. Die Kinder brachten es trotzdem zu etwas; Mordechai selbst absolvierte ein Universitätsstudium und verdiente ein ansehnliches Gehalt im Nuklearforschungszentrum Dimona.

Der Lebensstil der Familie war jetzt stärker religiös geprägt: man orientierte sich an den Gebräuchen des religiösen Establishments in Israel, in dem die *Aschkenasim* großen Einfluß ausübten. Das Radio lief nicht mehr am Sabbat, wie das noch in der entspannteren Atmosphäre Marokkos üblich gewesen war. Züchtig bedeckte Mazal ihr Haar jetzt die ganze Zeit, statt nur beim Gang zur Synagoge. Shlomo wurde in der kleinen *shul*, der Synagoge, in der er täglich betete, als Rabbi angesehen. Er schickte seinen Sohn Mordechai in die Primarschule *Bet Yaakov*, die zu einem unabhängigen Verband von Schulen gehörte, in denen im Gegensatz zu den staatlichen Schulen eine intensivere jüdische Erziehung stattfand.

Die Wahl der Schulart ist für jüdisch-orthodoxe Eltern von entscheidender Bedeutung. Streng orthodoxe Eltern träumen davon, daß ihrem Sohn intensive Kenntnisse über die Thora und die Bücher des jüdischen Gesetzes vermittelt wird, er in seiner Jugend die Gesetze zu beachten lernt und vielleicht sogar sein ganzes Leben dem Studium der Thora widmet. Auch wenn er danach einen weltlichen Beruf ergreift, sollte er doch zumindest vollständige Grundkenntnisse über diese

Themen haben, die als Basis der Familienstruktur angesehen werden. Im staatlichen Schulsystem wird zwar das gesamte Spektrum allgemeiner Fächer und religiöser Inhalte gelehrt, so daß die Schüler auf die Examina zum Hochschulstudium vorbereitet werden; damit ist jedoch nicht sichergestellt, daß alle Schüler religiös bleiben. Daher war es nicht verwunderlich, daß Mordechai drei Jahre später nach Abschluß der Primarschule von Shlomo in eine *yeshiva katanah* geschickt wurde, eine Art High-School-Version der Talmud-Schulen, in der sich die Jungen hauptsächlich auf das Studium des Talmuds konzentrierten. Da sie nicht zuhause schliefen und die meiste Zeit mit einem religiösen Lehrer verbrachten, standen die Jungen eher unter dem Einfluß eines Erziehers als eines Lehrers im engeren Sinne. Aber Mordechai entzog sich diesem Einfluß.

Sein Vater schickte ihn daraufhin zur *yeshiva* Wolfson, einem neuen Internat, das eine modernere Erziehung mit vielen weltlichen Fächern und eine Vorbereitung auf die Universität, aber auch eine intensive religiöse Ausbildung anbot. Nach Ansicht von Rabbi Joshua Shalkovsky, der zu dieser Zeit Lehrer für religiöse Studien war, hatte Vanunu das gleiche Problem wie alle Kinder der großen Einwanderungswelle marokkanischer Immigranten. »Es bestand eine kulturelle Kluft zwischen den Eltern und den Kindern. Die israelische Kultur ist im Hinblick auf Werte, Interessen und Gebräuche sehr verschieden. Die Idole des neuen Staates waren es, die die Aufmerksamkeit der Jugend auf sich zogen. Die Jugendlichen hielten ihre Eltern für primitiv und rückständig, auch wenn sie in Nordafrikas Städten gelebt hatten«, meinte Shalkovsky. Asher, einer der Brüder Mordechais, sagte dazu: »Als ich in einem religiösen Umfeld lebte, war ich voller Zweifel und Fragen. Ich hatte keine Gelegenheit zu verstehen, was auf der anderen Seite des Zauns vor sich ging. Ich wollte mir verbotene Plätze anschauen. Aber ich war kein Rebell.«

»Wolfson war nicht die bestmögliche Wahl«, fügte Meir, ein anderer Bruder, hinzu. »Es war ein Kompromiß. Mein Vater hatte kein Interesse an weltlichen Studien und an Allgemeinbildung. Sein Traum galt einer stärker religiösen Erziehung.« Am Anfang stellte sich Mordechais photographisches Gedächtnis als ideal dafür heraus, Passagen aus der Thora und dem Talmud auswendig zu lernen. Aber nach einiger Zeit wurde er verschlossen, tat sich mit den weniger religiösen Jungen zusammen und wurde einer der sogenannten Dreier-Clique der Klasse. In einer bestimmten Phase schlug der Leiter der Schule, Rabbi Silbert, Mordechais Vater vor, eine andere Schule für seinen Sohn zu suchen. Mordechai war ertappt worden, als er sich mit einem Rasierapparat mit offener Klinge rasierte; das religiöse Gesetz der Juden schreibt jedoch die Benutzung eines Rasierers mit geschützter Klinge vor. Als man ihn am Sabbat beim Radiohören erwischte, brachte dies das Faß zum Überlaufen.

Die Reaktion der Schulleitung spiegelte im Kleinen den Druck wider, der durch ein modernes Umfeld auf die religiöse Schule ausgeübt wird. Eine Lehrerkonferenz wurde aus diesem Anlaß einberufen. »Wir befanden uns in einem akuten Dilemma«, meinte einer der Lehrer. »Einerseits hätte der Junge durch einen Schulverweis sicher die Ernsthaftigkeit der Angelegenheit eingesehen. Wenn wir untätig blieben, würde unser Ansehen in den Augen der religiösen Jungen beträchtlich leiden. Andererseits wäre er dadurch für immer verloren gewesen. Es gab unter uns einige, die nichts von einem Schulverweis hielten.« Während in einigen Fällen auf die Väter Druck ausgeübt wurde, die sich für den Verbleib eines Schülers an der Schule einsetzten, begegneten in diesem Falle einige Mitglieder des Lehrkörpers Shlomo Vanunu mit Sympathie, weil er religiös eingestellt war und nur versuchte, seinen Kindern eine bessere Erziehung angedeihen zu lassen. Eine weitere Schwierigkeit bestand darin, daß die Schule noch nicht etabliert genug war, um relegierte Schüler in anderen Schulen unterbringen zu können.

Die Erzieher waren sich des zugrunde liegenden Problems sehr wohl bewußt. Dadurch, daß viele Jungen aus Beershebas Daled-Viertel kamen, war Mordechai gerade dem Einfluß ausgesetzt, den sein Vater durch die Unterbringung in dem Internat vermeiden wollte. Die Probleme in Daled wurden gleichsam in eine Schule hineingetragen, die sich eigentlich davon abschirmen wollte. Eine andere Schwierigkeit bestand darin, daß Mordechais Klasse ein bunter Zusammenschluß zweier Klassenverbände war, als einer der Lehrer wegen Krankheit ausfiel. Da man ihn nicht ersetzte, wurde den 40 Jungen nicht die persönliche Aufmerksamkeit zuteil, die sie vielleicht sonst bekommen hätten. Darüber hinaus war der Schultag äußerst lang, da der Lehrplan weltliche und religiöse Studien umfaßte.

Von dem Zeitpunkt an, da Mordechai die *yeshiva* Wolfson verließ und zur Universität ging, tobte nach Auskunft von Meir »ein dauernder Konflikt zuhause, ein Konflikt, der die Grundfesten des Familiengefüges erschütterte. Wie in anderen Familien gab es lautstarke Auseinandersetzungen. Vater und Mutter verloren ihre traditionelle Autorität.« Es war ganz anders als in Mordechais früher Jugend, als er durch sein braves Wesen den Vater für sich einnahm und zu seinem Lieblingskind wurde, und als er noch das leuchtende Vorbild für seine Geschwister war, die ihn mit einer gewissen Achtung behandelten.

Mordechai hoffte, für seinen dreijährigen Militärdienst bei der Luftwaffe zugelassen und Pilot zu werden, aber er bestand die notwendigen Prüfungen nicht. Statt dessen kam er zum Pionierkorps und stieg bis zum Rang eines Gruppenführers auf. In seinem Armeezeugnis steht: »Er war ein sehr guter Unteroffizier, führte seine Aufgabe wie verlangt aus und besaß Entschlußkraft.« Er schlug das Angebot aus, sich weiter als befehlshabender Offizier zu verpflichten, und ging auf die Universität. Er wurde 1975 an der Universität von Tel Aviv für Physik als Hauptfach zugelassen, ging jedoch am Ende des ersten Jahres ab, weil er für seinen Lebensunterhalt arbeiten mußte. Die Arbeit in einer Bäckerei und als Wachmann in einem Vergnügungspark sowie der 40tägige Reservedienst in der Armee brachten sein Studium durcheinander. Er kehrte nach Beersheba zurück.

Vanunu in Dimona

Er bewarb sich auf eine Anzeige für ein technisches Ausbildungsprogramm im Nuklearforschungszentrum Dimona. Bei seinem ersten Vorstellungsgespräch wurde er nach seiner politischen Zugehörigkeit gefragt. Zu jener Zeit war Mordechai ein Anhänger von Menachem Begin, der im darauffolgenden Jahr die Herut-Partei zum Wahlsieg führen und damit die dreißigjährige Regierungszeit der Arbeiterpartei Mapai beenden sollte. Mordechai versprach sich wie viele orientalische Juden von der rechten Oppositionspartei Herut die Beendigung der Vorherrschaft der israelischen Arbeiterpartei in der Bürokratie und im öffentlichen Leben. Aber er war nur ein passiver Anhänger. Er wurde auch nach Vorstrafen und nach Drogen- und Alkoholproblemen gefragt, denn Kandidaten mit sozialen Problemen wurden nicht aufgenommen. Bei einer früheren Bewerbung für den Shin Bet, den israelischen Inlandsgeheimdienst, wurde er aus psychologischen Gründen abgelehnt. Aber der Sicherheitsdienst von Dimona wußte offensichtlich nichts von dieser Ablehnung.

Er wurde in das Programm aufgenommen und mußte einen Intensivkurs in Physik, Chemie, Mathematik und Englisch absolvieren. Im Januar 1977 bestand er zusammen mit 39 anderen der 45 Kandidaten sein Examen. Diejenigen, die in *Machon 2* arbeiten sollten, hatten vier Monate Zeit, sich mit der Arbeit vertraut zu machen. *Machon 2* ist laut Beschreibung Vanunus ein achtstöckiger, unterirdischer Gebäudekomplex, der eine Anlage zur Plutoniumgewinnung beherbergt. Zusätzlich zum allgemeinen Ausweis, den alle Arbeiter von Dimona besaßen, bekam er noch den Ausweis Nr. 320, der ihn zum Betreten von Gebäude *Machon 2* berechtigte. Bei seiner ersten Reise nach Dimona im Februar 1977 mußte Vanunu zusammen mit den anderen Auszubildenden als erstes eine amtliche Geheimhaltungserklärung unterschreiben, die sie zu absoluter Verschwiegenheit verpflichtete und im Falle eines Verstoßes 15 Jahre Gefängnis vorsah. Vanunu hat sich anscheinend an diese Vereinbarung gehalten, denn selbst seinen engsten Vertrauten verriet er nichts über die genaue Art seiner Arbeit, obwohl er sehr stolz darauf war, in einer hochsensiblen Anlage arbeiten zu dürfen. »Er sprach nur in ganz allgemeinen Formulierungen. Wir wußten, daß er im Atomforschungszentrum arbeitete«, sagte Meir. »Er verlor niemals ein Wort über seine Arbeit. Wir wußten gerade einmal, daß er dort arbeitete«, so seine Mutter. Seine spätere Freundin Judy Zimmet meinte: »Ich wußte, daß seine Arbeit etwas mit Atomprojekten zu tun hatte. Ich reimte mir das zusammen, denn er sprach nur von Chemikalien und Kontrollen.«

Am 7. August 1977 nahm er die Arbeit als Kontrolleur der Nachtschicht auf, der er neun Jahre lang nachgehen sollte. Auf diesem Posten durchlief er sämtliche Abteilungen von *Machon 2* und bekam so einen kompletten Überblick über alle Prozesse, die, wie er später sagte, der Herstellung thermonuklearer Waffen dienten. Er arbeitete hart, fehlte kaum einen Tag und sprang sehr oft für seine Kollegen ein. Er verdiente ungefähr 800 US-Dollar im Monat, was für israelische Verhältnisse relativ viel ist, und konnte sich so eine Wohnung und ein Auto kaufen und auch etwas sparen, obwohl er viel von seinen Ersparnissen beim israelischen Bankencrash im Oktober 1983 verlor. Nachdem Vanunu zwei Jahre gearbeitet hatte, wurde ihm die Routine langweilig. Er entschloß sich, wieder auf die Universität zu gehen.

Er begann ein Studium der Ingenieurwissenschaften an der Ben-Gurion-Universität in Beersheba, arbeitete aber gleichzeitig noch im ungefähr 40 Kilometer entfernten Reaktor Dimona. Dann entschied er sich, nicht die erforderlichen fünf Jahre für einen Abschluß in diesem Fach zu investieren. Er ließ sich für Wirtschaftswissenschaften umschreiben, hörte aber auch damit auf und begann schließlich ein Studium der Philosophie und Geographie. Seine Kommilitonen zogen ihn mit der Frage »Was studierst du denn jetzt eigentlich wirklich?« auf. Es kam nicht überraschend, daß er sich letztendlich für Philosophie entschied, denn er hatte Nietzsche gelesen, als er siebzehn Jahre alt war. Einer der Kurse, die er belegte, wurde von Professor Avner Cohen über Philosophie und nukleare Themen abgehalten. Er definierte seine persönlichen Ziele als »Erwerb sprachlicher Fähigkeiten, dem Lesen von immer mehr Büchern, der Aneignung methodischen Denkens und dem Finden eines stabilen Lebensstiles«. Er war kein brillanter Student. »Lassen Sie es mich so ausdrücken«, meinte Dr. Evron Polkov, einer seiner Philosophiedozenten, »er glänzte nicht durch seinen Intellekt«. – »Er war ein überdurchschnittlicher Student; zuverlässig und fleißig zugleich«, sagte Dr. Lurie, der Dekan der Philosophischen Fakultät, über ihn. Er begann sein Hauptstudium in Philosophie und wurde Assistent von Dr. Haim Marantz, wobei er die meiste Zeit die Arbeiten von Studenten im Grundstudium zu korrigieren hatte.

Die Politisierung Vanunus kam plötzlich: Der Libanonkrieg im Jahre 1982 beziehungsweise die umstrittene, von Verteidigungsminister Ariel Sharon angeführte Invasion waren dabei ausschlaggebend. Er nahm an Demonstrationen gegen den Krieg teil. Als Dr. Polkov, dessen Vorlesung über den metaphysischen Realismus Vanunu später besuchen sollte, in Haft genommen wurde, weil er aus Gewissensgründen den Kriegsdienst im Libanon verweigerte, organisierte Vanunu eine Kundgebung für ihn vor dem Gefängnis. Der Widerstand gegen den Krieg weitete sich in eine allgemeine Sympathie für die Araber im Westjordanland (Westbank) aus, deren Situation in Vanunus Augen mit der Lage der sephardischen Juden gleichzusetzen war. Während seines eigenen Reservedienstes zog er es vor, in der Küche zu arbeiten, weil er nichts mit der Kriegsmaschinerie zu tun haben wollte. Musa Fawzi, der Anführer der arabischen Studentengruppe an der Ben-Gurion-Universität und ein Freund Vanunus, sagte dazu: »Motti glaubte, daß der gegenseitige Respekt des arabischen und des jüdischen Volkes ihnen ein Zusammenleben ermöglichen würde. Aber solange die arabische Minderheit diskriminiert wurde, konnte dies seiner Ansicht nach nicht erreicht werden.«

Mit der Siedlungspolitik beging Israel, wie Vanunu später schrieb, »den ersten Fehler. Hätten die Israelis versucht, eine Beziehung zu den Arabern im Land herzustellen, anstatt jüdische Siedlungen zu bauen, die Araber zu vertreiben und Territorium für sich hinzuzugewinnen, dann wäre ein Weg zur Errichtung eines vereinten Staates zu finden gewesen.« Bei einem Folkloreabend im Studentenclub der Universität im November 1985, der von über 100 arabischen Studenten besucht wurde, von denen die meisten das palästinensische Kopftuch *kefiah* trugen, forderte Vanunu von der mit einer PLO-Flagge dekorierten Bühne aus die Errichtung eines palästinensischen Staates. Der einzige andere jüdische Student auf dieser Veranstaltung war ein Vertreter des Rechnungsprüfungsausschusses des Studentenverbandes, der in offizieller Funktion teilnahm.

Vanunu avancierte zum Vertreter seiner Fakultät beim Studentenverband. Später war er bei der Gründung von *Campus* beteiligt, einer Studentengruppe mit dem Ziel, die Rechte der arabischen Studenten zu verbessern: sie sollten auch auf dem Universitätsgelände schlafen dürfen und leichter Stipendien erhalten. Im Verfahren gegen zwei arabische Studenten bemühte er sich um die Vetretung durch zwei führende, auf Bürgerrechte spezialisierte Rechtsanwälte. Dr. Amnon Zichroni und Avigdor Feldman waren später auch an seiner Verteidigung beteiligt, als man ihn wegen Hochverrats und Spionage anklagte. In einem Fall reiste Vanunu zu einer Universität im Westjordanland, um für einige seiner Kommilitonen die Klassiker der Philosophie in arabischer Sprache zu fotokopieren. Ihm war die Wahl eines Arabers in den Studentenrat zu verdanken, denn er mobilisierte viele arabische Studenten, deren Wahlbeteiligung sonst eher gering ausfiel, ihre Stimme bei der Wahl abzugeben. Noch nicht einmal die Kontrolle des Studentenverbandes durch die Linke hatte zu einer Verbesserung der Rechte arabischer Studenten beigetragen, meinte er in einem Interview für die Studentenzeitung *Berberane* im Jahre 1984. Nur die Wahl eines Arabers würde dies schaffen.

Ab 1984 orientierte sich Vanunu immer stärker am Kommunismus. Im Juni nahm er an einem Treffen von Studenten aus verschiedenen Ländern in Paris teil. »Er machte den Eindruck, als hätte er sich erst kürzlich der Linken zugewandt, und war in dem Stadium, ›noch päpstlicher als der Papst‹ sein zu wollen«, beschrieb ihn Shlomo Slotzki, ein weiterer israelischer Delegierter. An der Ben-Gurion-Universität initiierte er zusammen mit Yoram Peretz, einem anderen Philosophiestudenten, einen linksgerichteten Gesprächskreis, in dem aktuelle Themen aus philosophischer Perspektive diskutiert werden sollten; er schloß ihn der Rakach, der Kommunistischen Partei Israels, an.

Hätte Vanunu bei seiner Bewerbung um den Posten in Dimona die gleichen politischen Ansichten vertreten, wäre er bestimmt nicht eingestellt worden. Ein Problem für das Sicherheitspersonal bestand darin, nach der Einstellung eines Mitarbeiters jegliche Veränderungen, seien sie politischer oder psychologischer Natur, zu registrieren, die ihn für einen bestimmten Job unbrauchbar machten.

Vanunu wurde von seinem Arbeitgeber über seine politischen Aktivitäten befragt. Er fühle sich beobachtet, schrieb er bereits im Mai 1983 in sein Tagebuch. Als er für den *Berberane* interviewt wurde, bat er den Herausgeber David Youssof nicht zu erwähnen, daß er in Dimona arbeitete. Dabei ist unklar, ob er dies tat, weil er fürchtete, höhere Stellen des Kernforschungszentrums könnten von seinen politischen Neigungen erfahren, oder weil er darüber besorgt war, daß sein Image als Linker auf dem Campus durch diese Erwähnung leiden würde. Jedenfalls hätte der Sicherheitsdienst in seinem Fall keine Schwierigkeiten gehabt, Informationen über ihn zu sammeln. Meir Boznack, der zu Vanunus Studienzeit an der Universität beschäftigt war, zeigte sich darüber beunruhigt, daß jemand, der im Atomforschungszentrum arbeitete, solche politischen Ansichten äußerte, und alarmierte im Juli 1985, also ungefähr sechs Monate vor Vanunus Entlassung, eine »zuverlässige Quelle« und den Sicherheitsoffizier der Universität. Studenten, die wußten, daß Vanunu im Nuklearforschungszentrum arbeitete, zeigten sich ebenfalls besorgt. 1984 wollte er der Rakach beitreten, zu deren 2 000 Mitgliedern auch 250 Juden gehörten, aber »an meinem Arbeitsplatz warnte man mich, daß man genau wisse, was in der Ortsgruppe der Kommunistischen Partei in Beersheba vor sich ging«, schrieb Vanunu einem Freund. In einem CIA-Bericht über die israelischen Geheimdienste wurde behauptet, daß der Shin Bet die Partei systematisch unterwandert hatte und ihre Aktivitäten mittels Informanten, Überwachung und technischer Operationen verfolgte.

Im Mai 1985 wurde Vanunu zu einem Gespräch mit dem Shin Bet in das israelische Verteidigungsministerium in Tel Aviv einbestellt. Dort bat man ihn nach Angaben von Judy Zimmet, eine Erklärung zu unterschreiben, daß er mit Arabern, auch mit solchen, die der PLO nahestanden, befreundet sei und ihnen Staatsgeheimnisse verraten habe. Er verweigerte seine Unterschrift mit den Worten, er habe zwar viele arabische Freunde, von denen einige auch Kontakt zu terroristischen Organisationen hätten; er bestritt aber energisch, ihnen Staatsgeheimnisse verraten zu haben. Vanunu wurde von Sicherheitsoffizieren über die möglichen Folgen dieser Beziehungen aufgeklärt; nach ihren Aussagen habe Vanunu versprochen, sie einzustellen. Vanunu schob daraufhin seinen Aufnahmeantrag für die Kommunistische Partei hinaus, traf sich aber weiter mit seinen arabischen Freunden.

Der Bruch in der Sicherheitskette bestand hierbei anscheinend nicht darin, daß die Behörden keine Informationen gesammelt haben, sondern darin, daß man Vanunu erlaubte, weiterhin in Dimona zu arbeiten. Dieses Fehlurteil wurde dadurch noch gravierender, daß man Vanunu nicht eng überwachte, obwohl er bekanntlich ein Sicherheitsrisiko war.[1] Bemerkenswerterweise fühlte er sich sogar nach der Verwarnung durch den Shin Bet immer noch so sicher, daß er eine Kamera und Filme zur Arbeit mitbrachte; es gelang ihm, Aufnahmen von *Machon 2* zu machen und detaillierte Pläne anzufertigen. An einem der Tage, als er die Kamera in seiner Privattasche hineinschmuggelte, wäre die Tasche beinahe bei einer Stichprobenkontrolle durchsucht worden.[2] In Dimona kannte jeder jeden: »Es war eine glückliche Familie.« Das Sicherheitsbewußtsein in dieser hochsensiblen Anlage wurde durch die Kameradschaft geschwächt, die die gesamte israelische Gesellschaft prägt. Vanunu meinte, die Behörden wären nicht der Meinung gewesen, »daß wir marokkanischen Juden intelligent sind. Sie dachten, daß wir nur unseren Job tun würden, wenn man uns sagte, was wir machen sollten.«

Vanunu behauptete, daß er im Sommer 1985 an eine Kündigung dachte, sich dann aber zum Bleiben entschloß, wenn auch in einer anderen Abteilung des Komplexes. Nach seinen Angaben stieg er zu dieser Zeit auf und bekam auch ein höheres Gehalt.[3] Neben den ideologischen Gründen war es auch die Unzufriedenheit mit seiner Arbeit, die in ihm den Wunsch aufkommen ließ, aus Dimona auszuscheiden.[4] »Es gab keine Herausforderung mehr für ihn. Er war so weit nach oben gekommen, wie er konnte«, meinte Meir. Die fehlenden Aufstiegsmöglichkeiten sah er in seiner sephardischen Herkunft begründet. Dies steht allerdings im Widerspruch zu der Tatsache, daß heute viele *Sephardim* in Israel Schlüsselpositionen in zivilen und militärischen Bereichen der öffentlichen Verwaltung innehaben.

Bei der Personalführung in Dimona bestanden erhebliche Schwächen. In den achtziger Jahren gab es eine Reihe von Auseinandersetzungen zwischen den Arbeitgebern und dem Personal von Dimona, die sich über Protestversammlungen der Arbeiter und Demonstrationen bis hin zu einer Blockade des Werkzugangs auswuchsen. Im Gegensatz zu anderen Atomkraftwerken des Landes wurden die Mitarbeiter nach ihrer Einstellung keinen psychologischen Tests unterzogen. Frustration und Verbitterung herrschte besonders unter den Wissenschaftlern, wie sich in einer 1987 von der Personalabteilung durchgeführten Befragung zum Thema Zufriedenheit am Arbeitsplatz zeigte. Man hatte das Gefühl, daß nach der Abwicklung von Schlüsselprojekten keine Ersatzprojekte mehr aufgetan, sondern Gelder gekürzt und Forschungsteams abgebaut wurden. Die Wissenschaftler erhielten großzügige Konditionen für einen Vorruhestand; einige akzeptierten dieses Angebot jedoch nur – so der gängige Eindruck – aufgrund fehlender Perspektiven auf dem Arbeitsmarkt.[5]

Im Dezember 1985 wurden 180 Arbeiter aus wirtschaftlichen Gründen entlassen.[6] US-Experten vermuten, daß Israel durch den jahrelangen Betrieb eines Plutoniumreaktors und den dabei anfallenden Atommüll in Schwierigkeiten geraten war. Nach ihren Vermutungen stellte man Vanunu als Mitarbeiter in einer großen Gruppe von Technikern ein, die sich um die Entsorgung der abgebrannten Brennstäbe kümmern sollten. Die 180 Techniker – darunter auch Vanunu – wurden entlassen, sobald dieses Projekt abgeschlossen war.[7] Durch seine Zustimmung zu einer freiwilligen Entlassung bekam er eine höhere Abfindung, als wenn er selbst gekündigt hätte. Kurz vor seiner Entlassung reichte er schließlich seinen Aufnahmeantrag für die Kommunistische Partei Israels ein. Auf dem Antragsformular gab er als Beruf »Student« an. Hätte er geschrieben, daß er in einem Nuklearforschungszentrum arbeitete, so wäre die Partei mißtrauisch geworden, sagte der Parteisprecher Uzi Borstein. Wie alle Aufnahmewilligen mußte Vanunu zunächst eine in der Regel sechs- bis zwölfmonatige Probezeit bestehen. Dabei kann der neue Kandidat die Partei und die Partei den Kandidaten kennenlernen, so Borstein. In der kurzen Zeitspanne, bevor Vanunu das Land verließ, stand er der Arbeit der Ortsgruppe in Beersheba kritisch gegenüber. Er hinterfragte den ideologischen Hintergrund einiger Mitglieder. Er befürwortete die Verpflichtung von Referenten, die erklären sollten, was Kommunismus bedeutet, um ein breiteres Publikum für die kommunistische Ideologie in Wirtschaft und Politik zu begeistern und neue Ortsgruppen in der Region eröffnen zu können.

Neubeginn

1985 stand Vanunu vor der Frage nach seiner weiteren Lebensperspektive. Alle Wege standen ihm offen: er konnte Jura studieren oder sein Philosophiestudium an der Ben-Gurion-Universität fortsetzen; er hatte die Möglichkeit auf die Hebräische Universität Jerusalem, der angesehensten Hochschule Israels, zu wechseln oder in Tel Aviv zu arbeiten; er konnte aber auch in die USA beziehungsweise nach Südamerika gehen. Jetzt würde ein neues Kapitel in seinem Leben anfangen, vertraute er seinem Tagebuch an. Verschiedene Ideen sollten sich verwirklichen. Neben den Veränderungen in seinem beruflichen und studentischen Leben schrieb Vanunu auch, daß er das Land verlassen und sogar den jüdischen Glauben aufgeben wolle. Ein vollkommener Neubeginn. Ein Leben nach seiner Wahl, aufgebaut auf seinen eigenen Erfahrungen. Bis Oktober hatte er sich dann entschieden, nach Fernost zu reisen, um – wie er einem Freund sagte – »sich selbst zu finden«. Er hatte eine tiefgreifende Neugier für den Buddhismus entwickelt. Sein Interesse für Religion war ja auch einer der Gründe für sein Philosophiestudium gewesen. Aber sein Antrag auf ein Visum zur Einreise nach Indien wurde abgelehnt, und so machte er Zwischenstation in Thailand. Er beabsichtigte, nach Australien und von dort aus nach Boston weiterzureisen, wo Meir, dem er intellektuell sehr nahestand, und auch seine Freundin Judy Zimmet lebten.

In den vorangegangenen 15 Jahren hatte Mordechai Vanunu sich vielleicht vom Intellekt her weiterentwickelt, aber auf emotionaler Ebene hatte er große Schwierigkeiten, auf andere Menschen zuzugehen. Es wäre untertrieben, ihn als »ruhig und introvertiert« zu beschreiben, wie es Rahel Reiner tat, die auch als Assistentin an der philosophischen Fakultät der Ben-Gurion-Universität arbeitete. Vanunus Schwierigkeiten, menschliche Beziehungen aufzubauen, ziehen sich wie ein roter Faden durch sein Tagebuch. Im April 1983 klagte er, daß eine Ehe und Kinder wohl nicht zu den Erfahrungen gehören, die ihm zuteil werden würden. Warum, so fragte er im Mai 1984, frequentierte er Orte, an denen Menschen, und vor allem Frauen, waren, wenn es ihm nicht vergönnt sei, Beziehungen zu ihnen zu entwickeln? In der Zwischenzeit, so sein Fazit, sei es besser, seine Zeit mit Büchern und Schreiben zu verbringen. Auf einer Studentenparty zog er sich urplötzlich nackt aus. Die Episode um den Kauf eines neuen Wagens im Jahre 1982 ist ein bezeichnendes Beispiel für seine Probleme. »Warum hast du dir ein Auto mit Scheinwerfern gekauft? Du mußt doch nachts immer arbeiten«, stichelten seine Kollegen in Dimona. Er wechselte tagelang kein Wort mehr mit ihnen. Dann ging er los und verkaufte den Wagen mit erheblichem Verlust. Drei Graphologen, die Mordechais Handschrift unabhängig voneinander untersuchten, hoben alle auf seine Schwierigkeiten ab, menschliche Beziehungen aufzubauen.

Drei Monate bevor Vanunu Israel verließ, hatte er jedoch 1985 eine ernsthafte Beziehung. Ein gemeinsamer Freund stellte ihm Judy Zimmet vor, eine amerikanische Hebamme, die als Volontärin im Krankenhaus von Beersheba arbeitete; angeblich wollte Vanunu eine Arbeit über die philosophischen Aspekte der Abtreibung schreiben. Sie war bereits fast ein Jahr in Israel und hatte in der ersten Zeit ihres Aufenthalts einen vom Weltverband Jüdischer Studenten organisierten *ulpan*, einen Sprachkurs für Hebräisch, in Arad besucht. »Wir fühlten uns zusammen wohl«, erzählte sie. »Motti und ich hatten viele gemeinsame Vorlieben. Wir mochten beide Gesang, probierten gerne neue Dinge zusammen aus, wie neues Essen, neue Restaurants und Filme. Motti war sehr neugierig.« Nach Ansicht Meirs waren ihre Gefühle für Mordechai stärker als umgekehrt. Als Vanunu sich zu seiner Reise nach Fernost entschloß, sagte er, daß er alleine gehen wolle: sein

Einzelgängertum gewann wieder die Oberhand. »Unsere Beziehung war nie klar und veränderte sich dauernd«, sagte Judy. Irgendwann in Australien jedoch wollte er ihr vorschlagen, nachzukommen, aber da hatte sie Israel bereits verlassen und ein Informatikstudium an der Universität Boston aufgenommen. Er wählte Boston als endgültiges Ziel seiner Reise, weil er wahrscheinlich vorhatte, sie zu besuchen.

Von seiner Familie Abschied zu nehmen, war nicht schwierig. Die Besuche bei seinen Eltern waren selten und, wenn überhaupt, kurz gewesen. »Er schämte sich für sie. Er hatte das Gefühl, daß er, wenn er in einem anderen Milieu groß geworden wäre, vielleicht eine wichtige Persönlichkeit, ein führender Wissenschaftler, ein Professor geworden wäre und nicht nur ein erbärmlicher Atomtechniker«, meinte Tzipi Rav-Hen, ein enger Freund. An Yom Kippur, dem höchsten jüdischen Feiertag, an dem auch nichtreligiöse Israelis zuhause bleiben, fuhr er in jenem Jahr mit seinen arabischen Freunden zum Schwimmen ans Meer. Abgesehen vom Übertritt zu einer anderen Religion gibt es wohl nur wenig, wodurch er sich hätte stärker vom jüdischen Glauben – den sein Vater so liebte – distanzieren können. »Weil meine Eltern religiös sind, bin ich nicht nur nichtreligiös, sondern antireligiös. Ich rebelliere gegen Gott und behaupte, daß es keinen Gott, daß es gar nichts gibt. Nur dann kann man alles noch einmal von vorn überdenken«, so Vanunu. Neben Meir, dem er am nächsten stand, und Asher, der in einem Kibbuz ein holländisches Mädchen traf, mit ihr nach Europa ging und dort in verschiedenen Städten Plakate verkaufte, hat Mordechai noch drei weitere Brüder: seinen älteren Bruder Albert und die jüngeren Brüder Moshe, der seinen Militärdienst gerade hinter sich gebracht hatte, und Danny, der ihn eben erst anfing. Zwei seiner Schwestern, Shulamit und Haviva, hatten fromme *Chassidim* geheiratet und lebten in der streng orthodoxen Stadt Benei Beraq in der Nähe von Tel Aviv. Nanette, eine ausgebildete Lehrerin, hatte zwar eine Stelle außerhalb von Beersheba, aber da sie beabsichtigte zu heiraten, entschloß sie sich, in der Stadt zu bleiben, und wurde Verkäuferin in einem Kosmetikgeschäft. Mordechai war am engsten mit Bruria verbunden, vielleicht weil sie weniger religiös war als ihre Schwestern. Ihr vertraute er vor seiner Abreise seine Sachen zur Aufbewahrung an, darunter auch seine Tagebücher.

Vanunu in Australien

Am 17. Januar 1986 fuhr Vanunu mit dem Schiff von Haifa nach Athen und verließ so das Land, das er für eine lange Zeit nicht wiedersehen wollte. Von Athen flog er mit Aeroflot, der preisgünstigsten Luftverkehrsgesellschaft auf dieser Strecke, nach Bangkok. Im Flug war ein 48stündiger Zwischenstop in Moskau enthalten, so daß der engagierte Kommunist die Stadt besichtigen konnte. Der KGB hat eine große Chance auf dem Flughafen verpaßt, denn die nicht entwickelten Filme mit den Aufnahmen von Dimona in seiner Reisetasche blieben unentdeckt. Von Moskau aus flog er weiter nach Thailand und dann nach Burma. Er kehrte nach Thailand zurück, wo er einen Monat in einem buddhistischen Tempel lebte. Anschließend reiste er nach Nepal weiter, wo er das Passah-Fest mit einem israelischen Touristenpaar verbrachte. Dann flog er nach Singapur und weiter nach Australien. Zunächst versuchte er, eine Stelle im israelischen Konsulat in Sydney und bei der *Jewish Agency*, die auswanderungswillige Juden betreut, zu bekommen, was angesichts des Gefühls der Entfremdung Vanunus von Israel höchst erstaunlich ist. Dann schlug er sich als Taxifahrer durch. Vanunus Aufenthalt in Sydney sollte der Beginn eines »neuen Kapitels« in seinem Leben sein. Einige Dinge, wie zum Beispiel den Bruch mit dem jüdischen Glauben, hatte er vorausgesehen. Allerdings konnte er nicht ahnen, wie die Geschichte ausging.

In Sydney lebte Vanunu im heruntergekommenen Stadtteil King's Cross im Pfarrbezirk St. John, zu dem er ein starkes Zugehörigkeitsgefühl empfand. Pfarrer John McKnight, ein großer Mann, der oft den auffälligen Blazer der anglikanischen Kirchenorganisation *Church Army* trug, engagierte sich stark in der Jugendarbeit und hatte zuvor ein Rehabilitationszentrum für Drogenabhängige geleitet. Im Rahmen der »Operation Nicodemus« veranstaltete die Kirche mehrmals in der Woche offene Abende für die Beratung sozial Benachteiligter des Viertels. Als Vanunu eines Abends St. John besuchte, begann er, McKnight, dessen Assistenten Stephen Gray und dem Laienpriester David Smith Fragen über den christlichen Glauben zu stellen; es entwickelte sich ein tiefgreifendes Gespräch zwischen ihnen. Dies war aber nicht der erste Kontakt Vanunus mit christlichen Institutionen. Er hatte die christlichen Sehenswürdigkeiten in Israel besichtigt und vom Vorsitzenden der Anglikanischen Kirche in Ramallah, Georges Rantasi, Geld für einen Fonds für bedürftige Studenten an der Ben-Gurion-Universität erhalten.

Kurz darauf begann Vanunu, Sonntagsgottesdienste und Bibelkreise zu besuchen, und zog in eine der kirchlichen Wohnungen ein. »Ich glaube, die Wärme, Kameradschaft und Liebe der Menschen von St. John haben ihn für uns gewonnen«, sagte McKnight. Passenderweise war Nicodemus, der in einem Gospel von St. John als »Pharisäer und Herrscher der Juden« bezeichnet wird, auch ein Jude mit vielen Problemen, der in der Hinwendung zu Jesus Hilfe suchte. Am 17. Juli wurde Vanunu von Reverend Gray getauft und nahm den Namen John Crossman an. Obwohl zwischen seinem ersten Besuch in der Kirche St. John und seiner Taufe weniger als drei Monate vergangen waren, ist nach McKnights Worten »der Weg für einen Konvertiten vom Judentum zum Christentum einfacher als umgekehrt, da es viele Überschneidungen gibt. Vanunu glaubte an die wesentlichen Inhalte des Christentums, an die Existenz Gottes und an sein Wirken in der Welt. Er war davon überzeugt, daß Gott ein gerechter und gütiger Gott ist. Und ich meine, daß er an Jesus als den Messias glaubte.«

Vielleicht ist es nicht verwunderlich, daß Vanunu konvertierte. »Ich habe meine Religion gewählt«, schrieb er in einem Brief an Judy Zimmet. »Niemand kann für mich entscheiden. Jeder muß seinen Glauben selbst wählen und seine Antworten für sein Leben finden.« Ebensowenig verwundert seine Entscheidung für das Christentum. Universalismus ist ein Wert, den er unabhängig von seinem Umfeld bejaht hatte. »Denke nicht darüber nach, was mit mir geschehen wird, wenn ich Dir helfe, sondern darüber, was mit Dir geschieht, wenn ich Dir nicht helfe«, schrieb er einem Freund. »In diesem Leben möchte ich der Menschheit helfen und ihr alles geben, was ich kann«, schrieb er Judy Zimmet. Daß die christliche Kirche einen klaren Standpunkt gegenüber dem atomaren Rüstungswettlauf vertrat, machte sie doppelt anziehend. Aber es wäre falsch zu behaupten, daß von der in einigen Teilen der Kirche vorherrschenden Ablehnung gegenüber Atomwaffen die Hauptanziehungskraft ausging. »Als liebende christliche Gemeinschaft interessierten wir uns für die ganze Themenpalette, für soziale Gerechtigkeit und Rassismus, und nur eine kleine Gruppe konzentrierte sich auf Frieden und Gerechtigkeit«, meinte McKnight.

Vanunus Haltung zur Atomwaffenfrage

Im Gegensatz zu manch anderen Kirchenführern haben die Rabbis in Israel in der Frage der Atomwaffen keinen klaren Standpunkt bezogen. Dies spiegelt die zwiespältige Haltung zu diesem Thema wider, die allgemein in Israel herrscht. Angesichts der Existenz von Krieg und – in der heutigen Zeit – von nichtkonventionellen Waffen im Nahen Osten ist dieses Schweigen jedoch unangebracht. In den Vereinigten Staaten haben sich die verschiedenen Strömungen des Judentums und insbesondere die Reformbewegung zum Rüstungswettlauf der Supermächte kritisch geäußert. Obwohl Friede in der jüdischen Liturgie eine bedeutende Rolle spielt, ist der jüdische Glaube nicht als pazifistisch im heutigen Sinne des Wortes anzusehen. Notwehr ist eine Pflicht: »Wenn ein Mensch zu Dir kommt, um Dich umzubringen, dann töte ihn zuerst«, heißt es im Buch *Sanhedrin* des Talmud. Aber genauso wie nach der christlichen Theorie vom »gerechten Krieg« ist im jüdischen Glauben jede Militäraktion verboten, die absichtlich oder voraussehbar zu Opfern unter der Zivilbevölkerung führt. Folglich meinte Rabbi Judah Bleich, Professor an der Yeshiva-Universität von New York: »Der Abwurf der Atombomben über Hiroshima und Nagasaki kann nicht auf der Basis des Rechts auf Notwehr gerechtfertigt werden, auch wenn dadurch die Zahlen der Opfer bei den Streitkräften verringert wurden.« – »Ist des einen Menschen Blut denn röter als das des anderen?«, lautet eine rhetorische Frage im Talmud. Einige rabbinische Schriftgelehrte versuchen jedoch, einen Unterschied zwischen der Benutzung von Waffen und ihrer abschreckenden Wirkung zu machen.

Offensichtlich hat Vanunu sich nicht genauer mit dem jüdischen Standpunkt zu Atomwaffen beschäftigt. Vielleicht hat er den Geist des Judentums nie verstanden. Die orthodoxe jüdische Lehre hat sich nie auf die Aufstellung von allgemeinen Prinzipien und moralischen Werten beschränkt, die auf viele verschiedene Weisen interpretiert werden können. Statt dessen wird versucht, einen präzisen Verhaltenskodex, die *mizvot*, vorzugeben, durch den das Handeln klar geregelt wird. In orthodoxen Kreisen, zu denen auch Vanunus Familie gehört, besteht die Gefahr, daß einige die tiefere Bedeutung dieser Handlungen aus dem Auge verlieren.

In St. John wurde eine Reihe von Seminaren und Workshops unter dem Titel »Nachfolge Jesu in einer leidenden Welt« veranstaltet, die die christlichen Antworten auf aktuelle Fragen, wie zum Beispiel Armut, Rassismus, Apartheid und Atomwaffen zum Thema hatten. Die Botschaft des Workshops zu Atomwaffen war, wie McKnight sagte, daß »Christen eine aktive Rolle beim Kampf gegen Atomwaffen einnehmen müssen und nicht höheren Mächten die Entscheidung für uns überlassen dürfen. Dies war eine Katharsis für Vanunu. Hier lag der Wendepunkt, und was er glaubte, tun zu müssen, war das Ergebnis dieses Workshops.« Bei einer der Sitzungen hielt Vanunu einen kurzen Vortrag über seine Arbeit in Israel. Er zeigte einige der Photographien, die er im Nuklearforschungszentrum Dimona aufgenommen hatte, so als seien es Urlaubsphotos. »Es war ihm offensichtlich gleichgültig, und er sagte ausdrücklich, daß die Anlage, in der er gearbeitet hatte, geheim war. Ich denke, ich habe das zu der Zeit nicht ganz ernst genommen«, erzählte ein Gemeindemitglied.

Die Frage, die sich für Vanunu stellte, war, welche Strategie er im aktiven Kampf gegen Atomwaffen einschlagen sollte. Die Antwort kam von einem freischaffenden kolumbianischen Journalisten namens Oscar Guerrero, der im Rahmen eines Beschäftigungsprogramms des Commonwealth beim Streichen der Kirche eingesetzt war. Vier Tage nach ihrem ersten Treffen erzählte Guerrero Vanunu, er sei freier Journalist, und zeigte ihm Photographien, auf denen er mit international bekannten Persönlichkeiten wie Lech Walesa, dem damaligen Präsidenten Argentiniens Alfonsín und Shimon Peres abgebildet war. Er sagte, er kenne viele Journalisten und könne beim Verkauf der Story über das israelische Atomprogramm behilflich sein. Vanunu hatte zwar bereits in Thailand versucht, Kontakt mit den Medien herzustellen, aber wenn er nicht zufällig auf Guerrero getroffen wäre, hätte es die Vanunu-Affäre wahrscheinlich nie gegeben.

Zunächst hatte er es sich anders überlegt. Er meinte gegenüber Roland Sollitus, einem Mitbewohner in St. John, der in Guerreros Plan eingeweiht war, er wolle den Film vernichten und die ganze Sache vergessen. Sollitus sagte zu Vanunu, das könne er nicht tun. Vanunu erkannte, daß Sollitus recht hatte, und brachte einen weiteren Film sofort zum Entwickeln in ein Geschäft um die Ecke.

»Ich mußte viele persönliche Barrieren überwinden, um zu tun, was ich tat«, schrieb Vanunu im September 1987 aus einem israelischen Gefängnis. »Die Hauptgefahr war, daß mein persönliches Leben an die Öffentlichkeit gezerrt und der Verleumdung preisgegeben werden würde, sowie meine Zukunftspläne geopfert werden mußten – alles auf diesem Altar. Aber die Sache war es wert. Mit diesem Schritt schlug ich den Weg ein, an den ich glaubte, folgte ich meiner eigenen Philosophie darüber, was getan werden mußte, wie ein Mensch willig sein Leben opfern und riskieren sollte im Dienste einer Tat, die wichtig und nützlich für alle, für die Menschheit ist.« Der Mann, der sich als Junge in der Familie nützlich gemacht hatte, Mitschülern während des ersten Jahres in der *yeshiva* Wolfson bei den Talmud-Studien half und arabische Studenten unterstützte, wollte – ganz naiv und mit einer gewissen politischen Blauäugigkeit – denjenigen helfen, die im Gegensatz zu ihm nicht in Israels atomare Geheimnisse eingeweiht waren. Und obwohl er mit seiner Familie gebrochen hatte, entschuldigte er sich in einem Brief an Meir für die Unannehmlichkeiten und die Not, die seine Familie durch ihn sicherlich zu erleiden hätte. Wie sich später herausstellte, war Meir umgezogen, so daß ihn der Brief erst erreichte, nachdem die Geschichte schon in der *Sunday Times* stand.

Vanunu glaubte, daß er eine besondere, wenn nicht sogar einzigartige Stellung einnahm. »Ich verfügte über die Basisdaten und den Stoff. Ich führe ein Leben, das durch Reisen, Suchen, Forschen und die Auseinandersetzung mit allen möglichen Theorien und Gedanken geprägt ist. Durch den Libanonkrieg und die Shin Bet-Affäre zweifelte ich in meinem tiefsten Inneren an der Führung des Landes und ihren Handlungen. Ich entschied, es wie jemand zu halten, der sich für alle Angelegenheiten, von denen das Wohl des Landes abhängt, verantwortlich fühlt. Ich bin kein Mensch, der viel im Leben zu verlieren hat, eher ein Stoiker, der mit wenig glücklich ist. Ich konnte niemanden um Rat fragen, noch hätte ich um Rat gebeten, wenn jemand da gewesen wäre.« Zudem glaubte er, daß dies eine von Gott vorherbestimmte Mission sei. »Alle diese Merkmale waren in einem Menschen wie eine Bombe oder Mine vereinigt, die nur auf einen Zünder wartete, die sie zur Explosion bringen würde. Ich wartete, ich zögerte, ich grübelte, bis ich diesen Journalisten traf. Dann explodierte die Mine und brachte mich hierher [in ein israelisches Gefängnis]. Ich wollte mein Leben nicht in den Dienst dieser Sache stellen. Meine Frage ist, warum Gott und das Schicksal diese Funktion in meine Hände gelegt haben. Oder, um es anders auszudrücken, wo wäre ich sonst heute?«

Obwohl Vanunu während seiner neunjährigen Tätigkeit in Dimona für die Geheimhaltungspflicht sensibilisiert worden war und eine entsprechende Erklärung unterschrieben hatte, entwickelte er anscheinend wenig Bedenken hinsichtlich der Gefahr für sich selbst, die eine Weitergabe israelischer Geheimnisse in sich barg. Durch seine Weltanschauung war es für ihn schwierig, die Realitäten klar zu erkennen; er folgte Erfahrungen und Impulsen. Darüber hinaus war Vanunus altes Wertesystem vom neuen Verhaltensmuster abgelöst worden, bestehende Normen – den Respekt für Autorität eingeschlossen – in Frage zu stellen. Ein Tagebucheintrag vom

Mai 1983 belegt die Entwicklung seiner politischen Ansichten; er war ziemlich extrem geworden und notierte auch, daß er viele Araber kennengelernt hatte.

Eine Reihe von Fragen bezüglich seiner Beweggründe bedürfen noch der Klärung. Die wichtigste Frage betrifft seine Tagebücher: warum finden sich in ihnen, in denen Vanunu doch seine intimsten Gefühle festgehalten hatte, keinerlei Hinweise auf ein Bedürfnis, das Thema Atomwaffen offen zu diskutieren, oder auf einen konkreten Plan, wie er Israels atomare Geheimnisse preisgeben wollte? Nur Vanunu kennt die Antwort darauf, aber Tatsache ist, daß er sich unter anderem aus politischen Gründen dazu entschloß, in Dimona aufzuhören, und daß er die Aufnahmen aus dem offensichtlichen Wunsch heraus gemacht hat, die Öffentlichkeit über das Atomprogramm zu informieren. Und daß er, wie er Judy Zimmet kurz vor seiner Entlassung sagte, besorgt darüber sei, »Dinge zu produzieren, die die Menschheit gefährden können«. Auch wenn sich nichts darüber in seinen Tagebüchern findet, so liegt doch die Wurzel für seine unterschwellige Bereitschaft, über das Atomprogramm zu reden, in den Jahren 1983 bis 1985, als er mit der Linken in Kontakt kam. Der eigentliche Auslöser waren dann die Atmosphäre und die Diskussionen in King's Cross.

Eine zweite Frage betrifft sein erklärtes Ziel, nicht nur die Völkergemeinschaft, sondern insbesondere die Israelis über die atomare Bedrohung zu informieren. Inwiefern war er um seine Landsleute besorgt, wo er doch den jüdischen Glauben zugunsten einer anderen Religion aufgegeben hatte? Dies weiß nur Vanunu selbst.[8] Er identifizierte sich, wenn überhaupt, nur schwach mit Israel. »Er war sehr enttäuscht darüber, was dort vor sich ging. Er war oft sarkastisch«, sagte Judy Zimmet. Einen Anhaltspunkt kann man vielleicht in einem Brief Vanunus an seinen Bruder Meir finden, den er kurz vor seinem Abflug von Australien nach London schrieb. »Ich gehe nach London, um mit der *Sunday Times* eine Abmachung zu treffen. Meine Beweggründe sind in erster Linie politischer Natur. Obwohl ich Israel verlassen habe und nicht wünsche, mit der Sache konfrontiert zu sein, kann ich mich ihr doch nicht entziehen. Ich fühle die Pflicht, an die Öffentlichkeit zu gehen ... Ich habe viel über diesen Schritt nachgedacht, und dies scheint unbedingt notwendig.«

Drittens gibt es signifikante Unterschiede zwischen zivilem Ungehorsam zuhause und der Flucht vor den Behörden dadurch, daß man in eine andere Gerichtsbarkeit flieht. »Wenn sich ein Angeklagter der Sanktion eines übertretenen Gesetzes unterwirft, so zeigt er vor sich selbst und vor der Gemeinschaft, daß er nachgedacht hat; daß er das Für und Wider abgewägt hat; daß er nicht aus einem bloßen Impuls oder einer Laune heraus gehandelt hat; daß er sein Gewissen gründlich geprüft hat; daß er eine Entscheidung getroffen hat, die von höchster Bedeutung für ihn ist«, führt der amerikanische Juraprofessor Milton Konvitz aus. Vanunu ging nicht mit dem speziellen Vorsatz ins Ausland, in ein für die Enthüllung der Informationen günstiges Umfeld zu gelangen; er ging ins Ausland, weil er mit Israel unzufrieden war und ein neues Kapitel in seinem Leben beginnen wollte. Als er die Aufnahmen vom Atomreaktor machte, wollte er möglicherweise das Interesse der Öffentlichkeit auf die atomare Bedrohung lenken, aber er hatte noch keine klare Strategie dafür. Erst ein zufälliges Zusammentreffen mit einem sprunghaften Journalisten führte zu dem Vorschlag, die Story an die Medien zu verkaufen.

Darüber hinaus weckt die Tatsache, daß Guerrero von der *Sunday Times* 250 000 britische Pfund für die Story verlangt hatte, Zweifel an der Ernsthaftigkeit von Vanunus Motiven. Es ist richtig, daß Vanunu Reverend Gray erzählt hat, er wolle das Geld »für das Werk Gottes« verwenden. »Ich habe mich gefragt, ob ich es nehmen würde, wenn ich etwas zu verkaufen hätte. Ich glaube nicht, daß ich der Versuchung widerstehen könnte, eine halbe Million Dollar für das Werk des Herrn verwenden zu können«, sagte Vanunu gegenüber Reverend Gray. Als die *Sunday Times* Vanunu mitteilte, daß sein Name im Artikel genannt werden müßte, erwiderte er, sie könnten die Story auch ohne Bezahlung veröffentlichen, wenn sie den Namen wegließen; er hatte Angst vor der Erwähnung seines Namens. Der zwischen der Zeitung und Vanunu vorgesehene Vertrag sicherte ihm einen Teil der Einnahmen aus dem Verkauf eines Buches zu, das vom *Insight*-Rechercheteam der *Sunday Times* geschrieben werden sollte. Vanunu wollte dieses Geld später für den Beginn eines neuen Lebens verwenden. Auch wenn zwischen Vanunu und Guerrero in keiner Phase eine finanzielle Abmachung getroffen wurde, daß Guerrero einen Teil der Einnahmen behalten sollte, so schädigte Vanunu doch sein Image, weil er die Sache durch die Vermittlerrolle Guerreros anrüchig werden ließ. Vanunu, der sich ein wenig verloren in der großen Welt vorkam, hatte jemanden gefunden, der die richtigen Beziehungen für die Veröffentlichung seines Berichts zu haben schien.

Außerdem mag man sich fragen, ob Vanunu zu irgendeinem Zeitpunkt während der drei Monate des Jahres 1986, in denen er mit den Medien über seine große Story und seine Exklusivinformationen sprach, nicht wenigstens unterschwellig fühlte, daß er nun die Aufmerksamkeit bekam, die er als sephardischer Jude vermißt hatte. Man kann hierin die Fäden seiner Unzufriedenheit, seines rebellischen Geistes, seiner politischen Ansichten, seiner Nachdenklichkeit, seiner Abneigung gegenüber seinem Land, seiner fehlenden Strategie und seiner Leichtgläubigkeit erkennen: ein ziemlich buntes Patchwork-Muster. Dennoch ist die Geschichte für Vanunu besser ausgegangen, als er sich das in seinen kühnsten Träumen je vorstellen konnte. Weniger als ein halbes Jahr, nachdem er vor den Gemeindemitgliedern einer ungewöhnlichen

Kirche den Diavortag über das israelische Atomprogramm gehalten hatte, stand seine Story auf den Titelseiten der internationalen Presse. Auch wenn es im Vorfeld keine Tagebucheinträge oder klare Pläne gegeben hat, so formulierte Vanunu seine Ziele im nachhinein in seiner Gefängniszelle. »Atomkraft ist ein Thema«, so schrieb er im November 1987, »das so tabuisiert, ernst und bedeutend ist, daß alle Bürger detailliertere Informationen darüber bekommen müssen, was im Land passiert und was die Regierung tut, damit ihnen nicht eine weitere Überraschung zuteil wird, besonders nicht nach Tschernobyl.« In einem Gedicht mit dem Titel »I am your spy« (Ich bin dein Spion), das er um die gleiche Zeit verfaßt hat, schrieb er:

> *Dies ist nichts für mich. Es ist zuviel für mich.*
> *Steh auf, lies, steh auf und informiere dieses Volk.*
> *Du kannst es. Ich, die Schraube,*
> *der Mensch an der Maschine, der Techniker.*
> *Du, ja. Du, der Geheimagent dieses Volkes.*
> *Du bist das Auge des Staates.*
> *Spionageagent: Enthülle, was du siehst.*
> *Enthülle uns, was die, die verstehen, die Gelehrten,*
> *vor uns verbergen.*
> *Wenn du nicht bei uns bist, sind wir am Abgrund.*
> *Wir werden einen Holocaust erleben.*
> *Du, nur du, sitzt am Lenkrad und siehst den Abgrund.*
> *Ich habe keine Wahl. Ich bin klein, Bürger, dein Volk.*
> *Aber ich werde meine Pflicht erfüllen.*
> *Ich höre die Stimme meines Gewissens.*
> *Nirgendwohin kann ich fliehen.*
> *Die Welt ist klein im Vergleich zum Big Brother.*
> *Siehe, ich bin dein Abgesandter.*
> *Siehe, ich erfülle meine Aufgabe.*
> *Nimm es weg von mir.*
> *Komm und urteile.*

Erleichtere meine Bürde.
Trage sie zusammen mit mir.
Setze meine Arbeit fort. Halte den Zug an.
Steig aus dem Zug aus.
Die nächste Station ist der atomare Holocaust.
Das nächste Buch, die nächste Maschine, nein.
Es gibt kein solches Ding.[9]

Vanunu mag seine Taktik und seine Strategie zwar erst klar formuliert haben, nachdem die Sache schon gelaufen war, aber sein unterschwelliges Unbehagen und eine diffuse Zielsetzung waren schon im Vorfeld vorhanden. Die Geschichte wird eher von Handlungen und Ereignissen bestimmt als von Intentionen. Solange ein Mensch für geistig ausgeglichen – sei er nun introvertiert oder extrovertiert – gehalten wird, werden auch seine Taten für logisch motiviert gehalten.

»Wenn man mit Vanunu spricht, ist man von seiner Ernsthaftigkeit überzeugt, in der er seine Ansichten gegen den Gebrauch und Besitz von Atomwaffen vorbringt«, bemerkte Dr. Frank Barnaby. »Er ist offensichtlich ein vielschichtiger Charakter. Er ist impulsiv. Er hatte auch das Gefühl, daß er eigentlich hätte schneller aufsteigen sollen, als er es tat, weil er als arabischer Jude diskriminiert wurde. Diese beiden Faktoren werden von seiner Abneigung gegenüber Atomwaffen und dem Atomkrieg überlagert.«

Prüfung und Veröffentlichung durch die *Sunday Times*

»Insight«

Zum ersten Mal hörte die *Sunday Times* über Mordechai Vanunu von Tim Brown, einem britischen Journalisten, der viele Jahre lang für verschiedene ausländische Presseeinrichtungen gearbeitet hatte; er erzählte, er habe eine unglaubliche Story mit Photos. »Das wäre etwas für euer Blatt«, meinte Brown; Guerrero gegenüber war er jedoch mißtrauisch. »Er hat aber Photos, die sehr interessant aussehen.«

Die *Sunday Times* war die ideale Zeitung, um das Thema aufzugreifen, denn sie hatte eine fast dreißigjährige Tradition im investigativen Journalismus vorzuweisen. Ihr guter Ruf geht dabei größtenteils auf die Zeit von Harold Evans zurück, der die Zeitung von 1967 bis 1981 als Chefredakteur leitete und unter dem viele der berühmten Recherchen durchgeführt wurden. In der *Sunday Times* wurde Kim Philby als der »dritte Mann« im Spionagering um Burgess und Maclean enttarnt. Die Enthüllungen über die Contergan-Affäre und die Kampagne gegen die *Distillers Company* führten dazu, daß den Opfern eine zehnmal höhere Entschädigungssumme ausgezahlt wurde als ursprünglich angeboten; als das britische Oberhaus die Veröffentlichung der Geschichte zunächst per Anordnung verhinderte, focht die *Sunday Times* die Sache vor Gericht durch, bis sie den Fall vor dem europäischen Gerichtshof für Menschenrechte gewann. Das Blatt recherchierte den DC-10-Absturz über Paris im Jahr 1974 und in anderen bedeutenden Fällen, wie zum Beispiel dem Unterlaufen der UN-Sanktionen im damaligen Rhodesien oder den britischen Verhörmethoden bei Verdächtigen in Nordirland. Ebenfalls unter Evans hielt die Zeitung Versuchen der Regierung stand, die Veröffentlichung von Auszügen aus den Tagebüchern des ehemaligen Ministers Richard Crossman zu unterdrücken.

Die Tradition des investigativen Journalismus als Markenzeichen der *Sunday Times* reicht aber noch viel weiter zurück, und zwar bis in die Zeit von Chefredakteur Evans' Vorgänger Denis Hamilton, unter dem das Rechercheteam *Insight* (»Einblick«) gegründet wurde. Als Hamilton 1961 zum Chefredakteur ernannt wurde, wollte er die Funktion einer Sonntagszeitung als bloßen Aufguß der Nachrichten der vorangegangenen Woche neu definieren. Vom Erfolg der Nachrichtenmagazine *Time* und *Newsweek* in der Nachkriegszeit beeindruckt, beabsichtigte er zwei Erfolgsrezepte zu übernehmen: leichtverdauliche Artikel auf den hinteren Seiten zu Themen wie Geschäftswelt, Gesundheit und Wohnen sowie lange Reportagen auf der Titelseite, die man mit den beiden Nachrichtenmagazinen assoziierte. Gegen Ende des Jahres 1962 scheiterte der Versuch, mit *Topic* ein britisches Pendant zu *Time* zu schaffen. Bei der *Sunday Times* entschied man sich, den Chefredakteur dieses kurzlebigen Magazins zu engagieren und auch als Wochenzeitung das Konzept der Hintergrundberichterstattung zu übernehmen. In der neu geschaffenen Rubrik unter der Überschrift *Insight* fanden sich in der ersten Ausgabe statt einer einzigen zusammenhängenden Story dreizehn kleinere Artikel auf zwei Seiten, deren Themen von Religion über Versicherungen und Schiffahrt bis hin zu soziologischen Fragen reichten.

Ursprünglich wollte man Korrespondenten einsetzen, die sich auf die jeweiligen Themen spezialisiert hatten, aber dieses Konzept ging nicht auf. Statt dessen wurde ein eigenes Team von »investigativen« Reportern zusammengestellt, dem je nach den Erfordernissen eines bestimmten Beitrags ein eingearbeiteter Korrespondent zur Seite stand. Wie man in der offiziellen Geschichte des Blattes *The Pearl of Days* nachlesen kann, war das Besondere an *Insight*, daß »drei oder vier *Insight*-Mitarbeiter, die gewohnt waren zusammenzuarbeiten, eilige Recherchen zu wichtigen Nachrichten besser erledigen konnten als ein großer Stab von Redakteuren, die voneinander unabhängig arbeiteten«.

Eine der ersten wichtigen Titelgeschichten, in denen *Insight* Nachforschungen anstellte, war die Profumo-Affäre im Juni 1963, als die Beziehung zwischen dem britischen Marineminister und Christine Keeler, die gleichzeitig mit einem sowjetischen Diplomaten liiert war, aufgedeckt wurde. Ein Artikel mit 6 000 Wörtern untersuchte die verschiedenen Phasen der Affäre. Im darauffolgenden Monat berichtete man ausführlich über die Geschäftstätigkeiten eines gewissen Peter Rachman. Rachman kaufte Anwesen mit Mietpreisbindung und ließ dort Farbige einziehen. Er nutzte damit die Spannungen zwischen Schwarz und Weiß aus, um die Mieter zum Auszug zu bewegen, damit er anschließend die Häuser zu marktüblichen Preisen vermieten konnte. Mit einer dreiteiligen Serie über das Leben und die Machenschaften von Peter Rachman, in der auch die juristischen und politischen Aspekte der Geschichte behandelt wurden, begründete *Insight* den investigativen Journalismus, der das Team berühmt machen sollte.

Das Rechercheteam nahm sich erstmals politischer Themen an, als der konservative Premierminister Harold Macmillan zurücktrat und die Partei den Nachfolger nicht durch Wahl in den Parteigremien, sondern in der für sie typischen Art der »Sondierung von Meinungen auf allen Parteiebenen« bestimmte. Der *Insight*-Artikel an jenem Sonntag, für den der politische Redakteur James Margach rund 10 000 Wörter ab-

Prüfung und Veröffentlichung durch die *Sunday Times*

geliefert hatte, machte dem Leser die Machenschaften der Partei transparent.

Im darauffolgenden Jahr deckte das Team die Existenz eines Antiquitätenhändlerrings auf, dessen Mitglieder sich verpflichtet hatten, bei Auktionen nicht gegeneinander zu bieten. Nach dem Kauf sollte der Ring die entsprechenden Stücke auf einem Treffen unter sich versteigern. Der *Insight*-Mitarbeiter Colin Simpson, der früher mit Antiquitätenhandel zu tun hatte, wurde auf Einladung der Mitglieder in den Ring aufgenommen, nachdem er Stücke zu völlig unrentablen Preisen ersteigert hatte. Ein kleines Mikrophon an der Kleidung des Reporters übertrug die Vorgänge auf den Treffen des Rings in einen in der Nähe stehenden Lieferwagen, in dem ein anderer Reporter und ein Elektrotechniker die Gespräche mitschnitten. Die Recherchen führten zur Anklage zweier ehemaliger Präsidenten und neun weiterer Mitglieder des 32 Personen umfassenden Rates der Britischen Antiquitätenhändlervereinigung. Mitte der sechziger Jahre wurde ein Reporter mit der Aufdeckung von Fällen organisierter Kriminalität beauftragt; dabei sollte er jedoch nicht auf Polizeiquellen zurückgreifen, sondern eigene Kontakte zu kriminellen Kreisen knüpfen.

1981 erwarb Rupert Murdoch die *Times* und die *Sunday Times* vom Medienkonzern Thomson. Dies war das Ende der Ära der großen *Insight*-Recherchen. Murdoch ernannte Evans zum Chefredakteur der *Times* und machte Frank Giles, den stellvertretenden Chefredakteur und früheren Leiter der Auslandsredaktion, zum neuen Chefredakteur der *Sunday Times*. Giles zeigte sich seit längerem besorgt darüber, wie *Insight* im Laufe der Jahre fast zu einem eigenen Imperium innerhalb der Zeitung geworden war. Um das Team wieder zurechtzustutzen, löste er es kurzerhand auf. »Bei *Insight* arbeiteten äußerst abenteuerlustige und verdiente Leute. Das Team entwickelte einen eigenen inneren Stolz und ein gewisses Maß an Widerspenstigkeit gegenüber der Kontrolle durch die Chefredaktion. Es tat so, als wisse und könne es zu jeder Tageszeit sagen, was jeder Minister gerade machte«, meinte Giles. Aber Giles hatte den Sessel des Chefredakteurs nur kurze Zeit inne; er stand kurz vor dem Rentenalter.

1983 ernannte Murdoch den 36jährigen Andrew Neil zum Chefredakteur, der zuvor beim Wirtschaftsmagazin *The Economist* gearbeitet hatte. Mit diesem Wechsel wurde Murdochs Philosophie, eine Zeitung müsse in erster Linie Geld abwerfen, in die Tat umgesetzt. Neil setzte unter anderem auch bei den Ausgaben für Recherchen den Rotstift an und führte damit die von seinem Vorgänger begonnene Entwicklung fort. »In Neils Augen war *Insight* sehr teuer und von geringem Nutzen. In seinen großen Tagen war *Insight* zu einem wichtigen Teil im gesamten Personalgefüge der *Sunday Times* geworden. Wenn die Leute ›die *Sunday Times*‹ sagten, assoziierten die meisten automatisch *Insight*. Neil entschied, daß dies der Wirklichkeit nicht entspräche. Allerdings verkannte er dabei das Ansehen von *Insight* unter den Lesern; sie waren der Meinung, die *Sunday Times* sei ohne *Insight* nur ein minderwertiger Bruder...«, sagte ein leitender Redakteur. Kurz nach seiner Ernennung leugnete Neil, daß die Auflösung des gesamten *Insight*-Teams den Wunsch widerspiegele, die Tradition des investigativen Journalismus der Zeitung zu zerstören.

»Was ich umsetzen will, ist ein anderes Konzept in der investigativen Berichterstattung: Es sollen jeweils ad hoc Teams zusammengestellt werden. Ich hoffe, daß dabei mehr herauskommt, denn dann können immer drei oder vier Teams gleichzeitig arbeiten. Wenn sich herausstellt, daß dieser leicht anarchische Weg nicht funktioniert, dann werde ich wieder ein eigenes *Insight*-Team einsetzen.« Neils Engagement für den investigativen Journalismus zeigte sich am Beispiel der unter dem Titel *Spycatcher* erschienenen Memoiren des ehemaligen MI5-Offiziers Peter Wright (dt. Titel: *Spycatcher. Ent-*

hüllungen aus dem Secret Service). Neil flog in die USA, um über deren Veröffentlichung als Serie in der *Sunday Times* zu verhandeln, und schmuggelte eine Kopie nach Großbritannien. Zusammen mit zwei anderen Journalisten redigierte Neil, der angeblich seine kranke Mutter in Schottland besuchte, einen vierseitigen Auszug, den er in die Ausgabe einfügte, kurz bevor sie in Druck ging.

1985 wurde wieder ein eigenständiges *Insight*-Team eingesetzt. Das Team, dessen Größe zwischen drei und fünf Mitarbeitern schwankte, griff unter anderem die Aufstände in Birmingham, die Korruption auf den Bahamas und die Affäre um die *Rainbow Warrior* auf, über die auch ein *Insight*-Buch erschien. Vanunu hätte sich für seine Geschichte keinen besseren Zeitpunkt aussuchen können. Das war genau die Story, um den Leserschwund aufhalten zu können. Sie paßte genau in das Schema des investigativen Journalismus. »Es sollte etwas ziemlich Großes sein, etwas von besonderer Bedeutung«, meinte Phillip Knightley, ein ehemaliger *Insight*-Mitarbeiter, »nicht etwas über kleine Gauner.«

Prüfung und Absicherung

Die *Sunday Times* war nicht die erste Zeitung, zu der Guerrero und Vanunu Kontakt aufgenommen hatten. Ende Juli hatten sie sich an Carl Robinson gewandt, dem Südpazifik-Korrespondenten der *Newsweek* in Sydney. Unter den Decknamen »David« und »Alberto Bravo« hatten Vanunu und Guerrero behauptet, sie hätten Beweise dafür, daß Israel über die Atombombe verfüge. Robinson wollte »Davids Story« erst durch Quellen überprüfen und bat um zusätzliches Beweismaterial, wie zum Beispiel Photos. In der *Newsweek*-Zentrale in New York begann man, die von Robinson gelieferten Informationen nachzuprüfen. Aber Mitte August hätte David angerufen und gesagt, er habe zuviel Angst, um weiterzumachen, so Robinson.

Die Aufnahmen, die Vanunu heimlich vom Inneren und Äußeren des Atomreaktors gemacht hatte, waren letztendlich dafür ausschlaggebend, daß sich die *Sunday Times* zur Veröffentlichung von Vanunus Behauptungen entschloß. Ohne die Photos wäre es äußerst zweifelhaft gewesen, ob sich eine Zeitung auf die schwierige Aufgabe eingelassen hätte, seine Behauptungen zu überprüfen. Robin Morgan, der Leiter des *Insight*-Teams, schickte den Reporter John Swain nach Madrid, um mit Guerrero zu sprechen. Innerhalb von 24 Stunden teilte Swain das gleiche Ergebnis mit wie Tim Brown: »Der Mann ist sehr suspekt, aber er hat tatsächlich diese Photos. Wo hat er sie nur her?« Swain flog mit Guerrero nach London.

Die Photos aus dem Inneren der Reaktorgebäude wurden einem Atomphysiker der Universität London vorgelegt, der Auskunft darüber geben sollte, ob die Bilder, darunter auch eines von Schalt- und Kontrolltafeln, wirklich im Inneren einer, wie Guerrero behauptete, Plutoniumanreicherungsanlage aufgenommen worden waren oder vielleicht nur aus einem Elektrizitätswerk stammten. Der Physiker meinte, die Dinge auf den Bildern sähen aus wie atomare Pläne, Modelle, technische Ausrüstung und Schalttafeln. Zusammen mit Steven Milligan, dem Leiter der Auslandsredaktion, verglich Morgan die Photos vom Äußeren des Dimona-Reaktors mit Aufnahmen aus dem Archiv der *Sunday Times*: die Form der Kühltürme, die Palmen und die Silhouette der Gebäude. Die Archivbilder waren Anfang der sechziger Jahre aufgenommen worden, als sich Dimona noch im Bau befand. Morgan und Milligan dachten dabei an andere Atomreaktoren in der Wüste, zum Beispiel im Irak, waren sich aber »zu neunzig Prozent« sicher, daß die Gebäude auf den Photos die gleichen

Prüfung und Veröffentlichung durch die *Sunday Times*

waren wie die auf den Archivbildern der Zeitung, wenn auch in einer späteren Bauphase.

Nach Auskunft von Morgan behauptete Guerrero dem *Insight*-Team gegenüber, daß er die Flucht des Spitzenatomwissenschaftlers Israels organisiert hätte, den er Professor Mordechai Vanunu nannte. Er hätte den Mann per Schiff und Flugzeug über verschiedene Verstecke an einen sicheren Ort in Australien gebracht. »Es war verrückt, daß dieser junge Mann ausgerechnet einen Spitzenatomphysiker verschwinden ließ; wenn dem so gewesen wäre, dann wüßten wir alle davon – auch, daß Israel Hunderte von Neutronenbomben besitzen oder produzieren würde.« Morgan und Milligan trugen ihr Dilemma dem Chefredakteur Andrew Neil vor. »Wir haben einen Kerl vor uns, der wie ein Hochstapler aussieht«, sagte Morgan zu Neil. »Er weiß nicht, worüber er eigentlich redet. Es könnte Schwindel sein. Wir haben nur ein Problem. Wir haben diese Photos. Sie wurden offensichtlich im Atomreaktor Dimona aufgenommen und sind nicht so leicht zu bekommen.«

Es war nicht das erste Mal gewesen, daß die *Sunday Times* große Angst davor hatte, einer Ente aufzusitzen. Der Flop, der jedem im Kopf herumspukte, war der Skandal um die Hitler-Tagebücher im April und Mai 1983. Murdochs Konzern *News International* hatte die Veröffentlichungsrechte für die vermeintlichen Hitler-Tagebücher vom *Stern* gekauft. Nachdem sich die *Sunday Times* mit dem Erwerb dieses historischen Wunders gebrüstet hatte, stellte sich die ganze Sache als ausgemachte Fälschung heraus.

Dem *Stern* widerstrebte es heftig, eine unabhängige Prüfung der Tagebücher zu erlauben, aus Angst, etwas über den Inhalt könnte an die Öffentlichkeit dringen. Aber nachdem die *Sunday Times* darauf bestanden hatte, stimmte das Magazin einer Überprüfung durch Lord Dacre (ehemals Professor Hugh Trevor-Roper) zu, der Experte für das Dritte Reich (und

Prüfung und Veröffentlichung durch die *Sunday Times*

ein Vorstandsmitglied der *Times Newspapers*) war. In einem Tresorraum einer Züricher Bank befühlte Dacre im Beisein von *Stern*-Mitarbeitern die Bände lediglich mit der Hand und hörte sich die Versicherungen des *Stern* an, man hätte das Papier einer wissenschaftlichen Prüfung unterzogen, die Identität des Wehrmachtsoffiziers, der die Tagebücher Hitlers 1945 aus einem Flugzeugwrack gerettet und seitdem versteckt gehalten habe, sei bekannt, und sie würden sich für ihn verbürgen. Lord Dacre sagte daraufhin in einem Telefongespräch mit dem Chefredakteur der *Times*, Charles Douglas-Home (der diesen Posten innehatte, seit Evans von Murdoch gefeuert worden war), daß er aufgrund des äußeren Anscheins von der Echtheit der Hitler-Tagebücher überzeugt sei. Bevor Dacre die Tagebücher genauer untersuchen konnte, beschloß der *Stern*, die Tagebücher früher als ursprünglich geplant zu veröffentlichen, und die *Sunday Times* lancierte eine Vorankündigung über ihren außergewöhnlichen Knüller. Am Samstagabend, bevor die Veröffentlichung des Fundes in der Presse angekündigt wurde, telefonierte Giles mit Dacre und informierte ihn darüber, was am nächsten Tag in der Zeitung stehen würde. Das Büro des Chefredakteurs war voller euphorischer Mitarbeiter. Da erzählte Dacre Giles von seinen Zweifeln. »Sie wollen jetzt doch hoffentlich keine 180-Grad-Drehung machen?«, fragte Giles. Der Antwort Dacres ließ sich zum Schrecken aller Anwesenden entnehmen, daß er genau das tun wollte.

Dacre reiste nach Hamburg und traf dort den *Stern*-Journalisten Gerd Heidemann, der die Tagebücher ursprünglich erhalten hatte. Heidemann weigerte sich, irgend etwas über den Wehrmachtsoffizier preiszugeben, der die Tagebücher seinen Behauptungen nach gerettet und versteckt hatte. Dacre prangerte daraufhin die Tagebücher als Fälschungen an. Der *Stern* stimmte zu, zwei der insgesamt sechzig Bände einer unabhängigen Begutachtung zu unterziehen. Ein führender Chemiker und das Bundesarchiv in Koblenz kamen übereinstimmend zu dem Schluß, daß das für die Tagebücher verwendete Papier erst nach dem Zweiten Weltkrieg hergestellt worden sein könne, und ein britischer Historiker urteilte, der Inhalt der zwei Bände, die angeblich die geheimsten Gedanken Hitlers enthielten, sei lediglich ein Aufguß historischer Ereignisse.

Giles sagte über Dacre: »Ich kannte ihn seit 35 Jahren, respektierte ihn als Gelehrten, schätzte seine Wertmaßstäbe und seine Nüchternheit gegenüber Tatsachen. War es vorstellbar, daß der ehemalige Inhaber des königlichen Lehrstuhls für Geschichte in Oxford und jetzige Rektor des *Peterhouse-College* von Cambridge sich bei einem auch noch so geringen Risiko, widerlegt zu werden, so positiv geäußert hätte?«

Die Zeitung druckte eine Entschuldigung. »Unser Fehler bestand darin, daß wir den Beweisen anderer Leute vertrauten und uns ihre Forderungen nach Dringlichkeit aufzwingen ließen. Die Illustrierte *Stern,* die bis dahin in der Weltpresse einen guten Ruf genoß, hielt beharrlich an der geprüften Authentizität der Tagebücher fest. Dies wurde von Hugh Trevor-Roper bestätigt. Wir freuen uns offen darüber, daß der Gegenbeweis erbracht wurde, bevor wir einen Teil der Serie veröffentlicht haben.« Giles selbst hatte von Anfang an Zweifel an den Tagebüchern. Er war der Meinung, daß Murdoch kommerzielle Interessen über die redaktionellen Maßstäbe einer qualitativ hochwertigen Zeitung stellte. Er kritisierte auch Lord Dacre für sein hastig gefälltes Urteil und Charles Douglas-Home wegen seiner Leichtgläubigkeit.[1]

Mark Twain hat einmal gesagt, daß eine Katze, die einen heißen Ofen berührt hat, nie wieder einen heißen Ofen anfassen würde; die Frage war jedoch, ob sie auch keinen kalten Ofen anfassen würde. Die *Sunday Times* hatte sich verbrannt. Es blieb abzuwarten, ob die Geschichte Vanunus heiß oder kalt war und ob die *Sunday Times* sie anpacken würde.

Prüfung und Veröffentlichung durch die *Sunday Times*

Bei der Überprüfung von Vanunus Behauptungen mußte *Insight* drei Fragen beantworten. Erstens: War der Mann in Sydney wirklich Mordechai Vanunu? Und hatte jemand mit diesem Namen in Dimona gearbeitet? Zweitens: Waren die auf den Photos gezeigten und von Vanunu beschriebenen Prozesse technisch genau dargestellt? Und drittens: Wurden diese Verfahren tatsächlich in Dimona angewendet?

Obwohl zwei Recherchefälle niemals völlig gleich sind, lassen sich doch meist drei Phasen ausmachen. Am Anfang steht immer ein Hinweis, daß irgendwo eine Story verborgen liegt. Der Tip kann von einer undichten Stelle kommen oder auch nur der Intuition eines Reporters oder Chefredakteurs entstammen. Die zweite Phase besteht aus viel Laufarbeit: Fakten werden überprüft, Unterlagen durchforstet und Leute befragt. Wenn wirklich eine Geschichte dahintersteckt, wird sie in dieser Phase ans Tageslicht gebracht. In der dritten und letzten Phase wird den Hauptbeteiligten Gelegenheit gegeben, ihre Sichtweise der Geschichte zu erzählen, die Anklagepunkte zu leugnen, sich mit einem »Kein Kommentar« abzuwenden oder ein ›Geständnis‹ abzulegen. Da sich die *Sunday Times* jedoch schlecht Zutritt zu Dimona verschaffen und Beteiligte oder Zeugen nicht direkt befragen konnte, blieb als einzige Möglichkeit, die Glaubwürdigkeit der Informationen nachzuweisen, nur die Überprüfung, ob Vanunus Angaben in sich stimmig waren. Der größte Teil seiner Lebensgeschichte konnte überprüft werden. Aber während Bekannte bestätigten, daß er in einem Kernforschungszentrum gearbeitet hatte, gab es für *Insight* keine Möglichkeit, objektive Informationen darüber zu erhalten, ob Vanunu tatsächlich zu den wenigen Auserwählten gehörte, die Zutritt zum Hochsicherheitstrakt *Machon 2* hatten, wo laut Vanunus Behauptungen Plutonium gewonnen wurde. Sie mußten sich auch auf seine Angaben verlassen, wie er eine Kamera einschmuggeln und mehr als 50 Photos vom Inneren und Äußeren von *Machon 2* machen konnte.

Morgan und Neil beschlossen, Peter Hounam, der eine Ausbildung als Physiker hatte, solle Oscar Guerrero nach Australien zurückbegleiten, um den geheimnisumwitterten Atomprofessor zu treffen. Der 43jährige Hounam war ungefähr 18 Monate zuvor von der Londoner Abendzeitung *Evening Standard* zur *Sunday Times* gekommen. Er traf Ende August in Sydney ein und fand einen verängstigten Vanunu vor, der Hounam verdächtigte, ein Agent des israelischen Geheimdienstes zu sein, und erst nach zwei oder drei Stunden gesprächiger wurde.

Er stellte zunächst das von Guerrero verbreitete Gerücht richtig, daß er ein Professor sei, und erzählte Hounam von seiner neunjährigen Tätigkeit als Techniker in Dimona. Der Reporter bat Vanunu, den Ablauf seiner Schicht zu beschreiben, Tag für Tag, Minute für Minute, und ihm alle Verfahren zu schildern, die er kontrolliert hatte. Vanunu erklärte anschließend die Struktur des Atomforschungszentrums und insbesondere die von *Machon 2*. Er gab an, daß *Machon 2* aus zwei Stockwerken über der Erde und aus weiteren sechs unterirdischen Stockwerken bestand, in denen Plutonium von Uran getrennt und in Plutonium-Tabletten gepreßt wurde. Hounam und Vanunu zogen dann die Vorhänge des Hotelzimmers zu, in dem sie sich trafen, und schalteten einen Projektor an. Hounam sah sich Photos mit Rundskalen, Kontrollvorrichtungen, sogenannten Ablaufdiagrammen und anderen Apparaturen an, die seinen Schlußfolgerungen nach zu einem Plutonium-Produktionsprozeß gehörten. Die Qualität mancher Bilder war wegen der schlechten Belichtung beeinträchtigt.

Auf die Frage, wie er eine Kamera in den Reaktor schmuggeln konnte und wie er es geschafft habe, ungefähr 57 Aufnahmen zu machen, erklärte Vanunu, er habe die Kamera und die Filme getrennt voneinander mitgebracht und in seinen Sandwiches und Getränken versteckt. Er meinte, die Sicherheit auf dem Gelände würde relativ lax gehandhabt, und er hätte sich während der langen, eintönigen Nächte in der Anlage frei bewegen können. Normalerweise habe er sich den endlosen Canasta-Partien mit seinen Kollegen entzogen und sei in den Vorführraum auf Ebene 2 gegangen, wo israelische VIPs – der Ministerpräsident, der Verteidigungsminister und hochrangige Militärs – bei ihren Besuchen informiert wurden.[2] Der Raum war mit Modellen atomarer Sprengkörper und mit einem Grundriß von *Machon 2* an der Wand ausgestattet.[3] Hounam schickte Vanunus Photos aus Sicherheitsgründen nicht nach London, sandte aber erstaunlicherweise geschriebene Berichte.

Er verbrachte insgesamt zwei Wochen mit Vanunu in Sydney und war sich rein gefühlsmäßig sicher, daß Vanunu die Wahrheit sagte. »Ich wußte, wir hatten eine große Story«, erzählte er. Wenn er nicht gerade mit Vanunu zusammen war und ihn über sein Leben und seine Arbeit ausfragte, verbrachte Hounam Stunden in einer öffentlichen Bibliothek in Sydney, wo er einen Intensivkurs in Atomphysik und in der Produktion von Nuklearwaffen absolvierte.

Hounam übermittelte Details von Vanunus persönlicher Geschichte aus Australien; ein anderer Reporter flog daraufhin nach Israel, um die Informationen zu überprüfen. Ein paar Leute an der Ben-Gurion-Universität von Beersheba konnten Vanunu auf einem Photo identifizieren. Nachbarn und Bekannte bestätigten, daß er im Atomreaktor von Dimona gearbeitet hatte. Vanunu selbst konnte sein Entlassungsschreiben aus Dimona als weiteren Beweis dafür vorlegen, daß er tatsächlich dort gearbeitet hatte. Der Reporter Roger Wilsher, der ebenfalls nach Israel reiste, versuchte in die Nähe des Kernforschungszentrums zu gelangen, wurde aber von Landrovern abgefangen, noch bevor er die Umzäunung des

Geländes erreichte. Satellitenaufnahmen wurden herangezogen, um Vanunus Beschreibung des Atomzentrums zu überprüfen.

In London begann für *Insight* die beschwerliche Aufgabe, die technischen Informationen nachzuprüfen, die Hounam aus Australien sandte. Das Team wurde von Robin Morgan geleitet, der 1979 bei der Zeitung als Allround-Reporter angefangen hatte und dann drei Jahre lang bei *Insight* arbeitete. Er war zunächst schwerpunktmäßig mit Verteidigungsfragen betraut und wurde danach stellvertretender Leiter für Inlandsnachrichten. Neben Hounam gehörten dem Team noch Max Prangnell, der früher Bäcker war, Rowena Webster und Roger Wilsher an. Obwohl Webster und Wilsher schon ihre Feuertaufe im investigativen Journalismus bestanden hatten – Webster zusammen mit Hounam bei den Recherchen zur finanziellen Situation des Nationaltheaters und Wilsher bei der Greenpeace-Affäre –, konnten nur Morgan und Hounam auf einen reichen Erfahrungsschatz im Enthüllungsjournalismus zurückgreifen. In diesem Sinne war das *Insight*-Team schwächer als noch vor zehn oder zwanzig Jahren, als alle oder fast alle Mitglieder auf diesem Gebiet Erfahrungen vorweisen konnten. Dem Team wurde im Fall Vanunu mit Peter Wilsher (Rogers Vater) ein weiterer Redakteur zur Seite gestellt, der seit mehr als 25 Jahren für die *Sunday Times* arbeitete. Er sollte als »advocatus diaboli« agieren und alle überprüften Informationen nochmals skeptisch unter die Lupe nehmen. Einerseits war es ungewöhnlich, daß man sich für ihn entschied, denn die meiste Erfahrung hatte er – abgesehen von einer kurzen Zeit als Auslandsredakteur – in der Wirtschaftsredaktion gesammelt. Andererseits war genau das ausschlaggebend, denn er war dadurch unvoreingenommen und konnte als skeptischer Laie nützlich sein.

Vom ersten Tag an, da die Zeitung über Mordechai Vanunu hörte, war klar, daß fachmännischer Rat von außen eingeholt werden mußte. *Insight* legte Vanunus Beschreibung seiner Arbeit und die Photos mehreren Spezialisten vor: einem Wissenschaftler, den Roger Wilsher bei der britischen Atomenergiebehörde in Harwell kannte, wo Plutonium-Spaltmaterial gewonnen wird; einem Vertreter des britischen Verteidigungsministeriums und Vertretern gleichrangiger Regierungseinrichtungen in den USA. Sie alle sollten darüber befinden, ob man es wirklich mit einem Techniker zu tun hatte, der in der Plutoniumproduktion tätig gewesen war, wie er von sich selbst behauptete. In dieser Phase wollte *Insight* lediglich die technischen Aspekte von Vanunus Geschichte nachprüfen und teilte diesen Regierungsvertretern, die man in nicht-offizieller Funktion konsultierte, das Herkunftsland des Informanten nicht mit. Einer der Experten bestätigte, die Photos entspächen dem Aussehen nach völlig einer Anlage zur Plutoniumgewinnung.[4] Übereinstimmend meinten alle Befragten, daß der Informant sein Wissen nicht in einem Chemielabor einer Universität erworben oder aus einem Lehrbuch bezogen haben konnte, sondern daß er lange Zeit in der Plutoniumproduktion gearbeitet haben mußte. »Es war, als ob ein Arbeiter einer Autofabrik in Detroit zu uns kommen würde, der nicht sagt, um welches Produkt es sich handelt, sondern nur genau erzählt, was er an der Fertigungsstraße tut«, meinte Robin Morgan.

Man war nun der Meinung, daß es sich lohnen würde, Vanunu nach London zu bringen, um ihn von Experten befragen zu lassen. Da die Zeitung drei Jahre zuvor dem Irrtum von Professor Trevor-Roper aufgesessen war, mutete es erstaunlich an, daß man sich auch bei den Recherchen zu dieser Geschichte wieder stark auf die Meinung von Experten stützte. Aber die Beweislast hatte sich umgekehrt: diesmal mußte versucht werden, Vanunus Geschichte zu widerlegen; es kam im wesentlichen darauf an, zu beweisen, daß Vanunu »ein Lügner« war, wie sich einer der *Insight*-Reporter ausdrückte, und dazu war Sachverstand vonnöten.

Expertenbefragung: Dr. Frank Barnaby

Die Wahl der *Sunday Times* für den Hauptberater bei den Vanunu-Recherchen fiel auf Dr. Frank Barnaby. Dies überraschte aus zwei Gründen. Erstens, weil Barnaby zwar Mitte der fünfziger Jahre am britischen Atomprogramm in Aldermaston gearbeitet, danach aber zwanzig Jahre lang nichts mit Atomwaffen zu tun gehabt hatte und in den Vereinigten Staaten auch nicht als einer der führenden Atomwissenschaftler angesehen wurde. Zweitens, weil Zweifel an der Objektivität seiner Schlußfolgerungen laut werden könnten, da er der scheidende Direktor des Internationalen Stockholmer Friedensforschungsinstituts SIPRI war und sich außerdem in der Anti-Atomwaffenbewegung in Europa engagierte. Obwohl Barnaby einen bestimmten politischen Standpunkt vertrat, ging er sehr systematisch vor. Auch wenn er nicht mehr in der Atomwaffenherstellung beschäftigt war, so hatte er sich doch durch seine Arbeit beim SIPRI über das Thema auf dem laufenden gehalten. »Weil Vanunu so gut wie nichts über das Aussehen der Waffen selbst wußte, obwohl er Photos der Modelle hatte, brauchte die Zeitung, was Vanunus Informationen anbetraf, kein großes Wissen über die tatsächliche Größe der Atomwaffen«, sagte Barnaby. Das Blatt hätte sich sonst nur an wenige andere Atomwissenschaftler in Großbritannien wenden können, die über einen ähnlichen Wissensstand in der Atomphysik verfügten. Einige von ihnen, darunter auch Regierungswissenschaftler, hätten sich nicht geäußert oder ihre Zustimmung zur Namensnennung verweigert.

Kurz bevor Mordechai Vanunu zusammen mit Hounam von Australien nach London fliegen sollte, hatte er immer noch Zweifel darüber, Israels atomare Geheimnisse preiszugeben oder nicht. Diese Zweifel sollten ihn während der gesamten Veröffentlichungsphase nicht loslassen. Zwei Tage vor seiner Abreise in der zweiten Septemberwoche besuchte er John McKnight von der Gemeinde St. John und schüttete ihm sein Herz aus.

»Ich wollte ihn nicht in eine bestimmte Richtung drängen«, sagte McKnight. »Meine Rolle als Pfarrer war es, ihm zu helfen, die Dinge zu durchdenken. Ich glaube, er hatte bereits eine Entscheidung getroffen, aber ich denke, er mußte einfach die ganze Sache und ihre Folgen mit jemandem besprechen.« Sein Assistent Stephen Gray meinte: »Vanunu hatte ein Stadium erreicht, in dem er feststellte, daß es zwei Reiche gibt, das Reich Gottes und das der Menschen. Er mußte zwischen dem wählen, was er unter Gott für richtig hielt, und dem, was vielleicht das Beste für sein Land gewesen wäre.« – »Er war eine integre Persönlichkeit und seinem Land gegenüber loyal – vielleicht nicht gegenüber der Regierung, aber sicherlich gegenüber dem Volk«, fügte McKnight hinzu.

Barnaby sah sich alle Photos auf einer Leinwand an. Für ihn waren die Bilder von entscheidender Bedeutung, die anscheinend das Verfahren zur Lithium-Separation zeigten. Die Modelle der Neutronensprengköpfe »waren eindeutig machbar. Aber Modelle sind Modelle«, so Barnaby. Das gleiche konnte man auch von dem auf einem Photo gezeigten Kontrollraum sagen, das die Zeitung auf dem Titelblatt abdruckte. »Alle Reaktoren und Wiederaufbereitungsanlagen haben Kontrollräume – obwohl die Ablaufdiagramme die Glaubwürdigkeit unterstreichen.«

Zwei Tage lang befragte Barnaby Vanunu über jedes Detail, über Knöpfe, Schalter, Lämpchen und Kontrollanzeigen auf den Photos. Die *Insight*-Reporter machten im verrauchten Raum eifrig Notizen. Es gab keine größeren Sprachprobleme. Obwohl die Befragung etwas länger dauerte, brauchte man

Prüfung und Veröffentlichung durch die *Sunday Times*

keinen hebräischen Dolmetscher, denn es handelte sich um technische Informationen. Nach Auskunft Barnabys hatte Vanunu sowohl detailliertes Wissen über die angewandten Techniken gesammelt, als auch direkt an den Prozessen mitgearbeitet. Vanunu gab freimütig zu, daß sein Wissen auf manche Gebiete beschränkt war, und machte keine über dieses Wissen hinausgehende Angaben. Die Photos stützten Vanunus Glaubwürdigkeit. Barnaby hatte nach der Befragung nicht den geringsten Zweifel mehr daran, daß Israel über ein Atompotential verfügt.[5]

Vanunu hat *Insight* und Barnaby natürlich viel mehr Informationen geliefert, als letztendlich in dem dreiseitigen Artikel veröffentlicht wurden. *Insight* beabsichtigte damals, Berichte zur Vertiefung des Themas sowie ein Buch herauszubringen, dessen Erlös mit Vanunu geteilt werden sollte. Darin sollten weitere Aspekte, wie die Entwicklung des israelischen Atomprogramms, die Frage nach einer nuklearen Zusammenarbeit mit Südafrika und der Angriff auf den irakischen Atomreaktor Osirak aufgegriffen werden.

Das *Insight*-Team legte die detaillierten Angaben aus der zweitägigen Befragung den schon vorher konsultierten Experten vor. Aus dem umfassenden Wissen über die Verfahren, an denen Vanunu gearbeitet hatte, zog ein Experte die Schlußfolgerung, daß Vanunu ein angelernter Techniker in einer Plutoniumgewinnungsanlage sein müsse. Einige der britischen Vertreter meldeten jedoch Zweifel an, daß die Kapazität des Reaktors um das Sechsfache auf 150 Megawatt ohne äußere bauliche Veränderungen hätte erweitert werden können.

Während man noch die Stellungnahmen der Experten einholte, machte sich Peter Sullivan, ein langjähriger Graphiker der Zeitung, daran, eine vergrößerte Skizze des achtstöckigen Komplexes von *Machon 2* vorzubereiten, die auf einer der Artikelseiten abgebildet werden sollte. Sullivan verbrachte 90 Minuten mit Vanunu, um seine Beschreibung der Gebäude

Prüfung und Veröffentlichung durch die *Sunday Times*

und Straßen des Atomforschungszentrums aufzunehmen. Zufällig fand in der gleichen Woche, in der Sullivan die Zeichnungen anfertigte, ein Tag der offenen Tür in einem britischen Atomkraftwerk im Rahmen einer Kampagne statt, die das Image der Atomindustrie in der Öffentlichkeit in Großbritannien verbessern sollte. Die technische Ausstattung ermöglichte es Sullivan, einen Eindruck davon zu bekommen, wie das Innere von *Machon 2* aussieht.

In den letzten Septembertagen, also ungefähr zwei Wochen nach Vanunus Ankunft in London und einen Monat nach der ersten Kontaktaufnahme mit der Zeitung durch Guerrero, war man bei *Insight* davon überzeugt, daß Vanunus Behauptungen stimmten. Den Reportern fiel auf, daß Vanunus Stimmung sich zu diesem Zeitpunkt veränderte: »Es drang nur langsam zu ihm durch, daß er ein Mann war, der über einzigartige Informationen verfügt. Aber sobald er diese Informationen weitergegeben hatte, war er wieder ein Nichts, nur noch ein 31jähriger Mann in einem fremden Land, dessen Sprache er nicht besonders gut beherrschte. Er mochte es nicht, wenn er nicht mehr im Mittelpunkt des Interesses stand. Dies wurde ihm allmählich klar«, meinte ein *Insight*-Reporter.

Andrew Neil las die Endfassung des *Insight*-Artikels und gab seinen Segen. Aber dann passierte etwas Unvermutetes. Guerrero, der Vanunu der Zeitung vorgestellt hatte, kam nach London und forderte ein Honorar für seine Vermittlerdienste. Weil man ihn nicht bezahlen wollte, bot er die Geschichte dem *Sunday Mirror* an. Aus Interesse daran, wie der *Sunday Mirror* mit der Angelegenheit umgehen würde, setzte Neil die Veröffentlichung für jenen Sonntag aus. Der *Sunday Mirror* äußerte Skepsis über die von Vanunu gemachten Photos. Da Neil genau wußte, daß mit Vanunus Enthüllungen sein guter Ruf stehen oder fallen würde, verlangte er noch eine weitere Überprüfung durch einen international bekannten Wissenschaftler, der mit seinem Namen für die Authentizität der *Insight*-Story einzustehen bereit war. Man entschied sich dafür, Dr. Theodore Taylor anzusprechen, der das Atomwaffentestprogramm des Pentagon geleitet, in dieser Funktion Atomwaffen entwickelt hatte und am Bau von Atomwaffenproduktionsanlagen beteiligt gewesen war. Taylor war ein Schüler des »Vaters« der Atombombe, Robert Oppenheimer. Nachdem Taylor sich die Photos und die schriftlichen Aufzeichnungen angeschaut hatte, meinte er, es könne kein Zweifel mehr bestehen, daß Israel ein Atompotential besäße. Darüber hinaus befände sich das israelische Atomprogramm seiner Meinung nach in einem fortgeschritteneren Stadium als bisher angenommen.[6]

Ein weiteres Problem, für das Neil bei dieser Geschichte eine Lösung finden mußte, war seine Beziehung zum Zeitungsbesitzer Rupert Murdoch, denn dieser war ein glühender Verehrer Israels und ein Freund von Verteidigungsminister Ariel Sharon, Falke und führender Kopf im Libanonkrieg 1982. »Murdochs allseits bekannte Sympathien für die Israelis waren nie ausschlaggebend dafür, ob die Story gedruckt würde oder nicht«, meinte Michael Jones, der Leiter der Politikredaktion; aber natürlich mußte sich Neil doppelt absichern, daß die Geschichte auch wirklich stimmte. »Neil war sich bewußt, daß ein Fehler bei einer großen Story, die Israel betrifft, schwerwiegender war als in einer Geschichte, die sich nicht um Israel dreht«, sagte ein Mitarbeiter der Chefredaktion. So wie viele konservative Bürger in Großbritannien, die sich als proisraelisch einschätzen, hielt Neil die Vanunu-Geschichte nicht für antiisraelisch. Es war eben eine wichtige Story, die seinen Ruf als kürzlich ernanntem Chefredakteur der *Sunday Times* begründen könnte.

Ein »Beteiligter«, den *Insight* ins Feld führen konnte, war Professor Francis Perrin, der als Leiter des französischen Atomprogramms von 1950 bis 1971 den Bau des Atomreaktors Dimona durch Frankreich überwacht hatte – Dimona sollte angeblich friedlichen Zwecken dienen. In einem Interview, das die Zeitung in der Woche nach der Veröffentlichung des Vanunu-Berichts druckte, enthüllte Perrin, daß Frankreich nicht nur den Reaktor selbst gebaut hatte, sondern darüber hinaus die Technologie zur Herstellung von Atombomben zur Verfügung gestellt, die geheime, unterirdische Plutoniumgewinnungsanlage in *Machon 2* gebaut und Uranbrennstoff als Erstkern geliefert hatte. Das Interview mit Perrin bestätigte Vanunus Behauptung, daß Israel über die Technologie, die Anlage und die Mittel zum Bau von Atombomben verfügt. Damit wurde ein im Jahre 1976 im *Time*-Magazin erschienener Bericht – einer der wenigen Artikel, die vor der Geschichte der *Sunday Times* geschrieben wurden – richtiggestellt, daß die Plutoniumgewinnungsanlage erst Ende der sechziger Jahre gebaut worden war.[7]

Israelische Reaktionen im Vorfeld der Enthüllungen

Bei der Überprüfung von Vanunus Behauptungen durch *Insight* hatte man sich also fünffach abgesichert. Erstens wurden die Berichte aus Hounams Befragungen in Australien Experten vorgelegt. Zweitens hatte der Redakteur Peter Wilsher das Team unterstützt und die Ergebnisse skeptisch begutachtet. Drittens wurde Vanunu von Barnaby befragt. Viertens präsentierte man die Erkenntnisse wiederum den anderen hinzugezogenen Experten. Fünftens wurde die Endfassung Theodore Taylor zur Durchsicht gegeben. Natürlich hatten auch die Journalisten selbst bei den Interviews mit Vanunu als »Informationsfilter« gedient; und es gab die Bestätigung, daß er tatsächlich in Dimona beschäftigt gewesen war.

Die letzte Phase bei vielen Recherchen zu Enthüllungsberichten besteht darin, die betroffene Partei mit den recherchierten Ergebnissen zu konfrontieren. Das Ziel der Unterredung hängt von der Art der Geschichte ab sowie davon, wieviel der Reporter bereits herausgefunden hat. Manchmal fehlt dem Journalisten wesentliches Material, und er hofft, die fehlenden Puzzleteile zu bekommen. Im Idealfall, wie dies auch bei den Vanunu-Recherchen der Fall war, hat der Reporter bereits genug Informationen, um den ganzen Bericht schreiben zu können, und gibt nur noch der Gegenseite eine Möglichkeit, ihre Sicht der Dinge darzustellen. Peter Wilsher und Hounam brachten eine achtseitige Zusammenfassung von Vanunus Aussagen, einige Photos, Vanunus Paßnummer und sein Arbeitszeugnis zur israelischen Botschaft. Damit sollte der israelischen Regierung Gelegenheit gegeben werden, sich zu den recherchierten Ergebnissen zu äußern, entweder indem sie die Glaubwürdigkeit des Informanten zerstören oder indem sie die Behauptungen über die Atomwaffenproduktion in Dimona widerlegen würde.

Wenn sich eine Zeitung an eine ausländische Regierung wendet, um eine Reaktion zu erhalten, ist dies immer eine ernste Angelegenheit. In diesem Fall kam erschwerend hinzu, daß die *Sunday Times* im Juni 1977 einen vierseitigen *Insight*-Bericht veröffentlicht hatte, in dem Israel beschuldigt wurde, verdächtige Araber im Westjordanland bei Verhören systematisch zu foltern. Im Zuge der fünf Monate dauernden Recherchen zu diesem Artikel wurden eine Reihe dieser Verdächtigen von *Insight*-Reportern befragt. Chefredakteur Harold Evans hatte die Entscheidung gefällt, die israelische Botschaft nicht vor Veröffentlichung des Berichts um eine Stellungnahme zu bitten, weil er fürchtete, die genannten Verdächtigen könnten dadurch in Gefahr geraten. Auch hatten die Journalisten während der Befragungen nicht mit offiziellen israelischen Stellen gesprochen, wie zum Beispiel der Polizei, dem Justizministerium, der Armee oder den Gefängnisbehörden. Prompt stellten sich einige der Anschuldigungen als falsch heraus.

Prüfung und Veröffentlichung durch die *Sunday Times*

Als die zwei Journalisten der *Sunday Times* mit der israelischen Botschaft wegen der Vereinbarung eines Termins telefonierten, erzählten sie dem Presseattaché Eviator Manor nur, daß sie eine Geschichte »über Dimona« überprüfen wollten. Manor nahm an, daß es sich dabei um einen Bericht über die farbigen Juden in Dimona handelte; der religiöse Status dieser aus den USA stammenden, in der Stadt Dimona lebenden Juden hatte in letzter Zeit Anlaß zu Diskussionen gegeben. Unmittelbar nach dem Termin mit Wilsher und Hounam versuchte Manor, den in Manchester geborenen Botschafter Yehuda Avner telefonisch in seinem Amtssitz zu erreichen. Manor berichtete Avner über den in Kürze erscheinenden Artikel, erwähnte aber am Telefon weder die Photos noch die Bitte der Reporter um eine Bestätigung der Geschichte. Manor sagte, daß er ihn unverzüglich unter vier Augen sprechen müsse, aber Avner, der sich gerade für eine Abendgesellschaft fertig machte, erwiderte, Manor solle die Standardformel für die israelische Position wiederholen, daß Israel nicht als erstes Land im Nahen Osten Atomwaffen »einführen« werde. Manor entgegnete, es würde sich um etwas völlig anderes handeln, und Israel hätte dieses Stadium schon überschritten. Er müsse ihn sprechen. Manor traf bei Avner ein, als dieser gerade seinen Smoking anzog. Als Avner die Photos sah, mußte er sich setzen. »Das ist wirklich etwas Besonderes«, murmelte er. Der Botschafter unterrichtete Jerusalem. Von dort bekam er die Anweisung zu bestätigen, daß Mordechai Vanunu von 1976 bis 1985 Techniker im Atomreaktor Dimona gewesen und aufgrund unzuverlässigen Verhaltens entlassen worden sei. Der Botschafter kam zu seiner Abendgesellschaft zu spät.

Als letztes Hindernis sprach gegen eine Veröffentlichung, daß Neil und das *Insight*-Team sich nicht über Vanunus Motive für seine Enthüllungen klar waren. Undichte Stellen sind zwar das tägliche Brot im investigativen Journalismus, aber sie sind mit Gefahr verbunden. Manche Informanten haben zwar uneigennützige oder ideologische Beweggründe, aber meistens sind die Motive nicht so aufrichtig. Am gesprächigsten sind häufig Leute, die durch die Verwicklungen, die die jeweilige Geschichte ausmachen, verletzt worden sind und die sich an den Beteiligten rächen wollen. Daß Vanunu entlassen worden war, konnte ein wichtiger Hinweis sein. Vanunu hatte für die *Insight*-Rechercheurin Wendy Robbins eine besondere Sympathie entwickelt. Als er ihr Medaillon mit ihrem hebräischen Namen »Rebecca« darauf bemerkte, fragte er sie: »Sind Sie Jüdin?« *Insight*-Mitarbeiter ermunterten sie zu versuchen, Vanunus wahre Motive für seine Offenbarungen herauszufinden.

Auf einem anderen Blatt stand, ob die Zeitung nicht, wie Neil sich selbst im Laufe der Recherchen immer stärker fragte, von einer ausländischen Regierung benutzt wurde. Barnabys Schätzungen hinsichtlich der Zahl der israelischen Nuklearsprengköpfe waren wesentlich höher als vorangegangene Schätzungen. Barnaby meinte, daß die Israelis erfreut darüber wären, wenn ihr Atompotential bekannt würde – insbesondere zur Abschreckung gegenüber dem chemischen Waffenarsenal des Irak und Syriens. Da jedoch mit einer negativen Reaktion von seiten des amerikanischen Kongresses zu rechnen wäre, würde – so Barnabys Argumentation – keine israelische Regierung offiziell verkünden, daß das Land über ein Atompotential verfüge.[8] Leonard Spector vom Studienprogramm zur Nichtverbreitung von Atomwaffen der Carnegie-Stiftung teilte diese Ansicht. Er ging sogar so weit, anzudeuten, daß Shimon Peres – der gerade im Rahmen der Koalitionsvereinbarungen sein Amt als Ministerpräsident dem Führer des Likud, Yitzhak Shamir, übergeben sollte –, möglicherweise die öffentliche Meinung seines Landes beeindrukken wollte, um den Boden für territoriale Zugeständnisse zu bereiten.[9]

Prüfung und Veröffentlichung durch die *Sunday Times*

Es kursierten auch andere Theorien, beispielsweise zur Erklärung, wie um alles in der Welt Vanunu sich so frei auf dem Gelände bewegen und so viele Photos machen konnte. Eine Version der Theorie, daß Vanunu für den israelischen Geheimdienst Mossad arbeiten würde, bestand darin, daß die israelischen Behörden ihn einfach für ihre Interessen benutzten. »Daß man Vanunu plaudern ließ und dann seiner Geschichte dadurch Glaubwürdigkeit verlieh, daß man ihn entführte und vor Gericht stellte, paßt der israelischen Regierung meiner Meinung nach gut in den Kram«, vermutete Barnaby.[10] »Meine Gespräche mit Vanunu überzeugten mich davon, daß er kein williges Werkzeug des Mossad war. Aber es ist absolut möglich, daß er unabsichtlich einem Zweck dienen sollte – und zwar dem, der Welt von Israels Atomwaffen-Aktivitäten zu erzählen.«[11] Auch wenn hier wirklich eine undichte Stelle bestanden hätte, wäre es möglich gewesen, daß man Vanunu letztendlich einfach nur genügend Freiraum ließ. Eine weitere Möglichkeit, die die Zeitung in Betracht ziehen mußte, war, daß Vanunu für einen arabischen Geheimdienst oder für einen Geheimdienst des Ostblocks arbeitete. Die Beweggründe für Vanunus Enthüllungen beschäftigten Andrew Neil bis zum Tage ihrer Veröffentlichung. »Regierungen lügen. Regierungen im Nahen Osten lügen, und Regierungen der westlichen Welt lügen. Alle Regierungen lügen, und es ist die Aufgabe der Journalisten zu versuchen, diese Lügen aufzudecken. Ich stehe auf dem Standpunkt, daß das Nachrichtengeschäft darin besteht, den Leuten das zu erzählen, von dem Regierungen und mächtige Leute nicht wollen, daß die Leute es wissen«, so die Meinung Neils.

Durch die Bestätigung der Botschaft, daß Vanunu Techniker in Dimona gewesen war, kam noch einmal die Frage auf, ob die Israelis die Veröffentlichung der Geschichte wollten. Obwohl man vernünftigerweise annehmen kann, die israelischen Behörden hätten nicht beabsichtigt, daß Vanunu sein

Wissen preisgibt, so wußte der Mossad bereits, wie sich später herausstellte, daß Vanunu mit der Zeitung gesprochen hatte, und war ihm dicht auf den Fersen.[12] Daher rechnete die israelische Regierung mit der Anfrage der Zeitung, tappte aber darüber im dunkeln, was Vanunu tatsächlich wußte, was er der Zeitung wirklich erzählt hatte, ob die Zeitung seine Aussagen veröffentlichen würde und, wenn ja, welchen Teil davon. Die israelische Regierung verfuhr nach einer klassischen Regel für die Öffentlichkeitsarbeit von Regierungen, indem sie lediglich eine Bestätigung dafür abgab, daß Vanunu Techniker in Dimona gewesen war.

Neil zeigte sich überrascht, daß die israelischen Behörden nicht den geringsten Versuch unternahmen, ihn dazu zu bringen, die Geschichte fallen zu lassen; er hatte sogar erst kürzlich mit dem israelischen Botschafter zu Mittag gegessen. Die israelische Botschaft in London unterhält lebhafte Beziehungen zu den britischen Medien, um ihren eigenen Standpunkt zum arabisch-israelischen Konflikt darstellen zu können. Der ehemalige israelische Botschafter in London, Michael Comay, beschrieb die Art der Beziehungen mit den Worten, daß er den Chefredakteur der *Times* kannte und ihn »drei- oder viermal pro Jahr« traf ebenso wie die Chefredakteure des *Daily Telegraph* und der *Financial Times*. Weniger häufig traf er sich mit den Chefredakteuren des *Guardian*, der *Sunday Times* und des *Observer*. »Jeder Botschafter in London hat freien Zugang zu den wichtigsten Chefredakteuren – und wenn ich eine Beschwerde habe, notieren sie sich das, weil es für ausländische Botschafter äußerst schwierig ist, einflußreich zu sein«, so Comay. Neil fragte sich selbst, ob die Tatsache, daß von israelischer Seite kein Druck ausgeübt wurde, als Beweis dafür zu werten sei, daß die Enthüllungen Vanunus offiziell gewollt seien, denn die Israelis verzichteten besonnen auf jeglichen Druck. Jane Moonman, die damalige Direktorin des Britisch-Israelischen Komitees für Öffentliche Angelegenheiten und jetzige Frau des amtierenden Botschafters, meinte dazu: »Wenn man die Person, auf die man Druck ausübt, wissen läßt, daß die Sache für einen äußerst wichtig ist, geht man, wenn man es nicht gerade mit einem engagierten Zionisten zu tun hat, das Risiko ein, daß der Betreffende sagt: ›Jetzt packen wir die Geschichte erst recht an.‹«

Was nun Rupert Murdoch anbelangt, hatte sich seine Sympathie für Israel in einer proisraelischen Berichterstattung und entsprechenden Leitartikeln bei der *New York Post*, deren Besitzer er damals war, niedergeschlagen. Der ehemalige *Sunday Times*-Reporter Denis Herbstein beschrieb den »wahren Murdoch« als jemanden, »der nach einem Auslandsaufenthalt eines Samstagabends in die Redaktion der *Sunday Times* kommt und die Erstausgabe der Zeitung überfliegt, in dem ein Artikel über die schlechte Behandlung palästinensischer Flüchtlinge durch Israel steht. Man hört ihn sagen: ›Diese verdammte Zeitung wird allmählich antisemitisch‹, und diese Botschaft verbreitet sich unter den Mitarbeitern wie ein Lauffeuer. Offene Diskussionen werden kaum geführt.«[13] Andererseits beschrieb einer von Neils Kollegen Murdochs Konzept als sehr einfach: »Wenn es eine gute Story ist und viele Zeitungen verkauft werden, drucke sie.« Murdoch meinte in manchen Fällen sogar: »Warum nicht zehn statt nur drei Seiten?«

»Die Vanunu-Geschichte ist keine antiisraelische Story – sie ist ein Knüller, eine Offenbarung, etwas Aufregendes«, meinte Phillip Kleinman, ein ehemaliger Mitarbeiter des Blattes im Bereich Anzeigen und Medien. Die Geschichte nicht zu bringen, schien außer Frage zu stehen. Angesichts der Auseinandersetzungen zwischen dem Management der Zeitung und den Gewerkschaften hätte man schwerlich verhindern können, daß ein Abweichler die Geschichte anderweitig anbieten würde, wenn Murdoch und Neil einem israelischen Wunsch nach Nichtveröffentlichung nachgekommen wären.

Prüfung und Veröffentlichung durch die *Sunday Times*

Die ehemaligen *Insight*-Leiter Bruce Page, Godfrey Hodgson und Phillip Knightley gaben an, daß sie nie von der Chefredaktion direkt oder in Anspielungen gebeten oder angewiesen wurden, die Recherchen für eine bestimmte Geschichte auszusetzen. Solche Versuche hätten das Ende von *Insight* bedeutet. »Wenn man es mit Bereichen zu tun hat, in denen Freiheit das höchste Gut ist, wie beispielsweise den Medien, dann verletzt man viele Empfindsamkeiten, wenn man anfängt zu sagen: ›Wenn ihr nicht macht, was wir wollen, wird das ein Nachspiel haben.‹ Dies ist eine Vorgehensweise, die alle anständigen Menschen zu vermeiden versuchen«, erklärte Jane Moonman.

Ein für Neil entscheidendes Ereignis sollte sich einige Tage nach der Anfrage von Wilsher und Hounam bei der israelischen Botschaft zutragen. In der Annahme, die *Sunday Times* wolle die Geschichte am folgenden Sonntag bringen, berief Ministerpräsident Peres das israelische *Editors' Committee* ein, einen Zusammenschluß von Zeitungsredakteuren und Leitern von Fernseh- und Rundfunkanstalten, denen von hochrangigen Kabinettsmitgliedern Briefings über heikle militärische und diplomatische Angelegenheiten gegeben wurden. Peres informierte die versammelten Medienvertreter über die bevorstehende Veröffentlichung in London, und da die israelischen Zensurbestimmungen nicht die ausländischen Medien mit einschließen, bat er die Anwesenden, sich 48 Stunden lang nach dem Erscheinen der Geschichte auf keine lokale Berichterstattung oder Kommentare dazu einzulassen. Die *Sunday Times* erfuhr von diesem Treffen aus israelischer Quelle; Peter Wilsher kannte zwei der Chefredakteure persönlich. Durch diesen Vorfall war Neil nunmehr überzeugt, daß Vanunu wirklich eine undichte Stelle war. Der Schuß der Zensur war nach hinten losgegangen. Neil hätte die Geschichte an jenem Sonntag publik gemacht, wenn er nicht gewußt hätte, daß der *Sunday Mirror* die Geschichte ebenfalls prüft. Die Veröffentlichung wurde daher für die Ausgabe vom 5. Oktober festgelegt.

Ein weiterer Hinweis auf die Echtheit der Enthüllungen war das Verschwinden Vanunus. Als er am 30. September verschwand, steckte die Zeitung in der Zwickmühle, ob sie die Geschichte trotzdem veröffentlichen sollte oder nicht. Daher wurde eine Redaktionssitzung für den 3. Oktober einberufen. Neben Neil nahmen der stellvertretende Chefredakteur Ivan Fallon, der Chef vom Dienst Anthony Rennell, der Leiter der Nachrichtenredaktion Andrew Hogg, der Chef der Auslandsredaktion Stephen Milligan, der politische Kolumnist Peter Jenkins an der Sitzung teil sowie Morgan, Hounam und einige der anderen Reporter, die mit Vanunu zu tun gehabt hatten. Diejenigen, die sich gegen eine Veröffentlichung aussprachen, argumentierten, daß die Zeitung eindeutig ins Hintertreffen geraten war, weil sie nun nicht mehr den Kronzeugen präsentieren könne. Die Geschichte stand und fiel mit einem Informanten, der die Existenz von Dimona bestätigen konnte. Selbst wenn für die Zeitung feststand, daß die Enthüllung wahr ist, so mußte sie doch den Rest der Welt davon überzeugen. Einige blieben skeptisch und meinten, daß die Geschichte zu Neils »Hitler-Tagebüchern« werden würde. Robin Morgan führte an, daß das Verschwinden Vanunus ein zusätzlicher Grund für die Veröffentlichung sei, denn »wenn wir nicht veröffentlichen und es keinen Zeugen gibt, dann wird der Mossad ihn unauffällig irgendwo verschwinden lassen. Wir müssen veröffentlichen, um ihn zu schützen« – als eine Art Lebensversicherung. Die Teilnehmer der Sitzung waren ziemlich gleichmäßig in zwei Lager gespalten, so daß Neil in dieser Pattsituation das letzte Wort hatte: er schlug sich auf die Seite von Fallon und Morgan, die beide für die Veröffentlichung waren. Neil war zunächst noch unentschlossen. »Andrew war schrecklich ängstlich in dieser Sache. Wenn wir die Story gebracht und sie sich dann als falsch herausstellt hätte, wäre das sein Ende als Chefredakteur gewesen«, sagte ein Redakteur. Bei seiner Entscheidung, die Sache durchzuziehen, wurde Neil von der Nachricht über das Treffen des *Editors' Committee* in Israel beeinflußt: »Es war ein massiver Beweis dafür, daß Peres vor irgend etwas Angst hatte.« Und er ließ sich auch von der Bestätigung der israelischen Regierung leiten, Vanunu sei ein ehemaliger Angestellter in Dimona gewesen. Als Fallon Neils Zimmer verließ, streckte er den Daumen nach oben, um den draußen Wartenden zu signalisieren, daß alles klar ginge. Auf seinem Weg zum Redaktionsbüro gingen einige Mitarbeiter auf ihn zu und sagten, daß sie die Geschichte für Neils »Hitler-Tagebücher« hielten.

Während der fünfwöchigen Recherchen wurde auch daran gedacht, daß möglicherweise der britische oder auch ausländische Geheimdienste versuchen könnten, an das von Vanunu gelieferte Beweismaterial zu kommen. Bei *Insight* waren mehrere tausend Wörter auf Computerdisketten abgespeichert, das meiste davon war abgeschrieben und photokopiert worden. Während der Recherchen im Mordfall David Holden, dem Chef-Auslandskorrespondenten der Zeitung, der im Dezember 1977 in Ägypten umgebracht wurde, verschwand plötzlich das von *Insight* über den Mord gesammelte Material. Danach ließ Paul Eddie, der damalige Leiter von *Insight*, einen Safe einbauen. »Es wird allgemein akzeptiert, daß die Geheimdienste wissen, was bei den wichtigsten Zeitungen vor sich geht, entweder weil ausgehende Telex-Mitteilungen gelesen werden, oder weil es in der Redaktion einen Informanten gibt«, meinte dazu der frühere *Insight*-Leiter Phillip Knightley. Einige der *Sunday Times*-Journalisten hatten Geheimdienstkontakte, und auch Holden geriet nach seinem Tod in den Verdacht, für einen westlichen Geheimdienst gearbeitet zu haben. In einem Beitrag über Geheimdienste von Tom Mangold für die BBC-Sendung *Panorama* wurde ein Agent in der Personalabteilung der BBC enttarnt.

Prüfung und Veröffentlichung durch die *Sunday Times*

In den ersten Wochen der Recherchen waren Details über die Enthüllungen Vanunus daher nur einer Handvoll von *Insight*-Reportern zugänglich.

5. Oktober 1986

Der Artikel über Vanunus Geschichte stand auf der gesamten oberen Hälfte der Titelseite der *Sunday Times* vom 5. Oktober. Er trug die Überschrift: »Enthüllt: Die Geheimnisse von Israels Nuklear-Arsenal.« Der Artikel gab eine Zusammenfassung des ausführlicheren Berichts auf Seite zwei und drei der Zeitung. Dieser begann mit einer detaillierten Beschreibung über den Aufbau des Atomforschungszentrums, schilderte dann Vanunus Herkunft und seine Arbeit in Dimona und fuhr mit einem geschichtlichen Abriß über die Anlage fort. Darauf folgte ein Überblick über die Machtverhältnisse im Nahen Osten und über die fehlgeschlagenen Inspektionsversuche durch die USA.

Anschließend beschrieb man ausführlich die Produktionseinheit *Machon 2*, in der vermutlich Plutonium von Uran getrennt wird und »Plutonium-Tabletten« für Atomsprengköpfe »gebacken« werden. Es wurden Schätzungen über die Zahl der im Laufe der Jahre von Israel produzierten Sprengköpfe angestellt; dies erfolgte auf der Grundlage der Plutoniummenge, die während der Betriebszeit des Reaktors erbrütet werden konnte, und anhand der bekannten, nach Israel gelieferten Mengen an *Yellow Cake* (Uranoxidkonzentrat), aus dem Uran gewonnen wird.

Ein Artikel mit der Überschrift »Wie die Experten überzeugt wurden« behandelte die verschiedenen Überprüfungen von Vanunus Geschichte durch Barnaby und *Insight*. Am Ende des Artikels stand die Aussage von zehn Experten, an die sich die Zeitung gewandt hatte, daß sie an Vanunus Enthüllungen nichts bemängeln könnten. Ein Vergleich zwischen dem ersten Artikelentwurf und späteren Fassungen zeigt, daß dieser Satz im ersten Entwurf fehlt. »Wir versuchten, die Geschichte auf der Seite unterzubringen, hatten aber zuwenig Platz, so daß ich den Abschnitt am Ende wegließ«, erzählte Morgan. »Neil stand am Layout-Computer, als er das Fehlen dieses entscheidenden Abschnittes bemerkte. Dabei ging es um eine nochmalige Versicherung, daß die von uns konsultierten Experten Vanunus Aussagen gelesen und nichts daran auszusetzen hatten.« Um Platz für diesen Satz zu schaffen, wurde der Satz mit der Erklärung gestrichen, wieso auf Vanunus Photos von Dimona keine Arbeiter zu sehen sind: »Vanunu hatte darauf eine einfache Antwort: ›Ich wollte im Beisein meiner Kollegen keine Photos machen‹.« Von allen Teilen der Vanunu-Enthüllung am 5. Oktober wurde der Artikel »Wie die Experten überzeugt wurden« am häufigsten verändert. Bestimmte Meinungen der Experten wurden gestrichen oder umgeschrieben. Im Erstentwurf fand sich noch Dr. Theodore Taylors Aussage, daß Vanunus Beschreibung der Infrastruktur Dimonas und der Materialien für die Modelle der Waffenkomponenten präzise erschien, vorausgesetzt, die Photos wurden in Dimona aufgenommen. Aber in der endgültigen Fassung der Ausgabe war dieser Abschnitt weggelassen worden. Statt dessen druckte man Taylors Schlußfolgerung, die schon auf der ersten Seite gestanden hatte, daß Israel schon mindestens seit einem Jahrzehnt über Atomwaffen verfügte und das israelische Atomprogramm schon weiter fortgeschritten sei, als frühere Schätzungen vermuten ließen. Anhand dieser Veränderungen von Entwurf zu Entwurf läßt sich konkret nachvollziehen, wie besorgt man in der Redaktion in der Nacht vom 4. auf den 5. Oktober war, die Geschichte wasserdicht zu machen.

Im Artikel auf der Titelseite schrieb die Zeitung, »von der *Sunday Times* konsultierte Atomwissenschaftler schätzten,

Prüfung und Veröffentlichung durch die *Sunday Times*

daß mindestens 100 und maximal bis zu 200 Atomwaffen gebaut worden sind«. Dies wurde als Beweis dafür gesehen, daß Israel über etwa 200 Atomwaffen verfügt; Barnaby ging in seinen Schätzungen jedoch von 150 Atomwaffen aus. »200 ist die absolute Obergrenze. Diese Zahl setzt voraus, daß im gesamten Zeitraum des Betriebs in der Wiederaufbereitungsanlage die gleiche Plutoniummenge angefallen ist«, sagte Barnaby. Abgesehen davon könne er aber nichts am Bericht der Zeitung aussetzen, »angesichts der Machart von Zeitungsartikeln. Ich war angenehm überrascht, daß sie soviel hineingenommen hatten. Es war eine gute Zusammenfassung von Vanunus Wissen.« Barnaby verarbeitete viel von dem, was ausgelassen wurde, in einem Buch, das er anschließend schrieb. Er war der Meinung, daß von den Journalisten der *Sunday Times* nur Hounam völlig verstanden hatte, »was wirklich los war – er war bereit, Lehrbücher zu lesen, um mehr über das Thema zu erfahren«. Er glaubte nicht, daß in dem Artikel viel enthalten war, was das wissenschaftliche Interesse der Physikergemeinde hätte wecken können, »aber das ist schließlich nicht ihr Leserkreis«.

Der Bericht enthielt etwas mehr als 6 000 Wörter. Einige der vorangegangenen *Insight*-Artikel umfaßten 10 000 oder gar 15 000 Wörter, also ein Sechstel eines durchschnittlichen Buches. Die Zeitung wollte eigentlich weitere Artikel über andere Aspekte des israelischen Atomprogramms veröffentlichen und zusammen mit Vanunu ein Buch herausbringen; das Verschwinden Vanunus machte jedoch diese Pläne zunichte. Der am 5. Oktober veröffentlichte Artikel gab nur etwa 10 Prozent der von Vanunu enthüllten Informationen wieder.

Die gesamten Recherchen kosteten das Blatt 40 000 bis 50 000 britische Pfund. Diese Summe enthielt die Kosten für fünf bis sechs Journalisten, die fünf Wochen lang mit den Untersuchungen beschäftigt waren, für Flüge nach Australien, in die Vereinigten Staaten usw. Gemessen an den Kosten für vorangegangene Fälle, war das nicht teuer: an den Recherchen zur Philby-Affäre oder zum Contergan-Skandal beispielsweise arbeiteten fünfzehn bis zwanzig Reporter bis zu drei Monaten, und die Kosten beliefen sich schätzungsweise auf sechsstellige Beträge. Die *Sunday Times* rechnete eigentlich damit, einen Teil der Ausgaben für die Vanunu-Story durch Verträge wieder hereinzuholen, die das Blatt mit ausländischen Zeitungen und Magazinen vor der Veröffentlichung abgeschlossen hatte. Aber Vanunus Verschwinden machte der Zeitung auch dabei einen Strich durch die Rechnung. Darüber hinaus ließ auch die finanzielle Beteiligung des Blattes an den Anwaltskosten für die Verteidigung Vanunus die Sache zu einem Verlustgeschäft für den Medienkonzern *News International* werden.

Die Publicity, die der *Sunday Times* zuteil wurde, war viel größer als ursprünglich erwartet; dies war Vanunus Verschwinden, seiner Entführung und seinem Prozeß in Israel zu verdanken. Der Artikel stellte außerdem die Krönung für Neils dreijährige Amtszeit als Chefredakteur dar und bewies sein journalistisches Stehvermögen. »Es war die wichtigste Story, die das Blatt brachte, seit Neil den Posten als Chefredakteur übernommen hatte. Sie hatte die größten internationalen Auswirkungen«, meinte ein *Insight*-Mitarbeiter. Neil hatte gehofft, daß die Geschichte auch dazu beitragen würde, die sinkende Auflage des Blattes, die in den vorangegangenen zwei Jahren mit 200 000 Stück auf den tiefsten Stand seit ungefähr 20 Jahren gefallen war, wieder in die Höhe zu treiben. Auch wenn die Enthüllung der atomaren Geheimnisse einer befreundeten westlichen Regierung nicht gerade mit den konservativen Wertvorstellungen von Neil und dem Zeitungsbesitzer Murdoch harmonierte (die Geschichte paßte eher zu den sozial-liberalen Werten bei *Insight* zur Zeit von Harold Evans als Chefredakteur), so hatte Neil die Sache doch vorangebracht.

Rivalität zwischen
Sunday Times und *Sunday Mirror*

Der *Sunday Mirror*-Artikel

Eine Woche vor Vanunus Enthüllungen in der *Sunday Times* brachte der *Sunday Mirror* in seiner Ausgabe vom 28. September im Innenteil einen zweiseitigen Artikel darüber, ob Behauptungen gegenüber der Zeitung, daß Israel Atombomben gebaut habe, richtig seien oder nicht. Am gleichen Tag, als Dr. Frank Barnaby für die *Sunday Times* mit der Befragung Vanunus begann, kam Oscar Guerrero, Vanunus vermeintlicher Agent, in die Büroräume des *Sunday Mirror* und bot die Geschichte an.

Guerrero ging zu demKonkurrenzblatt aufgrund von Differenzen mit der *Sunday Times*. Die Beziehung zwischen ihm und der Zeitung war von Anfang an von gegenseitigem Mißtrauen geprägt, weil Guerrero behauptet hatte, daß »Professor« Mordechai Vanunu Israels führender Atomwissenschaftler sei. Peter Hounam hatte es bei seinen Interviews mit Vanunu in Australien nicht gerade leicht gehabt, da es frustrierend war, wie er sagte, mit Guerrero zu tun zu haben.[1] Vor seiner Rückreise mit Vanunu nach London stimmte Hounam – in der Hoffnung, Guerrero damit zu beruhigen – einer Abmachung zu, nach der Guerrero die ersten 25 000 US-Dollar der Einnahmen Vanunus aus den Verwertungsrechten seiner Geschichte und für ein geplantes Buch bekommen sollte. In Australien gab es aber noch keinen offiziellen Vertrag zwischen der *Sunday Times* und Vanunu, denn zunächst mußten Verhandlungen mit einem interessierten Verleger geführt werden. Ein Vertrag sollte just an dem Tag unterschrieben werden, an dem Vanunu verschwand. Guerrero behauptete, daß Hounam mit Vanunu mitten in der Nacht aus Sydney abgereist war, um ihn auszubooten. Er flog ihnen sofort nach London nach und bot die Geschichte dem *Observer* an. Angesichts der Rivalität zwischen der *Sunday Times* und dem *Observer* war dies ein geschickter Schachzug. Aber der *Observer* lehnte das Angebot ab. Guerreros nächste Anlaufstelle war der *Sunday Mirror*. Scheckbuchjournalismus spielte in Guerreros Überlegungen anscheinend eine große Rolle; er war darauf aus, eine angemessene Bezahlung zu erhalten.

Die *Sunday Times* stritt ab, daß sie ihre Vereinbarung mit Guerrero gebrochen hätte. Nach den Aussagen Hounams habe man niemals daran gedacht, »ihn aus dem Geschäft herauszudrängen. Die bloße Andeutung, wir würden so etwas tun, ist empörend. Wir tun so etwas einfach nicht.« John McKnight wies Guerreros Behauptung zurück, daß Hounam und Vanunu sich mitten in der Nacht fortgestohlen hätten: Guerrero habe Vanunu, Hounam und McKnight in Sydney zum Flughafen begleitet. Darüber hinaus besaß Guerrero einen Brief, in dem ihm ein Anteil von Vanunus Einnahmen zugesichert wird. Die israelische Zeitung *Maariv* behauptete jedoch unter Berufung auf ein mit Hounam einen Monat nach Vanunus Enthüllung geführtes Interview, Hounam habe sich in Australien von Guerrero distanziert, weil er ihn für einen Ausbeuter hielt, und daß Vanunu Hounam auf dessen Drängen hin ohne Wissen Guerreros getroffen hätte.[2] Der Oberste Israelische Gerichtshof hielt in seiner Entscheidung vom Mai 1990 zu Vanunus Berufung fest, daß Hounam Guerrero aus der Beziehung zwischen Vanunu und der Zeitung herausgedrängt habe und zusammen mit Vanunu nach London geflogen sei. »Guerrero, dessen Forderung nach einer hohen Bezahlung von der *Sunday Times* zurückgewiesen wurde, telefonierte in der Zwischenzeit mit einer anderen Zeitung, dem *Sunday Mirror*«,[3] so das Urteil.

Nach seiner Ankunft in London nahm Guerrero mit der *Sunday Times* Kontakt auf und sprach mit Robin Morgan; Hounam war gerade mit Recherchen zu Vanunus Enthüllungen beschäftigt. Morgan versuchte, ihn zu beruhigen. »Wir sagten: ›Warten Sie noch, haben Sie Geduld. Wir werden auf Sie zurückkommen. Erst wenn wir die Geschichte überprüft haben, sollten wir reden.‹« Wendy Robbins, die bei den Recherchen mitarbeitete, erzählte: »Guerrero rief immer wieder an, um Robin [Morgan] zu sprechen. Dann wollte er mit mir reden.« (Wendy Robbins hatte ihn kennengelernt, als er das letzte Mal von Madrid aus in London war.) »Ich sagte zu ihm, er müsse mit Robin sprechen. Er erwiderte, daß er aber nie zu ihm durchkomme.« Dann sagte Guerrero, er wolle sich mit ihr um 20 Uhr in einem Park treffen, weil er ihr etwas Sensationelles mitzuteilen hätte. Zunächst sei Morgan damit einverstanden gewesen, so Wendy Robbins, aber später habe er sein Einverständnis zurückgezogen mit der Begründung, es sei zu gefährlich. Nach Angaben Hounams hatte jedoch Guerrero Morgan angerufen und ihn davon in Kenntnis gesetzt, »daß er sich entschlossen habe, seine Vereinbarung mit uns nicht einzuhalten. Er glaube, die Story sei eine Million Dollar wert, und er würde sie anderweitig anbieten.«

»Bei seinem ersten Kontakt mit dem *Sunday Mirror* hatte Guerrero gesagt, daß er die größte Story seit Watergate habe und viel Geld dafür wolle«, erzählte Tony Frost, der damalige Nachrichtenredakteur. »Die Geschichte ist eine Million Dollar wert«, sagte er zu Frost, der ihm erwiderte, er hätte wohl zu viele Filme gesehen: »Wir haben noch nie für eine Story eine Million Dollar bezahlt.« Später verhandelten sie noch einmal, und Guerrero ging auf eine halbe Million Dollar herunter, aber Frost lehnte ab. Frost fragte ihn dann, was denn mit der *Sunday Times* wäre. »Er behauptete, man treibe dort ein falsches Spiel mit ihm; er habe Vanunu Hounam vorgestellt und beide hätten sich eines Morgens aus dem Staub gemacht, als er noch im Hotelzimmer schlief.« Nach Angaben Marc Sousters, eines anderen Journalisten des *Sunday Mirror*, der viel Zeit mit Guerrero verbracht hatte, hätte sich die *Sunday Times* bereit erklärt, ihre Vereinbarung mit Guerrero einzuhalten, wenn er zu ihnen zurückgekommen wäre; er habe dies aber abgelehnt. In der Ursprungsfassung des Vanunu-Enthüllungsartikels vom 5. Oktober stand, daß Guerrero nach seiner Ankunft in London bei der *Sunday Times* am Telefon 300 000 US-Dollar verlangt habe, andernfalls würde er die Geschichte einer anderen Zeitung verkaufen. Guerrero hätte Verabredungen mit den Redakteuren nicht eingehalten und anschließend verlauten lassen, er habe die Geschichte an den *Sunday Mirror* weitergegeben. In der endgültigen Fassung wurde diese Darstellung jedoch dahingehend verändert, daß Guerrero seinen Bericht gleich nach seiner Ankunft in London zum *Sunday Mirror* gebracht habe. Der wichtigste Zeuge für das, was in der entscheidenden Phase in Australien passiert ist, nämlich Mordechai Vanunu selbst, kann seine Version der Ereignisse nicht erzählen. Die beiden unterschiedlichen Darstellungen wurden im März 1992 in einer Verhandlung vor dem Obersten Gerichtshof in London vorgebracht, in welcher Guerrero die *Sunday Times* verklagte. Das Gericht wies die Klage ab und entschied, daß Guerrero die Anwaltskosten der Gegenseite tragen müsse.

Politische Nachrichten sind nur ein Bestandteil journalistischer Arbeit. Der Erfolg einer Zeitung hängt auch vom Sportteil, vom Feuilleton und den Unterhaltungsseiten ab. Die Enthüllungen Vanunus waren nicht gerade ein Thema, für das sich eine Boulevardzeitung normalerweise erwärmen würde. »Außenpolitik ist nicht gerade ein Kassenschlager. Niemand will etwas darüber wissen«, so der ehemaliger *Mirror*-Reporter Joe Grizzard. Mark Souster meinte in diesem Zusammenhang: »Wir haben uns gefragt: ›Was machen wir bloß daraus?‹ Die Tatsache, daß Israel über eine Atombombe verfügt, ist unseren Lesern vollkommen egal.« In den Aufmachern des *Sunday Mirror* verarbeitete Frost zum Beispiel Bilder der Herzogin von Windsor auf ihrem Sterbebett, die ihm ein Mitglied ihres Personals zugespielt hatte, oder die Lebensgeschichte des Mannes, der sieben Jahre lang der Friseur von Lady Diana war. »In den Kategorien des Boulevardjournalismus sind das viel wichtigere Themen als Vanunu«, meinte Frost. Aber Mike Molloy, der Chefredakteur der Zeitung, spürte, daß Vanunus Geschichte von gewisser Bedeutung war: »Wir haben es mit Lesern zu tun, die keine anstrengenden Zeitungen wollen – sonst würden sie sich seriöse Blätter kaufen. Aber Unterhaltung für die Massen macht nur einen Teil der Zeitung aus. All die ausgleichenden Elemente sind wichtig. Wenn man jemandem immer nur eine Menge süßes Zeug gibt, wird ihm schließlich nach einigen Jahren schlecht davon.« – »Die großen Geschichten haben alle einen Platz in den Printmedien, ob in Boulevardblättern oder in seriösen Zeitungen«, meinte ein Reporter und fügte hinzu: »Der einzige Unterschied besteht darin, wie groß die Überschrift ist und wie sie abgefaßt ist. Die Vanunu-Story hatte ein Spionage-Element, einen Touch von James Bond – mit Intrigen, Atombomben und heimlich gemachten Photos. Man hätte die Story so aufmachen können, daß die *Sunday Mirror*-Leser sie vollkommen verstanden und gut gefunden hätten.«

Der *Sunday Mirror* und seine ›Schwester‹, die Tageszeitung *Daily Mirror*, kämpften darum, den Leserschwund zu stoppen und die sinkende Auflage wieder zu erhöhen. Mitte der sechziger Jahre stand der *Daily Mirror* mit einer Auflage von mehr als 5 Millionen Exemplaren konkurrenzlos an der Spitze. In dem Jahr, nachdem Robert Maxwell den *Sunday Mirror* im Juli 1984 übernommen hatte, fiel die Auflage um 450 000 Stück von 3,6 auf 3,15 Millionen. Die Verkaufszahlen des *Daily Mirror* sanken im gleichen Zeitraum um 19 Prozent. Im Gegensatz dazu konnte *News of the World* im gleichen Zeitraum ihren Absatz um fast 500 000 Stück auf 5 Millionen verkaufte Exemplare steigern. Der *Mirror* hatte eigentlich immer seriöse und engagierte Artikel gebracht. Aber durch den Erfolg der Tageszeitung *Sun* und die scharfe Konkurrenz auf dem Markt für Sonntagsblätter war man gezwungen, sich auf ein weniger anspruchsvolles Niveau zu begeben. Ein wichtiges Argument für den *Sunday Mirror*, sich der Geschichte anzunehmen, war die Tatsache, daß die *Sunday Times* daran Interesse hatte. »Zwar steht die *Sunday Times* nicht in direkter Konkurrenz zum *Sunday Mirror*, aber sie ist schließlich eine Sonntagszeitung. Weil wir wußten, daß die *Sunday Times* hinter der Geschichte her war, waren wir in Zugzwang und wollten unbedingt die Nase vorn haben«, sagte ein Reporter.

Tony Frost mit der Geschichte zu betrauen war naheliegend, denn er hatte seit langem einen guten Ruf als Enthüllungsjournalist. Am Anfang seiner beruflichen Laufbahn hatte er für eine Lokalzeitung in Cambridgeshire gearbeitet, war dann bei einer Nachrichtenagentur in einem Vorort Londons beschäftigt, bevor er Reporter bei der Zeitung *Evening News* wurde, die inzwischen in Konkurs gegangen ist. 1976 kam er zum *Sunday Mirror* und arbeitete sich im Laufe seiner fünfzehnjährigen Karriere vom einfachen Reporter über den Posten des Chefreporters und des stellvertretenden Nachrichtenredakteurs zum leitenden Nachrichtenredakteur hinauf. Später sollte er zum stellvertretenden Chefredakteur ernannt werden. »Frost war Spitze im investigativen Journalismus. Man hatte das Gefühl, daß es sich bei Vanunu um die Art von Geschichte handelte, die nur er einfühlsam bewältigen und zusammenfügen konnte«, sagte ein Mitarbeiter.

Die Strategie, mit welcher der *Sunday Mirror* die Geschichte anging, glich der Vorgehensweise der *Sunday Times*: man prüfte die Authentizität der Informationen und die Glaubwürdigkeit des Informanten. Wenn sich Guerrero als zuverlässig herausstellen würde, konnte sich die Zeitung an die eigentliche Geschichte herantrauen. Guerrero beschrieb sich selbst als internationalen Journalisten, der führende Persönlichkeiten aus aller Welt interviewt hatte. Er zeigte Frost sechs Photos, auf denen er mit Politikern wie Lech Walesa, dem argentinischen Präsidenten Alfonsín, Shimon Peres und dem PLO-Mitglied Issam Sartawi zu sehen war. Aber irgend etwas stimmte mit einigen der Photos nicht; Guerrero schien genauso prominent zu sein wie seine Bildpartner und in manchen Fällen sogar noch mehr. Die Gemüter begannen sich zu erhitzen. Frost nahm Guerreros Behauptungen über seine journalistischen Erfahrungen nicht ab. Guerrero sagte immer wieder: »Ich habe den Beweis, daß Professor Vanunu recht hat und Israel Neutronenbomben baut.« Dann sagte er: »Ich habe die gleichen Bilder, die Vanunu auch der *Sunday Times* gegeben hat. Ich war sein Agent. Ich habe die Photos vervielfältigt.« Die Aufnahmen waren in einer Tasche, die Guerrero fest umklammert hielt. Ohne einen Vertrag würde er ihnen die Bilder nicht zeigen, so sagte er. Peter Miller, der Assistent der Nachrichtenredaktion, und Frost zeigten sich zurückhaltend, weil sie nicht wußten, was hinter Guerreros Fassade steckte. Schließlich wurde ein Vertrag aufgesetzt, der jedoch die Klausel enthielt, daß er erst vierzehn Tage nach Veröffentlichung eines Exklusivberichts ein Honorar erhalten würde. Eine Zusatzklausel sah vor, daß erst die Echtheit der Informationen und der Photos festgestellt werden müsse. Guerrero öffnete daraufhin seine Tasche und holte zwei Photos hervor, auf denen, wie er sagte, Dimona zu sehen war. Er fügte hinzu, daß sie möglicherweise mehr bekommen könnten – aber das würde Geld kosten.

»Sie sagen, daß Sie Beweise haben«, konterte Frost. »Ja, ja, aber sie sind nicht hier. Sie sind in einem Gepäckschließfach.«

Als Guerrero ihnen die zwei Photos gab, hatte Frost gesehen, daß noch mehr Bilder in der Tasche waren. Man ließ Guerrero einen Kaffee bringen. »Als die Sekretärin ihm die Tasse hinhielt, lockerte Guerrero seinen Griff um die Tasche. Ich schnappte sie mir«, so Frost.[4] Die Tatsache, daß Guerrero sich nicht von diesen Bildern trennen wollte – im Gegensatz zu denen, auf denen er mit internationalen Politikern abgebildet war –, unterstrich die Echtheit der Photos von Dimona. »Obwohl wir noch Zweifel hatten und uns über seine Motive nicht klar waren, wurden wir immer überzeugter von dem, was er zu verkaufen hatte«, sagte einer der Journalisten. Sie brachten das Material zum stellvertretenden Chefredakteur John Parker. Wer würde diese ominösen Photos wohl bestätigen, lautete Parkers rhetorische Frage. Sie mußten Experten vorgelegt werden. Molloy warf einen oberflächlichen, aber interessierten Blick auf die Photos und gab seine Zustimmung, die Photos unabhängigen Spezialisten zu zeigen; er bat, auf dem laufenden gehalten zu werden.

Donnerstag, 18. September. Durch einen »Maulwurf« in der *Sunday Times*-Redaktion war der *Sunday Mirror* immer auf dem neuesten Stand über den Verlauf der Recherchen des Konkurrenzblattes. »Einer unserer Reporter hörte über seinen Draht zur *Sunday Times*, daß etwas sehr Großes, Geheimnisvolles im Gange war«, sagte Frost. »Ein Freund von mir arbeitete bei der *Sunday Times*. Er hatte zwar nicht direkt mit der Story zu tun, konnte mir aber sagen, wie weit sie mit ihren Recherchen waren und wann sie veröffentlichen wollten – davon hing natürlich ab, wann wir es tun würden«, so der betreffende Journalist. Aber nicht alle Informationen des Spitzels stellten sich als richtig heraus; in jener dritten Septemberwoche teilte der Verbindungsmann mit, daß die *Sunday Times* nicht wüßte, wo Vanunu sei. Da der *Sunday Mirror* zu diesem Zeitpunkt über brauchbares Material verfügte, war der Startschuß gefallen. War es möglich, daß ein

Boulevardblatt einem der Flaggschiffe der Branche bei einem Thema zuvorkommt, dessen sich normalerweise die Gegenseite annehmen würde? Nach Frosts Angaben hatte man »schreckliche Angst, die *Sunday Times* könne an jenem Wochenende (am 21. September) die Geschichte drucken, aber die Buschtrommeln verrieten, daß sie massive Schwierigkeiten hatten und nicht an jenem Wochenende veröffentlichen würden«. Hätte der *Sunday Mirror* in seiner Ausgabe vom 28. September die Geschichte richtig wiedergegeben – nämlich daß Vanunu die Wahrheit gesagt hatte und die Bilder echt waren –, dann wäre durch das illoyale Verhalten des »Maulwurfs« die *Sunday Times* um die wichtigste Auslandsnachricht des Jahres gebracht worden.

Der *Sunday Mirror* zeigte die Photos ungefähr fünf Experten, darunter einem Mann, der in Aldermaston gearbeitet hatte, einem Offizier der britischen Luftwaffe *Royal Air Force*, der als Atomwaffenspezialist galt, und einem Wissenschaftler der Universität von Leeds. Der Korrespondent der Zeitung in Paris befragte einen französischen Experten. Die Photos (Schwarzweißreproduktionen der Kopien, die Guerrero den Journalisten gezeigt hatte) ließen sich in vier Bereiche aufteilen: Außenaufnahmen von etwas, was ein Atomreaktor zu sein schien; Bilder, die einen Eindruck vom Inneren des Kernforschungszentrums gaben; Photos mit kugelförmigen Gebilden, die Bombenbestandteile sein konnten; und Aufnahmen mit Bauteilen der apokalyptischen Erfindung. Den Experten, denen man die Bilder zeigte, stellte man nicht die Suggestivfrage: »Ist dies ein Atomreaktor?«, sondern man fragte sie: »Was glauben Sie, was das ist?« Wenn sie den Zusammenhang zu einer Atomwaffenproduktionsanlage nicht erkannten, dann half man ihnen auf die Sprünge: »Sehen Sie, wir meinen, es handelt sich hierbei um... Stimmen Sie dem zu?« Einige Experten wollten nicht ihren guten Ruf für die Zeitung aufs Spiel setzen. Andere waren sehr zurückhaltend.

Rivalität zwischen *Sunday Times* und *Sunday Mirror*

Während Souster und Geoff McGarvey die Meinung der Experten einholten, bereitete Richard Brecker ein Dossier über Atomwaffen und die Neutronenbombe vor, wobei er sich auch auf veröffentlichte Quellen stützte.

Andere Aspekte der Geschichte wurden überprüft. Theodore Levite, der erfahrene *Mirror*-Korrespondent in Tel Aviv, erhielt die Anweisung, alle verfügbaren Informationen über Professor Vanunu zusammenzutragen. Da es in Dimona keinen Ansprechpartner gab, an den er sich hätte wenden können, und bei der Atomenergiekommission Israels nur ein »Sprecher« saß, »der nicht spricht«, wie es ein Journalist ausdrückte, setzte Levite sich mit einem engen Freund, dem Medienberater des Verteidigungsministers, in Verbindung. »Die Antwort lautete, daß es keinen Professor Vanunu gab. Aber aus offizieller Quelle erfuhr ich, daß es auf unterer Ebene einen Techniker dieses Namens gegeben hatte«, sagte Levite. Über Verbindungen nach Beersheba und Dimona fand er heraus, daß jemand dieses Namens existierte, diese Person exzentrisch war und an einer proarabischen Demonstration teilgenommen hatte. In Australien wurde die Information, daß Guerrero Vanunu im Stadtviertel King's Cross getroffen hatte, von McKnight bestätigt, der auch sagte, daß Guerrero in Sachen Vanunu »zugeknöpft und beschützend« gewesen war.

Der entscheidende Beweis, den der *Sunday Mirror* wollte, war ein Treffen mit Vanunu. Da er aber bei der *Sunday Times* war, konnten sie ihn nur über Guerrero erreichen. Im Laufe der zehntägigen Verhandlungen mit Guerrero wurde mehrmals versucht, Vanunu zu sprechen, wie ein Blick in die Listen der Telefongespräche beweist, die in den Hotels, in denen Vanunu von der *Sunday Times* untergebracht war, geführt wurden. Die *Sunday Times* hatte Guerrero bei seinem ersten Aufenthalt in London von Madrid aus im Hotel Tower Thistles einquartiert, was Guerrero zu der Annahme verleitete, Vanunu könne ebenfalls in diesem Hotel wohnen; er wußte ja nicht, daß Vanunu sich in einem Haus auf dem Land befand und dort befragt wurde. Brecker wurde in das Hotel Tower Thistles geschickt, in der vergeblichen Hoffnung, Vanunu ausfindig zu machen. Vanunu hatte nur vom 19. bis zum 23. September dort gewohnt, woraus der *Mirror* auf die Unterbringung in einem Gästehaus schloß. Man überprüfte die Pensionen in den Stadtteilen Bloomsbury, Paddington und Victoria, indem man dem Personal ein Photo von Vanunu zeigte. Guerrero behauptete dann, daß Vanunu sich in einem Lagerhaus bei St. Katherine's Dock mit zwei Aufpassern von der *Sunday Times* aufhalten und dort in einem Schlafsack übernachten würde. Er sagte, es wäre nur möglich, Vanunu zu treffen, wenn auch seine Aufpasser zugegen wären. Nach Angaben Hounams sei Vanunu die Bitte Guerreros um ein Treffen unterbreitet worden, er hätte dies aber abgelehnt. Am Donnerstag, dem 24. September, sagte Guerrero, daß er ein Treffen mit Vanunu in den öffentlichen Toiletten am Leicester Square um 19.30 Uhr arrangieren könne. Frost stellte sich gegenüber dem Toiletteneingang an eine Ecke vor einem Kino. Miller wartete an der anderen Ecke und McGarvey an einer dritten. Guerrero selbst stand am Haupteingang zu den Toiletten. Sie warteten eine Stunde lang, aber Vanunu kam nicht.

Das war das letzte, was sie von Guerrero sahen. Von ihm blieben nur die dubiosen Photos zurück; die hinzugezogenen Experten konnten die Richtigkeit seiner Geschichte nicht vorbehaltlos bestätigen, und der entscheidende Beweis – ein Treffen mit Vanunu – konnte nicht erbracht werden. Guerrero nahm eine Fähre über den Ärmelkanal nach Amsterdam und flog von dort aus mit Bangladesh Airlines zurück nach Australien. Er hatte offensichtlich Angst, daß die Geschichte die Israelis auf seine Spur führen könnte.

Donnerstag, 25. September. Die mit der Story betrauten *Mirror*-Redakteure trafen sich mit Frost und Miller, um die verschiedenen Fäden ihrer Recherchen zusammenzuknüpfen.

Bis dato hatte die Geschichte noch keine klare Linie. Der vorgesehene Artikel konzentrierte sich auf die Rolle Guerreros und ließ offen, ob die Photos vom israelischen Atomprogramm stammten. Miller und Frost berieten sich gerade mit John Parker, als der Chefredakteur hinzukam. »Also, Jungs, bringen wir die Story oder nicht?«, fragte Molloy. Miller und Frost gingen rasch die verschiedenen Aspekte durch. Frage: Haben wir den eindeutigen Beweis von unseren Experten, daß die Bilder im Inneren Dimonas aufgenommen wurden? Antwort: Nein. Frage: Haben wir den eindeutigen Beweis von unseren Experten, daß Israel Neutronenbomben baut? Antwort: Nein. Molloy wurde immer skeptischer, als die Journalisten ihr Material durchgingen. Molloy beauftragte Frost, mit dem gesamten Material zur israelischen Botschaft zu gehen, in der Hoffnung, Licht in die ganze Angelegenheit zu bringen. Die Botschaft bestätigte das, was Levite auch schon von Regierungsvertretern in Israel mitgeteilt wurde: es gibt keinen Professor Vanunu, wohl aber einen Techniker dieses Namens, dem, wie der Botschaftssprecher sagte, wegen unzuverlässigen Verhaltens gekündigt worden war.

Auf Anweisung Molloys wurde daraufhin der Tenor des geplanten Artikels von einem »Kann sein – kann aber auch nicht sein« dahingehend geändert, daß die Geschichte ein Schwindel sei. Im letztendlich veröffentlichten Artikel wurde die Frage aufgeworfen, ob die Geschichte Israel diskreditieren sollte. In einem gesonderten Artikel wurden zwei Wissenschaftler zitiert, die die Authentizität der Photos ernsthaft in Zweifel zogen. Einem der beiden, Dr. John Baruch von der Universität Leeds, wurden die Worte in den Mund gelegt, die Bilder könnten von irgendeinem Labor stammen oder gar von einer Fabrik zur Lebensmittelsterilisation beziehungsweise einer Autowaschanlage. Baruch hatte gegenüber McGarvey geäußert, daß es sich sehr wohl um eine Nuklearanlage handeln könne, daß es aber nicht genügend Beweise gäbe, dies mit letzter Sicherheit zu sagen. Falls die Geschichte jedoch ein Schwindel sei, so wäre sie doch äußerst raffiniert. Laut Frost, der manchmal mit Molloy wegen der Linie der Zeitung aneinandergeriet, habe er sich bei Molloy über die Aufmachung des Artikels beklagt. Trotz seiner offensichtlichen Vorbehalte ist bemerkenswert, daß Frost gegenüber der israelischen Tageszeitung *Ha-Aretz* nach dem Erscheinen des Artikels in der *Sunday Times* gesagt hat: »Wenn die *Sunday Times* der Geschichte aufgrund der Informationen nachgeht, die wir haben, begeht sie einen schrecklichen Fehler. Dies werden die Hitler-Tagebücher Teil Zwei.« – »Mike Molloy war besessen von der Idee zu beweisen, daß die *Sunday Times* hinters Licht geführt wurde. Ich denke, das hat uns um eine phantastische Geschichte gebracht«, meinte Peter Miller. Als die *Sunday Times* in der darauffolgenden Woche berichtete, daß Vanunus Behauptungen wahr sind, stand der *Sunday Mirror* nicht nur ziemlich dumm da, sondern hatte sich auch um eine internationale Sensation gebracht. »Eine solche Geschichte hätte der Zeitung, Tony Frost und in einem geringeren Umfang auch mir selbst eine Menge Prestige eingebracht«, sagte Miller. »Tony Frost und ich waren der Ansicht, daß man Guerreros Aussagen mehr Gewicht hätte geben können, auch ohne zu behaupten, daß sie wahr seien. Wir wollten bei der Geschichte die Nase vorn haben, und auch eine entschärfte Version hätte der *Sunday Times* den Stachel genommen«, fügte er hinzu.

Worin bestand der Irrtum des *Sunday Mirror*, wo die *Sunday Times* doch richtig lag? Beide Zeitungen haben die gleichen Regeln des investigativen Journalismus hinsichtlich Vanunus Geschichte angewandt. Beide scheuten nicht die Mühe, die Informationen und den Informanten zu überprüfen. Beide waren Guerrero gegenüber mißtrauisch. Und beide konnten zwischen Guerrero und den Bildern von Dimona differenzieren. Die *Sunday Times* war deutlich im Vorteil, weil sie

Rivalität zwischen *Sunday Times* und *Sunday Mirror*

Vanunu hatte. Hätte der *Sunday Mirror* ihn getroffen oder gar befragt, wäre den Photos und der Geschichte größerer Glauben geschenkt worden. Während die von der *Sunday Times* hinzugezogenen Experten der Zeitung zufolge erklärten, »daß an Vanunus Aussagen nichts auszusetzen ist«, hat dies erstaunlicherweise keiner der vom *Sunday Mirror* konsultierten Experten gesagt. Im Bericht dieser Zeitung wurde behauptet, daß ihr 37 der 57 Photos vorgelegen hätten, die Vanunu vom Nuklearforschungszentrum Dimona gemacht hatte. Aber den Experten wurde anscheinend nur eine Auswahl davon gezeigt. »Wäre ihnen die Photoserie vollständig vorgelegt worden, hätten sie sie vermutlich nicht zu deuten gewußt. Ich glaube, sie hatten keine Erfahrung mit Atomwaffen«, meinte Dr. Frank Barnaby. Man hätte mehr Experten zu Rate ziehen müssen angesichts des Umstandes, daß keiner der Spezialisten des *Sunday Mirror* eindeutig ausschließen konnte, daß die Photos in einer Atomanlage aufgenommen wurden, und auch aufgrund der Bestätigung der israelischen Behörden, daß Vanunu in Dimona gearbeitet hatte. »Die Expertenfrage war der dicke Fehler, den ich mir bei der ganzen Geschichte geleistet habe«, gab Tony Frost zu. »Ich hätte das Material unserem US-Korrespondenten schicken sollen, um es amerikanischen Spezialisten vorzulegen – so, wie es die *Sunday Times* gemacht hat.«

Auch organisatorisch war die *Sunday Times* im Vorteil, weil dort fünfmal mehr Journalisten arbeiteten als beim *Sunday Mirror*. Die Zeitung konnte auf ein Netzwerk von Geheimdienstkontakten mit der CIA sowie den britischen, französischen und israelischen Geheimdiensten zurückgreifen. »Wir hatten weder die Mittel, die Zeit, das Personal noch die Verbindungen zu Experten«, meinte Marc Souster vom *Mirror*. Auch wenn Vanunu beim *Sunday Mirror* statt bei der *Sunday Times* aufgetaucht wäre, so ist es höchst unwahrscheinlich, daß die *Mirror*-Redakteure die strengen Überprüfungen und die zweitägige, intensive Befragung der *Sunday Times* durchgeführt oder den detaillierten Beschreibungen Vanunus über die Gewinnung von Uran und Plutonium einen dreiseitigen Artikel gewidmet hätten, der sogar für *Insight*-Maßstäbe kompliziert war. Falsch ist es jedoch, zu unterstellen, die Boulevardzeitung wäre stärker auf die Geschichte angesprungen, wenn Vanunu anstelle eines orientalischen Juden, sagen wir, eine kurvenreiche Blondine gewesen wäre. Beim *Sunday Mirror* hatten sich die Reporter zehn Tage lang mit der Geschichte beschäftigt. Zehn Tage waren jedoch einfach zu wenig.

Es hat außerdem den Anschein, als hätte der Chefredakteur Molloy den journalistischen Wert der Story falsch eingeschätzt. »Der stellvertretende Chefredakteur teilte mir mit, Frost und Miller sei eine Story angeboten worden, derzufolge Israel die Atombombe besitze«, so Molloy. »Jeder weiß das, also ließ mich das kalt. Offen gesagt, ich dachte, das Ganze sei ein Riesenschwindel – sie sprachen über enorme Geldsummen. Da war jemand, der schon viele Zeitungen angeschmiert hatte. Man ist immer für solche Sachen empfänglich und dafür, daß die Zeitung zum Narren gehalten wird.«[5] Molloy hat anscheinend nicht zwischen dem zwielichtigen Guerrero und den Photos unterschieden, obwohl er wußte, daß die *Sunday Times* intensiv in der Sache recherchierte und sie einen Informanten aus Dimona hatte. Er hat anscheinend nicht zu würdigen gewußt, daß mit Vanunu zum ersten Mal ein Insider über seine Arbeit im Kernforschungszentrum Dimona redete. Die *Sunday Times* hingegen hatte auf der Grundlage von Vanunus Beschreibung der Fertigungsabläufe souverän eine Schätzung über die Anzahl der von Israel produzierten Sprengköpfe angestellt. Molloy irrte auch in seiner Annahme, »daß für den Fall, Israel hätte eine Bombenfabrik, diese wohl kaum in Tel Aviv stände. Sie wäre an einem geheimen Ort, oder etwa nicht?« Weder Guerrero noch Vanunu hatten behauptet, die Bombenfabrik sei in Tel Aviv, sondern in Dimona, in der abgeschiedenen Wüstenregion des Negev im Süden Israels.

Molloy, ein Absolvent des Ealing-Kunstkollegs, war im Grunde seines Herzens Künstler. Er hatte zunächst als Cartoonist bei der *Sunday Pictorial* und dann beim *Daily Sketch* gearbeitet. Für den *Mirror*-Konzern war er schon seit achtundzwanzig Jahren tätig, unter anderem als Redakteur des *Mirror Magazine* und zehn Jahre als Redakteur des *Daily Mirror*. Er war ein angesehener Design-Experte und zeichnete oft den Entwurf der Titelseite. Obwohl er für die Rubrik »Mirrorscope« schrieb, die Hintergrundinformation und Analysen zu den Nachrichten brachte, und zur alten Schule der *Mirror*-Redakteure gehörte, die die Meinung vertraten, daß auch in einem Boulevardblatt Platz für ernsthaften Journalismus sein müsse, läßt sein Verhalten in dieser Geschichte vermuten, daß er nicht fähig war, die komplexe Geschichte in ihren vielschichtigen Aspekten richtig einzuschätzen. Frost sagte von ihm, es sei nicht gut, Molloy mit zu vielen Details zu behelligen.

Eine andere Möglichkeit besteht darin, daß Molloys Linie weniger auf eine falsche journalistische Einschätzung zurückzuführen ist als vielmehr auf den Wunsch, es sich nicht mit dem Zeitungsbesitzer Robert Maxwell zu verderben. Interessanterweise hatte sich Frost nach dem Redigieren des Rohentwurfs »mindestens zwei-, möglicherweise dreimal über Aufmachung und Bearbeitung der Geschichte« beschwert sowie auch darüber, wie die zurückhaltenden Reaktionen der Wissenschaftler verändert wurden. Frost zufolge erwiderte Molloy: »Es war nicht mehr Platz. Es ist zu spät.« Aber das war nur eine Ausrede, denn es war erst Freitagabend, genügend Zeit, bis die Zeitung in Druck ging.

Ein Jahr zuvor war Molloy von Maxwell vom Sessel des Chefredakteurs der Tageszeitung *Daily Mirror* zum Chefredakteur der Sonntagszeitung *Sunday Mirror* ›wegbefördert‹ worden. »Molloy wußte, wie er mit Maxwell umzugehen hatte, und er wußte, daß er für diese Geschichte Rückendeckung brauchte«, sagte Miller. Ein anderer Mitarbeiter der Zeitung fügte hinzu: »Die Frage ist, ob Molloy wirklich Zweifel hinsichtlich der Geschichte hatte oder ob es nur vorauseilender Gehorsam gegenüber Maxwells Wünschen war, als er uns mitteilte, wie er die Geschichte behandelt sehen wollte, oder ob er gar konkrete Anweisungen Maxwells ausführte.«

Die Rolle von Robert Maxwell

Der *Sunday Mirror* ließ bei dieser Geschichte das nötige Engagement vermissen, im Gegensatz zur *Sunday Times*, die sich in dem Ruhm sonnte, die Wahrheit ans Licht gebracht zu haben. Die Tatsache, daß der *Sunday Mirror* die Geschichte falsch darstellte, ließ bei dem amerikanischen Journalisten Seymour Hersh die Frage aufkommen, ob die Zeitung dies absichtlich getan hatte. Der Auslandsredakteur des *Daily Mirror,* Nicholas Davies, habe – so Hersh – gehört, daß Guerrero der Sonntagszeitung die Bilder von Dimona angeboten hätte, und einen Geschäftspartner darauf angesprochen, den Mitarbeiter des israelischen Militärgeheimdienstes Ari Ben-Menashe (einen von Hershs Informanten). Ben-Menashe sei unverzüglich nach London geflogen, wo Davies ein Treffen mit Guerrero arrangiert habe, schreibt Hersh.[6] Guerrero sei überredet worden, ein paar Photos herauszugeben; bevor man ihm ein Honorar anbieten könne, müßten die Photos erst auf ihre Authentizität überprüft werden. Die Photos seien laut Hersh dann nach Israel gebracht worden, wo man zu dem Entschluß kam, die ganze Geschichte zu torpedieren. Davies habe für Ben-Menashe einen Termin mit Robert Maxwell ausgemacht, der ihm sagte, daß er bereits mit »Ben-Menashes

Bossen« gesprochen hätte und wüßte, was zu tun sei.[7] Dies würde nach Ansicht Hershs erklären, warum man mit der Geschichte so umgegangen war. Ein Anhaltspunkt hierfür findet sich in einem kursiv gedruckten Abschnitt des Zeitungsartikels mit der rhetorischen Frage, ob die Story ein Schwindel sei oder – schlimmer noch – Israel gezielt in Mißkredit bringen solle.

Aussagekräftiger ist möglicherweise Hershs These, daß Davies auf Betreiben Ben-Menashes den Aufenthaltsort Vanunus ausfindig gemacht habe. Die Behauptungen über Davies erhalten in Hershs Augen dadurch noch mehr Gewicht, da Davies und Ben-Menashe gemeinsam Waffenlieferungen an ausländische Regierungen abwickelten. Die Behauptungen werfen die Frage auf, ob Davies nicht in einen Interessenkonflikt geriet, falls er internationale Waffenschiebereien organisierte und gleichzeitig Auslandsredakteur war. Eine andere Frage betrifft die angebliche Beziehung Maxwells zum Mossad.[8]

Diese Behauptungen wurden in Hershs im Herbst 1991 erschienenen Buch *The Samson Option* aufgestellt (dt. Titel: *Atommacht Israel. Das geheime Vernichtungspotential im Nahen Osten*). Hersh beschreibt darin die Rolle des israelischen Atompotentials in den Beziehungen zwischen Israel und den USA sowie die wohlwollende Nichtbeachtung, die die US-Regierung gegenüber dem israelischen Atomprogramm walten ließ. Im Originalmanuskript, das Hersh seinem amerikanischen Verlag *Random House* vorgelegt hatte, waren seine Behauptungen im Zusammenhang mit Vanunu und dem *Sunday Mirror* noch nicht enthalten. Das Manuskript wurde an das britische Verlagshaus *Faber & Faber* geschickt, wo man es positiv aufnahm. Hersh wurde jedoch gefragt, ob er nicht irgend etwas habe, was einen expliziten Bezug zu Großbritannien herstellen könne. Daraufhin schrieb er Kapitel 22, das letzte Kapitel des Buches. Das Buch erschien in Großbritannien unter strenger Geheimhaltung. Der Titel tauchte nicht im Verlagsprogramm auf, und den Buchhandlungen wurden die Exemplare am Wochenende vor der Veröffentlichung persönlich geliefert, weil der Verlag fürchtete, Maxwell könne versuchen, eine Verfügung des Obersten Gerichtshofs gegen den Vertrieb des Buches zu erwirken.

Eine Pressemitteilung fand bei den Medien keine Resonanz. Exemplare des Buches waren jedoch in den Besitz zweier Mitglieder des Britischen Unterhauses gelangt, des Konservativen Rupert Allason, der unter dem Pseudonym »Nigel West« Bücher über Spionage geschrieben hatte, und des für die Stadt Dundee im Parlament sitzenden Labour-Abgeordneten George Galloway. Galloway, ein leidenschaftlicher Verfechter der Rechte der Palästinenser, hatte die Städtepartnerschaft zwischen Dundee und Nablus im Westjordanland eingefädelt. Die beiden Abgeordneten brachten Anträge auf eine Untersuchung des Vorwurfs ein, daß Davies die Israelis über den Aufenthaltsort Vanunus informiert habe, und äußerten sich besorgt darüber, daß der *Daily Mirror* und Maxwell Verbindungen zum Mossad unterhielten. Sie verlangten einen unabhängigen Untersuchungsausschuß zu der Frage, »inwieweit die *Mirror Newspaper Group* von ausländischen Geheimdiensten unterwandert sind«. In einem Leitartikel, der die gesamte Titelseite einnahm (die normalerweise für Nachrichten reserviert ist), beschuldigte der *Daily Mirror* die beiden Unterhausabgeordneten, ihre parlamentarische Immunität zu mißbrauchen, wonach sie ohne Angst vor gerichtlichen Schritten offen reden könnten. Maxwell bezeichnete Hershs Anschuldigungen als »lächerlich und frei erfunden«, und Davies sagte, sie seien eine faustdicke Lüge; er hätte Vanunu niemals getroffen und Maxwell wisse, »daß es lachhaft ist, er würde für den Mossad arbeiten. Auch habe er nicht eine Sekunde lang geglaubt, ich könne etwas mit dem Mossad zu tun haben«. Vierzehn Verleumdungsklagen wurden zwischen Maxwell, Davies, der *Mirror Newspaper Group* und Hersh, dem Verlag *Faber & Faber* und den beiden Abgeordneten angestrengt. Bei Erscheinen von Hershs Buch hatte Maxwell, der für sich in Anspruch nahm, der umstrittenste Zeitungsbesitzer in Großbritannien zu sein, schätzungsweise rund hundert Klagen gegen Journalisten und Presseeinrichtungen laufen.

Nick Davies war schon seit fünfzehn Jahren Auslandsredakteur beim *Daily Mirror*. Er stammte aus einer Mittelklassefamilie und hatte eine Privatschule besucht. Sein Vater wollte, daß er Jura studierte, aber Davies interessierte sich mehr für Journalismus. Er begann seine Laufbahn bei der Zeitung *Birmingham Post*. Er wechselte zum *Daily Mirror*, nachdem er diesen dadurch beeindruckt hatte, daß er für eine bestimmte Story zehn Meilen mit dem Fahrrad fuhr. Als Auslandskorrespondent und später als Auslandsredakteur besuchte Davies viele der internationalen Krisenherde, und in den achtziger Jahren reiste er häufig nach Israel. Er arbeitete sich langsam in den Kreis von Maxwells engsten Beratern vor, begleitete seinen Chef oft auf Auslandsreisen und half ihm durch seine im Laufe der Jahre hergestellten Verbindungen manchmal, Treffen mit führenden ausländischen Politikern und Regierungsvertretern zu arrangieren. Hershs Behauptungen verursachten einen unvorhergesehenen Knick in seiner journalistischen Karriere. Obwohl Davies in der Öffentlichkeit und seinem Chefredakteur gegenüber weitere Anschuldigungen Hershs, er sei in Waffengeschäfte verwickelt, dementierte, wurde er entlassen, nachdem die *Daily Mail* ein Photo veröffentlicht hatte, das ihn in Ohio zeigte, wo er mit einem Waffenhändler zusammengetroffen war. Eine interne Untersuchung lieferte jedoch keinerlei Beweise für Hershs These, daß Davies ein »Aktivposten« des Mossad war oder Vanunu verraten hatte.

Das Nachspiel um Hershs Behauptungen erreichte seinen vorläufigen Höhepunkt mit dem Tod von Robert Maxwell zwei Wochen nach Erscheinen des Buches. Seine Leiche wurde im Meer gefunden, nachdem er von seiner Jacht in der Nähe der Kanarischen Inseln verschwunden war. Eine Theorie besagte, daß er von einem arabischen Killer umgebracht wurde oder im Auftrag von jemanden, dem er bei einem Geschäft in die Quere gekommen war. Ben-Menashe, der heute nicht mehr für den israelischen Geheimdienst arbeitet, ging sogar so weit zu behaupten, daß es »insbesondere in der israelischen Regierung Elemente« gäbe, »die ein Interesse daran hatten, Maxwell zum Schweigen zu bringen. Genauso, wie Maxwell sich von Nick Davies – den ich betreute – trennen mußte, mußten sich auch seine Mentoren von ihm trennen.«

Eine andere Theorie war Selbstmord. Maxwell war natürlich wütend über Hershs Behauptungen; er sah sich gezwungen, Davies zu entlassen. Darüber hinaus erfuhr er drei Tage vor seinem Tod, daß Hersh neue Anschuldigungen machen wollte, um die Vorwürfe bezüglich Vanunus Entführung zu untermauern, und zwar in Form eines Videobandes und mit Photos, auf denen angeblich ein Treffen zwischen Davies und Mossad-Agenten in Genf festgehalten war; sie sollen Vorbereitungen getroffen haben, das Telefon des *Sunday Times*-Reporters Peter Hounam abzuhören, in der Hoffnung, den Aufenthaltsort von Vanunu zu erfahren. In der Nacht vor Maxwells Tod hatte der *Daily Mirror*-Redakteur Richard Scott mit ihm auf seiner Jacht gesprochen; Maxwell schien nicht deprimiert, eher »sehr wütend« über Hershs Behauptungen zu sein. Seine Vertrauten meinten, daß er nicht der Typ sei, Selbstmord zu begehen. Vor dem Hintergrund der anschließenden Enthüllungen über den Zusammenbruch von Maxwells Imperium und dem Skandal um das Verschwinden von Geldern aus der Betriebspensionskasse zwei Monate vor seinem Tod gewinnt jedoch die Selbstmord-Theorie an Bedeutung. Mike Molloy meinte, Maxwell wußte – als sein Imperium zu bröckeln begann –, daß alles nur eine Frage der Zeit war. Verachtung, Beleidigungen und Haß konnte er ertragen, aber nicht, lächerlich gemacht zu werden. Wenn Selbstmord wirklich die Ursache seines Todes war, so war der Zusammenbruch seines Imperiums der Auslöser.

Maxwells Beisetzung glich einem Staatsbegräbnis. Die Tatsache, daß der israelische Präsident Chaim Herzog, Ministerpräsident Yitzhak Shamir und Außenminister Shimon Peres an den Trauerfeierlichkeiten teilnahmen, stützte in gewisser Weise Hershs Behauptungen. Herzog gab zwar vor, in privater Funktion anwesend zu sein – er und Maxwell hatten während des Zweiten Weltkriegs zusammen für den britischen Geheimdienst gearbeitet –, aber die Tatsache, daß er die Trauerrede hielt, beweist eigentlich das Gegenteil. Shamir rühmte Maxwell dafür, daß er seine weltweiten Verbindungen in den Dienst Israels gestellt hatte, und würdigte ihn als »einen leidenschaftlichen Freund Israels«. Herzog sagte in seiner Ansprache, die in einem Leitartikel der *Times* als »außergewöhnlich lobende Grabrede« bezeichnet wurde: »Wir in Israel sind tief bewegt von seiner Sympathie für dieses Land und für unsere Sache; eine Sympathie, die sich in tiefer Anteilnahme und Mitgefühl niederschlug und sich in bedeutendem Engagement für unseren Kampf um wirtschaftliche Unabhängigkeit, um Aufnahme russischer Emigranten, um Sicherheit des Landes und um Erreichung des Friedens äußerte.« Nur wenigen Nicht-Israelis wurde eine solche Ehre zuteil. Daß Maxwell als Jude eine Nicht-Jüdin geheiratet hatte und sich erst in seinen letzten Lebensjahren für die jüdisch-israelischen Angelegenheiten zu interessieren begann, macht die Sache noch geheimnisvoller. Zyniker behaupteten, daß die Regierungsvertreter Israels – in Unkenntnis über den Zustand von Maxwells Imperium – hofften, seine Nachkommen würden das Werk ihres Vaters fortführen und weiterhin in Israel investieren.

Gegen Ende der achtziger Jahre war Robert Maxwell die ausländische Einzelperson mit den höchsten Investitionen in

Israel, nach Schätzungen etwa 250 Millionen britische Pfund. Er trat unter anderem als Investor für die Computerfirma *Scitex*, das Pharmaunternehmen *Teva* sowie das Verlagshaus *Keter* auf und erwarb eine Mehrheitsbeteiligung an der zweitgrößten israelischen Abendzeitung *Maariv*. Sein geschäftliches Interesse begann 1987 nach einer Israelreise, als er 27 Prozent des hoch eingeschätzten, jedoch finanziell angeschlagenen Unternehmens *Scitex* für 39 Millionen US-Dollar kaufte und ein paar Monate später für mehr als 200 Millionen US-Dollar verkaufte. Wenn sich Maxwell für etwas engagierte, machte er keine halben Sachen. Er wurde ein Freund Shamirs, unterstützte stark die Politik des Likud und war gegen einen palästinensischen Staat im Westjordanland und im Gazastreifen. Er stellte Israel seine weitläufigen Verbindungen in Osteuropa zur Verfügung, das sich um eine Wiederbelebung der nach dem Sechstagekrieg von 1967 abgebrochenen diplomatischen Beziehungen bemühte. Er spielte seinen Einfluß aus, um mehr sowjetischen Juden die Ausreise zu ermöglichen. In einem Fall stellte er seinen Privatjet zur Verfügung, um festsitzende jüdische Kinder aus Tschernobyl nach Israel auszufliegen. Ein anderes Mal half er der chassidischen Lubawitscher Gemeinde, religiöse Manuskripte aus Rußland zu retten. Während des Golfkrieges brachte er durch den Verkauf von Staatsanleihen Israels 3,6 Millionen britische Pfund in die Kassen des Landes.

Seine neuentdeckte Sympathie für Israel trieb auch in der Medienlandschaft üppige Blüten. Unter ihm als Besitzer bekamen die Leitartikel in den Zeitungen des Konzerns *Mirror Newspaper Group* eine eindeutig proisraelische Tendenz. Nach dem Tempelberg-Massaker vom Oktober 1990 an Arabern in Jerusalem attackierte beispielsweise ein Leitartikel des *Daily Mirror* diejenigen, die nicht auch die Urheber der Unruhen kritisierten. Ein anderes Beispiel war die Reaktion auf einen vom britischen Außenminister Douglas Hurd verfaßten Artikel im *Sunday Express*, in dem er Israel vorwarf, nicht realistisch über einen möglichen Frieden zu reden. Im *Daily Mirror* erschien daraufhin ein Leitartikel von Maxwell persönlich, in dem er Hurd heftig dafür angriff, nicht angesprochen zu haben, daß die arabischen Staaten Israels Existenzrecht anerkennen müßten. In Israel kritisierte Maxwell öffentlich seine eigene Zeitung *Maariv*, weil dort Enthüllungen aus einem Geheimdienstbericht erschienen waren.

Die Medien waren für Maxwell ein Mittel für persönliche Publicity. Wenn er sich durch die Preisgabe von Informationen politischen Gewinn versprach oder sich durch die Abfassung eines positiven Artikels bei jemandem einschmeicheln konnte, zögerte er nicht. Nick Davies behauptete zwar, es habe »niemals einen Fall« gegeben, in dem Maxwell irgendwelche Änderungen vorgenommen hätte. »Ich kann mich nicht erinnern, daß er sich jemals in die Nachrichtenkolumnen eingemischt hat, höchstens in die Leitartikel.« Andere haben jedoch das Bild eines ständig intervenierenden Zeitungsbesitzers gezeichnet. Er sei fast jeden Abend in der Redaktion gewesen und habe die Ausgaben durchgesehen; Publicity für bestimmte ausländische Politiker sei hinzugefügt, und Nachrichtenberichte seien umgeschrieben worden; es bedurfte eines starken Chefredakteurs, um dem Druck von oben standzuhalten. Der Chefredakteur des *Daily Mirror* Richard Stott wußte, wie er mit Maxwell umzugehen hatte: er gab ihm vordergründig immer recht und machte hinter seinem Rücken dann doch, was er wollte. Dieses allgemeine Porträt von Maxwell untermauert in vielem Hershs Thesen.

Robert Maxwell war 1991 jedoch ein anderer als 1986. Damals war seine Haltung gegenüber der jüdischen Gemeinde in Großbritannien und gegenüber Israel noch zwiespältig. Jan Ludwig Hoch alias Robert Maxwell wurde als Kind einer verarmten, frommen jüdischen Familie – sein Vater war Landarbeiter – in der Tschechoslowakei geboren. Er besuchte (ähnlich wie Mordechai Vanunu) eine jüdische Elementarschule und eine weiterführende *yeshiva*, deren Schwerpunkt auf religiösen Studien lag. Seine Mutter wollte, daß er Rabbi wird. Als er sich nach der Heirat mit einer französischen Protestantin in England niederließ, gelangte er zu der Überzeugung, daß er im Großbritannien der fünfziger Jahre nur dann gesellschaftlich Anerkennung finden würde, wenn er »englischer als die Engländer« wäre und sich nicht zu stark mit der jüdischen Gemeinde identifizierte. Als Maxwell 1964 zum Parlamentsabgeordneten für den Stadtteil Buckingham gewählt wurde, lehnte er ein Interview mit dem *Jewish Yearbook* ab und erklärte dem *Jewish Chronicle*, daß er der anglikanischen Kirche von England beigetreten sei. (1988 spielte Betty Maxwell dies jedoch in einem Brief an den *Jewish Chronicle* als »schelmischen Telefonanruf an Ihre Zeitung vor 25 Jahren« herunter.) Nach dem Sechstagekrieg von 1967 wurde Maxwell allmählich ein wenig offener für die israelische Sache und beteiligte sich auch an jüdischen sowie israelischen Aktionen zur Beschaffung von Unterstützungsgeldern. Während eines Londonbesuches 1984 bemerkte Präsident Herzog: »Der Mann bewegt sich auf uns zu.« In einem Interview für das *Jewish Chronicle Magazine* sagte Maxwell 1986: »Ich bin kein praktizierender Jude mehr, seit ich nach dem Krieg von zuhause fortging. Ich glaube immer noch an Gott und die moralische Erziehung des Judentums, die den Unterschied zwischen Gut und Böse lehrt. Ich glaube nicht an irgendeine Kirche, nur an Gott. Sicherlich sehe ich mich selbst als Juden. Ich bin als Jude geboren und werde als Jude sterben.«

Man sollte dieser Äußerung aber nicht allzuviel Gewicht als Beweis für seine Identifikation mit dem Judentum beimessen. Maxwell war nicht mehr als ein assimilierter Jude im öffentlichen Leben Großbritanniens. Der *Jewish Chronicle* hat fünfzehn Monate dafür gebraucht, um ein Interview zu bekommen, das zufälligerweise nur neun Tage vor dem Vanunu-Artikel des *Sunday Mirror* erschien. Die Journalistin Jenni Frazer schrieb dazu: »Maxwell sah nicht gerade aus, als ob er sich über unseren Besuch freuen würde.« Am Ende des Interviews sei Peter Jay (Maxwells rechte Hand) hereingekommen. »Der *Mirror*-Chef wankte schwerfällig auf ihn zu. ›Ich bin gerade‹, sagte er, ›vom *Jewish Chronicle* interviewt worden‹«, so Frazer.[9] Wäre da nicht Hershs Behauptung, Maxwell habe für den Mossad gearbeitet, so wäre es nicht von Belang, daß er daraufhin die Gelegenheit ergriff, jedermann und auch sich selbst davon zu überzeugen, wem seine Loyalität galt: ja, er teile die Ziele der jüdischen Gemeinde, »sofern sie nicht mit den Zielen des Vereinigten Königreichs kollidieren; in dem Fall stehe ich auf der Seite Großbritanniens«.

Mitte der achtziger Jahre begann sich dann das Blatt zu wenden. Er hatte zwar politisches Gewicht und war Verleger einer Zeitung, er wurde jedoch nicht zum Minister ernannt. Schlimmer noch: Der warmherzige, aber ein wenig laute Jude wurde nicht wirklich vom britischen Establishment akzeptiert, trotz oder gerade wegen seines Reichtums und seiner Bekanntheit. Diese allmähliche Einsicht half Maxwell dabei, mit seinen jüdischen Wurzeln ins reine zu kommen. Die Erinnerung an den Holocaust sollte dabei der Katalysator sein. Fast seine ganze Familie wurde von den Nazis umgebracht; seine Mutter, drei seiner fünf Schwestern, ein Bruder und sein Großvater wurden in Auschwitz ermordet. 1985 nahm Maxwell an einer Konferenz für Holocaust-Überlebende in Jerusalem teil; dort sprach er zum ersten Mal in der Öffentlichkeit über das Schicksal seiner Familie. Ironischerweise half seine Frau Betty ihm dabei, dieser Seite Ausdruck zu verleihen. 1988 organisierte sie eine Konferenz für Holocaust-Experten in Oxford unter dem Motto »An die Zukunft erinnern«. Bei der Eröffnungsfeier brach Maxwell zusammen, ebenso bei der jährlichen Parade ehemaliger jüdischer Militärangehöriger 1989 in Whitehall und bei einem Besuch der

Jerusalemer Gedenkstätte Yad Vashem für die sechs Millionen Opfer des Holocaust wenige Wochen vor seinem Tod. Hätte sich der Fall Vanunu 1991 ereignet, wäre Maxwells Reaktion wahrscheinlich eine ganz andere gewesen als 1986. Selbst wenn Maxwell Vanunu 1986 tatsächlich aus eigenem Antrieb oder auf Initiative israelischer Regierungsvertreter verunglimpft hat, wie Hersh behauptet, so scheint es nicht vorstellbar, daß er in Vanunus Entführung verwickelt war.

Es gibt keinen Anhaltspunkt dafür, daß Maxwell oder Davies den Aufenthaltsort Vanunus in London an die israelischen Behörden verraten haben. Es ist richtig, daß Davies für Maxwell in der *Daily Mirror*-Redaktion Augen und Ohren offenhielt. »Er war die Art von Journalist, die sich immer an einen heranschleicht, um herauszufinden, was man gerade macht. Aber er trat niemals im Zusammenhang mit der Geschichte um Vanunu an uns heran, und ich bin überzeugt davon, daß er nichts damit zu tun hat, wie die Story vom *Sunday Mirror* behandelt wurde«, sagte Miller. Davies war nur Auslandsredakteur des *Daily Mirror*, nicht jedoch auch beim *Sunday Mirror*. »Wenn Nick Davies sich irgendwie an der Geschichte zu schaffen gemacht hätte, hätte ich ihm den Hals umgedreht«, sagte Tony Frost. »Wir hielten die Augen offen.« Es ist richtig, daß Maxwell die Telefone der Mitarbeiter der *Mirror Newspaper Group* abhören lassen konnte. Aber es gab ja nichts Neues, da die *Mirror*-Journalisten kein Treffen mit Mordechai Vanunu arrangieren konnten und auch nicht wußten, wo er steckte.

Die Behauptungen von Seymour Hersh

Seymour Hersh, der an der Universität von Chicago Geschichte studierte, begann seine berufliche Laufbahn als Journalist 1963 bei der Nachrichtenagentur *Associated Press*. Zwei Jahre später wurde er zum Pentagon-Korrespondenten der Agentur ernannt; er ist heute ein international anerkannter Enthüllungsjournalist. Hersh wurde 1937 als Kind osteuropäischer Einwanderer geboren. Seine Eltern wollten aus ihm einen Rechtsanwalt machen. Hersh erfüllte diesen Wunsch jedoch nicht. Er arbeitete eine Zeitlang als Pressereferent und Redenschreiber für Senator Eugene McCarthy, wurde in den USA aber erst durch seinen Bericht über das Massaker von My Lai bekannt, bei dem im Vietnamkrieg amerikanische Truppen die Bewohner des Dorfes My Lai niedermetzelten. In mehr als achtzehn Monaten schrieb er den ersten umfassenden Bericht über das Massaker; anschließend veröffentlichte er darüber noch zwei Bücher.

Hersh arbeitete später für die *New York Times*, bei der er sich auf investigativen Journalismus konzentrierte. Zu seinen Themen gehörten die Verwicklung von Panamas Präsident Manuel Noriega in den Drogenhandel Lateinamerikas sowie die Beteiligung ehemaliger CIA-Agenten an Waffenverkäufen nach Libyen. Mit dem Buch *The Price of Power* schrieb er eine kritische Abhandlung über Henry Kissingers Außenpolitik. In *The Target is Destroyed*, einem weiteren Buch von ihm, ging es um den Abschuß eines Jumbojets der Korean Airlines (Flug Nr. 007) durch ein sowjetisches Militärflugzeug. Hersh erhielt den Pulitzer-Preis, viermal den George-Polk-Preis und mehr als fünfzig andere journalistische Auszeichnungen. Die These vom geheimen israelischen Waffenpotential, die dem Buch *Atommacht Israel* zugrunde liegt, hatte er bereits in seinem ersten Buch *Chemical and Biological Warfare* vertreten, das jedoch auf kein großes Interesse stieß.

Hersh hat sich im Rahmen seiner Arbeit ein weitläufiges Netz an Beziehungen in Washington und anderswo aufgebaut, wobei ihm das US-Gesetz über Informationsfreiheit ein wichtiges Werkzeug bei der Erstürmung von Geheimhaltungsbastionen wie der CIA und des Pentagon war. Ein Großteil der Informationen für sein Buch *Atommacht Israel* stammt aus amerikanischen Geheimdienstkreisen. In den Mitteilungsblättern des US-Außenministeriums, der CIA und der nationalen Sicherheitsbehörde las Hersh Notizen darüber, wer in Pension gehen würde; er lud die ausscheidenden Mitarbeiter in der Hoffnung zum Mittagessen ein, von ihnen Informationen zu bekommen. (Nach einer Verabredung mit Hersh zum Mittagessen, so wird erzählt, mußten sich die Interviewpartner angeblich zur Erholung für eine Stunde hinlegen.) Bei seinen Recherchen wurde er auch von Israelis unterstützt, die im Atomforschungszentrum Dimona gearbeitet hatten; sie standen seinen Angaben zufolge der Politik des Likud kritisch gegenüber. Einige von ihnen lieferten auch den US-Behörden ausführliche Informationen, weil sie sich davon, so Hersh, eine Arbeitserlaubnis erhofften.

Hershs Hauptquelle für sein Kapitel über Vanunu und den *Sunday Mirror* war der im Iran geborene Jude Ari Ben-Menashe, der das Übersetzungsteam in der Abteilung für äußere Beziehungen des israelischen Militärgeheimdienstes leitete. Da Ben-Menashe fließend Hebräisch, Farsi, Englisch und Arabisch beherrschte, gehörte es zu seinen Aufgaben, Unterlagen zu übersetzen, die im Rahmen von Informationsaustauschvereinbarungen an ausländische Militärs und Geheimdienste weitergegeben wurden. Er behauptete, Operationen im Ausland durchgeführt zu haben und bis zum Geheimdienstberater von Ministerpräsident Shamir aufgestiegen zu sein. Zunächst leugneten die Israelis, überhaupt von Ben-

Menashe zu wissen. Später wurde bestätigt und zugegeben, daß er Übersetzer und Geheimdienstoffizier auf mittlerer Ebene war. Einige von Ben-Menashes Behauptungen hielten einer Überprüfung durch wichtige Medien jedoch nicht stand. In einem von der US-Fernsehanstalt ABC durchgeführten Lügendetektortest fand man heraus, daß Ben-Menashes Glaubwürdigkeit auf einer Skala von null bis minus acht zwischen minus eins und minus sieben rangierte. Manche seiner Behauptungen wurden aber mit Interesse aufgenommen. Als er George Bush beschuldigte, die Freilassung der amerikanischen Botschaftsgeiseln in Teheran absichtlich bis nach den Präsidentschaftswahlen hinausgezögert zu haben, damit Präsident Carter die Wahl verlor, wurde er zur Aussage vor einen Kongreßausschuß geladen.

Ben-Menashes Thesen über Nick Davies und den *Sunday Mirror* gehen anscheinend auf seine frühere Geschäftsverbindung mit Davies zurück. 1983 gründeten die beiden eine Firma namens *Ora*, benannt nach Ben-Menashes Ehefrau. Die Firma mit Sitz in Davies' Heimatstadt London wickelte Waffenlieferungen im Auftrag des israelischen Verteidigungsministeriums ab. 1988 arrangierte Davies ein Treffen zwischen Ben-Menashe und Maxwell, auf dem Ben-Menashe den Verleger Maxwell vergeblich für ein Buch, das er über die Irangate-Affäre schrieb, zu interessieren versuchte.

Die *Sunday Times* hatte mit dem Gedanken gespielt, Hershs Buch als Serie zu veröffentlichen; bei einer Überprüfung Ben-Menashes, so das Blatt, hätte Peter Hounam jedoch herausgefunden, daß keine seiner Angaben mit den zahlreichen Informationen übereinstimmte, die die Zeitung von Vanunu erhalten hatte. Besonders negativ war dabei ins Gewicht gefallen, daß Ben-Menashe beteuerte, ein im *Sunday Mirror* erschienenes Photo Vanunus sei Nick Davies von den Israelis zugespielt worden. Tatsächlich hatte Hounam selbst die Aufnahme gemacht und Guerrero gegeben. Ben-Menashe gab vor, er hätte als Beweis gegen den *Sunday Mirror* zwölf eidesstattliche Erklärungen von *Mirror*-Mitarbeitern. Tatsächlich sollen die Verleger jedoch nur Briefe von drei ehemaligen *Sunday Mirror*-Redakteuren gehabt haben.[10] Einer der drei, nämlich Tony Frost, bestritt Davies' Einmischung in die Geschichte von Vanunu. Daß Ben-Menashe so gründlich über gewisse Operationen Bescheid wußte, veranlaßte Hersh, ihm zu glauben. Aber möglicherweise ist er dadurch Opfer seiner eigenen Technik geworden und hat Ben-Menashe in Sachen Vanunu nur deshalb Glauben geschenkt, weil dieser auch in anderen Fällen zuverlässig war.

Eine eingehendere Beschäftigung mit Hershs Kapitel über Vanunu und den *Sunday Mirror* zeigt, daß der Autor etwas zu beweisen vorgibt, indem er vermeintliche Fakten aneinanderreiht. Die Behauptungen über Davies und Maxwell sind nicht eindeutig formuliert. Zudem werden die Anschuldigungen an die Adresse von Nick Davies ausdrücklich Ben-Menashe zugeschrieben. Hersh ergeht sich meist nur in Andeutungen über Maxwell. Er unterscheidet nicht genügend zwischen konkreten Beweisen und Behauptungen Dritter, was den Leser verwirrt. Angesichts der offenen Fragen zu Hershs Behauptungen, die weite Verbreitung fanden, ist es wenig hilfreich, daß er sie nicht mit stichhaltigen Beweisen belegt.

Hersh bezog seine Informationen für sein Kapitel über Vanunu und den *Sunday Mirror* jedoch nicht nur von Ben-Menashe, sondern auch von Journalisten, die auf Redaktions- und Chefredaktionsebene mit der Geschichte betraut waren. Hershs Interviews mit ihnen lassen an seinen Behauptungen Zweifel aufkommen und unterstreichen, daß er keine eindeutigen Beweise hat. Auf Hershs Frage, ob Nick Davies in die Vanunu-Story verwickelt gewesen sei, antwortete Mark Souster: »Definitiv nein. Der *Daily Mirror* und der *Sunday Mirror* sind voneinander unabhängige Institutionen.« Hersh wagte einen weiteren Vorstoß: »Überrascht es Sie, wenn ich Ihnen erzähle, daß Nick Davies ein Mossad-Agent ist, er und Maxwell bei der ganzen Sache ihre Finger im Spiel hatten und beide wußten, wo Vanunu war?« Souster erwiderte: »Niemand kannte Vanunus Aufenthaltsort, selbst Guerrero nicht; also kann ich nicht glauben, daß Nick Davies gewußt haben soll, wo Vanunu sich befand.«[11] Laut einer Notiz von Tony Frost soll dieser Hersh erzählt haben, daß Nick Davies nichts mit dem Bericht der Zeitung über Vanunu zu tun hatte. Darüber hinaus hätte Hersh nach Ansicht Frosts den Chefredakteur des *Sunday Mirror* mit einem anderen führenden britischen Journalisten verwechselt. Hersh, so Frost, erzählte ihm, die Behauptung stamme von seinem Informanten, worauf er erwidert hätte, daß dann die Information nur reiner Unsinn sein könne. Hersh meinte, er würde sie mit seinem Informanten abklären.[12]

In Hershs Buch wird der stellvertretende Chefredakteur John Parker mit folgenden Worten zitiert: »Es war eine klassische Desinformation von seiten der Israelis.« Parker behauptet jedoch, sich Hersh gegenüber anders geäußert zu haben: »Im nachhinein scheint es eine klassische Desinformation gewesen zu sein.« – »Nach Veröffentlichung des Artikels im *Sunday Mirror* war es ein leichtes, diese Schlußfolgerung zu ziehen«, meinte Parker, »weil die Geschichte so überaus merkwürdig dargestellt wurde. Es schien keine logische Erklärung dafür zu geben.« Als der Verleger Parker das Zitat zusandte, das man verwenden wollte, übermittelte Parker dem Anwalt des Verlagshauses eine korrigierte Fassung, »aber«, so sagte er, »sie entschieden sich dafür, nichts zu ändern«.

Kurz nach Erscheinen seines Buches in Großbritannien flog Hersh nach London, um sich gegen die Kritik und die Gegenbehauptungen zu verteidigen. An einer gut besuchten Pressekonferenz im Londoner Imperial Hotel nahm auch eine Journalistengruppe des *Daily Mirror* teil, darunter der stellvertretende Chefredakteur und der Nachrichtenredakteur. Für britische Verhältnisse glich diese Pressekonferenz eher einem Femegericht, da Hersh eine Frage nach der anderen parierte. Hersh blieb ungerührt und kritisierte seine britischen Kollegen: »In den Vereinigten Staaten käme dies einem Kriegsschauplatz gleich.« Die meisten Fragen zielten auf die Behauptung ab, Davies sei in Waffengeschäfte verwickelt. Hersh sprach so detailliert über diese Vorwürfe, daß ein BBC-Journalist nach einer Dreiviertelstunde bemerkte, es sei nichts dabei, was man legal senden könne. Auf eine Frage zu der Anschuldigung, Davies hätte etwas damit zu tun, daß der Aufenthaltsort Vanunus bekannt geworden sei, antwortete Hersh: »Ich habe Ben-Menashes Aussage, er habe Nick Davies in zwei Telefonanrufen gebeten, ihm bei der Suche nach Vanunu zu helfen.« Ein Journalist der *Financial Times* fragte, ob Ben-Menashe die einzige Quelle für diese Behauptung sei. »Ja«, antwortete Hersh.

Drei Wochen nach dem Erscheinen von *The Samson Option* brachte Hersh neue »Beweise« ins Spiel, um die Anschuldigung zu untermauern, Davies hätte Vanunus Verbleib preisgegeben. Demnach hätte ein Privatdetektiv Peter Hounams Telefon anzapfen sollen, um eventuell Informationen über Vanunus Aufenthaltsort zu erhalten. Um dies zu besprechen, hätten sich zwei Männer in einem Genfer Hotel getroffen, die vorgaben, *Daily Mirror*-Reporter zu sein; einer wäre Frank Thorne, ein israelischer Sicherheitsbeamter, gewesen und der andere, der sich selbst Nigel Dannis nannte, Nick Davies. Bei einem zweiten Treffen seien auch der Privatdetektiv und drei weitere Personen, wahrscheinlich Israelis, dabei gewesen. Vom Hotel aus wären Telefongespräche mit der israelischen Botschaft in Paris, einer Operationszentrale des Mossad, geführt worden sowie mit der Tel Aviver Wohnung von Samuel Nahmias, ehemaliger Nachrichtenchef der israelischen Polizei und heute privater Sicherheitsberater. Hershs Enthüllung ging eine Erklärung des *Faber & Faber*-Verlagschefs Matthew Evans voran, nach der Hersh nur ungefähr 20 Prozent der Geschichte um Maxwell in sein Buch habe einfließen lassen. Mit der neuerlichen Offenbarung wurde jedoch auch kein direkter Zusammenhang zwischen dem israelischen Geheimdienst und Maxwell hergestellt.

Das »Beweismaterial« stammte von Joe Flynn. Kurz nach der Veröffentlichung von *The Samson Option* wurde Matthew Evans von jemandem kontaktiert, der sich selbst als »Herr Begg, Privatdetektiv« vorstellte. Diese Person behauptete, etwas über Maxwells und Davies' Aktivitäten in der Vanunu-Affäre zu wissen. Für eine gewisse Summe wolle er Evans und Hersh davon erzählen. Evans flog nach Amsterdam, um diesen »Privatdetektiv« zu treffen. Ihm soll Material, darunter ein Videoband von den Treffen in Genf und Aufzeichnungen der vom Hotel aus geführten Telefongespräche, versprochen worden sein. Evans hat dafür in drei Raten angeblich 1290 britische Pfund gezahlt.

Flynns Geschichte strotzte jedoch vor faktischen Irrtümern. Zur Zeit des Treffens in Genf am 25. September 1986 arbeitete ein Reporter namens Frank Thorne nicht beim *Daily Mirror*; außerdem hatte »Cindy« Vanunu bereits in London getroffen. Nahmias lebte in Jerusalem und nicht in Tel Aviv, und das Hotel Cornavin in Genf verfügte nicht über die technische Ausrüstung, um ausgehende Telefongespräche zu überwachen. Laut Auskunft des *Sunday Times*-Chefredakteurs Andrew Neil hätten nur zwei Journalisten der Zeitung gewußt, wo Vanunu untergebracht war, und Hounam habe nicht zu diesen beiden gehört. Die *Insight*-Rechercheurin Wendy Robbins behauptete jedoch, Hounam hätte Vanunu jeden Tag von seinem Geheimversteck abgeholt. Darüber hinaus erzählte Hounam im August 1987 im australischen Fernsehen, er habe mit Vanunu in der Nacht telefoniert, bevor dieser – gegen den Rat der Zeitung – mit Cindy nach Rom flog. Er hätte vorgeschlagen, »er solle dem Rest der Redaktion nichts davon erzählen, sondern nur mir sagen, wohin er ginge, damit wir seiner Spur folgen könnten, falls er verschwinden würde«. Vanunu hat dies aber nicht getan.

Flynn schaffte es, Hersh davon zu überzeugen, daß die Treffen in Genf wirklich stattgefunden hatten, indem er Evans die private Telefonnummer von Peter Hounam und die Visitenkarte des *Daily Mirror*-Redakteurs Frank Thorne gab. Weil Hounams Privatnummer nicht im Telefonbuch stand und mit der Nummer übereinstimmte, die Hersh von Hounam hatte, nahm Hersh dies als Beweis, daß der Privatdetektiv die Wahrheit sagte. Tatsächlich hatte Flynn jedoch Hounam 1987 mit dem Versprechen nach Neapel gelockt, er könne ihm bei den Vanunu-Recherchen helfen; Hounam hatte ihm daraufhin seine Telefonnummer genannt. Thorne gab Flynn seine Karte bereits drei Jahre zuvor in Portugal, als er ihn für eine Geschichte über Waffenhandel interviewte. Flynn hatte Thornes Visitenkarte an Hersh und Evans als Beweis für die Treffen in Genf weitergegeben. Bevor Hersh »Herrn Beggs Beweise« dafür offenlegte, sagte er: »Ich habe das Gefühl, daß ich nun mein Buch verteidigt habe, und werde keinen Schritt weitergehen.« Das »Beweismaterial« war jedoch nicht stichhaltig; somit stand Hersh wieder mit leeren Händen da und konnte die Behauptungen über Maxwell und Davies nicht untermauern.

Es gibt jedoch weitere Indizien für Hershs Theorie von der absichtlichen Desinformationskampagne. Erstens spricht die Art und Weise dafür, wie der neutrale Tenor des Artikels im *Sunday Mirror* – die Photos könnten von Dimona stammen – dahingehend verändert wurde, daß die ganze Geschichte ein Schwindel sei. Zweitens protestierte Tony Frost gegen die Haltung Molloys, die offizielle Bestätigung, Vanunu habe in Dimona gearbeitet, und die Expertenansicht von der möglichen Echtheit der Photos einfach zu ignorieren. Drittens deutet das Verhalten des Presseattachés der israelischen Botschaft, Eviator Manor, darauf hin: als die *Mirror*-Journalisten ihm ihr Material zeigten, schlug er Jerusalem vor, durch ein abschätziges Porträt Guerreros eindeutige Zweifel an Vanunu zu wecken und so die ganze Story zu hintertreiben. Manor gab jedoch an, es habe sich hierbei um seine Privatmeinung gehandelt und alle Entscheidungen seien von Israel getroffen worden; der offizielle Standpunkt, den Manor auf Anweisung vertreten sollte, wäre der gleiche gewesen, den man auch schon gegenüber der *Sunday Times* dargelegt hatte: Vanunu sei aufgrund »unzuverlässigen Verhaltens« aus Dimona entlassen worden. Victor Ostrovsky, ein ehemaliger Mossad-Agent und Autor des Buches *The Other Side of Deception* (dt. Titel: *Geheimakte Mossad. Die schmutzigen Geschäfte des israelischen Geheimdienstes*), behauptet jedoch, Außenminister Yitzhak Shamir habe sich an Maxwell gewandt und ihn gebeten, die Geschichte fallen zu lassen.[13] Als Jerusalem zum ersten Mal von Vanunus Kontakten zu den Medien hörte, entbrannte zwischen Shamir und Ministerpräsident Shimon Peres ein Meinungsstreit über den Umgang mit der undichten Stelle im Sicherheitssystem. Peres sah darin eine Möglichkeit, die Abschreckungswirkung des Atompotentials nach außen zu verstärken; Shamir hingegen vertrat die Ansicht, auf keinen Fall die Büchse der Pandora zu öffnen. Viertens spricht dafür, daß die Journalisten überhaupt angewiesen wurden, das Material der israelischen Botschaft vorzulegen. Sie hinterfragten diese Entscheidung, denn dadurch würden die Israelis möglicherweise erst auf Vanunu aufmerksam. Der stellvertretende Chefredakteur, John Parker, behauptete, daß »Molloy von Anfang an mißtrauisch« war, und zwar nicht so sehr in bezug auf »die Enthüllungen Vanunus, sondern gegenüber Guerrero, der eine Photoserie besorgte, was mir, und sicher auch Molloy, verdächtig zu sein schien«. Da man sich von der Reaktion der Botschaft die Klärung der Frage erhoffte, ob die Zeitung hereingelegt werde oder eventuell weitere Informationen liefere, war dieser Schritt – den ja auch die *Sunday Times* unternahm –

gerechtfertigt. Daß die Zeitung bereits über ihren Korrespondenten in Tel Aviv eine offizielle Stellungnahme erhalten hatte, war irrelevant, denn es besteht immer die Möglichkeit, von einer anderen offiziellen Quelle mehr oder andere Informationen zu bekommen. Erstaunlich ist nur, daß Molloy das gesamte Material zur Botschaft bringen ließ, anstatt, wie die *Sunday Times*, nur eine Zusammenfassung der Recherchen, ein paar Photos und Vanunus Paßnummer.

Molloy bestreitet Hershs Behauptung, Maxwell habe etwas mit dem Entschluß zu tun gehabt, sich an die Botschaft zu wenden. »Die Entscheidung wurde von mir alleine getroffen«, sagte er in einem Interview nach Maxwells Tod. Er gibt allerdings zu, den Artikel gegenüber Maxwell erwähnt zu haben, weil er wußte, dieser würde sich dafür interessieren. Dies ist das normale Vorgehen eines Chefredakteurs mit einem Zeitungsbesitzer, der alle Fäden in der Hand halten will. »Ich erzählte ihm von der Geschichte, weil ich ihn über alle wichtigen Stories auf dem laufenden hielt, die gerade bearbeitet wurden.« Er habe zu Maxwell folgendes gesagt: »Ich habe eine außergewöhnliche Geschichte über jemanden, der glaubt, es gebe eine geheime israelische Atomfabrik. Mir schmeckt die ganze Sache nicht, aber ich werde sie überprüfen lassen. Maxwell sagte: ›Oh, ja, machen Sie das.‹ Dann redeten wir über etwas anderes.«[14] In einem Interview mit dem *Sunday Mirror* nach dem Erscheinen von Hershs Buch wiederholte Molloy, seinem Herausgeber davon erzählt zu haben, das Material zur israelischen Botschaft bringen zu lassen. Maxwell hätte weder reagiert noch besonderes Interesse gezeigt, so Molloy. Im gleichen Interview sagte Molloy jedoch, seine Entscheidung, sich an die Botschaft zu wenden, habe er gegenüber Maxwell niemals erwähnt. Molloy leugnet, Maxwell das Material gezeigt zu haben. Maxwell habe die Photos nicht gesehen, und sie hätten auch nicht unter vier Augen miteinander gesprochen.[15] Molloy bestreitet, daß der Artikel, in dem es sich um eine Falschmeldung handelte, Teil einer israelischen Desinformationskampagne gewesen sei. »Es stand außer Frage, daß Robert Maxwell dem *Sunday Mirror* Anweisungen gegeben hat, wie die Geschichte dargestellt werden soll. Er sagte nicht: ›Ich will, daß die Story in einer bestimmten Weise behandelt wird.‹ Das stimmt einfach nicht.«

Nach Erscheinen von Hershs Buch behauptete die israelische Journalistin Yael Lotan, die sich für Vanunu einsetzte, Israels Ministerpräsident Shimon Peres habe bei der Zusammenkunft des *Editors' Committee*, auf der er die Redakteure über den geplanten Artikel der *Sunday Times* unterrichtete, verlauten lassen, daß Maxwell zugestimmt hätte, die Enthüllungen Vanunus zu torpedieren. Lotan, Literaturredakteurin der linksgerichteten Tageszeitung *Al ha-Mishmar*, hatte diese Information ihren Angaben nach von einem der dort anwesenden Redakteure ihrer Zeitung erhalten. Ein anderer Teilnehmer, Ari Rath von der *Jerusalem Post*, hatte auf dem Treffen jedoch ausführliche Notizen gemacht: »Peres hat bei dieser Zusammenkunft ganz sicher weder den *Sunday Mirror* noch Maxwell erwähnt. Er nannte weder eine Person noch eine Sache mit dem Anfangsbuchstaben ›M‹.«

Die Frage, ob der *Sunday Mirror*-Artikel Teil einer Desinformationskampagne Israels zur Diskreditierung Vanunus war, mag vor dem Hintergrund der parallel laufenden Aktivitäten der *Sunday Times* in einem anderen Licht erscheinen. Wie schon erwähnt, wandte sich der israelische Botschafter trotz der guten Beziehungen nicht an Chefredakteur Andrew Neil. Als Frost und Souster das Material zur israelischen Vertretung brachten, bekamen sie die gleiche Information wie die *Sunday Times*: Vanunu sei Techniker in Dimona gewesen und entlassen worden.

Falls der *Sunday Mirror* für Israels Verwirrspiel mißbraucht wurde, kann das Blatt nicht vorher für diesen Zweck ausgesucht worden sein, denn Guerrero wandte sich erst an die

Rivalität zwischen *Sunday Times* und *Sunday Mirror*

Zeitung, nachdem er die Geschichte erfolglos dem *Observer* angeboten hatte. Jegliche Intrigen konnten erst anschließend ausgeheckt werden. Sicher ist Guerrero mit einem Fragezeichen behaftet. Genau einen Tag, nachdem die Mossad-Agentin Cindy ausgezogen war, wechselte er ins Eccleston Hotel. Mark Souster, der einige Tage mit Guerrero verbracht hatte, glaubt, Guerrero beim Frühstück mit einer Dame gesehen zu haben, die später als Cindy identifiziert wurde; Cindy wird von der *Sunday Times* beschuldigt, in Vanunus Entführung nach Israel verwickelt gewesen zu sein.[16]

Daß Guerrero seither in Presseinterviews behauptet, Vanunu sei nicht von Rom aus nach Israel entführt worden und Cindy existiere überhaupt nicht, scheint eine Verbindung zum Mossad glaubwürdiger zu machen. Aber wenn Guerrero tatsächlich für den Mossad arbeitete, warum hat er Vanunu dann überredet, die Geschichte nicht fallen zu lassen, als dieser in Australien die Photos vernichten wollte? Darüber hinaus ist Guerrero ja nicht aus freien Stücken in die Gemeinde King's Cross in Sydney gekommen, wie McKnight bemerkte. Er wurde vom örtlichen Arbeitsamt dorthin geschickt, um im Rahmen eines staatlichen Beschäftigungsprogramms einen Zaun zu streichen. Seine mangelnde Glaubwürdigkeit hätte ihn zu einem äußerst ungeeigneten und unzuverlässigen Werkzeug in den Händen des Geheimdienstes gemacht; und wenn Guerrero, der ursprünglich als Vanunus Agent auftrat, »umgedreht« und zu einem Aktivposten des Mossad gemacht worden wäre, wann sollte das geschehen sein? Da er sich geweigert hatte, die Photos von Dimona Frost und seinen Kollegen auszuhändigen – Frost mußte ja einen Trick anwenden, um die Aufnahmen zu bekommen –, ist es eher unwahrscheinlich, daß er zu diesem Zeitpunkt für die Israelis gearbeitet hat. Daß Guerrero die Geschichte für einen Bruchteil des Betrages offerierte, den die *Sunday Times* angeboten hatte, mag damit zu erklären sein, daß die von der *Sunday Times* versprochenen 25 000 US-Dollar erst aus späteren Einnahmen Vanunus gezahlt werden sollten; letztendlich hat aber Guerrero noch nicht einmal versucht, sich sein Honorar vom *Mirror* abzuholen. Die Vereinbarung mit dem *Sunday Mirror* sah vor, erst die Richtigkeit der Informationen festzustellen und den Bericht exklusiv zu veröffentlichen. Guerrero hielt die Aussichten auf eine Bezahlung vom *Sunday Mirror* wahrscheinlich für minimal, da das Blatt seine Geschichte als Schwindel darstellte und die *Sunday Times* sich ebenfalls des Themas angenommen hatte.

Alles in allem scheint die sensationelle Behauptung, Davies hätte den Israelis Vanunus Aufenthaltsort in London verraten, nicht haltbar. In bezug auf den Vorwurf, daß gezielt falsche Informationen in Umlauf gebracht worden sind, sagte John Parker: »Im nachhinein scheint es eine klassische Desinformation von seiten Israels gewesen zu sein.« Die Frage ist aber nach wie vor, ob dies richtig ist oder ob andere Gründe das Verhalten Molloys erklären können, wie zum Beispiel eine journalistische Fehleinschätzung von seiten des Chefredakteurs oder sein Wunsch, keinen Artikel zu bringen, der den Zorn des Herausgebers hätte wecken können. Wenn er wirklich geglaubt hat, die Geschichte sei ein Schwindel, dann entsprang sein Motiv möglicherweise der Absicht, die *Sunday Times* zu diskreditieren. Die Behauptung Ostrovskys steht gegen die Aussage Molloys. Solange Molloy seine Version der Ereignisse nicht ändert, bleibt das Geheimnis, wie es sich nun tatsächlich zugetragen hat, zusammen mit Maxwell auf dem Ölberg über der Altstadt von Jerusalem begraben.

Vanunus Entführung durch den Mossad

Mossad, MI, Atomprogramm

Einer der ersten Hinweise für den Mossad, daß ein ehemaliger Mitarbeiter von Dimona den Medien geheime Informationen über das Nuklearforschungszentrum anbot, kam aus Versehen von der *Sunday Times* selbst. Einer ihrer Journalisten reiste am 2. September 1986 nach Israel, um Vanunus biographische Angaben zu überprüfen: ob er in Dimona gearbeitet und an der Ben-Gurion-Universität in Beersheba studiert hatte, und ob er wirklich der war, für den er sich ausgab. Der Journalist sprach mit einer Frau, die Vanunu erwähnt hatte und Reservistin bei der Armee war. Ängstlich meinte sie, sie müsse ihren Chef über dieses Gespräch unterrichten.[1]

Theoretisch ist es aber auch möglich, daß der Mossad schon früher, als Vanunu noch in Australien war, von der Sache erfuhr. Vanunu erinnert sich, daß er, während er in einer Bar im Hilton Hotel in Sydney auf Peter Hounam wartete, zwei Israelis bemerkte, die neben ihm saßen. Sie versuchten, ihn in ein Gespräch zu verwickeln, indem sie politische Bemerkungen fallen ließen, die er sympathisch finden sollte. Er hatte sie sofort als Mossad-Agenten in Verdacht und verließ die Bar aufgeschreckt und mißtrauisch.[2]

Der Mossad suchte auch einen seiner Brüder auf. Am 7. September warteten zwei Männer des Inlandsgeheimdienstes Shin Bet auf Albert Vanunu vor seiner Schreinerwerkstatt in einem Industriegebiet Beershebas. Sie sagten, sie bräuchten seine Hilfe, um Mordechai aus Europa zurückzuholen.

Vanunus Entführung durch den Mossad

Vielleicht hatte der Mossad aber auch erst später einen Wink direkt vom australischen Auslandsgeheimdienst ASIO oder indirekt über den britischen Militärgeheimdienst MI6 bekommen.[3] Nachdem Oscar Guerrero Vanunu und Peter Hounam an den Flughafen in Sydney gebracht hatte, prahlte er mit der sensationellen Geschichte vor einem Besucher des Pfarrhauses von King's Cross und zeigte ihm einige Photos, die Vanunu im Reaktor Dimona aufgenommen hatte. Dieser Mann war zufällig ehemaliger Nachrichtenoffizier des ASIO und hatte noch zu seinem früheren Arbeitgeber Kontakt. Eine Stunde später informierte er die Sonderabteilung des ASIO telefonisch darüber, daß Vanunu und Hounam auf dem Weg nach London seien. Dort wolle der Israeli komplette Details über Dimona weitergeben; die Photos würden es beweisen. Nach Angaben der *Sunday Times* wurde danach sofort ein Telex an den MI6 geschickt. Der Mossad könnte jedoch auch bereits eine Woche früher informiert gewesen sein.[4]

Seit den fünfziger Jahren haben sich auf allen Ebenen enge Verbindungen zwischen dem australischen und britischen Nachrichtendienst entwickelt bis hin zum Austausch von Geheimdienstberichten, gegenseitiger Hilfe bei der Ausbildung und gemeinsamen, verdeckten Operationen. Die Beziehung ist so eng, daß sich der Londoner Stützpunkt des ASIO im gleichen Gebäude, dem *Century House*, wie die Zentrale des MI6 befindet. Die intensive Zusammenarbeit zeigt sich auch an der Dichte des Informationsaustauschs: in den Jahren 1950 bis 1974 erhielt der britische Geheimdienst ungefähr 10 000 Dossiers von seinem australischen Pendant; im Gegenzug übermittelte er 44 000 Berichte. Der MI6 hat dem ASIO auch eine Kopie seines Personenindexes Fernost zukommen lassen. In Gebieten, wo sowohl ASIO als auch MI6 vertreten sind, stehen die Offiziere vor Ort miteinander in Verbindung und können so geheimdienstliche Informationen über regionale Entwicklungen zur Auswertung austauschen. In Bereichen, in denen nur einer der beiden Geheimdienste präsent ist, hat das Gegenüber in ihm eine Anlaufstelle. Wenn die Australier den MI6 über Vanunus Pläne informiert haben, so ist es durchaus möglich, daß der ASIO diese Mitteilung auch der israelischen Seite zugespielt hat.[5]

Als Vanunu in Begleitung von Hounam auf dem Londoner Flughafen Heathrow landete, beobachteten ihn zwei Mitarbeiter der MI6-Sonderabteilung, wie er unter falschem Namen durch die Paßkontrolle ging; die Nachricht von seiner Ankunft gelangte über den MI6 an den Mossad. Am 21. September trafen sich daraufhin Ministerpräsident Peres, Außenminister Shamir und Verteidigungsminister Yitzhak Rabin, um die ›undichte Stelle Vanunu‹ zu besprechen. Peres soll in dem Bemühen, Vanunu nach Israel zurückzubringen, Premierministerin Thatcher angerufen und mit ihr die möglichen Auswirkungen der Enthüllungen in den Medien diskutiert haben.[6]

Seit mehr als dreißig Jahren unterhalten der MI6 und der Mossad operative Verbindungen.[7] Mossad-Agenten sind beispielsweise an Bord von Boeing-Flugzeugen der Uganda Airlines zwischen Stansted und Entebbe mitgeflogen und haben den libyschen Militärflughafen in Bengasi ausspioniert, auf dem die Maschinen auf der Route nach England aufgetankt wurden. Die Ergebnisse gingen an den MI6 und die CIA. Im Gegensatz zum MI6 und der CIA sah der Mossad den Sturz des Schah von Persien richtig voraus. Informationen über die Rolle libyscher und palästinensischer Organisationen bei der Unterstützung der Schah-Gegner gaben dem Mossad Hinweise auf die inneren Entwicklungen der Revolution im Iran. Da Großbritannien sich an die Regel hielt, keine Agenten in befreundeten Ländern einzusetzen, war es fast vollständig auf Meldungen des iranischen Geheimdienstes SAVAK über die Stärke der Opposition angewiesen.

Großbritannien und Israel haben eine gemeinsame Angst vor Terrorismus. Beide sind Mitgliedsstaaten der Mitte der siebziger Jahre gegründeten Organisation *Kilowatt*, in der sich westliche Länder zur Bekämpfung des arabischen Terrorismus zusammengeschlossen haben, darunter die Bundesrepublik Deutschland, Italien, Frankreich, Belgien, die Niederlande, die Schweiz, Dänemark, Schweden, Norwegen, Luxemburg, Irland und Kanada. Als Konsequenz aus dem Attentat auf den israelischen Botschafter Shlomo Argov in London im Juni 1982 wurde dem Mossad mehr Bewegungsspielraum zugestanden.[8] Zum Zeitpunkt von Vanunus Entführung genoß der Mossad in Großbritannien neben der CIA, den kanadischen, australischen und westdeutschen Geheimdiensten den Status eines befreundeten Spionagedienstes.[9] Dies ermöglichte den Ländern, ihre Geheimdienstaktivitäten von ihrer Botschaft aus zu koordinieren. Der Mossad hatte bei der Lieferung geheimer Informationen über das Schicksal westlicher Geiseln im Libanon eine Schlüsselrolle übernommen[10]; die anderen Hauptbeteiligten waren die CIA, der MI6 und die Geheimdienste Frankreichs und der Bundesrepublik. Der britische Geheimdienst lieferte durch eine Abhöraktion in der syrischen Botschaft in London den Beweis für eine Beteiligung Syriens bei dem Versuch, im April 1986 heimlich eine Bombe an Bord eines Jumbo-Jets der El Al mit Ziel Israel zu bringen. Die Nationale Sicherheitsbehörde der USA (*National Security Agency*, NSA) fing eine Mitteilung der syrischen Botschaft nach Damaskus auf, in der um weitere Unterstützung für Nazar Hindawi bei der Ausführung des Bombenattentates gebeten wurde. Hindawi wurde daraufhin unter strenge Beobachtung durch den britischen Militärsicherheitsdienst MI5 gestellt; letzterer erhielt außerdem die Erlaubnis, die Botschaftsräume zu verwanzen und die Telefonleitungen anzuzapfen.

Die britisch-israelischen Kontakte waren jedoch nicht ohne Spannungen. In den Augen des Mossad gab es im britischen Außenministerium immer mehr Politiker, die den Arabern freundlich gesinnt waren, wodurch auch die Arbeit des MI6 zunehmend beeinflußt wurde. Der Mossad, der Großbritanniens proarabische Haltung argwöhnisch beobachtete, wählte das zur Weitergabe bestimmte Material sorgfältig aus, damit es nicht in unerwünschte Hände geriet. Die Entdeckung, daß die an der Botschaft in Tel Aviv tätige britische Diplomatin Rhona Ritchie sicherheitsrelevante Informationen (darunter Pläne für eine multinationale Streitkraft im Sinai) an einen ägyptischen Diplomaten, mit dem sie ein Verhältnis hatte, übermittelte, gab diesen Ängsten neue Nahrung. Die Israelis machten Ritchie nicht zum öffentlichen Thema; sie wurde zu neun Monaten Haft auf Bewährung verurteilt. Das Mißtrauen des Mossad war jedoch nicht einseitig. Der MI6 glaubte trotz eines israelischen Dementis daran, daß die fehlgeschlagene Aktion, den ehemaligen nigerianischen Minister Umaru Dikko in einer Kiste nach Lagos zu schmuggeln – in deren Zusammenhang drei Israelis verhaftet wurden –, eine Mossad-Operation war. Großbritannien verdächtigte Israel zudem der Beteiligung an einem von Nikko Gigadis – bekannt auch unter dem Decknamen »Sampson« – organisierten Putschversuch auf Zypern im Jahre 1974.

Am Aufbau von Israels weitem Netzwerk an Verbindungen zu ausländischen Geheimdiensten war der damalige Mossad-Chef Nahum Admoni maßgeblich beteiligt. Nach seinem Studium der Internationalen Beziehungen an der Universität Berkeley in Kalifornien wurde Admoni Ausbilder an der Mossad-Schule für Internationale Beziehungen. Dann wechselte er in die Mossad-Abteilung für Äußere Beziehungen, wo er für die Kontakte mit ausländischen Geheimdiensten zuständig war. Der Informationsaustausch umfaßte auch militärische Angelegenheiten sowie die Entwicklung von

Atomwaffen.[11] Beispielsweise wurde eine vom holländischen Geheimdienst zwischen Italien und dem Irak abgefangene Mitteilung dazu herangezogen, den günstigsten Zeitpunkt für Israels Luftangriff auf den irakischen Atomreaktor Osirak im Juni 1981 festzulegen. Außerdem erhielt Israel von Indien Informationen über Pakistans Atombombenprogramm.[12]

Die Entführung Vanunus war nur eine der vielen verdeckten Operationen, die der Mossad im Laufe der Jahre durchführte.[13] Die Ursprünge des israelischen Geheimdienstes reichen bis in die Zeit des britischen Palästinamandats zurück. Damals unterhielt die Haganah, die wichtigste zionistische Untergrundorganisation, eine Geheimdienstabteilung namens *Shai* (ein Akronym für *Sherut Yediot*, »Nachrichtendienst«). Zu ihren Aufgaben gehörte die Unterwanderung britischer Mandatsoffiziere, um die jüdisch-zionistische Führung über die Strategie der Briten in Kenntnis zu setzen, die Einschleusung von Agenten in arabische Organisationen in Palästina und die Absicherung des Waffenschmuggels sowie der illegalen Einwanderungsprogramme der Haganah. Der Shai infiltrierte erfolgreich den britischen Zoll, die Polizei, die Postdienste und zuständige Stellen für das Transportwesen. Mit dem Mossad le-Aliya Bet wurde eine eigene Organisation geschaffen, um die vielen Juden heimlich nach Palästina zu bringen, die aufgrund der restriktiven britischen Einwanderungsbestimmungen nicht hätten kommen können. Ungefähr zehn Mossad-Agenten sorgten in Europa für gefälschte Papiere, Reiserouten, Verstecke und charterten Schiffe zum Transport der jüdischen Emigranten nach Palästina. Eine andere Organisation, die *Rekhesh*, erwarb für die jüdischen Untergrundstreitkräfte Waffen in Übersee.

In den siebziger und achtziger Jahren hat sich das Aufgabengebiet des Mossad um die Bekämpfung des palästinensischen Terrorismus erweitert. Der Mossad ist stolz darauf, alle Terroristen, die am Massaker an den israelischen Sportlern bei den Olympischen Spielen 1972 in München beteiligt waren, aufgespürt und getötet zu haben. Das Hauptbetätigungsfeld ist aber weiterhin das Zusammentragen und die Auswertung von Informationen. Eine andere wichtige Aufgabe besteht in der Aufrechterhaltung von Verbindungen zu den Ländern, mit denen Jerusalem keine offiziellen diplomatischen Beziehungen unterhält.[14]

Der Mossad war außerdem für die Beschaffung von Rohstoffen für das israelische Atomprogramm zuständig.[15] Da Dimona internationalen Inspektionen nicht offen stand, hatten Organisationen wie die Internationale Atomenergiebehörde und die Europäische Atomgemeinschaft EURATOM die Lieferung von nuklearen Materialien an Israel verboten; daher mußten geheime Methoden angewendet werden.[16] Im Rahmen der »Operation Plumbat«, einer der berühmteren Mossad-Aktionen, wurden über die westdeutsche Chemiefirma *Asmara Chemie* als Zwischenunternehmen 200 Tonnen Uranoxyd aus Beständen der *Société Générale de Belgique*, der Muttergesellschaft von *Belgonucléaire*, gekauft. Der Transport wurde über einen in der Türkei geborenen Reeder abgewickelt, der seit 1948 mit den Israelis zusammenarbeitete. In Antwerpen nahm der Frachter *Scheersberg* 560 speziell versiegelte Ölfässer mit der Aufschrift »Plumbat« an Bord.[17] Aber statt die Ladung nach Genua zu bringen, von wo aus sie zu einer Farben- und Chemiefabrik in Mailand gebracht werden sollte, nahm die *Scheersberg* Kurs auf das östliche Mittelmeer, wo die Uranfracht irgendwo zwischen Zypern und der Türkei auf ein israelisches Schiff umgeladen wurde.[18]

Eine frühe Mossad-Operation im Zusammenhang mit der Produktion von Waffen war die Ermordung deutscher Wissenschaftler in Ägypten Anfang der sechziger Jahre. Im Juni 1980 wurde der Chef der irakischen Atomenergieagentur, der in Ägypten geborene Dr. Yihye el-Mashad, in einem Pariser Hotel vom Mossad umgebracht.[19] Ein Jahr zuvor sprengte der Mossad ein Lagerhaus bei Seyne-sur-Mer in die Luft, in dem ein für den Irak bestimmter Atomreaktorkern und andere Reaktorteile bis zur Verschiffung aufbewahrt wurden; dies führte zu einer Verschärfung der Spannungen zwischen dem französischen Geheimdienst und dem Mossad.[20] Im Juli 1980 wurden in Rom die Büroräume der italienischen Nuklearfirma *Snia Techint*, die im Irak tätig war, durch eine Bombenexplosion verwüstet. Am gleichen Tag wurde auf einen französischen Wissenschaftler, der am irakischen Atomprojekt Osirak mitarbeitete, ein Mordanschlag verübt. Im September 1988 ereilte den italienisch-palästinensischen Atomwissenschaftler Omar Abu Khadir in Florida das gleiche Schicksal; in der arabischen Welt fiel der Verdacht sofort auf den Mossad. Im März 1990 wurde Dr. Gerald Bull, ein international anerkannter Artillerie-Experte, der auch die Iraker über Abschußsysteme für nichtkonventionelle Sprengköpfe beriet, in Brüssel getötet. Auch dieser mysteriöse Mord wird im Westen allgemein dem Mossad angelastet.

Bereits 1974 war ein ehemaliger Dimona-Mitarbeiter mit seinem Sohn in der Nähe von Marseille verschwunden; Meir Zohar war beim Bau des Atomreaktors beteiligt. Im Mai 1974 erhielt sein Bruder Yosef in Israel einen Telefonanruf, daß Meir und sein Sohn bei einem Autounfall ums Leben gekommen seien; er solle nach Frankreich kommen, um die Leichen zu überführen. Nach Yosefs Ankunft in Frankreich wußte niemand, weder der israelische Konsul, noch der örtliche Rabbi, noch das Beerdigungsinstitut irgend etwas über die Leichname. Einer der Befragten deutete an, Meir hätte versucht, geheimes Material über Dimona zu verkaufen, ein anderer vermutete, die beiden seien noch am Leben, könnten aber nicht erreicht werden. Wieder in Israel, erhielt Yosef einige Monate später mit der Post ein Zeitungsphoto von einem Autounfall. Jahre später jedoch fand die Familie heraus, daß in Meir Zohars Polizei-Akte noch 1978 Eintragungen vorgenommen worden waren – also vier Jahre nach seinem Tod. Hartnäckige Anfragen beim israelischen Außen- und Verteidigungsministerium und bei Interpol blieben ergebnislos. Die Familie wurde in ihrem Glauben, Meir Zohar und sein Sohn seien noch am Leben, dadurch bestärkt, daß sie 1989, also sechzehn Jahre später, einen Totenschein zugestellt bekamen, der mit folgenden Worten begann: »Am 29. Mai 1973 um 13.00 Uhr wurde die Leiche von Meir Zohar ins Darom Hospital gebracht.« Ihre Zweifel blieben bestehen, denn sie hatten ein Jahr nach diesem Datum noch Briefe von Meir erhalten.[21]

Der Mossad und Vanunu in London

Als Vanunu am 12. September in Großbritannien ankam, waren sowohl er als auch die *Sunday Times* besorgt darüber, daß der Mossad ihn beschatten könnte. Er wurde zunächst aufs Land gebracht, in das Hotel Heath Lodge in Welwyn, ungefähr 50 km von London entfernt. Dort fand die erste Befragung durch Dr. Frank Barnaby statt. An seinen verschiedenen Aufenthaltsorten weigerte sich Vanunu, im Erdgeschoß zu schlafen, und bestand auf ein Zimmer in einem der oberen Stockwerke. Er lehnte aber den Vorschlag des *Insight*-Teams ab, zusammen mit einem der Journalisten im selben Zimmer zu schlafen. Vanunu wollte allein sein, war aber damit einverstanden, daß ein Journalist im Zimmer nebenan blieb.

Nach ein paar Tagen im Hotel Heath Lodge wollte Vanunu nach London. Dort wechselte man häufig den Aufenthaltsort. Wenn die Journalisten ihn nicht gerade ins Kreuzverhör nahmen, gingen sie mit ihm in Bars oder Restaurants oder unterhielten sich mit ihm auf seinem Zimmer. Trotz der Sprachbarriere waren die Gesprächsthemen oft philosophischer Natur. Wegen seiner physikalischen Vorbildung entwickelte Hounam die engste Beziehung zu ihm. An einem Wochenende organisierte die Zeitung einen Tagesausflug in die Umgebung, um Abwechslung in Vanunus Langeweile zu bringen; *Insight* überprüfte derweil die Einzelheiten seiner Geschichte.

Der Mossad war Vanunu und der *Sunday Times* dicht auf den Fersen. Mit der Überwachung der Operation war ein stellvertretender Chef betraut, der sich eine europäische Hauptstadt als Wohnsitz gewählt hatte.[22] Zwei Tage nach seiner Ankunft ging Vanunu die Regent Street in Londons Stadtteil West End entlang, als er zu seinem Erstaunen Yoram Bazak, den er von der Ben-Gurion-Universität kannte, auf sich zukommen sah.[23] Es war nicht das erste Mal, daß Yoram Bazaks Name in der Vanunu-Affäre auftauchte. Vanunu hatte ihn Peter Hounam gegenüber genannt, als er nach Personen gefragt wurde, die in Israel bestätigen konnten, daß er in Dimona gearbeitet hatte. (Als ein Reporter Bazak in Israel aufsuchen wollte, war er verschwunden.) Als Vanunu Bazak sah, war sein erster Gedanke, in eine Seitenstraße einzubiegen, um ihm aus dem Weg zu gehen. Bazak, der von einer Freundin namens Dorit begleitet wurde, behauptete, sie würden London als letzte Station auf einem Europa-Urlaub besuchen. Vanunu schöpfte sofort Verdacht, der Mossad könnte dahinter stecken. Bazak lud Vanunu für Donnerstag, den 17. September, zum Abendessen ein.[24] In Begleitung der *Sunday Times*-Rechercheurin Wendy Robbins traf er Bazak in dessen Hotelzimmer, wo Bazak versuchte, ihn über seine Pläne auszuhorchen.

Vanunu wechselte in London häufig seinen Aufenthaltsort. In einer bestimmten Phase, als er besonders unter Verfolgungsangst litt, wohnte er bei einem *Insight*-Reporter. Daher ist es erstaunlich, daß er auf Bazaks Frage nach seinem Quartier bereitwillig Auskunft gab; er wohne im Hotel Tower Thistle in der Nähe von St. Katherine's Dock, nicht weit von der Redaktion der *Sunday Times* an der Tower Bridge. Am

23. September zog er ins Mountbatten Hotel, Zimmer 105, wo er unter dem falschen Namen »John Forsty« registriert war. Am selben Tag gingen zwei Mitarbeiter der *Sunday Times* mit einer Zusammenfassung ihrer Recherchen zur israelischen Botschaft; an diesem Tag wurde der Eingang des *Sunday Times*-Gebäudes ständig von Kamerateams beobachtet, welche angeblich die Streikpostenkette der Arbeiter photographierten, die gegen die Einführung neuer Drucktechniken protestierten; die zwei Männer des ersten Teams waren groß und sportlich gekleidet und behaupteten, von einem Studentenverband zu sein. Als die beiden Journalisten um 16.00 Uhr in die Redaktion zurückkehrten, stand dort ein zweites Kamerateam, diesmal mit einem Stativ und in Anzügen. Die Männer waren mit Sicherheit kein Fernsehteam, und nach der Personenbeschreibung durch die britische Polizei konnten sie aus dem Nahen Osten stammen. Obwohl die Zeitung keine Beweise hatte, nahm man an, daß Vanunu von diesen Männern beschattet wurde, seit er das Redaktionsgebäude in Wapping verlassen hatte, um zu seinem Hotel zu gehen.

Cheryl Bentov, die 1960 in Orlando, Florida, geboren wurde und die von der *Sunday Times* verdächtigt wird, an der Entführung Vanunus beteiligt gewesen zu sein, machte auf den ersten Blick nicht den Eindruck, als könne sie Vanunu zur Rückkehr nach Israel verführen.[25] Da Ministerpräsident Peres angeordnet hatte, bei der Entführung Vanunus keine britischen Gesetze zu übertreten, war die Strategie des Mossad, ihn zunächst von England wegzulocken und erst dann mit Gewalt nach Israel zurückzubringen.[26] In ihrem Buch *Making Spies. A Talent Spotter's Handbook* führen die Autoren H.H.A. Cooper und Lawrence Redlinger aus, daß der menschliche Geschlechtstrieb weder gezügelt noch verleugnet werden kann und der Drang nach Befriedigung des Sexualtriebs häufig zu unvorsichtigem, wenn nicht gar gefährlichem und im Extremfall manchmal auch zu irrationalem Verhalten führt.

Hierfür war Cheryl der perfekte Köder.²⁷ Sie war hübsch und hatte eine gute Figur, ohne jedoch Verdacht zu erwecken; eine Frau und ein Mann waren außerdem unauffälliger als zwei Männer.

Natürlich funktionierte dieser Trick nicht immer. 1988 wurde ein Mordanschlag auf Izmat Sabri, den PLO-Vertreter in Griechenland, vorbereitet. Die griechische Polizei verhaftete Menachem Rom, den sie als Mossad-Agenten enttarnte, und seine Komplizin Daliah Eyal; die beiden waren den Behörden aufgefallen, als sie Sabri photographierten. 1960 wurde die junge, attraktive Mossad-Agentin Nura Eldat auf Dr. Joseph Mengele angesetzt; sie sollte den berüchtigten Naziarzt, der medizinische Experimente an jüdischen Zwillingen durchgeführt hatte, umbringen.²⁸ Nachdem sie jedoch selbst ermordet wurde, gab Mossad-Chef Isser Harel den Mordplan für Mengele auf. Eine Mossad-Mitarbeiterin namens Salima soll ein Verhältnis mit dem Chef des irakischen Geheimdienstes in London gehabt haben; dadurch wurde 1990 der Export von Atomwaffenteilen in den Irak aufgedeckt.²⁹ Im Falle Vanunu war es natürlich unbedingt notwendig, eine Nicht-Israelin einzusetzen, damit Vanunu keinen Verdacht schöpfte.³⁰

Cheryl Hanin kam mit Israel zum ersten Mal Ende der siebziger Jahre in Berührung, als sie für einen dreimonatigen Intensivkurs in jüdischer Geschichte und Hebräisch ins Land kam. Nach der High School ging sie nach Israel zurück und schloß sich einer *Nahal*-Einheit (Kämpfende Pionierjugend) zur Bewachung der neuen Grenzsiedlungen an. Im März 1985 heiratete sie Omar Bentov, einen Major des israelischen Militärgeheimdienstes. Er stammte aus einer Soldatenfamilie, sein Vater war General im Ruhestand.³¹ Das rechtsgerichtete, antiisraelisch eingestellte US-Magazin *Spotlight* verbreitete als erstes Medium, daß Cheryl Bentov aus Florida stammte, und behauptete, sie habe nach ihrer Emigration nach Israel als Geheimagentin für die CIA gearbeitet. Wenn das wirklich stimmt, so hätte ihre Heirat mit einem Major des israelischen Militärgeheimdienstes bedeutet, daß die CIA erfolgreich eine Agentin in den militärischen Aufklärungsapparat eingeschleust hatte. *Spotlight* berichtete ebenfalls, Shimon Peres habe in einem Anruf auf einer abhörsicheren Telefonleitung persönlich das Weiße Haus um Hilfe gebeten, »die undichte Stelle zu stopfen«. Die Amerikaner waren jedoch anscheinend genauso überrascht über Cheryls US-Vergangenheit wie alle anderen; sowohl die CIA als auch das Bundeskriminalamt (*Federal Bureau of Investigation*, FBI) haben sich erst anschließend an die Rektoren der Edgewater High School, die Cheryl besucht hatte, gewandt, um ihre Schulakten einzusehen.

Nach ihrer Ankunft in London aus Israel am 20. September nahm sich Cheryl Bentov ein Zimmer im Eccleston Hotel im Stadtteil Victoria. Vier Tage später ging Mordechai Vanunu zufällig in der Nähe des Leicester Square spazieren, als ihm eine einsam aussehende Frau auffiel, die ihn anzublikken schien.[32] Einsamkeit, die Sehnsucht nach menschlicher Wärme und einem verständnisvollen Gegenüber in einer großen, anonymen Stadt waren der Grund, warum sich die scheinbar Gleichgesinnten zueinander hingezogen fühlten. Obwohl Cheryl einen schüchternen Eindruck machte, kamen sie bei einer Tasse Kaffee ins Gespräch. Vanunu war völlig arglos, weil er glaubte, er habe den ersten Schritt gemacht. Ihr Name sei Cindy, sagte sie. Sie wollte ihren vollen Namen und ihre Anschrift nicht verraten, aber sie lockte aus Vanunu den Namen seines Hotels heraus.[33] Cindy hatte allerdings schon seit drei Tagen versucht, Mordechais Aufmerksamkeit zu erregen. Für den Fall, daß sie keinen Erfolg haben sollte, hatte sich der Mossad eine andere Strategie zurechtgelegt; man wollte Ofer Keren, den Vanunu an der Ben-Gurion-Universität kennengelernt hatte, auf ihn ansetzen, um ihn zur Rückkehr nach Israel zu bewegen. Keren, Student der Wirtschaftswissenschaften, war in der rechtsgerichteten Studentengruppe

Metzada zur gleichen Zeit aktiv, als sich Vanunu für die politische Linke engagierte.[34]

Cindy ging nicht auf Vanunus Vorschlag ein, mit ihm in sein Hotel zu gehen. Die beiden sahen sich im Kino den Film »Schneewittchen und die sieben Zwerge« an. Am Freitag erfuhren die *Insight*-Reporter zufällig von der Liaison; Vanunu wollte sich lieber mit Cindy treffen, als eine weitere Befragungssitzung mit *Insight* über sich ergehen zu lassen. Sie hatten sie sofort im Verdacht, eine Mossad-Agentin zu sein.[35] Max Prangnell schaffte es, einen Blick auf Cheryl Bentov zu werfen, als sie in einem Taxi auf Vanunu wartete. »Sie war ungefähr 1,70 m groß und hatte blond gefärbte Haare; sie trug eine Art braunen Regenmantel und sah ziemlich stämmig aus. Sie hatte ein sehr volles Gesicht«, erzählte Prangnell und fügte hinzu, sie sei »wahrscheinlich Jüdin«.[36] In Wirklichkeit ist Cheryl brünett. Die Zeitung warnte Vanunu vor ihr, aber er nahm sich diese Warnungen nicht zu Herzen; er war ärgerlich darüber, daß die Zeitung die Veröffentlichung der Geschichte seiner Meinung nach unnötig hinauszögerte.

An jenem Sonntag erschien im Innenteil des *Sunday Mirror* der zweiseitige Artikel, in dem starke Zweifel gegenüber Vanunus Behauptungen erhoben wurden. Weil er nicht wußte, daß der *Sunday Mirror* keine seriöse Zeitung war, fürchtete Vanunu frustriert, die *Sunday Times* würde die Story nun angesichts der Zweifel gegenüber seinen Enthüllungen und der Integrität Oscar Guerreros nicht mehr bringen wollen. Darüber hinaus mußte er, weil ein Photo von ihm abgedruckt worden war, die Bewacher der *Sunday Times* abschütteln und untertauchen. Cindy schien die Lösung für sein Problem zu haben. »Du kannst im ganzen Land wiedererkannt werden. Es ist besser, du gehst irgendwohin ins Ausland«, sagte sie und fügte nach Angaben von Mordechais Bruder Meir hinzu, sie habe Verbindungen zur italienischen Presse.

Am darauffolgenden Tag versuchte der Leiter des *Insight*-Teams, Robin Morgan, vergeblich, Vanunu zum Bleiben zu bewegen; dieser sagte jedoch, er wäre in drei Tagen wieder zurück. Am Donnerstag, dem 2. Oktober, sollte Vanunu einen Vertrag mit der Zeitung für ein Buch über seine Mitarbeit am israelischen Atomprogramm unterzeichnen und dafür einen Vorschuß von 100 000 britischen Pfund plus Honoranteile erhalten. Morgan stimmte Vanunus Einwand zu, jemand könnte die Journalisten der *Sunday Times* beschatten, um seinen Aufenthaltsort zu erfahren; er warnte Vanunu aber davor, britisches Gebiet zu verlassen. Er riet ihm, nur mit dem Bus oder Zug zu reisen und kein Auto zu mieten, weil er dazu seinen Paß vorzeigen und so seine wahre Identität preisgeben müsse; aus dem gleichen Grund solle er auch nur in Privatpensionen mit *Bed and Breakfast* übernachten. Er wußte nicht, daß Vanunu Cindy schon seinen richtigen Namen verraten hatte. Anschließend versuchte Peter Hounam, ihn zu überreden, nicht wegzugehen. »Du mußt dir darüber im klaren sein, daß Cindy möglicherweise eine Falle ist. Können wir ein Treffen mit ihr arrangieren?«, fragte Hounam. »Vanunu antwortete, es ginge an diesem Abend (Montag) nicht. Ich schlug vor, daß wir mit meiner Frau und Cindy am darauffolgenden Abend, also dienstags, gemeinsam zu Abend essen sollten. Vanunu antwortete: ›Einverstanden, laß uns alle zusammen ausgehen‹«, erzählte Hounam.[37]

Aber Vanunu erschien zu keinem Abendessen mehr. Cindy wollte unbedingt eine Entscheidung herbeiführen. Sie kaufte sich beim Thomas Cook-Reisebüro in der Berkeley Street im Stadtteil West End ein Business Class-Flugticket der British Airways für 426 Pfund nach Rom; diese Fluglinie würde am wenigsten Vanunus Mißtrauen wecken. Sie zeigte Mordechai das Ticket und erklärte, sie wolle am nächsten Tag, also am Dienstag, abreisen und im Apartment ihrer Schwester wohnen.[38] Ob er nicht mitkommen wolle? Liebesromanzen werden in Spionagekreisen nicht nur als Lockmittel benutzt, sondern auch, um zu verletzen; eine vorgespielte romantische Zuneigung kann entzogen werden, was zu extremen Reaktionen wie Enttäuschung und Verlassensängsten führen kann. Die Falle war zugeschnappt.

Hounam ließ nicht locker und erreichte Vanunu um 23.30 Uhr. »Es tut mir leid, ich werde die Stadt verlassen. Ich gehe aber nicht weit weg«, sagte Vanunu zu Hounam. »Ich kann leider morgen nicht zum Abendessen kommen.« Hounam riet ihm davon ab, eine Kreditkarte zu benutzen, obwohl er bezweifelte, daß Vanunu überhaupt eine hatte. Er schärfte ihm ein, es sei ein schrecklicher Fehler, wenn er ins Ausland ginge, weil man ihn dort leicht schnappen könne. »Es wäre natürlich besser, er ginge nirgendwohin, und wenn er schon weggehen müsse, so schlug ich vor, dem Rest der Redaktion nicht zu sagen, wohin; dies solle er nur mir erzählen, damit ich wüßte, wie wir seiner Spur folgen könnten, falls er verschwinden sollte. Aber er ließ sich nicht darauf ein«, sagte Hounam. Vanunu versprach jedoch, dreimal am Tag anzurufen.[39]

Vanunu führte danach ein Ferngespräch mit dem Pfarrhaus St. John in Sydney. Während seines Aufenthalts in London hatte er John McKnight alle fünf bis sechs Tage angerufen und ihm erzählt, was er erlebt hatte. Als sich über den *Insight*-Recherchen zu seinen Enthüllungen die Wartezeit immer mehr in die Länge zog und Vanunu wegen dieser Verzögerung zunehmend nervöser wurde, erfüllten diese Telefongespräche eine wichtige befreiende Funktion. Bevor Vanunu Australien verließ, hatte McKnight ihm Empfehlungsschreiben an einen Freund, den Pfarrer der Gemeinde St. Helen's Bishopsgate, und an einen anglikanischen Geistlichen mitgegeben, damit sie Vanunu halfen, falls er in Gefahr geraten und eine Zuflucht brauchen sollte. Als Vanunu McKnight am Dienstag, dem 30. September, um 1.00 Uhr früh zum letzten Mal anrief, war McKnight gerade außer Haus, und sein Assistent Stephen Gray nahm das Gespräch an. »Er schien einsam, besorgt, durcheinander, desillusioniert. Und er sprach über das Unheil, das Oscar [Guerrero] ihm eingebrockt hatte – nicht in Einzelheiten, sondern ganz allgemein, daß Oscar eine Menge Schaden angerichtet habe, er sich nicht mehr sicher und sehr einsam fühle und gerne wieder mit uns in St. John's zusammen wäre. Er erwähnte nicht, daß er ins Ausland gehen würde«, so Pfarrer Gray.

Am darauffolgenden Vormittag um 10.30 Uhr verließ Vanunu das Mountbatten Hotel mit zwei kleinen Reisetaschen. Er wollte Cindy am Flughafen treffen und mit ihr nach Rom fliegen. Weil der Mossad Vanunu nicht direkt von Großbritannien aus nach Israel zurückbringen konnte, gab es zwei Möglichkeiten: Vanunu entweder in internationale Gewässer oder in ein anderes Land zu lotsen und ihn dann von dort aus mit Gewalt nach Israel zu entführen.[40] Wenn man versucht hätte, ihn aufs offene Meer, also beispielsweise auf eine Jacht, zu locken, hätte er bestimmt Verdacht geschöpft; also erschien die zweite Möglichkeit geeigneter.[41]

Dieses andere Land sollte Italien sein, wie man später von Vanunu erfuhr. Der gesamte italienische Justiz- und Polizeiapparat war im Laufe der Jahre durch den aufreibenden Kampf gegen die Roten Brigaden und faschistische Terrorgruppen geschwächt worden. Hinzu kam, daß es schätzungsweise 2 000 ausländische Spione und 12 000 Informanten in Rom gab und die Koalitionsregierung des Landes äußerst instabil war. Angesichts der zentralen Lage Italiens im Mittelmeer und seiner langgestreckten Küste war es nicht verwunderlich, daß Rom ein Schauplatz des mörderischen arabisch-israelischen Konflikts geworden war.

Vanunus Entführung war nur ein weiteres Glied in einer langen Kette von Zwischenfällen, die sich in Rom ereigneten und dem Mossad angelastet wurden.[42] Im November 1964 war der Flughafen Rom die Kulisse für eine bizarre Szene, als die italienische Polizei Gepäckträger anhielt, die gerade einen großen Koffer mit der Aufschrift »Diplomatengepäck« in ein ägyptisches Flugzeug mit Bestimmungsziel Kairo laden wollten; die Beamten hatten aus dem Inneren einen Hilferuf gehört. Als sie den Koffer öffneten, fanden sie einen halbbewußtlosen Mann, der später als der israelische Staatsangehörige Mordechai Lok identifiziert wurde. Lok war von der israelischen Armee desertiert und nach Ägypten geflohen, wo ihn der ägyptische Geheimdienst zur Mitarbeit zwang. Während eines Auftrags in Italien hatte er sich jedoch mit seinen Vorgesetzten angelegt, die ihn daraufhin in Rom auf offener Straße kidnappen ließen und nach Ägypten zurückzubringen versuchten. Die römische Polizei bekam einen Wink von israelischen Agenten, und Lok wurde nach Israel ausgeliefert, wo er wegen Kollaboration mit dem Feind zu zehn Jahren Haft verurteilt wurde.[43] 1973 war der Mossad in die Zerstörung eines italienischen Militärhubschraubers verwickelt, bei der die vierköpfige Besatzung starb.[44] Die Operation wurde vom italienischen Auslandsgeheimdienst (*Servizio Informazione Difesa*, SID) ausgeführt, der zu jener Zeit in zwei Fraktionen gespalten war, eine proamerikanische und proisraelische, und eine, die mit der PLO und Libyen sympathisierte. Mit dem Hubschrauber waren fünf palästinensische Terroristen nach Libyen ausgeflogen worden, die in Rom mit Boden-Luft-Raketen im Gepäck verhaftet worden waren; mit ihnen sollte ein israelisches Flugzeug zerstört werden. Es gab Spekulationen, daß die Terroristen freigelassen wurden, nachdem palästinensische Organisationen eine Abmachung mit italienischen Regierungsvertretern getroffen hatten, Italien nicht zur Zielscheibe terroristischer Aktionen zu machen. In einem offiziellen Bericht aus dem Jahre 1973 wurde behauptet, der Helikopter sei aufgrund eines technischen Defekts abgestürzt; nachdem aber ein führender Mitarbeiter des italienischen Geheimdienstes, General Ambrogio Viviani, den Mossad beschuldigt hatte, für den Absturz verantwortlich zu sein, wurde ein Ermittlungsverfahren eingeleitet.

Ein anderes Beispiel stammt aus den siebziger Jahren, als der italienische Präsident Sandro Pertini und der Friedensrichter Ferdinando Imposimato behaupteten, der Mossad habe Italiens Terrorgruppen einschließlich der Roten Brigaden infiltriert und ihnen Waffen, Geld und Informationen zukommen lassen. Diese Gruppen waren bereits Ziel von Unterwanderungsversuchen der Nazis, libyscher Agenten und palästinensischer Organisationen gewesen. Israelische Regierungsvertreter bezeichneten diesen Vorwurf als lächerlich. Im Dezember 1979 nahm die Polizei drei linksextreme Italiener und einen Jordanier, die im Besitz von zwei Boden-Luft-Raketen waren, an der italienischen Adriaküste fest. Diese gaben an, die Raketen im Rahmen der italienisch-palästinensischen Abmachung in den Libanon zurückbringen zu wollen. Die proisraelische Fraktion des italienischen Militärgeheimdienstes (*Servizio Informazione Sicurezza Militare*, SISMI) erhielt jedoch einen Hinweis in der Sache und schickte die Polizei, um die Verantwortlichen zu verhaften. Außerdem wurden einige Monate vor der Vanunu-Operation zwei Tragflächenboote einer palästinensischen Widerstandsgruppe in einem italienischen Hafen versenkt.

Die Entführung Vanunus fiel in eine Zeit, in der die italienischen Behörden wegen der Freilassung von Abu al-Abbas im Kreuzfeuer der Kritik standen. Abu al-Abbas war Drahtzieher bei der Entführung des italienischen Kreuzfahrtschiffes *Achille Lauro* gewesen. Im Rahmen dieser Aktion war der amerikanische Passagier Leon Klinghoffer ermordet worden. Vanunu wurde genau zu der Zeit gekidnappt, als Italien und Israel über ein Anti-Terrorismus-Abkommen verhandelten, welches auch den Austausch von Informationen hinsichtlich terroristischer Gruppen beinhalten sollte. In der Annahme, daß europäische Terroristen Kontakte zu arabischen Terrorgruppen unterhalten würden, versuchte der italienische Geheimdienst seine Verbindungen zu Israel und Marokko zu festigen.[45] »Italien hatte sich entschlossen, mit Israel ein eigenes Anti-Terror-Abkommen zu unterzeichnen, weil die Bemühungen der EG-Staaten zur Bekämpfung des Terrorismus ineffektiv waren«, sagte der italienische Innenminister Oscar Luigi Scalfaro. In Italien hatte man den Eindruck, bei einem solchen Abkommen mehr gewinnen zu können als Israel; vielleicht wurde aus diesem Grund Vanunus Entführung nicht verhindert.

Der Flug von London nach Rom dauerte zweieinhalb Stunden, so daß Vanunu und Bentov um 18.28 Uhr auf dem Flughafen Leonardo Da Vinci in Fiumicino bei Rom ankamen. Cindy stoppte ein Auto, das Mordechai für ein Taxi hielt. Der Wagen fuhr mit hoher Geschwindigkeit auf der *Autostrada* nach Rom, und Vanunu überfiel plötzlich ein Gefühl der Angst. Er bemerkte, in welch gefährlicher Situation er sich befand, versuchte aber, sich davon zu überzeugen, daß alles nur Einbildung war.[46] Zwanzig oder dreißig Minuten später hielt das Auto vor einem Wohnblock in einem Arbeiterviertel der Stadt. Cindy brachte ihn in ein Apartment im dritten Stock. Dann tauchten zwei Männer auf, hielten ihn fest und gaben ihm eine Betäubungsspritze. Der Mossad hatte ihn endgültig in seiner Gewalt.[47]

Die italienischen Behörden vermuten, daß der bewußtlose Vanunu mit einem Lastwagen in die 425 Kilometer nördlich von Rom gelegene Hafenstadt La Spezia und dort an Bord des israelischen Frachters *Tappuz* gebracht wurde.[48] Das Schiff kam aus Barcelona und hatte nur für vier Stunden in La Spezia angelegt.[49] Als Vanunu sein Bewußtsein wiedererlangte, stellte er fest, daß er von seinen beiden Entführern in einem kleinen, fensterlosen Raum gefangengehalten wurde und angekettet war.[50] Das Schiff kam am 7. Oktober in Israel an.

Anteile der *Tappuz* gehören der staatlichen israelischen Schiffahrtslinie *Zim*, und nach einem CIA-Bericht von 1976 über Israels Geheimdienste wird die *Zim* gelegentlich von Mossad-Agenten zu verdeckten Operationen benutzt. Die Schiffahrtsagentur *Lardon*, die in La Spezia die *Zim*-Frachttransporte abwickelte, ließ verlauten, es sei sehr leicht, einen Menschen an Bord zu schmuggeln angesichts der mangelnden Sicherheitsbestimmungen in Häfen. Die *Sunday Times* veröffentlichte zunächst einen Artikel über die *Tappuz* und die Route, auf welcher Vanunu Italien verlassen haben soll. Die Zeitung hat zwar heute einige Vorbehalte, ob sich die Entführung wirklich so zugetragen hat, glaubt jedoch immer noch, daß Vanunu auf dem Seeweg nach Israel gebracht wurde.

Vanunus Rückführung nach Israel an Bord der *Tappuz* wurde jedoch Ende März 1995 in Frage gestellt. Zu diesem Zeitpunkt lockerten die israelischen Behörden teilweise die Nachrichtensperre hinsichtlich seines Rücktransportes. Nach neuesten Informationen soll Vanunu an Bord der *Nora* gebracht worden sein. Die *Nora* war ein altes, langsames Schiff unter panamaischer Flagge. Auf dem Rückweg von einer routinemäßigen Ausbildungsfahrt erhielt sie am 21. September aus Israel den Befehl, »einen bestimmten Punkt X gegenüber dem Hafen Y anzulaufen und dort auf ›Passagiere‹ zu warten«. Nur der Kapitän, sein Stellvertreter und der Erste Offizier wußten, wer die »Passagiere« waren. Auf die Frage der Mannschaft, warum das Schiff eine 180-Grad-Wendung mache und wieder Kurs auf das Mittelmeer nehme – da man doch fast in Haifa sei –, anwortete der Kapitän knapp: »Das ist geheim.« Selbst er kannte nicht alle Einzelheiten. Proteste der Besatzungsmitglieder, ihre Familien würden wegen des bevorstehenden jüdischen Feiertages auf sie warten, quittierte der Kapitän mit der Bemerkung: »Ihr denkt wohl, ihr seid auf einem Vergnügungsdampfer.«

Am 28. September erreichte das Schiff sein Ziel und wartete drei Tage. Die Besatzung hatte keine Ahnung, wie lange die ganze Sache dauern würde. Sie verbrachte die Zeit mit endlosen Kartenspielen. Das Wasser wurde knapp, worauf der Kapitän die Rationierung anordnete und ein Duschverbot verhängte. Ebenso wurden die Lebensmittel rationiert. Am 30. September um 11.30 Uhr bemerkte das wachhabende Personal ein herannahendes Schnellboot. Der Kapitän befahl der Besatzung, sich unverzüglich im Unterdeck zu versammeln; niemand sollte die an Bord kommenden »Passagiere« sehen können. Der stellvertretende Kapitän ließ die Gangway herunter. Zwei Mossad-Agenten schleppten in Begleitung von Cindy den betäubten Vanunu an Bord. Er wurde in die Kabine des stellvertretenden Kapitäns gebracht, die sich neben der Kapitänskabine auf dem zweiten Deck befand. Eine halbe Stunde später informierte der Kapitän die Crew, das Schiff werde unverzüglich Kurs nach Haifa nehmen; die Ankündigung löste allgemeine Erleichterung aus. Die Mossad-Agenten blieben die ganze Zeit bei Vanunu, entweder in der Kabine oder im angrenzenden Kapitänssalon. Fragen neugieriger Besatzungsmitglieder nach ihrer Identität wurden ignoriert. Unklar bleibt, warum Cindy den Seeweg dem kürzeren und bequemeren Flug von Rom nach Israel vorzog.

Die *Nora* erreichte Haifa am 7. Oktober. Als ein Schnellboot Vanunu und die Mossad-Agenten abholte, mußte die Mannschaft erneut unter Deck. Crewmitglieder, die während der Fahrt photographiert hatten, wurden aufgefordert, ihre Filme dem Kapitän auszuhändigen. Ebenso verwarnte man die Besatzung, etwas von der Angelegenheit weiterzuerzählen. Die Crew hatte zwar von dem zwei Tage zuvor veröffentlichten *Sunday Times*-Artikel im Radio gehört; der Zusammenhang und die Rolle, die sie bei der Rückführung Vanunus nach Israel gespielt hatten, wurde ihnen jedoch erst klar, als sie die Zeitung lasen.[51]

Unabhängig davon, ob Vanunu an Bord der *Tappuz* oder *Nora* nach Israel zurückgebracht wurde, steht fest, daß der Mossad weniger als vier Wochen gebraucht hatte, um Vanunu aufzuspüren und nach Israel zurückzubringen. Es war relativ leicht gewesen, ihn ausfindig zu machen: man mußte nur Peter Hounam und seinen Kollegen des *Insight*-Teams folgen. Für die *Sunday Times* und Frank Barnaby hatte die ganze Affäre jedoch einen Beigeschmack von Übereffizienz. Und Ministerpräsident Peres hatte trotz seiner Anweisung, britische Hoheitsrechte nicht zu verletzen, anscheinend nur unzureichend bedacht, welches Nachspiel die Entführung eines wichtigen Informanten einer international angesehenen Zeitung haben würde.

Spekulationen über die Entführung

Offene Fragen und Reaktionen

Obwohl Vanunus Entführung als Operation erfolgreich war, löste sie auf verschiedenen politischen Bühnen ein Nachspiel aus: in London, Rom und in Israel selbst. Der erste Akt der Nachwirkungen betraf die Veröffentlichung von Vanunus Enthüllungen. Die Israelis wußten nichts über die argwöhnischen Hintergedanken Andrew Neils, der befürchtete, die ganze Sache sei ein Irreführungsversuch von seiten Israels, um die Abschreckungswirkung ihres Atompotentials zu verstärken. Diese Möglichkeit lag ihren Überlegungen jedoch nicht völlig fern, denn kein Vertreter Israels hatte versucht, Neil von der Veröffentlichung abzubringen; ein solcher Versuch hätte die Authentizität der Offenbarungen eher bestätigt.

Dabei hatte es einen Hinweis auf Neils Vorbehalte gegeben, denn eigentlich hätte es den Israelis zu denken geben müssen, daß die *Sunday Times* die Geschichte nicht gleich an jenem Sonntag veröffentlichte, nachdem zwei Journalisten eine achtseitige Zusammenfassung der Recherchen zur israelischen Botschaft mit der Bitte um Stellungnahme gebracht hatten. Vanunus Verschwinden am 30. September spaltete die Redaktion in zwei Lager – für und gegen die Veröffentlichung. Der Leiter des *Insight*-Teams, Robin Morgan, argumentierte, Vanunu sei in Gefahr, wenn man die Geschichte fallen ließe, weil die Israelis ihn dann heimlich vor Gericht stellen und einsperren könnten, ohne daß jemand davon erfahren würde.

Spekulationen über die Entführung

Hätte die *Sunday Times* die Vanunu-Story nicht veröffentlicht, wäre die ganze Affäre angesichts der strengen Zensur in Israel wohl nie ans Tageslicht gekommen.

Nach Vanunus Verschwinden vergingen noch sechs Wochen, ehe die israelische Regierung dem Druck nachgab und bestätigte, daß er wieder in Israel sei und unter Arrest stehe. Regierungssprecher hatten gezielt Desinformationen darüber in Umlauf gebracht, wie Vanunu von Großbritannien nach Israel gebracht worden war; ironischerweise sind diese falschen Informationen zu den ausländischen Medien durchgesickert – genau darin bestand ja auch das Vergehen, das man Vanunu vorwarf. Da sich die Medien immer gierig auf Geschichten über Geheimagenten und Spionage stürzen, haben die Regierenden leichtes Spiel, die öffentlichen Informationskanäle zu manipulieren. Zunächst wurde das Gerücht in Umlauf gesetzt, Vanunu sei von britischem Territorium auf internationale Gewässer gelockt und dort verhaftet worden, ohne damit die Souveränität irgendeines Landes zu verletzen.

Milan Kubic, der Jerusalemer Korrespondent von *Newsweek* – diesem Nachrichtenmagazin waren die Enthüllungen Vanunus durch die Lappen gegangen, nachdem Guerrero und Vanunu den Kontakt zum *Newsweek*-Korrespondenten in Sydney abgebrochen hatten –, zitierte »dem Geheimdienst nahestehende Kreise«, daß der Mossad eine ausgeklügelte Operation zu Land und auf See durchgeführt hätte, um ihn zu schnappen. Eine abenteuerliche Geschichte über eine Frau wurde erfunden, die ihn an Bord einer Jacht auf dem Mittelmeer gelockt hätte. In internationalen Gewässern angekommen, hätte ihn die aus Mossad-Agenten bestehende Crew sofort verhaftet und nach Israel zurückgebracht.[1]

Die Theorie mit der Jacht brachte die *Sunday Times* und andere Zeitungen auf die Idee, nachzuforschen, welche israelischen Schiffe zur Zeit des Verschwindens Vanunus in der Region unterwegs waren. Die *Sunday Times* fand heraus, daß drei israelische Schiffe in nordeuropäischen Gewässern kreuzten, als Vanunu entführt wurde.

Auch Andrew Whitley von der Londoner *Financial Times* war ein Opfer der Desinformationskampagne. Whitley, dessen vielfältige Verbindungen zum israelischen Verteidigungsapparat ihn einige Male mit den Zensurbehörden Israels in Konflikt gebracht hatten[2], berichtete, Vanunu sei auf einer Reise von London nach Paris von Mossad-Agenten gekidnappt und dann an Bord eines El Al-Flugzeuges von Paris nach Israel gebracht worden.

»In Begleitung zweier israelischer Agenten wurde der betäubte Vanunu auf dem Pariser Flughafen Charles de Gaulle am 2. Oktober an Bord des Flugs LY 324 der El Al gebracht, also ungefähr 48 Stunden, nachdem er sein Londoner Hotel verlassen hatte. Laut Geheimdienstquellen soll Vanunu erst wenige Minuten vor dem Start in das Flugzeug nach Tel Aviv gebracht worden sein, um bei anderen Passagieren kein Mißtrauen zu erwecken. Er saß mit seinen Entführern in der ersten Klasse. Nur die Sicherheitsbeamten der El Al in der Maschine wußten, wer ihr spezieller Passagier war, obwohl der israelische Flughafensicherheitsdienst daran beteiligt gewesen sein muß, Vanunu durch die französischen Einwanderungskontrollen zu bekommen und an Bord zu schmuggeln«, so der Bericht Whitleys. Er lag richtig mit seiner These, daß die Jacht-Theorie nicht stimmte. »Das Märchen über die langwierige Seereise nach Israel ist nur ein Ablenkungsmanöver, das vertuschen soll, daß Vanunu sich schon sehr lange auf israelischem Boden befunden hatte, bevor er einem Richter vorgeführt wurde.« Dann aber ging die Phantasie mit Whitley durch, denn er schrieb weiter: »Wenn die Geschichten darüber, daß er auf ein Boot im Mittelmeer gelockt wurde, falsch sind, so muß auch der weitverbreitete Bericht über die blonde Freundin ›Cindy‹ angezweifelt werden, wonach sie den nervösen Israeli aus Großbritannien weggelockt haben soll.«

Spekulationen über die Entführung

Warum die Wahl auf Frankreich fiel, erklärte Whitley wie folgt: »Man hatte wenig Skrupel gegenüber den Empfindlichkeiten der französischen Regierung unter Jacques Chirac, die Israel gegenüber weniger wohlwollend zu sein schien als das Kabinett von Premierministerin Thatcher. In einer bestimmten Phase der Ereignisse wurde zweifelsohne französisches Gesetz übertreten.«

Die britischen Behörden waren darauf bedacht, auch nur den geringsten Verdacht zu zerstreuen, Vanunu könnte von Großbritannien aus gekidnappt worden sein. »Israel wäre niemals so dumm, Vanunu von britischem Territorium zu entführen«, verlautete es aus Whitehall-Kreisen gegenüber dem Londoner Korrespondenten der israelischen Tageszeitung *Jerusalem Post,* »besonders nicht, da Großbritannien sich seit dem Hindawi-Prozeß [in dem ein von Syrien gesteuerter Araber wegen des Versuchs angeklagt worden war, eine Bombe in ein El Al-Flugzeug auf einem Londoner Flughafen zu schmuggeln] letzten Monat als Israels ergebenster Verbündeter in Westeuropa erwiesen hat«. Ein Sprecher des Außenministeriums sagte gegenüber der *Sunday Times*, die Regierung könne ein Eingreifen nicht rechtfertigen, weil keine britischen Gesetze verletzt worden seien; eine Entführung aus dem Gebiet des Königreiches hingegen würde man jedoch äußerst ernst beurteilen.

Die Vertuschung ging noch einen Schritt weiter, als die Zeitschrift *The Economist* – die Andrew Neil in gegenseitigem Einvernehmen verlassen hatte, um Chefredakteur der *Sunday Times* zu werden – mutmaßte, Vanunu sei unfreiwillig zum Werkzeug des Mossad geworden oder sogar selbst ein Mossad-Agent, und die *Sunday Times* sei Opfer einer gigantischen Public Relations-Aktion, mit der Israel sein Atompotential aufbauschen wolle.

In den ersten drei Wochen nach Vanunus Verschwinden behaupteten israelische Regierungsvertreter – vom Sprecher

Spekulationen über die Entführung

des Ministerpräsidenten angefangen bis in die unteren Ebenen –, nichts über seinen Aufenthaltsort zu wissen, obwohl er zu dieser Zeit schon in Israel war und verhört wurde. Sie brachen damit den ehernen Grundsatz ihres Metiers: die Glaubwürdigkeit eines Sprechers oder einer Sprecherin hängt davon ab, daß er beziehungsweise sie nicht die Unwahrheit sagt. Für die Sprecher der Gefängnisbehörden war die Aussage, »die Vanunu-Affäre geht die Polizei nichts an, und wir wissen nichts über seinen Verbleib«, jedoch keine glatte Lüge, denn zu dieser Zeit war er in einem Trakt des Gedera-Gefängnisses inhaftiert und unter Bewachung des Shin Bet.

Es gibt für die israelischen Behörden keine rechtliche Verpflichtung, zu bestätigen, daß sich jemand in Haft befindet. Die Notstandsverordnungen, deren Grundzüge aus der Zeit des britischen Mandats stammen, erlauben es den Behörden, eine Person sechs Monate lang »aus Gründen der staatlichen oder öffentlichen Sicherheit« festzuhalten; solange der Haftbefehl von einem Bezirksrichter neuerlich bestätigt wird, kann diese Zeitspanne immer wieder verlängert werden. In sicherheitsrelevanten Fällen wie dem Vanunus läuft dieses Verfahren völlig unter Ausschluß der Öffentlichkeit ab; manchmal kennt nur der Verteidiger des Angeklagten die vollständige Begründung der Anklage. Daß Vanunu den erfahrenen Bürgerrechtsanwalt Dr. Amnon Zichroni zu seinem Verteidiger bestellt hatte, drang nicht an die Öffentlichkeit. Zichroni hielt sich an die Spielregeln. Wenn er verkündet hätte, Vanunu zu vertreten, so wäre dies gleichbedeutend mit dem Eingeständnis gewesen, daß sich Vanunu in Israel befindet, was wiederum Fragen darüber aufgeworfen hätte, wie er zurückgekommen war und auf welchem Weg er Großbritannien verlassen hatte.

Eine Woche nach dem Verschwinden Vanunus und drei Tage nach der Veröffentlichung seines Berichts meldete ihn die *Sunday Times* bei den britischen Behörden als vermißt.

Spekulationen über die Entführung

Die Polizei durchsuchte sein Zimmer im Mountbatten Hotel, wo er sich zuletzt aufgehalten hatte, konnte aber keinen Hinweis auf einen Gesetzesverstoß entdecken. Auch war in keinem Flug- oder Seehafen registriert worden, daß er das Land verlassen hatte. In offiziellen Kreisen Israels hoffte man, die Neugier der Medien würde einschlafen.

Das Verhalten der Militärzensur in der Vanunu-Affäre kann mit einem Wort auf den Punkt gebracht werden: Schadensbegrenzung. Als im *Sunday Mirror* der Bericht über den Hochstapler Guerrero erschien, also eine Woche bevor die *Sunday Times* Vanunus Enthüllungen druckte, untersagte der israelische Zensor den Medien zunächst, den Artikel aus London zu veröffentlichen, obwohl die Wiedergabe ausländischer Medienberichte durch die Militärzensur nicht verboten ist und einen Tag zuvor das Treffen des *Editors' Committee* stattgefunden hatte, auf dem Peres zusicherte, ausländische Quellen dürften zitiert werden.

Ein paar Stunden später an jenem Samstagabend hatte der Zensor dann aber doch Berichte freigegeben, die sich auf den *Sunday Mirror* stützten. Zwar wird der Zensor vom Verteidigungsminister ernannt, und seine Vollmachten basieren auf gesetzlichen Grundlagen, er soll aber frei von jeglichem Druck der Minister oder der Stabschefs entscheiden können. Dies ist jedoch nicht immer der Fall. Zu einem bestimmten Zeitpunkt der Vanunu-Affäre mußte der Militärzensor Verteidigungsminister Yitzhak Rabin von der mangelnden Logik der Zensurpolitik überzeugen – und das mit Erfolg.

Die israelischen Medien wußten nicht so recht, wie sie mit der Story von Vanunus Verschwinden umgehen sollten. Ihre Informationsquellen waren Vanunus Familie, später auch sein Anwalt, die Gefängnisleitung, der Shin Bet und das Kabinett. Israelische Journalisten nutzten ihre Verbindungen zu Geheimdienstkreisen nur spärlich. Im Fall Vanunu bewahrten die Geheimdienstoffiziere eisernes Schweigen. Eine Hauptinformationsquelle war zudem das Justizministerium, das unter normalen Umständen sehr zurückhaltend reagiert hätte. Aber die Shin Bet-Affäre einige Monate zuvor – als der Generalstaatsanwalt Professor Yitzhak Zamir dem Druck der Regierung nicht nachgab, den Tod zweier arabischer Terroristen zu vertuschen, die 1984 einen Bus von Tel Aviv nach Ashkelon entführten – hatte die Presse und das Justizministerium zu unfreiwilligen Bundesgenossen gemacht. »Das Justizministerium benutzte die Presse dazu, die von ihm so bewerteten Angriffe der Politiker gegen rechtsstaatliche Prinzipien zu bekämpfen. Wenn die Medien die Vertreter des Justizministeriums dazu brachten, über den Fall Vanunu zu reden, so nur deshalb, weil diese das Gefühl hatten, ihnen etwas schuldig zu sein«, sagte Menachem Shalev, der damals für Justizangelegenheiten zuständige Redakteur der *Jerusalem Post*, und fügte hinzu: »Es war jedoch ein aussichtsloses Unterfangen, etwas durch die Zensur zu bekommen, was noch nicht in den ausländischen Medien erschienen war.« – »Die *Sunday Times* wurde zu einer Art Bibel erhoben«, bemerkte Mark Geffen, früherer Redakteur der Zeitung *Al ha-Mishmar*.

Die Ereignisse begannen, sich zu überschlagen, als seltsamerweise Reverend John McKnight von der Gemeinde St. John auf der Bildfläche in Israel erschien. Er war zuvor zwei Wochen in London gewesen und hatte der *Sunday Times* bei der Suche nach Vanunu geholfen. Nach seiner Ankunft wandte er sich als erstes an die Anglikanische Kirche. Während der Domherr der St. George's Cathedral seinem Anliegen zunächst wohlwollend gegenüberstand, distanzierten sich der Dekan und die anderen anglikanischen Kirchenführer von McKnight wegen der Position ihrer Kirche Israel gegenüber. Er versuchte danach sein Glück beim Büro des Ministerpräsidenten, das formell für die Sicherheitsdienste verantwortlich ist, aber er wurde dort nicht für voll genommen; man schickte ihn von einem Beamten zum anderen, und seine Telefonanrufe blieben unbeantwortet. »McKnight hat keine offizielle Funktion, also gibt es keinen Grund für uns, ihn vorzulassen«, so ein Beamter. McKnight sagte, er habe es geschafft, »mit jemandem zu sprechen, der bestätigen konnte, daß Vanunu im Gefängnis sitzt«; er bezog sich dabei auf einen Familienangehörigen Vanunus, der Kontakt zum Anwalt Mordechais hatte. Im vornehmen American Colony Hotel an der grünen Linie, die einst das israelisch kontrollierte Westjerusalem vom arabischen Ostjerusalem trennte, sprach McKnight vor ungefähr 100 ausländischen Journalisten; der australische Pfarrer verbreitete die Nachricht, daß Vanunu noch lebte und es ihm gut ging, auch wenn er in einem israelischen Gefängnis saß.

Zunächst wollte der Militärzensor den Journalisten verbieten, über die Pressekonferenz McKnights zu berichten, zog sein Verbot jedoch wenig später zurück. Thomas Friedman, der Jerusalemer Korrespondent der *New York Times*, mutmaßte, die israelischen Behörden hätten hier die Möglichkeit erkannt, der Öffentlichkeit mitzuteilen, daß Vanunu – wie jedermann vermutete – tatsächlich wieder in Israel war, ohne dies offiziell bestätigen zu müssen. »Die israelischen Geheimdienste haben anscheinend ein Interesse daran, Israelis und Ausländer wissen zu lassen, daß jeder, der versucht, israelische Staatsgeheimnisse im Ausland zu verkaufen, unerbittlich gejagt und nach Israel zurückgebracht wird, um dort vor Gericht gestellt zu werden«, so die Spekulation Friedmans. Diese machiavellistische Ansicht ist jedoch kaum haltbar vor dem Hintergrund der verzweifelten Versuche Israels, diese peinliche Episode in den israelisch-britischen Beziehungen unter den Teppich zu kehren. Vielmehr haben die Behörden wahrscheinlich eingesehen, daß es schwierig werden würde, 100 Reporter davon abzuhalten, über eine Pressekonferenz zu berichten, an der sie teilgenommen haben. Hierin zeigte sich die Verwundbarkeit einer offenen Gesellschaft.

Spekulationen über die Entführung

Das offiziell gewollte Durchsickern der Meldungen, wonach Vanunu auf eine Jacht oder nach Frankreich gelockt worden war, und das Intermezzo um McKnight hatten den unerwünschten Nebeneffekt, daß linksgerichtete Politiker nach Vanunus Schicksal zu fragen begannen. Mordechai Vershubski von der Partei Shinui betonte vor dem Rechts- und Verfassungsunterausschuß der Knesset das Recht der Bürger auf Informationen. Ministerpräsident Shamir meinte jedoch: »Israel hat seine eigenen Vorstellungen, einen öffentlichen Kommentar im Fall Mordechai Vanunu zu vermeiden. Die Regierung wird sagen, was sie zu sagen für richtig hält, und ihre Pflicht gegenüber ihren Bürgern erfüllen.« Hätte es nicht zwei voneinander unabhängige Entwicklungen gegeben, wäre »nichts ans Tageslicht gekommen. Shamir, Peres und Rabin haben sich einen Dreck um die israelischen Medien und die öffentliche Meinung des Landes gekümmert«, kommentierte Israels meistverkaufte Abendzeitung *Yediot Aharonot*.

Die erste Entwicklung bestand darin, daß sich die *Sunday Times* an Vanunus Rechtsanwalt Amnon Zichroni wandte und ihn bat, beim Obersten Gerichtshof um Ermittlungen über Vanunus Verbleib nachzusuchen. Da die Zeitung keine rechtliche Handhabe in Israel hatte, mußte die Petition formal von Vanunus Familie kommen. Es war nicht einfach, die Familie zur Zustimmung zu überreden, denn der Shin Bet hatte sie davor gewarnt, etwas in der Affäre zu unternehmen. Nachdem sie jedoch ihr Einverständnis gegeben hatte, schrieb Zichroni an den Ministerpräsidenten, er würde dem Obersten Gerichtshof ein entsprechendes Gesuch unterbreiten, sollte die Regierung nicht offiziell bestätigen, daß Vanunu wieder in Israel sei; wenn die Petition erfolgreich wäre, käme dies einer solchen Bestätigung gleich. »Die Partie war eröffnet«, so der damalige Generalstaatsanwalt Yosef Harish.

Die zweite Entwicklung, die den Druck auf die israelische Regierung verstärkte, war eine abgestimmte Kampagne von

Spekulationen über die Entführung

Fragen im britischen Parlament an Premierministerin Thatcher darüber, wie Vanunu Großbritannien verlassen hatte. Der konservative Abgeordnete Denis Walters ersuchte das Außenministerium, »auf eine Erklärung der Regierung Israels zu drängen, ob die israelischen Geheimdienste in die angebliche Entführung Vanunus aus London und seine illegale Entfernung aus Großbritannien verwickelt sind«. Diesem Antrag schlossen sich noch weitere Unterhausmitglieder an. Ausgehend von einem Vergleich der Vanunu-Affäre mit dem Fall des früheren nigerianischen Ministers Umaru Dikko, der betäubt in einem Frachtraum eines Flugzeuges gefunden worden war, fragte Anthony Beaumont-Dark, wie Vanunu »aus einem Londoner Hotel verschwinden und, wie ein Kaninchen aus einem Zylinder, in Israel wieder auftauchen« konnte. Britische Regierungsvertreter bedrängten ihre israelischen Gesprächspartner auf privater Ebene, mehr Informationen darüber herauszugeben, wie er verschwunden war.

Das ausländische Pressekorps in Israel – das zehntgrößte in der ganzen Welt – verfolgte die Geschichte mit viel Nachdruck, insbesondere die Korrespondenten britischer Medien. Shamir lastete die Tatsache, daß die Affäre an die Öffentlichkeit drang, »den Medien, allen möglichen Leuten, dieser schrecklichen Neugier« an. »Aber«, so sagte er im israelischen Fernsehen, »lassen wir das jetzt, wir werden es trotz dieser Bloßstellung überstehen.« Nach den Attacken gefragt, die Israel dadurch zu erleiden hätte, erwiderte Shamir: »Israel wird nicht angegriffen, und ich fühle mich nicht angegriffen.« Regierungsvertreter in Jerusalem starteten den vergeblichen Versuch, die Regierung Thatcher davon abzuhalten, den Anfragen britischer Abgeordneter auf Klärung nachzugeben, indem sie bestimmten britischen Korrespondenten von Peres' Telefongespräch mit Margaret Thatcher vor der Entführung erzählten; darin hatte er ihr die Notwendigkeit dargelegt, Vanunu nach Israel zurückzubringen, und zugesichert, dabei keine britischen Gesetze zu übertreten. Die israelischen Regierungsvertreter hüteten sich davor, zu erwähnen, wie Frau Thatcher darauf reagiert hatte. Die Botschaft war klar: wenn noch mehr Informationen ans Licht kämen, würde sich die britische Regierung selbst in die Vanunu-Affäre verstricken. Der Unterhausabgeordnete Dale Campbell-Savours fragte Thatcher, ob sie irgendein Gespräch mit Peres oder irgendeinem anderen israelischen Kabinettsmitglied in Sachen Vanunu geführt habe, bevor dieser Großbritannien verließ. Die Antwort lautete »Nein«, denn »bevor« konnte ja als »kurz zuvor« interpretiert werden, im Gegensatz zu »neun Tage zuvor«, wie es tatsächlich der Fall gewesen war. Auf die Frage von Campbell-Savours, »ob irgendein Mitglied oder Vertreter der israelischen Regierung der Premierministerin oder ihrem Büro mitgeteilt hätte, daß man für die Rückkehr Vanunus aus dem Vereinigten Königreich sorgen werde«, antwortete die Premierministerin wieder »Nein«. Man hatte ja nicht für seine »Rückkehr« aus Großbritannien nach Israel gesorgt, sondern aus einem anderen Land.

Am 9. November brach die israelische Regierung ihr Schweigen und bestätigte, daß Vanunu in Israel unter Arrest stand und ein Gerichtsverfahren gegen ihn eröffnet werden würde: »Die Regierung Israels verkündet, daß Mordechai Vanunu legal in Israel unter Arrest steht, gemäß einem Gerichtsbeschluß nach einer Anhörung, bei der ein Rechtsanwalt seiner Wahl zugegen war. Alle Gerüchte, daß Vanunu von britischem Boden ›entführt‹ worden sei, sind aus der Luft gegriffen. Darüber hinaus entbehrt auch der Bericht jeglicher Grundlage, wonach Herr Peres Frau Thatcher angerufen haben soll, um ihr etwas mitzuteilen, was nicht stattgefunden hat.«

Neben der Ansicht von Generalstaatsanwalt Harish, die Anrufung des Obersten Gerichtshofs würde die Regierung zu einer Stellungnahme zwingen, war nun sogar Peres die treibende Kraft, weil er den Druck auf Premierministerin Thatcher verringern wollte. Erst einen Monat zuvor hatte Großbritannien seine diplomatischen Beziehungen zu Syrien wegen dessen Verwicklung in die Hindawi-Affäre abgebrochen. Shamir lehnte die Stellungnahme mit der Begründung ab, daß die Briten, die die Angelegenheit nicht forcierten, ja selbst gesagt hätten, es gäbe keine Beweise für ein Verbrechen auf britischem Territorium. Auch deute nichts darauf hin, daß Vanunu die Flughafenkontrollen in London betreten oder verlassen habe. Irgend etwas zu sagen, würde nur noch mehr Fragen provozieren – und so war es auch. Die meisten Israelis teilten Shamirs Ansicht: bei einer Meinungsumfrage des Instituts *Modiin Ezrachi* schlossen sich 53,8 Prozent der Befragten der Position an, Israel müsse Vanunus Verhaftung nicht öffentlich bekanntgeben, während nur 36,8 Prozent meinten, es hätte die Pflicht dazu.

In der Stellungnahme selbst wurde explizit verneint, daß eine Entführung von britischem Boden stattgefunden habe, und implizit ein Bericht zurückgewiesen, wonach Vanunu in einer Kiste als diplomatische Post von Großbritannien nach Israel befördert worden sein soll. Es blieb aber offen, ob er irgendwie von israelischen Agenten dazu gebracht wurde, England zu verlassen, und ob er anschließend gekidnappt und an Bord eines israelischen Schiffes zurückgebracht wurde. Auf die Frage, ob die Stellungnahme bedeute, daß Vanunu nicht aus Großbritannien weggebracht wurde, antwortete Shamir: »Darüber habe ich nichts gesagt. Ich sagte, daß keine britischen Gesetze gebrochen worden sind.« Auch wurde in der Verlautbarung nicht die Darstellung verworfen, Peres habe Frau Thatcher angerufen. Der Anruf – so erklärte man jetzt – sollte Margaret Thatcher darüber informieren, daß die Geschichte des *Sunday Mirror* nicht zuträfe und sich auf jemanden bezöge, der unzuverlässig sei und eine alte Rechnung begleichen wolle. Dabei gehört es nicht gerade zum politischen Tagesgeschäft, daß Politiker ausländische Regierungschefs telefonisch über Berichte in den Medien informieren; dies ist auch nicht mit Selbstachtung zu erklären.

Während die Vanunu-Affäre weiter schwelte, weilte Präsident Chaim Herzog gerade auf einem Staatsbesuch in Australien, Neuseeland und auf den Fidschi-Inseln. Vanunu war ja in Australien gewesen, bevor er nach Großbritannien ging, und sowohl in Australien als auch in Neuseeland ist das Thema Atomwaffen umstritten; also blieb es nicht aus, daß Herzog von den Journalisten Fragen über Vanunus Entführung gestellt wurden. Das Büro des Kabinettsekretärs hatte jedoch schlicht vergessen, den Präsidenten während seiner Reise über die Stellungnahme der israelischen Regierung zu informieren. Dies führte dazu, daß Herzog beharrlich leugnete, etwas über den Aufenthaltsort Vanunus zu wissen, obwohl Israel bereits offiziell bestätigt hatte, daß er in einem Gefängnis auf eine formelle Anklage wartete.

Da in Großbritannien die Kritik immer lauter und im Unterhaus eine groß angelegte Debatte über das Verschwinden Vanunus anberaumt wurde, folgte der britische Botschafter in Israel, Clifford Squire, der Anweisung, um mehr Informationen über die Umstände nachzusuchen, wie er nach Israel gekommen war. Seltsamerweise fragte Squire beim politischen Generaldirektor des Außenministeriums Yossi Beilin an, der rechten Hand von Außenminister Peres, statt sich an den im Ministerium für Europa zuständigen Generaldirektor oder dessen Stellvertreter zu wenden. Er erfuhr jedoch nur, daß Israel seiner Stellungnahme, kein Verbrechen auf britischem Territorium begangen zu haben, nichts hinzuzufügen hätte. Der Botschafter nahm Kontakt zu Vanunus Anwalt Zichroni auf, aber dieser verwies ihn direkt an die israelischen Behörden zurück. Es gab vage, »Whitehall-Quellen« zugeschriebene Hinweise, daß die diplomatischen Beziehungen zwischen Großbritannien und Israel etwas reduziert werden sollten. Ein paar Tage vor der Debatte im Unterhaus sprach Peres – der

Spekulationen über die Entführung

sich zur gleichen Zeit zu einem Staatsbesuch in den USA aufhielt wie Margaret Thatcher – jedoch mit ihr am Telefon: »Es war eine sehr freundliche Unterhaltung, und ich glaube, daß unser Mißverständnis nun ausgeräumt ist«, sagte er.

Zur Debatte selbst kamen ungefähr fünfzig Abgeordnete – mehr als erwartet. Die meisten saßen im Plenum, aber einige hielten sich außerhalb der Sichtweite der Besucher auf – darunter der Haupteinpeitscher John Wakeham und der parlamentarische Privatsekretär Thatchers, Michael Alison. Denis Walters beantragte eine offizielle Regierungsuntersuchung über Vanunus Verschwinden. Von den verschiedenen Möglichkeiten, wie Vanunu in ein israelisches Gefängnis kam, konnte die ausgeschlossen werden, daß er sich »aus freiem Willen« dorthin begeben hatte. Die logische Schlußfolgerung lautete, daß er »nahezu zweifelsfrei von israelischen Agenten« entführt worden war. Anthony Beaumont-Dark, der die Debatte eröffnete, verlangte, einem internationalen Juristen eine Unterredung mit Vanunu zu gestatten, um »unsere Befürchtungen zu zerstreuen«. Der außenpolitische Sprecher der Opposition, Donald Woods, sagte, daß »die britische Regierung nicht erwarten kann, mit ihrer derzeitigen Linie durchzukommen, besonders nicht angesichts der Behauptungen, die Premierministerin selbst wäre konsultiert worden«. Innenminister David Waddington meinte dazu, eine offizielle Untersuchung sei nicht durchführbar, weil Großbritannien keinerlei Befugnis hätte, von Israel Aufklärung darüber zu verlangen, wie Vanunu nach Israel gelangte, da es keinerlei Beweise für ein Verbrechen gäbe. Angesichts der Besorgnis vieler Briten ging Waddington jedoch weiter als seine Kollegen vom Außenministerium und bat Israel eindringlich um eine Erklärung, wie Vanunu nach Israel gekommen war. Die fehlenden Hinweise, ob Vanunu die Einwanderungskontrollen am Londoner Flughafen betreten oder verlassen hat, erklärte der Minister damit, daß angesichts von jährlich 35 Millionen

Passagieren, die die Paßkontrollen durchlaufen, nur in begrenztem Umfang Aufzeichnungen gemacht werden könnten.

Die britische Presse zeigte sich ebenfalls wenig überzeugt von Israels Stellungnahme. Die *Daily Mail* kommentierte, das Verhalten Israels sollte – falls kein Bericht darüber vorgelegt werden könne, wie Vanunu ohne Verletzung britischer Gesetze nach Israel zurückgebracht worden sei – vom britischen Außenministerium verurteilt werden. Der *Daily Telegraph*, ähnlich wie die *Daily Mail* im allgemeinen eigentlich proisraelisch, äußerte ebenfalls Besorgnis über die Umstände, wie Vanunu Großbritannien verlassen hatte. Innerhalb von zwei Wochen nach der israelischen Stellungnahme und der Unterhausdebatte verstummte jedoch die Kritik. Die Diskussion sollte sich jedoch wieder beleben, als die wahren Umstände über Vanunus Verschwinden nach Israel ans Licht kamen.

Großbritanniens gemäßigte Reaktion in der Vanunu-Affäre steht im scharfen Gegensatz zum Verhalten im Fall von Farzad Bazoft. Der Journalist des *Observer* wurde während seiner Recherchen zur atomaren Entwicklung im Irak 1990 dort verhaftet, der Spionage angeklagt und später hingerichtet. Mehr als fünfzig Mal wurde Großbritannien bei der Regierung in Bagdad vorstellig, um sich für Bazoft einzusetzen, der noch nicht einmal britischer Staatsbürger, sondern nur mit britischen Papieren unterwegs war. Unter anderem wurde auch vergeblich um einen Staatsbesuch des Außenministers Douglas Hurd in Bagdad nachgesucht. Im Fall Bazoft verstärkte möglicherweise gerade der Druck der britischen Regierung die Entschlossenheit des Irak, ein Exempel zu statuieren. Die verschiedenartige Resonanz in Großbritannien bei diesem Fall und bei der Entführung Vanunus zeigt die Unterschiede sowohl im Vergehen von Vanunu und Bazoft als auch in der Härte der über sie verhängten Strafen.

Die britische Reaktion fiel auch ganz anders aus als im Mordfall Henry Liu. Der amerikanisch-chinesische Schriftsteller Liu wurde im Januar 1985 von Mitarbeitern des taiwanischen Militärgeheimdienstes ermordet, nachdem er eine kritische Biographie über Taiwans Präsidenten Chiang Ching-kuo veröffentlicht hatte. In den USA zögerte man, die Sache mit Entschiedenheit zu verfolgen. Der Kongreßabgeordnete Norman Mineta protestierte in einem Brief an den Generalstaatsanwalt gegen den »offensichtlichen Mangel an Interesse und Aktivität des Justizministeriums bei der Verfolgung der Mörder von Henry Liu«. Obwohl die USA und Taiwan seit der Anerkennung des kommunistischen China durch die USA im Jahre 1979 keine offiziellen diplomatischen Beziehungen unterhielten, spielten einige Kongreßmitglieder mit dem Gedanken, als Vergeltung die Waffenverkäufe in Höhe von etwa 750 Millionen US-Dollar jährlich zu reduzieren. Die USA verwiesen keinen (nichtdiplomatischen) Vertreter Taiwans des Landes; das FBI sandte jedoch Offiziere nach Taiwan, um mehr Informationen über den Mord zu bekommen. Man beantragte die Auslieferung des Anführers einer taiwanischen Unterweltbande, den das FBI verdächtigte, der Drahtzieher des Mordes zu sein; der Antrag blieb jedoch ergebnislos, da es kein Auslieferungsabkommen zwischen den USA und Taiwan gibt.

Die Operation erfolgte offenbar ohne Zustimmung des Präsidenten Ching-kuo, der sich vorgenommen hatte, die inoffiziellen Verbindungen zwischen seinem Land und den USA zu festigen. Er ordnete die Verhaftung von Vize-Admiral Wang His-ling, dem Geheimdienstchef des taiwanischen Verteidigungsministeriums, und zwei seiner Stellvertreter an. Im Staatsrat Taiwans, dem *Yüan*, wurde eine Dringlichkeitssitzung anberaumt, um den Fall zu diskutieren, der das Image des Landes beschädigt hatte.

Britisch-israelische Spannungen

Die Saat für die Krise zwischen Großbritannien und Israel wurde schon im Sommer 1986 gelegt. Damals fand man in einer bundesdeutschen Telefonzelle eine Tasche mit acht gefälschten britischen Pässen, einem echten israelischen Ausweis sowie Umschlägen, die Hinweise auf eine Verbindung zur israelischen Botschaft in Bonn gaben. In der Bundesrepublik wurde der unglaubliche Vorwurf laut, diese Pässe sollten bei einer geplanten Entführung von westdeutschen Atomwissenschaftlern benutzt werden, die beim Bau der islamischen Atombombe mitwirkten.

Es war nicht das erste Mal, daß sich der Mossad gefälschter britischer Pässe bediente.[3] Als der Mossad 1979 Ali Hassan Salameh ermordete, der als Drahtzieher des Massakers an elf israelischen Sportlern bei den Olympischen Spielen 1972 in München galt, benutzte die Agentin, die die Bombe detonieren ließ, einen auf den Namen Erika Mary Chambers ausgestellten britischen Paß.[4] Bei einer israelischen Operation in Beirut wurden 1973 drei hochrangige Funktionäre der Palästinensischen Befreiungsorganisation PLO getötet; auch hierbei wurden britische Papiere verwendet. In beiden Fällen protestierte das britische Außenministerium, erhielt jedoch keine Zusicherung, daß gefälschte britische Pässe nicht mehr benutzt werden sollten. Im Fall der in der bundesdeutschen Telefonzelle entdeckten Ausweise sandte der israelische Botschafter in London, Yehuda Avner, zwar eine formelle Entschuldigung an das britische Außenministerium, aber erst, nachdem England siebenmal vorstellig geworden war.[5] Bei einem Treffen mit seinem Amtskollegen Sir Geoffrey Howe im Januar 1987 gab Außenminister Peres seine Zusicherung, derartiges würde sich nicht wiederholen.

Spekulationen über die Entführung

Der Tropfen, der das Faß dennoch zum Überlaufen brachte, war die Entdeckung eines Waffenlagers arabischer Terroristen durch die britische Polizei im August 1987 in der Wohnung von Ismael Sowan im nordenglischen Hull. Sowan stammte aus einem Dorf südlich von Jerusalem und war noch keine zwanzig Jahre alt, als er Ende der siebziger Jahre nach Beirut ging, um Ingenieurwissenschaften zu studieren. Vor seiner Abreise warb ihn der Shin Bet an; er sollte den Geheimdienst über die Aktivitäten der Palästinenserorganisation Al-Fatah an der Universität Beirut informieren.[6] Entweder auf Anweisung seiner israelischen Führungsoffiziere oder durch Zufall mietete Sowan in Beirut eine Wohnung, die Abdel Rahman Mustafa gehörte. Mustafa trug die Verantwortung für das Kommando 18, einer Unterabteilung der Einheit 17, die für Spezialoperationen der PLO im Ausland zuständig war. 1982 wechselte Sowan an die Universität von Paris, um sein vom Mossad finanziertes Studium fortzusetzen[7]; während seiner Zeit in Paris beschattete er dort ansässige Palästinenser. 1984 fiel er durch das Examen und ging nach London, wo sein Vermieter Mustafa im dortigen PLO-Büro mit Sicherheitsangelegenheiten betraut war.

Auf Anweisung von »Albert«, des für ihn an der israelischen Botschaft in London zuständigen Mossad-Offiziers, frischte Sowan seine Freundschaft zu Mustafa wieder auf und besuchte ihn regelmäßig im PLO-Büro in London.[8] Die Israelis verdächtigten Mustafa, ein Waffen- und Munitionslager der PLO in Großbritannien zu unterhalten; das Lager wurde bereits Anfang der siebziger Jahre heimlich angelegt und war schon stark geleert.[9]

Nach seiner Heirat mit einer Engländerin im Jahre 1986 teilte Sowan »Albert« mit, daß er jetzt, da er verheiratet sei, aufhören müsse, für den Mossad zu spionieren. Er zog nach Hull um, wo er als wissenschaftlicher Assistent an einem Ausbildungsinstitut arbeitete. Hätte er jedoch die Verbindung zu

Mustafa abrupt gelöst, wäre der PLO-Vertreter mißtrauisch geworden; also setzte Sowan die Beziehung fort und besuchte Mustafa unter anderem zum Abendessen in dessen Haus in Romford. Bei dieser Gelegenheit bat Mustafa Sowan, einige Koffer bei ihm unterstellen zu dürfen, da er, wie er sagte, das Haus verkaufen wolle. In den sechs Koffern befanden sich vier Schnellfeuer-Sturmgewehre, sieben Splittergranaten, ungefähr 35 Kilogramm Plastiksprengstoff, Zünder, Zeitschaltuhren und 300 Schuß Munition.

Im April 1987 wurde Mustafa aus Großbritannien ausgewiesen, weil er der Beteiligung an der Ermordung dreier Israelis 1985 auf einer Jacht in Larnaca auf Zypern verdächtigt wurde. Am 14. Juli reiste Sowan mit seiner Frau nach Israel. Am 6. Juli, also kurz zuvor, war Mustafa heimlich nach London zurückgekehrt, und acht Tage später wurde der arabische Zeichner Naji al-Ali (Ali al-Adhami), der für seine Anti-Arafat-Karikaturen bekannt war, auf Anweisung des PLO-Chefs erschossen. Mustafa verließ am darauffolgenden Tag London, und die Polizei verdächtigte ihn des Mordes. Sowan erfuhr in Israel von dem Anschlag. Da Mustafa von den britischen Behörden gesucht wurde, war es nur eine Frage der Zeit, wann die britische Polizei seine Wohnung in Hull durchsuchen würde. Er mußte den Israelis von den Koffern erzählen. Also nahm er wieder Kontakt zum Shin Bet auf und traf sich in Israel mit »David« von der Botschaft in London. »David« pflichtete ihm bei, daß die Angelegenheit mit den Koffern äußerst ernst wäre, aber Sowan bräuchte sich keine Sorgen zu machen. Jemand würde ihn nach seiner Rückkehr in Hull kontaktieren und die ganze Sache in Ordnung bringen. Sowan flog am 5. August zurück nach Großbritannien. Die Tage verstrichen, aber die Israelis meldeten sich nicht. Am 12. August klingelte es: Zwei Polizisten standen vor der Tür. Sowan schickte sich in das Unvermeidliche und ließ die Beamten eintreten. Am 16. Juni 1988 wurde Sowan am Old

Spekulationen über die Entführung

Bailey in London wegen Waffen- und Sprengstoffbesitzes zu elf Jahren Gefängnis verurteilt.

Das Verfahren gegen Sowan zeigte erneut, wie Großbritannien von den Israelis und Palästinensern als Schauplatz für ihren blutigen Konflikt benutzt wurde. Darüber hinaus gab es zum ersten Mal Indizien dafür, daß auch die israelische Regierung ihre Finger im Spiel hatte. Kurz nach der Verurteilung Sowans wurde auch der »Diplomat« Arie Regev, der Verbindungsmann des Mossad zum MI6 und MI5[10], von der britischen Regierung ausgewiesen. Diese Entscheidung wurde vom Außenministerium und dem für Spionageabwehr zuständigen militärischen Inlandsgeheimdienst MI5 angeregt. Der MI6 lehnte die Ausweisung ab, weil er sich über den Wert des Mossad als Informationsquelle für Großbritannien durchaus im klaren war.[11] Zuvor wurde einem weiteren »Diplomaten« namens Jacob Barad – einer von Sowans Führungsoffizieren, der sich zum Zeitpunkt von dessen Verhaftung »auf Urlaub« in Israel aufhielt – mitgeteilt, er sei unerwünscht und dürfe nicht nach Großbritannien zurückkehren. Die britischen Behörden gaben an, weder über das geheime Waffenlager, von dem die Israelis bereits im März wußten, noch über Mustafas Rückkehr unter falschem Namen nach London informiert worden zu sein.[12] Damit hatte der Mossad die Grundregel verletzt, wonach von ausländischen Geheimdiensten erwartet wird, das Gastland über ihre Aktivitäten auf dem laufenden zu halten. Wahrscheinlich wäre Naji al-Ali noch am Leben, wenn die Briten Bescheid gewußt hätten. Als das Waffenversteck entdeckt wurde, entbrannte ein heftiger Streit zwischen dem MI5 und dem Mossad.[13] Premierministerin Thatcher schrieb nach der Verhaftung Sowans an Shamir – ein ungewöhnliches Vorgehen –, die Briten sähen keine andere Möglichkeit, als die Bewegungsfreiheit des Mossad einzuschränken, sollte der Geheimdienst den Erwartungen nicht entgegenkommen.[14] Weil der Mossad jedoch den MI5 immer noch nicht über seine Aktivitäten informierte, wurde Peres die gleiche Botschaft von Sir Geoffrey Howe übermittelt.[15] Großbritannien hatte zwar schon Diplomaten aus der Sowjetunion, Syrien, Libyen und Kuba des Landes verwiesen, in diesem Falle wurden jedoch erstmals Beamte mit Diplomatenstatus aus einem befreundeten Staat ausgewiesen.

Dabei stellt sich die Frage, warum Sowan überhaupt vor Gericht gebracht wurde. Schließlich war 1972 in einem ähnlichen Fall anders verfahren worden. Als die britische Polizei einen Haftbefehl gegen einen Israeli ausstellen wollte, der bei einem Einbruchsversuch in eine arabische Botschaft ertappt wurde, gab der Innenminister Anweisung, den Mann lieber in ein Flugzeug nach Israel zu setzen. Sowans Inhaftierung unterstreicht die Ernsthaftigkeit, mit der Großbritannien auf die Affäre reagierte. Der Pressereferent der PLO in London, Zahi al-Awa, wurde ebenfalls des Landes verwiesen, obwohl er gar nicht in die Affäre verwickelt war. Das Außenministerium begründete dies in einer Note damit, der PLO solle klar gemacht werden, daß »die Ausübung von Gewalt auf britischem Boden durch PLO-Gruppierungen« von den britischen Behörden nicht hingenommen würde. Margaret Thatcher wollte damit zeigen, daß nicht nur die Terroristenjäger bestraft würden. Die Israelis protestierten jedoch und sahen die Terroristen mit ihren Agenten auf eine Stufe gestellt.

Wochen nach der Verurteilung Sowans und der Ausweisung Regevs bat Peres mit der Zustimmung Shamirs den Vorsitzenden des Knesset-Ausschusses für Auswärtige Angelegenheiten und Verteidigung, Abba Eban, London einen geheimen Besuch abzustatten. Eban versuchte, in einer 45minütigen Unterredung mit Premierministerin Thatcher die Wogen zwischen Jerusalem und London zu glätten und sie von weiteren Maßnahmen gegen Israel abzubringen. Die Affäre wäre damit wohl beigelegt gewesen, aber israelische Regierungsvertreter, darunter auch Shamir, wirbelten abermals Staub auf, indem sie die Ankündigung Großbritanniens kritisierten, Saudi-Arabien Waffen – darunter Kampfflugzeuge, Minensucher und militärische Hilfsgüter – liefern zu wollen. Die Israelis prangerten dieses Vorhaben als »unverantwortliche Verfolgung ökonomischer Interessen auf Kosten von Prinzipien« an. Entrüstete britische Minister forderten daraufhin vom MI5 einen Bericht über Israels geheime Aktivitäten in London an.[16] Dabei kam ans Tageslicht, daß fünf israelische Botschaftsangehörige unter dem Deckmantel privater Geschäfte immer noch geheime Operationen durchführten.[17] Der MI5 wurde zum Handeln aufgefordert und bat seine israelischen Kollegen auf einem offiziellen Treffen um genaue Informationen über ihre Aktivitäten.[18] Als die Israelis sich auf die Geheimhaltung beriefen, erinnerten sich die Briten an den warnenden Brief von Margaret Thatcher, wonach die israelischen Geheimdienstoffiziere nur dann im Land geduldet würden, wenn sie die britischen Behörden über ihre Aktivitäten auf dem laufenden hielten; die Israelis müßten daher Großbritannien verlassen.[19] Am Ende wurden zwei hochrangige Mossad-Offiziere mit Diplomatenstatus und fünf weitere Agenten ausgewiesen; für Sowan begann eine elfjährige Haftstrafe.[20] Darüber hinaus war ein von den Golanhöhen stammender Druse namens Bashir Samara, der wie Sowan zum engeren Kreis Mustafas gehörte, im Jahr zuvor des Landes verwiesen worden.

Ohne den Sowan-Prozeß hätte es zwischen den beiden Staaten wohl keine Krise gegeben. Offensichtlich ist aber auch, daß erst die früheren Ereignisse – allen voran die Entführung Vanunus, die parlamentarische Debatte und die Kritik in den Medien – die diplomatischen Spannungen nach der Verurteilung Sowans hervorriefen.

Die Ausweisungen und der Zusammenbruch der Mossad-Struktur in Großbritannien führten nach Angaben eines britischen Geheimdienstoffiziers dazu, daß »der Mossad fast keine geheimdienstlichen Informationen mehr von größerem Wert übermittelte – und auch wir nichts an die Israelis weitergaben«.[21] Diese frostige Phase dauerte fünf Monate bis zum Dezember 1988, als sowohl der MI5 als auch der Mossad auf eine Wiederherstellung der Beziehungen drängten, da man einsah, daß »der Ansatz des Nicht-Kontakts keiner Seite nützt«, wie es ein Mossad-Offizier ausdrückte. »Die Briten brauchen uns, und wir brauchen sie.«[22] Israel brach zuerst das Schweigen und lieferte dem MI6 entscheidende Informationen über die britischen Geiseln im Libanon und andere geheimdienstliche Mitteilungen über die Situation im Nahen Osten.[23] Durch die Wiederaufnahme der Verbindungen wurden auch die Spannungen zwischen dem MI6 und dem MI5 bereinigt, dessen Spionageabwehr die Ausweisungen ursprünglich angeordnet hatte. Im März 1989 wandte sich der MI6 an den Mossad, nachdem eine Todesliste der IRA mit ungefähr 200 Parlamentariernamen aufgetaucht war und sich Hinweise auf eine Waffenlieferung von Libyen an die IRA ergeben hatten.[24] Auch wenn die Kontakte zwischen den beiden Geheimdiensten wiederbelebt wurden, so bedeutete die Überwachung der Mossad-Aktionen durch die Briten, daß der israelische Geheimdienst die Hauptbasis für seine Aktivitäten in Westeuropa aus Großbritannien weg verlegen mußte, und zwar angeblich in die Bundesrepublik Deutschland.[25]

Entführung in Rom?

Zunächst schien es ein gut gehütetes Geheimnis zu sein, daß Vanunu von Italien aus entführt wurde. Das bei der Operation eingesetzte Frachtschiff *Tappuz* hatte ein falsches Ziel angegeben, als es von La Spezia ablegte[26]; den Hafenbehörden wurde mitgeteilt, das Schiff sei, von Haifa im Norden Israels kommend, nach Marseille unterwegs.[27] Tatsächlich kam es aber

Spekulationen über die Entführung

aus Barcelona und wurde nach der Zwischenstation in La Spezia erst wieder gesehen, als es am 9. Oktober im südisraelischen Hafen Ashdod anlegte; es hatte somit fünf Tage für eine Strecke benötigt, die normalerweise in drei Tagen zurückgelegt wird.[28] An dem Tag, an dem Vanunu verschwand, mietete ein Mitglied der israelischen Botschaft in Rom einen Lieferwagen.[29] Als der Transporter wieder abgegeben wurde, hatte er 900 km mehr auf dem Tachometer. Die Strecke zwischen Rom und La Spezia hin und zurück beträgt 850 km. Damit Vanunu nicht erfuhr, wie er nach Israel gebracht wurde, sprachen die Mossad-Agenten nur Englisch mit ihm.[30]

Vanunus Entführung von Rom aus gelangte am 21. Dezember 1986 an die Öffentlichkeit. An diesem Tag wurde er zum Bezirksgericht in Jerusalem gebracht, das eine Verlängerung seiner Untersuchungshaft anordnete. Vanunu trickste seine Bewacher aus, indem er eine seiner Handflächen gegen die Scheibe des Polizeiwagens preßte. Auf der Hand stand geschrieben:

> Vanunu M
> was HIJACKEN
> IN ROME ITL
> Came to Rome
> BY BA FLY 504

Vanunu wollte mit dieser Aktion der Weltöffentlichkeit mitteilen, daß er mit dem Flug 504 der British Airways nach Rom gekommen und dort entführt worden war. Die Vanunu begleitenden Polizeibeamten verstanden die Mitteilung zunächst nicht. Nachdem sie die Situation begriffen hatten und der Pressephotograph Dan Landau den ausgestreckten Arm aufgenommen hatte, zogen sie seine Hand mit Gewalt von der Scheibe weg. Im Gerichtsgebäude mußte er seine Hände waschen. Beim Verlassen des Gerichts bestürmte ihn ein israelischer Journalist mit Fragen nach seinem Entführungsort.

Spekulationen über die Entführung

Vanunu schrie zurück: »Rom« – dann hielt ihm ein Polizist den Mund zu.

Vanunu erwies sich als Mensch, den Israel nicht mundtot machen konnte. Die israelische Zensur versuchte zwar, die Sicherheitslücke abzudichten; sie verbot die Veröffentlichung der auf Vanunus Handfläche gekritzelten Nachricht. In israelischen Zeitungen erschienen nur Photos, auf denen die Mitteilung geschwärzt worden war. Viele Journalisten, Photographen und Passanten hatten sie jedoch gesehen. Die Taktik der Schadensbegrenzung schlug erneut fehl: in einem Artikel von Frank Draper – dem für Verteidigungspolitik zuständigen Redakteur der Londoner Zeitung *Evening Standard* – wurde enthüllt, wie Vanunu von Großbritannien nach Israel gelangt war. Das Publikationsverbot für die Medien wurde aufgehoben. Dem Jerusalemer Korrespondenten der Zeitung, Bernard Josephs, wurde jedoch seine Akkreditierung entzogen. »Niemand darf sich anmaßen, das Gesetz in die eigenen Hände zu nehmen, und etwas veröffentlichen, dessen Publizierung verboten wurde«, sagte der Militärzensor, Brigadegeneral Yitzhak Shani. »Zur Verteidigung des Zensurgesetzes, der lokalen Presse und der Auslandskorrespondenten habe ich keine andere Wahl, als diese Maßnahme anzuordnen«, fügte er hinzu. Josephs behauptete jedoch, weder Rom noch irgendein anderes Wort, das auf Vanunus Handfläche zu lesen war, überhaupt erwähnt zu haben: »Ich zeigte den zuständigen Polizeibeamten eine Kopie des Faxes mit meinem Artikel; es kam kein Wort darin vor, das Vanunu geschrieben hatte.« John Leese, der Chefredakteur des *Evening Standard*, meinte dazu, Vanunus Botschaft stamme aus »einer völlig anderen Quelle. Unser Artikel wurde in London verfaßt.«

Es war nicht das erste Mal in der Vanunu-Affäre, daß es der Zensur mißlang, die Veröffentlichung von sensiblen Informationen zu unterdrücken. Andrew Withley von der *Fi-*

Spekulationen über die Entführung

nancial Times schrieb, der Mossad mache den Shin Bet dafür verantwortlich, daß Vanunu Israels Nukleargeheimnisse enthüllen und 57 Photos im Atomforschungszentrum aufnehmen konnte. Noch bevor die israelischen Behörden offiziell bestätigten, daß Vanunu in Israel unter Arrest stand, hatte der Journalist einer Nachrichtenagentur seinen Redakteuren mitgeteilt, daß Vanunu zurück in Israel sei. »Ich dachte, wir sollten die Geschichte bringen und die Zensurbestimmungen unterlaufen, auch auf die Gefahr hin, des Landes verwiesen zu werden. Aber sie sagten mir, ich solle sie dem Zensor zeigen. Ich war sprachlos«, erzählte er. Für Auslandskorrespondenten besteht in Israel keine formelle Pflicht, alle Berichte der Zensur zur Prüfung vorzulegen. Es besteht zwar ein Publikationsverbot für Informationen, die die staatliche Sicherheit gefährden könnten, der einzelne Journalist hat jedoch einen gewissen Ermessensspielraum, was er dem Zensor unterbreitet und was nicht. Bedingung für eine Akkreditierung ist jedoch, eine Verpflichtungserklärung zur Einhaltung der Zensurvorschriften zu unterschreiben. Dennoch gibt es verschiedene Möglichkeiten, die Zensur zu unterlaufen. Ein Journalist kann beispielsweise für die Übermittlung eines Berichts ein öffentliches Telefon oder Faxgerät benutzen, das nicht von den Behörden angezapft werden kann. Oder er veröffentlicht einen Artikel unter einem Pseudonym beziehungsweise unterschreibt ihn nur mit Initialen. »Die Vanunu-Story hat zwei Enden, eines hier und eines in London«, sagte Robin Lustig, der damalige Nahost-Korrespondent des *Observer*. »Wenn ich hier auf eine Spur stoße, aber nur über eine Quelle verfüge, rufe ich in London an und bitte die Kollegen, die Geschichte zu recherchieren. Ist die Story bestätigt, wird sie zu einem in London verfaßten Artikel, der von dort übermittelt wird und für den man nicht die Zensur zu bemühen braucht.«

Bei sensiblen Informationen rein militärischen Charakters zeigen sich die ausländischen Medien hinsichtlich einer Nichtveröffentlichung oft kooperativ. Schwieriger wird es jedoch, wenn politische Faktoren hineinspielen. In der Vanunu-Affäre war die nationale Sicherheit nur durch die eigentlichen Enthüllungen der *Sunday Times* bedroht. Berichte über Vanunus Entführung, seine Verhaftung und den Prozeß wurden aber hauptsächlich zensiert, um politische Schwierigkeiten zu vermeiden. Sogar die israelischen Medien äußerten sich kritisch über das Vorgehen der Zensurbehörden. »Die Leute, die für das ›Handflächen‹-Debakel verantwortlich sind, haben auch Vanunu vor Gericht gestellt. Der Zensor sollte sich auf Sicherheitsangelegenheiten beschränken«, kommentierte die auflagenstarke Abendzeitung *Maariv*. »Es ist absolut nicht mit Sicherheitsinteressen zu rechtfertigen, daß die Veröffentlichung von Vanunus Worten unterdrückt wird.« Einige Korrespondenten jedoch, vor allem israelische Staatsbürger, die strafrechtlich belangt werden können, kritisierten die Art und Weise, wie einige ihrer Kollegen ohne Probleme zu bekommen, die Zensur umgangen haben.

»Es gehört nicht zum guten Ton unter Journalisten, dem Zensor beizupflichten, wenn er gegen einen Korrespondenten rechtliche Schritte einleitet«, schrieb Yeshayahu Ben-Porat, ein Journalist der Abendzeitung *Yediot Aharonot*, der auch als Israel-Korrespondent für *Radio Europa 1* und als Mitarbeiter der Illustrierten *Quick* tätig ist; »im Fall von Bernard Josephs haben wir dem Zensor jedoch vorbehaltlos den Rükken gestärkt, weil diese Verhaltensweise sinnlos ist und immer auf Kosten der lokalen Presse geht.« Yitzhak Shamir meinte in diesem Zusammenhang: »Zwar braucht auch die Zensur ein Korrektiv, aber vielleicht sollten sich unsere Medienvertreter verantwortungsbewußter zeigen. Denn schließlich ist jeder von uns nicht nur Journalist, Herausgeber oder Korrespondent, wir sind alle auch Bürger Israels, und das Wohl Israels muß uns am Herzen liegen.«

Spekulationen über die Entführung

Als Folge der Zensurpannen in der Vanunu-Affäre und in früheren Fällen wurde im November 1986 eine innerministerielle Untersuchung darüber eingeleitet, wie man ausländische Korrespondenten daran hindern könne, die Zensur zu unterlaufen. Das Thema wurde im August 1989 wieder aktuell, als die *Sunday Times* in einem Artikel behauptete, zwei von der Hisbollah als Geiseln gefangengehaltene israelische Soldaten seien gestorben. Die Veröffentlichung erfolgte zu der Zeit, als ein von den Israelis aus dem Südlibanon entführter schiitischer Geistlicher verhört wurde.

Alles in allem wurde seit der Gründung Israels nur wenigen ausländischen Korrespondenten die Akkreditierung entzogen, vor allem weil man sich des negativen Eindrucks solcher Entscheidungen im Ausland bewußt war. Die Regierungsvertreter können zufrieden sein, daß der Sicherheit des Landes durch die Mißachtung der Zensurvorschriften offensichtlich noch kein größerer Schaden entstanden ist.

Schauplatz Italien

Vanunus Handflächen-Botschaft barg die Gefahr in sich, eine Krise in den diplomatischen Beziehungen zwischen Israel und Italien sowie ein Nachspiel oder gar eine weitere Krise mit Großbritannien hervorzurufen, nachdem sich gerade die Wogen geglättet hatten. Während Peres vor dem Verschwinden Vanunus durch das Gespräch mit Frau Thatcher London schonend vorbereitet hatte, war mit Rom anscheinend keine Abstimmung erfolgt.

Vanunus Entführung ist nur ein Beispiel von vielen, wie ausländische Geheimdienste Rom als Schauplatz für ihre Operationen mißbrauchten. Die Zeitung *La Stampa* kommentierte, Italien habe schon immer als Bühne gedient, wenn zwischen Arabern und Israelis oder den Arabern untereinander

Spekulationen über die Entführung

Rechnungen beglichen wurden – und jetzt auch noch zwischen Israel und seinen eigenen Staatsbürgern.

Schon zuvor waren in Rom zahlreiche Menschen auf spektakuläre Weise verschwunden. Im November 1964 wurde, wie bereits erwähnt, der Spion Mordechai Lok betäubt in einem für Ägypten bestimmten Koffer mit der Aufschrift »Diplomatengepäck« gefunden. Im Juli 1985 ereignete sich der mysteriöse Fall von Vitali Jurtschenko, Nummer fünf in der KGB-Hierarchie: er verschwand auf einer Reise zum Vatikan und tauchte Monate später wieder in der sowjetischen Botschaft in Washington auf, wo er die CIA beschuldigte, ihn entführt und zum Verhör in die Zentrale in Langley, Virginia, gebracht zu haben. Die Amerikaner behaupteten zunächst, Jurtschenko hätte in den Westen überlaufen wollen, machten aber später einen Rückzieher. Jurtschenko kehrte in die UdSSR zurück, wo er angeblich erschossen wurde.

1983 verschwand der sowjetische Journalist Oleg Bitov auf einer Reise von Rom zu einem Filmfestival in Venedig und tauchte in London als »Gast« des britischen und amerikanischen Geheimdienstes wieder auf. Im darauffolgenden Jahr kehrte er nach Moskau zurück und erhob den Vorwurf, der britische Geheimdienst habe ihn gekidnappt. Im Sommer 1986 verschwand in Rom Juri Varechtschaguine, ein weiterer sowjetischer Journalist. Bereits 1978 war Musa Sadr, der geistliche Führer der Schiiten im Libanon, auf einem Flug von Tripolis nach Rom verschwunden. Die italienischen Behörden behaupteten, Sadr hätte Tripolis niemals verlassen und der Flug nach Rom sei nur eine Erfindung der Libyer, um zu vertuschen, daß Sadr in Libyen festgehalten würde. Kurz vor Vanunus Handflächen-Nachricht wurde eine innenpolitische Krise ausgelöst, als die Erlaubnis der italienischen Regierung an die USA bekannt wurde, vom toskanischen Hafen Talamone aus geheime Waffenlieferungen nach Teheran abzuwickeln;

Spekulationen über die Entführung

Italien wollte damit die Freilassung von im Iran festgehaltenen italienischen Geiseln erreichen.

Italiens liberale Partei, die der Regierungskoalition angehörende *Partito Liberale Italiano*, brachte im Parlament das Problem der »Bewegungsfreiheit des israelischen und amerikanischen Geheimdienstes auf italienischem Boden« auf die Tagesordnung sowie die Frage nach möglichen Verbindungen zwischen diesen beiden und dem italienischen Geheimdienst. »Es ist nicht hinnehmbar, daß Italien zu einer Kolonie herabgewürdigt wird«, sagte ein Abgeordneter. Die kleine Demokratische Arbeiterpartei wollte wissen, wie eine Entführung auf einem Flughafen trotz intensiver Überwachung durch das Anti-Terror-Kommando der Polizei überhaupt möglich sei. Die einzige Erklärung war nach Meinung dieser Partei, »daß das Kidnapping im Rahmen einer Zusammenarbeit zwischen den italienischen Sicherheitsbehörden und dem israelischen Geheimdienst stattfand«. Die Frage nach einer Mitwisserschaft des italienischen Geheimdienstes bei Vanunus Entführung lenkte das Interesse auf seine Verbindungen und Abhängigkeiten. Trotz der Umgestaltung des Geheimdienstapparats im Jahre 1977 bestand anscheinend immer noch die Notwendigkeit, den für die Sicherheitsdienste zuständigen Parlamentsausschuß mit angemessenen Vollmachten auszustatten, um im voraus über illegale oder für die nationalen Interessen schädliche Geheimdienstaktionen Bescheid zu wissen.

Das Thema wurde 1987 erneut aktuell, als ein italienischer Richter im Fall eines Hubschrauberabsturzes im Jahre 1973 ermittelte: der Helikopter hatte Palästinenser ausgeflogen, die mit einer Boden-Luft-Rakete im Gepäck auf italienischem Boden verhaftet worden waren. 1989 erließ der Richter eine Vorladung an den damaligen Mossad-Chef Zvi Zamir. Die Vanunu-Affäre weckte auch in der italienischen Friedensbewegung und bei einigen Wissenschaftlern Interesse für den Entwicklungsstand des israelischen Atomprogramms. »Als der Fall

Spekulationen über die Entführung

Vanunu begann, fragten wir uns nach dem Grund. Israel reagierte so stark auf Vanunu, daß sofort der Verdacht aufkam, es gäbe etwas zu verbergen«, sagte Marino Serino von der Friedensorganisation *Associazione per la Pace*. Die Vereinigung brachte später dreißig Senatoren des italienischen Parlaments dazu, einen Aufruf zu unterschreiben, in dem Vanunu für den Friedensnobelpreis vorgeschlagen wurde.

Israels Regierungsvertreter wiesen die nach Vanunus Handflächen-Botschaft einsetzende Kritik zurück. Botschafter Mordechai Drory behauptete, keinerlei Informationen über den Fall zu haben. Italiens Ministerpräsident Bettino Craxi verlangte eine befriedigende Erklärung von Israel; die Antwort der israelischen Behörden lautete bezeichnenderweise »Kein Kommentar.« In Craxis Augen gab es keinen Grund, warum Vanunu lügen sollte; Botschafter Drory behauptete jedoch, Vanunu wolle »verzweifelt« für Publicity sorgen. Er hoffe, daß Italien »nicht einem Mann Beachtung schenkt, dem wegen eines schwerwiegenden Vergehens der Prozeß gemacht wird und der verzweifelt versucht, durch diese Art von Äußerungen die Aufmerksamkeit der Weltöffentlichkeit auf sich zu lenken.« – »Vanunus Behauptung klingt, als sei sie aus einem Kinofilm«, äußerte sich der Sprecher des israelischen Außenministeriums, Ehud Gol, und der politische Direktor Yossi Beilin meinte: »Morgen sagt Vanunu möglicherweise, er wäre über Tanganjika gekommen.« Die Israelis bestritten zwar, das italienische Gesetz gebrochen zu haben, erklärten aber nicht, wie Vanunu nach Israel gelangt war. Auf die Frage, was Italien unternehmen wolle, wenn es sich als richtig herausstellen sollte, daß Vanunu von italienischem Boden entführt worden war, antwortete Craxi: »Ein Protest wäre das Minimum.« Er hielt inne und fügte hinzu: »Das wäre aber auch alles, denn mehr könnten wir nicht tun.«

Damit schien alles gesagt. Rom würde pro forma gegen die Verletzung der italienischen Hoheitsrechte protestieren, und Jerusalem würde beflissen versichern, die Souveränität Italiens nicht angetastet zu haben. In einem Telegramm eine Woche nach Beginn der Affäre teilte die israelische Botschaft in Rom dem israelischen Außenministerium jedoch mit, daß die Italiener sich nicht mit den Verlautbarungen Israels zufrieden geben würden, und korrigierte damit ihre anfängliche optimistische Einschätzung. Der stellvertretende Anklagevertreter in Rom, Dr. Domenico Sica, leitete eine gerichtliche Untersuchung ein, inwiefern Italiens Hoheitsrechte verletzt worden waren und ob gegen irgend jemanden Anklage erhoben werden sollte. Die italienischen Gerichte nahmen unter hohem Risiko den Kampf gegen die im Land um sich greifende Gesetzlosigkeit auf; ein Ankläger in Genua, der gegen die Roten Brigaden ermittelte, war eines der ersten Opfer der terroristischen Anschlagsserie von 1976.

Römische Ermittlungen

Die Handflächen-Botschaft belastete jedoch nicht lange die diplomatischen Beziehungen zwischen den beiden Ländern; der Vorfall wurde während der Italienreise von Peres Anfang Januar angeblich nicht angesprochen. Italiens stellvertretender Ministerpräsident Arnaldo Forlani, der zur gleichen Zeit Israel besuchte, vertrat die Auffassung, die Affäre habe das italienisch-israelische Verhältnis nicht getrübt: »Wir haben eine Erklärung verlangt, und die israelische Regierung hat uns angemessene Zusicherungen gegeben.«

Ermittlungsrichter Domenico Sica beschäftigten zwei Fragen: Warum war Vanunu nach Rom gekommen, und wie war er nach Tel Aviv gelangt? Sein Wunsch nach Aufklärung schien ein mühsames, wenn nicht gar aussichtsloses Unterfangen zu sein: Ein Mann zeigte in einem fremden Land auf dem Weg zum Gericht seine Hand mit der gekritzelten Mitteilung, von italienischem Boden aus gekidnappt worden zu sein. Die Untersuchung wurde aufgrund eines Zwischenfalls eingeleitet, der nur aus den Medien bekannt war. Es gab keine Augenzeugen für das Verschwinden Vanunus in Italien. Die einzigen Fakten waren die Worte auf Vanunus Handfläche und sein Name auf der Passagierliste des Fluges 504 der British Airways am 30. September 1986 von London nach Rom. *Notitia criminis* – für die italienische Justiz waren das genügend Hinweise zur Einleitung eines offiziellen Ermittlungsverfahrens.

Sica hatte schon häufig bei terroristischen Verbrechen ermittelt, darunter auch im Mordfall Aldo Moro, der von den Roten Brigaden ermordet worden war. Die italienischen Richter haben in Sachen Ermittlung und Verhaftung weitreichende Vollmachten. Sica verbrachte mehrere Stunden auf dem Flughafen Fiumicino in Rom, um zu überprüfen, ob Vanunu im Flughafengebäude selbst hätte entführt werden können. Er wandte sich auch an die Anti-Terror-Einheit der italienischen Polizei und den Inlandsgeheimdienst (*Servizio Informazione Sicurezza Democratica*, SISDE). Dabei wurde er mit dem Phänomen der Spaltung des Geheimdienstes in ein proisraelisches und ein proarabisches Lager konfrontiert, wobei ersteres enge Verbindungen zu den israelischen Kollegen unterhielt. Daß Vanunu auf der Passagierliste der British Airways stand, ein Ticket gekauft und ein Gepäckstück auf dem Londoner Flughafen eingecheckt hatte, war schnell bestätigt. Aber für Sica blieb der nagende Zweifel, ob Vanunu wirklich nach Rom gekommen war, oder ob Israel nicht bewußt eine falsche Spur gelegt hatte, um Vanunus Entführung von Italien aus vorzutäuschen und zu vertuschen, wie er tatsächlich nach Israel gelangt war.

Es gab zunächst keine stichhaltigen Beweise für eine Entführung. Zudem wäre es nicht möglich gewesen, noch am selben Tag nach Israel weiterzufliegen. Gegen Ende der ersten

Spekulationen über die Entführung

Ermittlungswoche kam Sica auf die Idee, Vanunu könne auf dem Seeweg nach Israel gebracht worden sein. Er ließ nachprüfen, welche israelischen Schiffe zur fraglichen Zeit in italienischen Häfen vor Anker lagen; dabei stieß man als einziges auf die *Tappuz*.[31] Es stellte sich heraus, daß das Schiff mit Marseille einen falschen Zielhafen angegeben hatte; tatsächlich war es von Barcelona nach Israel unterwegs.[32] Als die *Tappuz* im August 1987 wieder in La Spezia anlegte, ordnete Sica an, das Schiff zu überwachen. Entdeckt wurde ebenfalls der Lieferwagen, den die israelische Botschaft am selben Tag mietete, als Vanunu in Rom ankam; er hatte genau die Kilometerzahl auf dem Tacho, die man hin und zurück nach La Spezia benötigt.[33]

Informanten bei Sicas Untersuchung waren Mordechai Vanunus Bruder Meir, der Sica im Frühjahr und im Juli 1987 besuchte, und Reporter Peter Hounam von der *Sunday Times*. Beide berichteten ausführlich über Vanunus Entführung und griffen dabei auf Details zurück, die Meir erfahren hatte, als er sich in einem marokkanischen Dialekt mit seinem Bruder im Gefängnis unterhielt. Das *Insight*-Team machte eine Reihe von Passagieren auf dem Flug nach Rom ausfindig; niemand konnte sich jedoch an Vanunu erinnern, auch nicht die Frau, die neben »Cindy« saß.

Vanunu sagte zu den Berichten der *Sunday Times*, daß viele Einzelheiten darüber fehlen würden, wie er nach Israel gebracht wurde. Meir mußte eine Erklärung unterzeichnen, wonach er nichts von dem weitergeben würde, was ihm sein Bruder erzählt hatte. Da er sich jedoch nicht an diese Vereinbarung hielt und die *Sunday Times* seine Aussage im August 1987 veröffentlichte, erließ ein israelisches Gericht einen Haftbefehl gegen ihn. Meir erklärte daraufhin, »für viele, viele Jahre keinen Fuß mehr nach Israel zu setzen«. Seine Eltern und Familienangehörigen waren mit seinem Handeln nicht einverstanden. Für sie war es schlimm genug, einen Sohn nicht mehr

Spekulationen über die Entführung

besuchen zu können; jetzt würden sie zwei Söhne nicht mehr sehen. Meir Vanunu stellte einen Antrag auf politisches Asyl in Großbritannien, mit der Begründung, für die Weitergabe von Informationen im öffentlichen Interesse verfolgt zu werden. Das Innenministerium lehnte den Antrag jedoch damit ab, daß Meir nicht politisch, sondern strafrechtlich verfolgt würde.

Am Vorabend des Schuldspruches gegen Vanunu durch das Jerusalemer Bezirksgericht im März 1988 gab Sica bekannt, Vanunu im israelischen Gefängnis befragen zu wollen, was nach seiner Ankunft auf dem Flughafen in Rom geschehen war. »Es interessiert mich nicht, ob Vanunu schuldig ist oder nicht. Ich will herausfinden, wie er nach Israel gekommen ist«, sagte er. Ein Vertreter des israelischen Außenministeriums erwiderte, man würde ihm höchstwahrscheinlich nicht erlauben, Vanunu zu besuchen, weil er in Israel keine richterliche Kompetenz habe: »Wenn Dr. Sica nach Israel kommt, wäre das für unsere Regierung äußerst peinlich.« Sica kam nicht, und der Regierung blieb die Peinlichkeit erspart.

Sica schloß seine Ermittlungen im Juni 1988 ab und gelangte zu dem sensationellen Schluß, Vanunu habe mit dem Mossad zusammengearbeitet und mit dessen Billigung Israels Nuklearpotential enthüllt. Die ganze Affäre sei ein gezieltes Täuschungsmanöver gewesen. Sica tat Meir Vanunus Bericht über die Entführung seines Bruders mit folgenden vier Argumenten als Hirngespinst ab:

Erstens konnte Sica auch nach weitreichenden Ermittlungen niemanden ausfindig machen, der bestätigte, daß Vanunu tatsächlich in Rom angekommen war. Mordechai Vanunus Name auf der Passagierliste war für Sica nur ein Beweis, daß Cindy eine falsche Spur legen wollte.

Zweitens konnte er Meir Vanunus Behauptung, sein Bruder sei in einer Wohnung im dritten Stock eines dicht besiedelten Viertels in Rom betäubt und anschließend entführt worden, keinen Glauben schenken. »Dies war ein gänzlich ungeeigneter und überaus gefährlicher Platz, um einen bewußtlosen Menschen wegzubringen. Es ist offensichtlich, daß einer Gruppe von Spezialisten niemals ein solcher Schnitzer unterlaufen würde«, führte Sica aus.

Drittens zeigte er sich von der Botschaft auf Vanunus Handfläche unbeeindruckt. Vanunu habe selbst zugegeben, nicht gut Englisch zu sprechen; wie konnte er dann diese Nachricht geschrieben haben?, so Sicas Frage. Vanunus andere Äußerungen würden »elementare Fehler« aufweisen, also mußte jemand anderes die Mitteilung geschrieben haben.

Viertens hatte Sica 52 der von Vanunu gemachten Photos gesehen, die ihm die *Sunday Times* mit Kopien für die italienische Atomenergiebehörde überlassen hatte. Die Aufnahmen beseitigten seine letzten Zweifel, denn sie zeigten in perfekter chronologischer Abfolge die verschiedenen Stadien beim Bau nuklearer Sprengköpfe. Auf den Bildern waren jedoch keine Menschen zu sehen, auch nicht in der Nähe von Instrumenten und Maschinen, die normalerweise konstant überwacht werden. Sica fragte sich, wie Vanunu angesichts der Sicherheitsmaßnahmen in Dimona diese »Touristeninszenierung« von einer streng geheimen Anlage machen konnte. Daraus zog er den Schluß, der Photograph habe »mit vollem Einverständnis der zuständigen Stellen« gehandelt.[34]

Der Ermittlungsrichter versuchte nicht zu erklären, warum diese Operation durchgeführt wurde – und vor allem wer hinter ihr steckte –, sondern bemerkte: »Es bedarf nur wenig Phantasie, sie mit dem Wunsch Israels in Verbindung zu bringen, seine Nachbarn mit dem Atomprogramm abzuschrecken, ohne sich gegenüber den Amerikanern für dieses Muskelspiel verantworten zu müssen.«[35] Meir Vanunu wandte ein: »Wenn es sich um ein Täuschungsmanöver handelt, warum wird mein Bruder dann nicht freigelassen? Wenn der italienische Richter recht hat, dann sollte mein Bruder am Strand

Spekulationen über die Entführung

sitzen und nicht in Isolationshaft im Gefängnis, während seine Familie leidet.« Hätte Vanunu wirklich eine Mission erfüllt, dann hätte er mit El Al erster Klasse nach Israel fliegen und einen Heldenempfang in der Mossad-Zentrale erhalten müssen. Gegen alle Argumente Sicas lassen sich Einwände finden:

Erstens behauptete Sica, trotz »weitreichender Ermittlungen« keinen Zeugen für Vanunus Ankunft in Rom gefunden zu haben. Aus der Formulierung »weitreichende Ermittlungen« geht nicht hervor, ob Sica die rund 130 Passagiere und die Besatzung des Flugzeugs befragt hatte. Alle Passagiere hätten ausfindig gemacht werden können, da ihre Namen und Adressen von der Fluggesellschaft festgehalten wurden.

Zweitens wertete Sica die Tatsache, daß Vanunus richtiger Name auf der Passagierliste auftaucht, als Beweis dafür, er habe nur den Eindruck hervorrufen wollen, nach Rom geflogen zu sein. Als erste Lektion lernt jedoch jeder Agent – und wohl auch Vanunu, wenn er wirklich für den Mossad tätig gewesen wäre –, niemals seinen richtigen Namen zu verwenden. Wenn er durch die Angabe seines richtigen Namens sogar weniger glaubwürdig war, hätte dies die dadurch hervorgerufenen politischen und diplomatischen Verwicklungen in Italien gerechtfertigt? Und warum hat seine Begleiterin den Decknamen »Cindy Hanin« benutzt? Vanunu reiste unter seinem richtigen Namen, weil dieser in seinem Ausweis stand; da er kein Agent war, hatte er auch keinen gefälschten Paß. (In London hatte er zwar in den Hotels einen falschen Namen angegeben, dort mußte er aber auch nicht seinen Paß vorzeigen.)

Drittens führte Sica ins Feld, ein professioneller Geheimdienst hätte Vanunu nicht in einem dicht besiedelten Viertel Roms entführt. Man kann jedoch im Gegenteil auch argumentieren, daß es gerade in einem anonymen Wohnblock viel einfacher war, einen Menschen zu verstecken. Vanunu hat die

Spekulationen über die Entführung

Wohnung in Begleitung von Cindy freiwillig betreten. Erst dort sei er, so Meir Vanunu, betäubt worden. Man konnte den Bewußtlosen somit nach Anbruch der Dunkelheit in einen wartenden Lieferwagen bringen; die Gefahr, beobachtet zu werden, war daher nur gering.

Viertens wandte Sica ein, Vanunus Englisch sei nicht gut genug, um die Nachricht auf seine Handfläche zu schreiben, und sie folglich jemand anderes verfaßt haben mußte. Warum hat dann aber der israelische Zensor die Veröffentlichung der Mitteilung untersagt? Und warum wurden strafrechtliche Ermittlungen gegen den Korrespondenten der Zeitung eingeleitet, der das Zensurverbot mißachtete? Wenn jemand anderes die Nachricht geschrieben hatte, wie kam es dann zu den folgenden drei Fehlern? Erstens heißt das Partizip richtig »hijacked«, und nicht »hijacken«; zweitens wird »hijacked« statt des passenderen Wortes »kidnapped« für »entführt« gebraucht; drittens steht auf der Hand »fly« statt »flight«. Diese drei Fehler sind im Gegenteil ein Beweis dafür, daß Vanunus Englisch zwar nicht perfekt ist, er sich aber trotzdem verständlich machen konnte. Meir Vanunu räumte ein, sein Bruder hätte seine Englischkenntnisse wie viele Studenten nur auf der Universität aufgeschnappt. »Ich selbst habe ihm ein Englisch-Wörterbuch gekauft«, sagte er. Vanunus Englisch reichte gerade dafür, daß Dr. Frank Barnaby ihn ohne Dolmetscher befragen konnte.

Fünftens glaubte Sica, Vanunu habe die 52 Photos in chronologischer Reihenfolge aufgenommen, und schloß daraus, sie seien mit offizieller Zustimmung gemacht worden. »Chronologie« kennzeichnet jedoch eine subjektive und keine objektive Abfolge. Jeder Photosatz kann chronologisch geordnet werden. Vanunu hat außerdem 57 und nicht 52 Aufnahmen gemacht. Die anderen seien überbelichtet, so die *Sunday Times*. Gehören zu einem offiziell gewollten Täuschungsmanöver etwa qualitativ schlechte Bilder? Sica würde wahrscheinlich einwenden, daß solche Photos den anderen mehr Authentizität verleihen. Er wertete das Fehlen von Menschen auf den Bildern als Beweis dafür, Vanunu habe auf offiziellen Befehl gehandelt. Dabei ist gerade die Tatsache, daß auf den Photos keine Menschen zu sehen sind, der beste Beweis für eine echte Sicherheitslücke; denn natürlich konnte Vanunu die Aufnahmen nicht in Anwesenheit anderer Leute machen. Bei einem Täuschungsmanöver hätte die Regierung für Menschen auf den Bildern gesorgt, um sie glaubwürdiger zu machen. Wie viele Mitarbeiter hätte Sica denn in diesen Abteilungen des Kernforschungszentrums erwartet? Außerdem erwähnte Ministerpräsident Shamir bei mehreren Gelegenheiten, welches Sicherheitsdebakel Vanunus Enthüllungen darstellten und welche Konsequenzen man daraus ziehen müsse.

Der Haupteinwand gegen Sicas Argumentation ist jedoch die Tatsache, daß Vanunu zu achtzehn Jahren Haft verurteilt wurde. Und inwieweit war es bei einer gezielten Desinformationskampagne notwendig, Cindy ins Spiel zu bringen? (Die *Sunday Times* hat Cindy schließlich in London gesehen und mit ihr in Israel gesprochen.) Und warum hat der Shin Bet am 7. September Kontakt zu Mordechais Bruder Albert aufgenommen, um Vanunus Aufenthaltsort in Erfahrung zu bringen, und ihm erzählt, Mordechai wolle geheime Informationen an die Presse weitergeben?

Vanunus Verteidiger Avigdor Feldman, mit dem sich Sica nicht in Verbindung gesetzt hat, urteilte ebenso vernichtend über Sicas Abschlußbericht wie Meir Vanunu. »Wir haben es zwar mit einem seriösen Richter zu tun, der im Mordfall Aldo Moro und in anderen Fällen nachgeforscht hat; dieses Ermittlungsverfahren ist jedoch nicht ernstzunehmen. Er hat weder mit mir noch mit Vanunu gesprochen und auch keine Informationen über den Prozeß angefordert, noch nicht einmal allgemein zugängliche«, sagte Feldman. »Das Ganze sieht wie der Versuch aus, die Vanunu-Affäre zu vertuschen und ihr

Spekulationen über die Entführung

den Anschein einer zweitklassigen Detektivgeschichte zu geben.« Fairerweise muß hinzufügt werden, daß Sica sich an Amnon Zichroni gewandt hat; dieser erklärte ihm, er könne ohne die Erlaubnis der israelischen Behörden nicht mit Vanunu reden.

Andrew Hogg vom *Insight*-Team der *Sunday Times* ist der Ansicht, Sicas Schlußfolgerung zeige, daß Italien bemüht war, politische Verwicklungen zu vermeiden: »Es ist unglaublich. Es scheint wie eine Ausrede, nicht gründlich ermitteln zu müssen.« Meir Vanunu hatte keine große Hoffnung mehr. Im Oktober 1987 war er »zunehmend davon überzeugt, daß die italienischen Behörden dem Ersuchen Israels nachgegeben haben, die Affäre nicht zu untersuchen«. Sica hätte das Dossier aus Mangel an Beweisen eigentlich an Italiens Generalstaatsanwalt zurückverweisen müssen, statt Schlußfolgerungen zu ziehen, die mehr Fragen offenlassen als beantworten. Sica hatte hinreichende Indizien: beispielsweise den falschen Zielhafen des Frachtschiffes *Tappuz* und den von der israelischen Botschaft gemieteten Lieferwagen. Am Ende bleibt – vorsätzlich oder unbeabsichtigt – der Eindruck, daß die Affäre vertuscht werden sollte, um die italienisch-israelischen Beziehungen nicht zu belasten und der innenpolitischen Empörung über das Verschwinden eines weiteren ausländischen Staatsbürgers auf italienischem Boden vorzubeugen.

In der politischen Geschichte Italiens wurde schon einmal versucht, eine Affäre unter den Teppich zu kehren. Im Juni 1980 stürzte eine Maschine der in Konkurs gegangenen italienischen Fluggesellschaft Itavia mit 81 Personen an Bord über der Insel Ustica nördlich von Sizilien ab. In einer offiziellen Untersuchung führte man die Katastrophe entweder auf einen Konstruktionsfehler oder auf eine von Terroristen an Bord geschmuggelte Bombe zurück. Das für Transportsicherheit zuständige *National Transportation Safety Board* der USA überprüfte die Radarberichte der letzten Minuten vor dem Absturz und entdeckte, daß ein Kampfflugzeug westlich der Verkehrsmaschine geortet worden war. Dessen Pilot zog eine Schleife nach Osten, als wolle er auf Abfangkurs gehen; als das Kampfflugzeug nur noch ungefähr drei Kilometer von der Itavia-Maschine entfernt war, verschwand sie von den Radarschirmen. Die italienischen Behörden ließen den Bericht der Amerikaner außer acht. Als eine italienische Fernsehstation ein »Telefono Giallo«, ein gelbes Telefon, für ungelöste Fälle einrichtete, meldete sich ein Mitarbeiter der militärischen Luftüberwachung, der in der fraglichen Nacht im Tower von Ciampino Dienst hatte, und behauptete, zu Stillschweigen darüber angewiesen worden zu sein, was er auf dem Radarschirm gesehen hatte. Das Band der militärischen Radarzentrale weist eine vierminütige Lücke genau zu dem Zeitpunkt auf, als das Itavia-Flugzeug verschwand. Ebenso fehlen die Aufzeichnungen der 14 Personen, die in der betreffenden Nacht auf der Radarstation gearbeitet haben.

Für den Absturz wurden eine Reihe von Erklärungen angeboten. Das Flugzeug, das zwei Stunden Verspätung hatte, verirrte sich vielleicht in ein militärisches Übungsgebiet und wurde aus Versehen von einer Rakete getroffen, die auf eine sogenannte Drohne, einen ferngelenkten Flugkörper, gerichtet war. Oder ein aus Libyen geflüchteter Pilot mit seinem Flugzeug, das zur Zeit des Absturzes verfolgt wurde, hat möglicherweise versucht, sich hinter der Itavia-Maschine zu verbergen; es wurde anschließend von libyschen Kampfflugzeugen abgeschossen. Es konnte sich aber auch um einen NATO-Zwischenfall handeln, der vertuscht wurde, um schwerwiegende politische Konsequenzen zu vermeiden. Nach fünf Jahren politischen Desinteresses, in denen man die Ermittlungen verschleppte, wurde die italienische Öffentlichkeit wieder auf die Angelegenheit aufmerksam, als sich Staatspräsident Francesco Cossiga im Sommer 1986 mit Angehörigen der Opfer des Absturzes traf. Cossiga legte Ministerpräsident Craxi nahe, erneut Ermittlungen anzustellen. Daraufhin wurde ein französisches Unternehmen beauftragt, die Wrackteile der Maschine und vor allem den Flugschreiber aus dem Meer zu bergen.

Mit Sicas Abschlußbericht ist die Verwicklung Italiens in die Vanunu-Affäre keineswegs beendet. Verschiedene Interessengruppen, darunter die Friedensbewegung, ungefähr 800 italienische Wissenschaftler, die Vereinigung Demokratischer Anwälte Italiens sowie einzelne Senatoren und Journalisten, protestierten gegen Sicas Urteil. Obwohl Sica in seinem Bericht empfahl, den Fall zu den Akten zu legen, schloß sich der Generalstaatsanwalt des Landes dieser Einschätzung nicht an. Meir Vanunu drohte damit, die italienischen Behörden wegen der Unterdrückung weiterer Ermittlungen über die Entführung seines Bruders zu verklagen; er beauftragte den italienischen Rechtsanwalt Romeo Ferruci, seine Interessen wahrzunehmen. Ferruci, einem Sekretär der Vereinigung Demokratischer Anwälte, ist es zu verdanken, daß der italienische Präsident die Wiederaufnahme der Ermittlungen in der Ustica-Affäre anordnete. Ferruci erwartete zwar nicht Vanunus Freilassung durch Israel, meinte aber, die Gerechtigkeit müsse ihren Lauf nehmen.

»Cindy«

Eine der Folgen der Vanunu-Affäre war die Enttarnung der wahren Identität von »Cindy«, die Vanunu von Großbritannien nach Rom gelockt hatte. Im Juli 1987 stattete Peter Hounam dem Haus Nr. 5 in der Strauma Street in Netanya, einem Seebad auf halbem Weg von Tel Aviv nach Haifa, einen Besuch ab. Auf sein Klingeln öffnete eine Frau die Tür, deren Namen Hounam mit Cheryl Bentov angab. Hounam stellte sich als *Sunday Times*-Redakteur vor und bat um ein Gespräch über eine bestimmte Angelegenheit. Sie behielt einen kühlen Kopf und führte ihn ins Wohnzimmer. Hounam war in Begleitung seines Kollegen David Connett, der Cindy zweimal zusammen mit Vanunu gesehen hatte; er sollte sie identifizieren. Connett war zwar nicht selbst an den *Insight*-Recherchen über Vanunus Enthüllungen beteiligt gewesen, hatte ihn aber in der Redaktion gesehen. Einige Tage später war Connett mit seiner Freundin in der Nähe des Leicester Square unterwegs, als er von weitem Vanunu in Begleitung von Cindy erkannte. »Er tat das für einen Journalisten Naheliegende; er wußte zwar nur, daß Vanunu unser Informant war, folgte ihnen aber eine halbe Stunde lang und bekam einen ziemlich genauen Eindruck von ihr«, erzählte Hounam. Hounam konfrontierte Frau Bentov damit, daß sie nach den der Zeitung vorliegenden Hinweisen die Person war, die Vanunu aus London weggelockt hatte. Nach Angaben der Journalisten leugnete sie das nicht. Ihre einzige Reaktion bestand in der Frage: »Werden Sie das drucken?« Dann sprang sie plötzlich auf und sagte, fast schreiend: »Ich war es nicht, ich streite alles ab.« Einer der Journalisten photographierte sie genau in diesem Moment, die Aufnahme wurde aber nie veröffentlicht. Dann rannte sie ins Schlafzimmer. Ihre Mutter, die gerade zu Besuch war, kam ins Wohnzimmer, als sie ihre Tochter schreien hörte, und schlug Hounam und Connett vor, später wiederzukommen, wenn Cheryls Ehemann Ofer zu Hause sei.

In einem Telefongespräch mit Ofer Bentov informierte Hounam ihn über die Erkenntnisse der Zeitung und sprach von Beweisen für seine Mitarbeit beim israelischen Militärgeheimdienst. Bentov bestritt dies: er sei Vertreter für Fiberglas und würde gerade seinen Militärdienst als Fahrer ableisten.

Als Cheryls Vater Stanley Hanin, der geschieden in Orlando in Florida lebte und eine Parfümeriekette besaß, zum ersten Mal von der Verwicklung seiner Tochter in die Vanunu-Affäre erfuhr, fand er das »absolut unglaublich«. Er hatte zwar

Spekulationen über die Entführung

schon längere Zeit nichts von ihr gehört, glaubte aber, es wäre nicht »ein Körnchen Wahrheit an der Geschichte«.

In Geheimdienstkreisen wird bekanntermaßen ein schier unerschöpflicher Erfindungsreichtum in Sachen Tricks und Schliche an den Tag gelegt. Mit einer falschen Identität werden Spionageoperationen, die sonst nicht den Segen der Politiker fänden, in einen undurchsichtigen Schleier gehüllt. Dadurch werden die Aktionen erst durchführbar, und zwar so, daß die Agenten selbst nicht zur Rechenschaft gezogen werden können. Als Cindy Vanunu zum ersten Mal traf, stellte sie sich ihm als amerikanische Kosmetikerin in Ausbildung vor. Bei verdeckten Mossad-Operationen, die Monate oder sogar Jahre dauern können, wird die Identität einer tatsächlich existierenden Person mißbraucht, ohne daß die betreffende Person es merkt.[36] Dadurch sollen Ermittlungen der Polizeibehörden oder konkurrierender Geheimdienste erschwert werden. Die Person wird nach groben Übereinstimmungen mit Alter und ungefähren körperlichen Merkmalen des israelischen Agenten ausgesucht. Beispielsweise operierte die attraktive und talentierte Südafrikanerin Sylvia Rafael in der verhängnisvollen Lillehammer-Affäre unter der Identität einer kanadischen Photographin namens Patricia Roxburgh[37]; bei dieser Operation identifizierte der Mossad einen unschuldigen Mann fälschlicherweise als arabischen Terroristen und ermordete ihn in der norwegischen Stadt.

»Cindy Hanin« gab es am 30. September 1986 noch nicht, als Vanunu entführt wurde. Aber vom 2. November an gab es sie. An diesem Tag heiratete Cynthia Morris aus Orlando, die im Freundeskreis Cindy genannt wurde, ihren Freund Randy Hanin, den sie von der High School kannte. Das Alter stimmte ungefähr überein: Cheryl war sechsundzwanzig, Cynthia zweiundzwanzig. Cynthia absolvierte eine Ausbildung als Kosmetikerin. Cheryl Bentovs Wahl wurde ihr zum Verhängnis, denn sie war Randy Hanins Schwester. Cindy

Spekulationen über die Entführung

hinterließ eine ganze Reihe von Spuren, die schließlich zu ihrer Entdeckung führten. Sie nannte Vanunu zwar nur den Vornamen ihres Decknamens, gab aber beim Kauf des Flugtikkets nach Rom auch noch den Nachnamen »Hanin« an.[38] Die *Sunday Times* beauftragte ein Privatdetektivbüro, das in Orlando, Florida, jemanden dieses Namens ausfindig machte und herausfand, daß Cheryl die Edgewater High School besucht hatte. Die Detektei sprach dort mit dem Rektor und dem stellvertretenden Rektor und erhielt ein Schulbild von ihr. Hounam flog nach Florida und erfuhr von ihrem Vater, daß sie Ende der siebziger Jahre nach Israel ausgewandert war. Der örtliche Rabbi Dov Kentov erzählte weitere Einzelheiten über Cheryl und ihre Familie. Die von Cheryls Vater angegebene Adresse führte Hounam in den Kibbuz Bet Alpha in Israel. Das Paar war jedoch zwischenzeitlich nach Netanya gezogen. Die *Sunday Times* wollte einen 6 000 Wörter umfassenden Artikel in der Farbbeilage der Zeitung darüber bringen, wie ihre Journalisten Cheryl aufgespürt und in Netanya besucht hatten. Aber nachdem das *Insight*-Team die entscheidende Information herausgefunden hatte, daß sie im Eccleston Hotel in London abgestiegen war und dort die Adresse ihres Vaters angegeben hatte, machte die Zeitung einen Artikel im Nachrichtenteil daraus.[39]

Normalerweise werden gewisse moralische Fragen aufgeworfen, wenn eine Zeitung Behauptungen über einen Agenten eines befreundeten Landes aufstellt. Als die *Sunday Times* 1976 einen Artikel über Kim Philby, den dritten Mann im Burgess-Maclean-Spionagering, vorbereitete, wollte der *Insight*-Redakteur Bruce Page die Namen des MI6-Chefs und von Ian Milne, eines aktiven MI6-Agenten in Hong Kong, erwähnen; Milne wurde als Patriot zu Kriegszeiten von Philby für den Geheimdienst angeworben. Page zeigte sich von dem Einwand unbeeindruckt, die Preisgabe von Milnes Namen könne den britischen Agenten möglicherweise in Gefahr bringen. Redakteur Harold Evans ließ sich dagegen von solchen Überlegungen leiten und wollte deshalb nur den MI6-Chef Dick White erwähnen. Chefredakteur Denis Hamilton war gegen die Veröffentlichung beider Namen. Evans hielt Rücksprache mit Lord Radcliffe, der eine Reihe von offiziellen Untersuchungen über Geheimdienste geleitet hatte. Radcliffe hatte keine Bedenken, Geheimdienstchefs namentlich zu nennen, hielt es aber für unklug, den Namen eines aktiven MI6-Agenten anzugeben. Also wurde Milnes Name weggelassen. Solche Überlegungen spielten im Fall Vanunu jedoch keine Rolle; schließlich stand der Geheimdienst ja im Verdacht, den Informanten der Zeitung entführt zu haben.

Cheryl Bentov war zwar wieder wohlbehalten in Israel, aber daß ihr Name als einer der mutmaßlichen Entführer genannt wurde, war ein weiteres Kapitel in einer Affäre, die Israels Freunde in arge Verlegenheit brachte. Obwohl diejenigen, die das Kidnapping geplant hatten, das Nachspiel in Großbritannien und Italien hätten voraussehen müssen, ist das Bekanntwerden von Cindys wahrer Identität auf Nachlässigkeit zurückzuführen und hätte leicht vermieden werden können. »Dadurch, daß Cindy die Identität einer nahen, noch lebenden Verwandten annahm«, schrieb der damalige Militärkorrespondent der *Jerusalem Post*, Hirsh Goodmann, »hat sie (oder vielmehr ihre Führungsoffiziere) ihre Entdeckung selbst verschuldet und den Geheimdienst Israels der Lächerlichkeit preisgegeben.« Der Tag, als Hounam die Wohnung der Bentovs in Netanya betrat, war der letzte Tag, an dem das Paar dort wohnte.

Cheryl Bentov war jedoch nicht die einzige Person, die die Zeitung aufgespürt hatte. Ein Journalist in Israel machte Yoram Bazak und seine Freundin Dorit ausfindig. Bazak leugnete zunächst, in London gewesen zu sein. Dorit jedoch, die getrennt von ihm befragt wurde, bestätigte es. Bazak stritt ebenfalls ab, ein Freund Vanunus zu sein oder Streit mit ihm gehabt zu haben. Aber auf die direkte Frage, ob er für den israelischen Militärgeheimdienst arbeite, gab er keine Antwort.[40]

Die Entführung: Schadensbegrenzung für Israel?

Es wäre falsch, den diplomatischen Schaden der Vanunu-Entführung zu hoch zu veranschlagen. Peres hatte richtig eingeschätzt, daß die westlichen Regierungschefs die Notwendigkeit der Entführung Vanunus »verstehen« würden. Dennoch kann die Aktion nicht als vollständiger Erfolg verbucht werden. Die Reaktionen in der Öffentlichkeit sowie den Parlamenten Großbritanniens, Italiens und Australiens waren beträchtlich. Auch wenn 1986 zwischen den westlichen Regierungen weitgehend Einvernehmen bestand, so gab es doch die gerichtliche Untersuchung durch Sica und die Ausweisungen aus Großbritannien.[41] Angesichts dieser Reaktionen stellt sich die Frage, ob die Entscheidung politisch ratsam war, Vanunu in Israel vor Gericht zu bringen.

»Wenn ein Verräter sich in den Händen des Staates befindet, dann kann man ihn vor Gericht laden«, sagte Isser Harel, der legendäre Mossad-Chef zur Zeit, als Ben-Gurion Ministerpräsident war, und Autor einer Abhandlung über Geheimdienste und Demokratie. »In manchen Fällen hat ein demokratisches Land keine andere Wahl, als einen Verräter, der die Existenz des Staates bedroht, vor Gericht zu stellen oder ihn sogar zu töten, auch wenn sich daraus diplomatische Spannungen ergeben. Ein Mord ist leichter durchzuführen und vermeidet für Israel die Gefahren in den Bereichen Politik, Sicherheit und Diplomatie, die eine Entführung heraufbeschwört. Aber Israel ist ein demokratisches und humanitäres Land. Jemanden zu liquidieren, ist ein sehr viel ernsteres Unternehmen. Man stelle sich vor, was die Italiener, Briten oder andere sagen würden, wenn auf ihrem Territorium ein Mensch getötet wird.«

Welcher politische Schaden angerichtet werden kann, wenn der Geheimdienst eines demokratischen Landes in einem befreundeten Staat Menschen tötet, zeigt die Affäre um die *Rainbow Warrior*. Als das Greenpeace-Schiff im Juli 1985 im Hafen von Auckland in die Luft gesprengt wurde, löste dies eine Krise in den Beziehungen zwischen Frankreich und Neuseeland aus. Die französischen Behörden auf dem Mururoa-Atoll im Südpazifik, wo die Franzosen Atomwaffen und taktische Raketen vom Typ Hades testen wollten, waren sehr besorgt über die Pläne der Umweltschützer, die Tests durch eine Segelfahrt im Testgebiet zu stören. Der Chef des französischen Auslandsgeheimdienstes (*Direction Générale de Sécurité Extérieure*, DGSE), Admiral Lacoste, hielt es für die einfachste Lösung, die *Rainbow Warrior* ins Schlepptau zu nehmen, sollte sie in französischen Gewässern in der Nähe des Testgebietes gesichtet werden. Aber angesichts der Wichtigkeit der Tests überzeugte Admiral Henri Fages, der Leiter des Atomtestinstituts *Centre d'Expérimentations Nucléaires* auf Mururoa, den französischen Verteidigungsminister Charles Hernu, daß diese Maßnahme nicht ausreichen würde; daraufhin beauftragte Hernu den Geheimdienst, die Demonstration zu »verhindern«. Bei der Explosion des Schiffes wurde ein Photograph getötet. Zwei der beteiligten französischen Agenten wurden verhaftet und zu zehn Jahren Gefängnis verurteilt. Frankreich mußte offiziell zugeben, in die Affäre verwickelt zu sein. Die Operation verursachte eine merkliche Abkühlung der Beziehungen zwischen Wellington und Paris und führte zu strukturellen Veränderungen im französischen Geheimdienst.

»Zu meiner Zeit als Mossad-Chef habe ich mich in sehr heiklen Sicherheitsfragen stets bemüht, die Tötung eines Verräters zu vermeiden«, sagte Isser Harel. Zudem ist es ein Pro-

Spekulationen über die Entführung

blem, wenn ein Jude einen anderen Juden umbringt. »Ein Mann wie Vanunu ist ein Bürger, der unserer Gerichtsbarkeit unterstellt ist, und nur unsere Gerichte können und müssen Verräter aburteilen. Wir führten einige Sicherheitsoperationen nur deshalb aus, um die Entscheidung innerhalb des Mossad zu umgehen, ob eine Person schuldig ist, und um sie den Gerichten überantworten zu können. Dies ist eine Lektion darüber, was eine Demokratie tun sollte, wenn sie sich in einer schwierigen Situation wie dieser befindet.«

Selbst wenn es zweckmäßig gewesen wäre, Vanunu zu ermorden – um so das durch die Entführung ausgelöste politische und diplomatische Nachspiel zu verhindern –, stellt sich jedoch die Frage, ob Mossad-Chef Nahum Admoni und seine Kollegen überhaupt vorbereitet gewesen wären, eine solche Tat auszuführen. Schließlich hatte es in jüngster Geschichte einige geheimdienstliche Pannen gegeben: beispielsweise den Skandal um den Bus Nr. 300 von Tel Aviv nach Ashkelon, der Ende 1984 von arabischen Terroristen entführt wurde, von denen zwei bei dessen Erstürmung ums Leben kamen; oder die Pollard-Affäre im Jahre 1986, bei der Jonathan Pollard, ein mit der Auswertung von Geheimdienstmaterial beschäftigter Zivilangestellter der US-Marine, zu lebenslänglicher Haft verurteilt wurde. In beiden Fällen hatten es die israelischen Politiker abgelehnt, den Kopf dafür hinzuhalten.

»Israel hatte keine andere Wahl. Sollte es etwa den Burschen frei in der Weltgeschichte herumlaufen lassen? Morgen könnte er freiwillig oder mit Gewalt in den Händen der Araber landen, die den Saft aus ihm herausquetschen würden«, argumentierte Harel. Sowohl für die Araber als auch für die Sowjetunion wäre das die Chance ihres Lebens gewesen, geheime Informationen über eine der sensibelsten Anlagen Israels zu bekommen. Die undichte Stelle war nicht nur für die israelischen Sicherheitsbehörden eine Herausforderung angesichts der exponierten Stellung Israels im Nahen Osten,

Spekulationen über die Entführung

sondern hatte auch bedeutende Auswirkungen für das westliche Bündnis als Ganzes.

Als der israelische Verteidigungsapparat davon erfuhr, daß ein Atomtechniker dabei war, die Geheimnisse Dimonas in den internationalen Medien zu enthüllen, tauchten eine Reihe von Fragen auf. *Erstens*: würde Vanunu die Informationen auch an feindliche ausländische Agenten wie der Sowjetunion weitergeben, oder an die Kommunistische Partei Israels, der er beitreten wollte, oder an seine arabischen Bekannten, von denen ja einer mit ihm zusammenwohnte? *Zweitens*: wie viele Informationen hatte er der *Sunday Times* oder anderen Medien wie zum Beispiel dem Nachrichtenmagazin *Newsweek* gegeben? In dem 6 000 Wörter umfassenden Bericht der *Sunday Times* waren schließlich nur ungefähr zehn Prozent der Enthüllungen Vanunus verarbeitet. *Drittens*: welcher politische Schaden war von seiten der USA und insbesondere des amerikanischen Kongresses auf Vanunus Offenbarung zu erwarten?

Peres' Entscheidung, Vanunu nach Israel zurückzubringen, wurde auch von seiner Vergangenheit beeinflußt. Von 1952 bis 1965 war Peres Generaldirektor des Verteidigungsministeriums und anschließend stellvertretender Verteidigungsminister; außerdem war er einer der Architekten der israelischen Politik der nuklearen Zweideutigkeit.[42] Im Laufe der Jahre hatte er eine regelrechte Sicherheitsneurose entwickelt. Da er keine direkte geheimdienstliche Erfahrung hatte, traf er eine Entscheidung, die auf Kritik in der Weltöffentlichkeit und in diversen ausländischen Parlamenten stoßen sollte.

Peres wollte mit seiner Entscheidung wahrscheinlich auch vermeiden, einen gefährlichen Präzedenzfall zu schaffen. »Auch wenn Vanunus Informationen über die Atomwaffen nicht stimmen, so sollte Israel ihn doch verfolgen, weil er nicht das Recht hat, über solche Angelegenheiten zu sprechen. Er

Spekulationen über die Entführung

hat Staatsgeheimnisse preisgegeben«, so Peres. »Bei einem der heikelsten Themen kann ein Mann nicht auf sein Land spukken und ungeschoren davonkommen«, verlautete aus Sicherheitskreisen. Untätigkeit würde dazu führen, daß andere israelische Dissidenten, die Zugang zu streng geheimen Informationen haben, ebenfalls im Ausland ihr Wissen weitergeben könnten, ohne fürchten zu müssen, dafür zur Rechenschaft gezogen zu werden.

War dies jedoch nicht hauptsächlich eine kosmetische Ausrede, um eine Aktion zu beschönigen, bei der internationales Recht verletzt wurde? Wäre die Entführung angesichts der diplomatischen Verwicklungen und der öffentlichen Reaktionen im Ausland auch dann angeordnet worden, wenn es sich nicht um brisante Enthüllungen gehandelt hätte? Schließlich machten sich die Behörden Sorgen darüber, wem Vanunu sich noch anvertraut und was er noch ausgeplaudert hatte, abgesehen von dem Artikel in der *Sunday Times*. War es vor dem Hintergrund des Patriotismus und des Pflichtgefühls, das in Israel bei Staatsgeheimnissen vorherrschte, überhaupt notwendig, ein Exempel zu statuieren? Die Zeitung *Maariv*, die in der Vanunu-Affäre offen berichtete, schrieb: »Angesichts Hunderter, wenn nicht Tausender von Menschen, die Zugang zu Dimona hatten, ist es erstaunlich, daß Vanunu der einzige war.«

Vanunu war nicht die erste Person, die vom Ausland nach Israel gebracht und vor Gericht gestellt wurde. Der berühmteste Fall war Adolf Eichmann, der mehr als 25 Jahre zuvor entführt worden war. Ben-Gurion, der Peres protegierte, ging es bei Eichmann darum, einen Feind des jüdischen Volkes vor Gericht zu bringen. Zwischen Eichmann und Vanunu gab es jedoch beträchtliche Unterschiede. Vanunu hatte niemanden umgebracht, wohingegen Eichmann nicht nur ein Feind der Juden, sondern auch international geächtet war. Vanunu mag für die Mehrheit der Israelis ein Ausgestoßener sein, nicht

Spekulationen über die Entführung

aber für die gesamte Welt. Darüber hinaus machte er moralische Motive für sein Handeln geltend.

Dann gab es noch den Fall Mordechai Keidar, der vom Mossad in den fünfziger Jahren angeworben worden war. Er tötete seinen Komplizen, stahl dessen Waffe und einen geringen Geldbetrag. Daraufhin wurde er zurückgeholt und in einem geheimen Prozeß verurteilt. Niemand wußte, daß er in Israel war, bis er 1974 aus dem Gefängnis von Ramle entlassen wurde. Avri Elad – verwickelt in ein israelisches Komplott, bei dem die britischen Interessen in Ägypten vor der Suezkrise durch Bombenanschläge gestört werden sollten – geriet in Panik und plauderte Einzelheiten aus. Er wurde von Mossad-Agenten gefangengenommen. Genau wie bei Keidar wurde sein Schicksal erst bekannt, als er 1967 aus dem Gefängnis freikam. Im Gegensatz zum Fall Vanunu hatten diese Personen jedoch mit ausländischen Regierungen zu tun, wohingegen sich Vanunu an eine ausländische Zeitung gewandt hatte, die naturgemäß von Enthüllungen lebt.

Zwar wurden Verteidigungsminister Yitzhak Rabin, Außenminister Shamir sowie der Generalstaatsanwalt Harish[43] über die Entführungspläne konsultiert, die Entscheidung lag jedoch letztlich bei Shimon Peres, der als Ministerpräsident die Verantwortung für die Geheimdienste trug.[44] Paradoxerweise kann Vanunu dankbar dafür sein, daß Peres zu dieser Zeit Premier war. Hätte Shamir diese Funktion innegehabt – er übernahm das Amt zwei Wochen nach der Ankunft Vanunus in Israel –, so ist fraglich, ob er als ehemaliger Chef der Mossad-Einsatzzentrale in Paris, der Erfahrungen in geheimdienstlichen Nacht-und-Nebel-Aktionen hatte, die gleiche, politisch unkluge Entscheidung getroffen hätte, einen wichtigen Informanten einer international angesehenen Zeitung zu entführen. Statt dessen mußte er später seinen Kopf dafür hinhalten.

Spekulationen über die Entführung

Wenn ein wenig Gras über die Sache gewachsen wäre, hätte man das Verschwinden Vanunus arrangieren und, nach einem Verhör im Ausland, den Arabern oder kriminellen Elementen anlasten können. Im blutigen Nahostkonflikt sind beispielsweise auch Palästinenser schon öfter Opfer interner politischer Rivalitäten geworden. Vanunus Verschwinden hätte in Israel nicht weiter für Aufsehen gesorgt.

Es bestanden auch andere Möglichkeiten, zum Beispiel gar nichts zu unternehmen. Man hätte einen gewissen Nutzen daraus ziehen können, einen ehemaligen Atomtechniker die Nuklearkapazität des Landes publik machen zu lassen. Die Photos für sich allein waren schon eine Sensation, aber die Mitteilungen eines Mannes, der das Gesetz übertritt, waren weitaus effektiver. Zwar waren israelische Regierungsvertreter in Sorge darüber, ob Vanunu ausländischen Agenten Geheimnisse verraten oder der *Sunday Times* über das Veröffentlichte hinaus mehr Details geliefert hatte; aber man konnte davon ausgehen, daß Vanunu die Hauptinformationen an die Zeitung weitergegeben hatte und diese veröffentlicht wurden. Seine Enthüllungen hätten dann als ein weiterer unbestätigter Bericht abgetan werden können, wie dies im Laufe der Jahre schon oft der Fall gewesen war. Statt dessen wurden Vanunus Behauptungen durch seine Entführung und den Prozeß erst richtig glaubwürdig.

Eine weitere Möglichkeit wäre ein Auslieferungsgesuch gewesen. Es entbehrt nicht einer gewissen Ironie, daß man illegale Mittel anwenden mußte, um jemanden vor Gericht zu bringen, der gegen das Gesetz verstoßen hatte. 1962 beispielsweise stellte die Regierung der Bundesrepublik Deutschland erfolgreich einen Auslieferungsantrag an ein Nachbarland bezüglich eines Mitarbeiters des Nachrichtenmagazin *Der Spiegel*; durch ihn waren Informationen über das NATO-Herbstmanöver von 1962 an die Öffentlichkeit gelangt. Israels Auslieferungsabkommen mit Australien und Großbritannien –

Spekulationen über die Entführung

also den Ländern, in denen Vanunu bekanntlich sein Wissen ausgepackt hatte – sind jedoch auf eine ›Liste‹ bestimmter Delikte beschränkt, wie zum Beispiel Mord, Totschlag, Piraterie und Entführungen. Die unerlaubte Enthüllung von Staatsgeheimnissen ist darin nicht geregelt. Die auslieferungsfähigen Straftatbestände, die entfernt auf Vanunus Handeln zutrafen, waren Betrug und Bestechung; Vanunu sollte schließlich einen Teil der Einnahmen aus dem Verkauf seiner Geschichte und eines von der Zeitung geplanten Buches erhalten. »Wenn das betreffende Delikt nicht im israelisch-britischen Auslieferungsabkommen aufgeführt ist, so ist eine Auslieferung nicht möglich«, sagte hierzu P. J. Monk von der für das Vertragswesen zuständigen Abteilung im britischen Außenministerium.

Überraschend ist dabei, daß Israels Auslieferungsgesetze nicht reformiert und von einer Aufzählung der Straftaten nicht auf ein moderneres ›listenfreies System‹ umgestellt wurden. Laut Dianne Stafford von der Abteilung für Internationale Angelegenheiten der australischen Generalstaatsanwaltschaft, besteht die neuzeitliche Auslieferungspraxis Australiens darin, »Auslieferungsabkommen auszuhandeln, die sich auf schwere Delikte im allgemeinen beziehen (auf die mindestens ein oder zwei Jahre Haft stehen), ohne dabei die genaue Bezeichnung der Straftaten aufzuführen«. Monk definierte es wie folgt: »Das Verbrechen müßte nach dem Doppelkriminalitätssystem in beiden Ländern als Straftat gelten.« Da es in Australien und in Großbritannien ein Geheimhaltungsgesetz gibt, hätte dies auf Vanunus Vergehen zugetroffen. Wenn zwischen Israel und Großbritannien ein Auslieferungsabkommen ›ohne Liste‹ bestanden hätte, dann wäre Vanunus Handlung möglicherweise von der Thatcher-Regierung als politisches Delikt gewertet worden. Die Begründung der Ablehnung von Meir Vanunus Antrag auf politisches Asyl gibt hierfür einen Anhaltspunkt: Meir habe nicht politische, sondern strafrecht-

Spekulationen über die Entführung

liche Verfolgung zu fürchten. Premierministerin Thatcher, die selbst gegen die Veröffentlichung des Berichts von Peter Wright über die Unterwanderung der britischen Geheimdienste durch die Sowjets gekämpft hatte, brachte durchaus Verständnis für Peres' Problem auf; die Auslieferungsfrage wurde aber offensichtlich nicht in dem Telefongespräch zwischen ihr und Peres vor der Entführung Vanunus angeschnitten. Vor dem Hintergrund der israelischen Politik der nuklearen Zweideutigkeit wäre eine Auslieferung möglicherweise mit Komplikationen verbunden gewesen. Hätte Vanunu noch mehr geheime Informationen aus Dimona gehabt und weitergegeben, oder wäre er beispielsweise in ein skandinavisches Land gegangen, wo man ihn als Pazifisten gefeiert hätte, wäre eine Auslieferung unmöglich gewesen.

Noch beunruhigender ist jedoch, daß die Regierungsvertreter Israels aus der Affäre keine Lehren gezogen und die unerlaubte Weitergabe geheimer Informationen nicht dadurch in die Auslieferungsabkommen aufgenommen haben, indem sie auf ein ›listenfreies System‹ drängten. »Auslieferung betrifft nur Straftaten und keine politischen Vergehen. Die meisten Regierungen sehen in der Enthüllung von Informationen eine politische Tat«, sagte Robbie Sabel, der Rechtsberater des israelischen Außenministeriums. Diese Einschätzung ist falsch. Beispielsweise wurde in allen in jüngster Zeit ausgehandelten Auslieferungsabkommen der USA das System der expliziten Aufzählung von Straftaten zugunsten eines ›listenfreien‹ oder eines Systems der Doppelkriminalität (Grundsatz der identischen Norm) aufgegeben. Und nach Auskunft von Rex Young vom US-Justizministerium enthielten eine Reihe dieser Abkommen »Bestimmungen, die die Weitergabe als geheim eingestufter Informationen zu einem auslieferungsfähigen Verbrechen machen«. Angesichts der vielen Israelis, die Zugang zu vertraulichen Informationen hatten und jetzt im Ausland leben, sowie der Auslandskorrespon-

Spekulationen über die Entführung

denten, die im Ausland Nachrichten veröffentlichen, die in Israel der Zensur unterliegen, wäre eine Revision des israelischen Auslieferungssystems angebracht.

Eine andere Möglichkeit, die eine Entführung oder ein Verschwinden vermieden hätte, wäre Computerspionage gewesen.[45] Ende der achtziger Jahre beispielsweise gelang es einem westdeutschen Informatikstudenten, sich über ein weltweites Kommunikationsnetz unerlaubten Zugriff auf geheime militärische Informationen in über dreißig Computern in den USA zu verschaffen. Er blieb zwei Jahre lang unentdeckt und holte sich Daten über Atomwaffen, Aufklärungssatelliten, die strategische Verteidigungsinitiative (*Strategic Defense Initiative*, SDI), das Raumfahrtprogramm und das US-amerikanische Luftverteidigungskommando. Der Student war nicht nur in der Lage, das in den Computern gespeicherte Material zu lesen, sondern konnte es auch ausdrucken und die Daten abändern.

Bei der *Sunday Times* waren die Ergebnisse der zweitägigen Befragung Vanunus durch Dr. Frank Barnaby und weiterer Gespräche zwischen Vanunu und den *Insight*-Journalisten in den Computer eingegeben worden. »Auch wenn der bei den Vanunu-Recherchen eingesetzte Computer nicht Online nach außen verbunden war und eine Reihe von Dateien speziell für die Ermittlungen angelegt worden waren, auf die nur bestimmte Leute Zugriff hatten, so war der Computer dennoch für jedermann im Zeitungsgebäude zugänglich gewesen«, sagte ein Mitarbeiter des *Insight*-Teams. Israel hätte feststellen können, was genau Vanunu der Zeitung erzählt hatte; hierzu hätte man sich lediglich unerlaubten Zugang zum Rechner der *Sunday Times*-Redaktion in Wapping zu verschaffen brauchen. Man konnte in diesem Zusammenhang davon ausgehen, daß alles, was Vanunu arabischen Sympathisanten oder feindlichen Agenten anvertraut haben könnte, auch in den detaillierten Aufzeichnungen der Zeitung zu finden sein würde, und daß das Computersystem einer Zeitung sicher nicht so geschützt ist wie zum Beispiel die Computeranlage eines Verteidigungsapparats.

Wenn die Israelis dann über die Befragung Vanunus informiert gewesen wären, hätten sie die Computer der *Sunday Times* durch Viren oder andere Störprogramme außer Gefecht setzen und damit auch den zur Veröffentlichung vorbereiteten Bericht vernichten können. Die Israelis wären nicht belangt worden, denn weder das Anzapfen von Computern noch deren Programmstörung sind vom britischen Strafgesetz eindeutig geregelt. In der Vergangenheit hatte Israel bereits Computer mit gewisser Raffinesse zu Verteidigungszwecken eingesetzt.[46] Seit den fünfziger Jahren wurden elektronische und photographische Mittel sowie Radar als Werkzeuge des Geheimdienstes weiterentwickelt.

Trotz all dieser Möglichkeiten entschied man sich dafür, Vanunu nach Israel zu bringen.

Auslandsaufklärung

Bei der Auslandsaufklärung spielt der israelische Verteidigungsapparat die dominierende Rolle; das Außenministerium legt lediglich die politische Richtung fest. Dieses Primat der Verteidigung hat verschiedene Ursachen: Israel fühlt sich von außen bedroht; es gab jahrelang keine offiziellen diplomatischen Beziehungen zu vielen Entwicklungsländern und östlichen Staaten; Israel setzt sich für die Emigration von Juden ein, auch aus notleidenden Ländern, deren Regierungen die Ausreise nicht sanktionieren.

David Kimche, ehemaliger Generaldirektor des israelischen Außenministeriums und früherer hoher Mossad-Offizier, sieht in vielen Bereichen ein Problem darin, »daß der Verteidigungsapparat nicht immer die politische Bedeutung seiner

Spekulationen über die Entführung

Aktivitäten versteht. Das ist sehr schwierig, denn es liegt in der Natur der Sache: Er begreift oft nicht, wie wichtig die politische Seite ist. Das ist zwar sehr bedauerlich, aber eine Tatsache.« Die häufige Vernachlässigung politischer Implikationen zeigt sich auch in Israels Rolle in der Irangate-Affäre. Durch die Waffenlieferungen als Tauschgeschäft zur Freilassung der von der Hisbollah und anderen Gruppen festgehaltenen Geiseln mißachtete Israel selbst den von ihm propagierten Grundsatz, nämlich Forderungen von Terroristen nicht nachzugeben. Manche Kreise des Mossad halten Operationen wie die Entführung Vanunus für zu offenkundig und politisch zu gefährlich, beides Nachlässigkeiten, die sich ein moderner Geheimdienst nicht erlauben sollte. Diese Einschätzung wurde besonders in den siebziger Jahren deutlich, als der Mossad in Europa einen Krieg gegen palästinensische Terroristen führte. Die Position der Kritiker wurde 1973 mit dem plötzlichen Angriff von Ägypten und Syrien auf Israel gestärkt. Der Mossad hatte sich vornehmlich mit James-Bond-Aktionen beschäftigt und darüber seine eigentliche Aufgabe vergessen, nämlich die Auswertung militärischer Informationen.[47]

Während der letzten zwanzig Jahre wurden die israelischen Geheimdienste stärker von der Öffentlichkeit und dem Parlament kontrolliert. Zwar war der Mossad nicht direkt in die Pollard-Affäre verwickelt gewesen (sie ging auf das Konto des Büros für wissenschaftliche Beziehungen beim israelischen Verteidigungsministerium), aber der Geheimdienst hätte eigentlich auf dem laufenden sein sollen. Die Affäre richtete in den Beziehungen zwischen den israelischen und US-amerikanischen Geheimdiensten schweren Schaden an; ein israelischer Spion – ein amerikanischer Jude – verbüßt eine lebenslange Freiheitsstrafe, und die jüdische Gemeinde in den USA geriet in große Verlegenheit.[48] Grundlegende Fragen über die eigentliche Art der verdeckten Operationen in Übersee wurden laut. Israels politische Führung, die die Affäre als »Schurkenstreich« wertete, behauptete, von allem nichts gewußt zu haben, obwohl aus der Quelle Pollard entscheidende Informationen kamen. Für den israelischen Luftangriff auf das PLO-Hauptquartier in Tunis im Oktober 1985 hatte Pollard beispielsweise Einzelheiten über Bewegungen sowjetischer, französischer und amerikanischer Schiffe im Mittelmeer geliefert, so daß die sieben israelischen Flugzeuge die 4 800 km lange Strecke unentdeckt zurücklegen konnten. Von Pollard stammten auch Informationen über die tunesische und libysche Luftabwehr sowie über die Reichweite des Radarsystems Libyens.[49]

Nach dem Libanonkrieg 1982 wurde Kritik am Mossad laut, weil er übertriebene Erwartungen in die Zuverlässigkeit der christlichen Falangisten als Verbündete gesetzt hatte. Ebenso geriet er nach der Gibli-Lavon-Affäre unter Beschuß, als ein israelischer Sabotagering in Ägypten ausgehoben wurde. Die Analysefähigkeiten des Militärgeheimdienstes wurden unter die Lupe genommen, nachdem er weder die überraschenden Angriffe der Ägypter und Syrer zu Beginn des Yom Kippur-Krieges 1973 vorausgesehen hatte noch den Beginn der Intifada im Dezember 1987, des Aufstandes der Palästinenser in den von Israel besetzten Gebieten. Der Mossad hatte sich keiner Generalüberholung unterzogen wie seine Schwesterorganisation, der Shin Bet, Mitte der achtziger Jahre.

Konsens und Entscheidung in Israel

Die überwältigende Mehrheit der Israelis war mit der Entscheidung einverstanden, Vanunu nach Israel zu bringen. Die Zeitung *Maariv* sprach vielen aus der Seele: »Wir sind nicht von der Tatsache bewegt, daß jemand die Mühe auf sich genommen hat, Vanunu nach Israel zurückzubringen. Wir sagen ›Gut gemacht‹ und scheren uns nicht darum, ob er legal

Spekulationen über die Entführung

oder mit Tricks, auf dem Seeweg oder zu Land, tot oder lebendig hergeschafft wird. Und wenn er nicht zurückgeholt worden wäre, hätten wir jede Initiative in diese Richtung unterstützt.« Die liberale Tageszeitung *Ha-Aretz* schlug in die gleiche Kerbe: »Kein fremdes Land kann Jerusalem davon abhalten, einen Verräter und Spion nach Israel zurückzubringen.« Das Blatt zeigte Verständnis für »die Notwendigkeit, die Verbreitung von Informationen über sensible Angelegenheiten so gering wie möglich zu halten«, unter die auch nukleare Forschung fällt. *Ha-Aretz* schrieb weiter, daß der einzige Punkt in der ganzen Affäre, der beunruhigen sollte und für den die Öffentlichkeit eine Erklärung verlange, die undichte Stelle selbst sei. Die einzige kritische Pressestimme kam von *Al ha-Mishmar*, dem Organ der linken Vereinigten Arbeiterpartei Mapam. »Wie weit reicht eigentlich die Befugnis der israelischen Justiz? Ist es zulässig oder nicht, daß Personen durch Zwang nach Israel gebracht werden – was vielleicht für Spionagefilme oder Unrechtsregime angemessen ist, aber nicht für einen Rechtsstaat?«, fragte die Zeitung. »Die öffentliche Meinung in Israel muß alle diese Themen diskutieren, ohne etwas preiszugeben – und sei es auch nur einen Millimeter –, was *bona fide* ein militärisches oder sicherheitsrelevantes Geheimnis ist oder dafür gehalten werden könnte.«

Shamir, der zwischenzeitlich das Amt des Ministerpräsidenten übernommen hatte, erwiderte auf Fragen zur Vanunu-Affäre: »Israel wird sagen, was es für richtig hält, und seine Pflicht gegenüber seinen Bürgern erfüllen.« Diese Antwort erinnerte stark an seinen Kommentar zum Fall Pollard: »Was passierte, war üblicherweise denen bekannt, die Bescheid wissen, und jeder, der nicht eingeweiht ist, sollte auch weiterhin nichts darüber wissen.« Wie patriotisch sich der frühere Mossad-Offizier auch gab, er maß der Verantwortlichkeit gegenüber der Öffentlichkeit und dem Parlament im Wirrwarr der israelischen Politik nur einen geringen Stellenwert bei. Seine

Spekulationen über die Entführung

Haltung hätte zwar zwanzig Jahre früher besser zu Israel gepaßt, aber der siebzigjährige Politiker stand dennoch im Einklang mit der konservativen Meinung, die beim zunehmenden sephardischen Anteil der israelischen Bevölkerung vorherrschte: Angelegenheiten der nationalen Sicherheit sollten dem Verteidigungsapparat überlassen werden, der »sich am besten auskennt«.

Ob die Affäre in Israel nun Staub aufwirbelte oder nicht, im Vordergrund stand, daß sich durch die Reaktionen im Ausland das Interesse darauf konzentrierte, wie die Entscheidung, Vanunu zu entführen, eigentlich zustande kam. Sie wurde vom Inneren Kabinett, bestehend aus Ministerpräsident Peres, Verteidigungsminister Rabin und Außenminister Shamir, getroffen; nicht einmal die wichtigsten Berater wurden hinzugezogen. Die große Kabinettsrunde wurde weder vor noch nach der Entführung konsultiert.[50] Erst am 16. November, also sieben Wochen nach dem Verschwinden Vanunus aus Großbritannien, unterrichtete Shamir das Kabinett. Als in Großbritannien und anderswo die Fragen immer lauter wurden, wie Vanunu London verlassen hatte, drückten israelische Minister inoffiziell ihre Unzufriedenheit aus, wie man mit der Affäre umging. »Wir stehen als Staat da, der nicht gesetzestreu ist, sondern seine Bürger kidnappt«, meinte ein Minister. Weil Peres das offizielle Verfahren für solche Entscheidungen umgangen hatte, traf er den Entschluß[51], den Informanten einer international angesehenen Zeitung zu entführen, ohne die genauen Konsequenzen abzuwägen. Und als er sich später zu der Bestätigung durchrang, daß Vanunu in Israel sei, beging er eine Todsünde der geheimdienstlichen Arbeit: er bestätigte öffentlich eine verdeckte Operation.

Spekulationen über die Entführung

Geheimdienstkontrolle und Moral

An der Spitze einer offenen, demokratischen Gesellschaft zu stehen, die rechtsstaatliche Prinzipien anerkennt, und gleichzeitig einschneidende geheimdienstliche Entscheidungen treffen zu müssen, die Meineid oder gar Blutvergießen nach sich ziehen können, ist keine leichte Aufgabe. Ayre Naor, der Kabinettsekretär der ersten Regierung Menachem Begins, behauptet, daß der permanente Ausnahmezustand in Israel – der die Entscheidungsträger immer kurzfristig denken läßt –, der politische Zerfall von Koalitionsregierungen und die mangelnde Regierungstradition der Juden es unmöglich machen, politische Strategien langfristig zu planen. »Alle Bemühungen, sogenannte ›think tanks‹ aufzubauen oder andere ausgeklügelte Analyse- und Entscheidungsprozesse zu entwickeln, wurden von skeptischen Ministerpräsidenten zunichte gemacht«, bemerkte hierzu Abba Eban. Um die politische Kontrolle des Geheimdienstapparats zu verbessern, entschied Shamir 1987, eine geheime Kabinettsgruppe, das Komitee »X«, zu reaktivieren, welches bereits in früheren Jahren verdeckte Operationen ausgewertet hatte. Mitte der siebziger Jahre war die Gruppe aufgelöst worden, weil die Führung Israels eine so breitangelegte Supervision der Geheimdienste nicht mehr für nötig erachtete. Durch die Vanunu-Affäre zeigte sich wieder die Notwendigkeit, dem Ministerpräsidenten ein eigenes Beraterteam in geheimdienstlichen Angelegenheiten zur Seite zu stellen, also eine Einrichtung ähnlich dem Nationalen Sicherheitsrat in den USA, bei dem die Geheimdienstberichte aus den verschiedenen Kreisen des Verteidigungsapparats zusammenlaufen und der diese politisch bewertet.

Alarmierender war der Mangel an legislativer Kontrolle über die Geheimdienste. Die Mehrheit der israelischen Parlamentarier war bereit, die Vanunu-Affäre hinter verschlosse-

Spekulationen über die Entführung

nen Türen im Ausschuß für Verteidigung und Auswärtige Angelegenheiten und im für Geheimdienstfragen zuständigen Unterausschuß zu behandeln, statt sie in einer Plenarsitzung zu diskutieren. Vier Mitglieder des Ausschusses – Eliahu Ben-Elissar, Yossi Sarid, Sarah Doron und Pessach Grupper – kritisierten jedoch den zögerlichen Informationsfluß und forderten, schneller und besser unterrichtet zu werden. Einige lasteten die spärlichen Auskünfte teilweise der Abwesenheit von Abba Eban im Oktober und November an, dem Vorsitzenden des Ausschusses für Verteidigung und Auswärtige Angelegenheiten. Erst am 17. November wurden der Ausschuß und der Geheimdienst-Unterausschuß von Ministerpräsident Shamir informiert.

Dieser Informationsmangel ist jedoch keine Besonderheit der Vanunu-Affäre. In den Monaten der Shin Bet-Affäre im Frühjahr 1984 ließ man die parlamentarischen Ausschüsse ebenfalls im dunkeln. Sie wurden nicht – beziehungsweise nicht wahrheitsgemäß – unterrichtet, als zwei festgenommene arabische Terroristen getötet wurden. Diese Gremien erfuhren auch nichts über eine Unterredung zwischen Ministerpräsident Peres, dem Generalstaatsanwalt Yitzhak Zamir und dem stellvertretenden Leiter des Shin Bet, Reuven Hazak, bei der dieser ihnen die Rolle des Shin Bet-Chefs Avraham Shalom bei der Vertuschung des Skandals darlegte. In der Irangate-Affäre enthielt die Regierung den Ausschüssen Informationen über Israels Verwicklung in die Waffengeschäfte vor. Im Pollard-Skandal gab Shamir dem Drängen auf Einsetzung einer offiziellen Untersuchungskommission nicht nach. Als Abba Eban ankündigte, der Geheimdienst-Unterausschuß der Knesset werde eigene Ermittlungen anstellen, drohte Shamir sogar damit, Regierungsvertretern die Aussage vor diesem Gremium zu untersagen. Erst nach Kritik aus den USA wurde eine zweiköpfige Untersuchungskommission eingesetzt, aber sie konnte weder Zeugen zur Aussage zwin-

Spekulationen über die Entführung

gen, noch waren ihre Schlußfolgerungen für die Regierung bindend. Obwohl nach dem israelischen Gesetz der Mossad dem Ausschuß für Auswärtige Angelegenheiten und Verteidigung direkt verantwortlich ist und der Mossad-Chef dieses Gremium auf dem laufenden halten muß, wurden die Briefings 1985 ausgesetzt, als geheime Informationen aus dem Ausschuß nach außen drangen.

Das Problem, inwieweit die Regierung der Legislative in Geheimdienstangelegenheiten verantwortlich ist, hatte sich einige Monate vor der Vanunu-Affäre mit der Einsetzung der Rotenstreich-Shalev-Kommission zugespitzt; sie sollte die Beziehung zwischen Exekutive, Legislative und Geheimdiensten untersuchen. In ihrem unveröffentlichten Abschlußbericht sollen gewisse Kontroll-, Überwachungs- und Informationsmechanismen empfohlen worden sein, die aber bei der Vanunu-Affäre noch nicht vollständig umgesetzt waren. Die Frage kam noch einmal auf, als Micha Harish im Januar 1987 in einer internen Notiz an seine Kollegen des Ausschusses für Auswärtige Angelegenheiten und Verteidigung den Finger auf zwei Wunden legte, die die Arbeit des Gremiums kennzeichneten. Harish plädierte dafür, die Informationskanäle zwischen dem Ausschuß und der Regierung gründlich zu verbessern und den Mitgliedern Fachleute als ständige Berater zur Seite zu stellen. »Die Politiker üben nicht den Grad von Wachsamkeit aus, den wir von ihnen erwarten«, behauptete Professor Amnon Rubinstein, ein Knesset-Abgeordneter, der für eine schriftliche Gesetzessammlung in Ergänzung zu den die Verfassung bildenden Grundgesetzen eintrat.

Es überraschte nicht, daß nicht offen darüber debattiert wurde, ob Vanunus Entführung moralisch vertretbar war. Der Mossad ist vielleicht der einzige moderne Geheimdienst, der nicht, wie beispielsweise der MI6 oder die CIA, nur der verlängerte Arm einer Exekutive oder, wie der KGB, eine Art alternative Regierung darstellt; der Mossad ist Teil der Gesamtstruktur Israels. Er wird weder belächelt noch gehaßt, sondern für seine Rolle geachtet, die er bei der Errichtung und Bewahrung des Staates gespielt hat. Für die Israelis und auch für viele Menschen im Ausland, vor allem Juden, verkörpert er den Inbegriff vom tapferen David, der mit List, Mut und Kühnheit alle Hindernisse überwindet, die sich ihm in den Weg stellen. Die Vanunu-Affäre warf jedoch, auch wenn sich das viele Israelis nicht eingestanden, tiefgreifende moralische Fragen auf.

Es ist eine Sache, daß diejenigen, die an einer verdeckten Aktion beteiligt sind, kein automatisches Recht beanspruchen können, für ihr Handeln nicht verantwortlich gemacht zu werden, aber es ist eine andere Sache, wenn Staatsbedienstete gewaltsam von einem Land in ein anderes gebracht und dabei internationales Recht und Verhaltensregeln gebrochen werden. Damit wird das Grundkonzept nationaler Souveränität verletzt. Darüber hinaus war Vanunu noch nicht einmal Staatsbeamter, sondern Zivilangestellter. Er verfügte über äußerst wichtige Geheimnisse und mißachtete das Geheimhaltungsgesetz, das Mitarbeiter, die Zugang zu geheimen Informationen haben, an eine lebenslange Schweigepflicht bindet. Wenn Vanunu entführt werden durfte, kann dann nicht jeder gekidnappt werden, der die Gesetze bricht und beispielsweise Einzelheiten über seine Grundausbildung während des Wehrdienstes enthüllt? Gerade die Schwere von Vanunus Verbrechen, und nicht wesentliche Unterschiede zwischen den beiden Fällen, veranlaßte die israelische Regierung zu der illegalen Handlung, die in der Rückführung Vanunus zum Zwecke der Anklage bestand. Wenn Vanunu entführt werden durfte, kann dann nicht auch ein nach Israel ausgewanderter sowjetischer Wissenschaftler oder ein Emigrant aus Osteuropa im Westen gekidnappt werden, um zu ermitteln, wie viele Informationen über ihren Herkunftsstaat sie möglicherweise an das Gastland weitergegeben haben? Und können dann nicht auch der

Spekulationen über die Entführung

Iran, Libyen oder der Irak Schritte gegen Dissidenten aus den eigenen Reihen im Ausland unternehmen?

Daraus ergibt sich die Schlußfolgerung, daß in israelischen Geheimdienstkreisen keinerlei moralische Kriterien an ihre Operationen angelegt werden. »Der Zynismus des politischen Diskurses in Israel zeigt sich darin, daß in Diskussionen über Politik keinerlei moralische Überlegungen angestellt werden«, bemerkt hierzu Benjamin Beit-Hallahmi von der Universität in Haifa. Als Beispiel führt er an, daß 1982 ein Vorschlag, Waffenverkäufe an diktatorische Regime zu verbieten, bereits während einer Fraktionssitzung der Arbeiterpartei abgeschmettert wurde, noch bevor er überhaupt in die Knesset kam. Grundlegende moralische Fragen zu stellen, würde nach Einschätzung Beit-Hallahmis den Zionismus unterminieren. Bei den Israelis herrscht folgende Meinung vor: Jeder in dieser Welt denkt nur an sich, und weil niemand sich um uns kümmert, müssen wir egoistisch sein – wie der Rest der Welt.

Dennoch sind im Laufe der Jahre ernste Fragen über die Moral in öffentlichen Angelegenheiten aufgekommen, sogar hinsichtlich gewisser Aspekte in der Geheimdienstarbeit. Eine Untersuchungskommission unter Moshe Landau, einem angesehenen ehemaligen Präsidenten des Obersten Gerichtshofes, befaßte sich mit Behauptungen über systematische Mißhandlungen und Folter von Sicherheitsgefangenen durch den Shin Bet sowie mit eidesstattlichen Falschaussagen. Die Kommission schlug sich mit zwei grundlegenden Fragen herum, die sich einem Land stellen, das sich der terroristischen Bedrohung gegen die Zivilbevölkerung ausgesetzt sieht: Kann die Anwendung illegaler Maßnahmen erlaubt werden, ohne damit die moralischen und demokratischen Fundamente solcher Staaten auszuhöhlen? Wo zieht man die Grenzen bei solchen Maßnahmen, ohne die Effektivität der Geheimdienste zu beeinträchtigen? Die Kommission schloß vorbehaltlos aus, daß Geheimdienstagenten vor Gericht Meineide leisten dürften. Sie setzte sich dafür ein, daß solche Methoden nicht mehr angewandt und andere Gerichtsverfahren abgehalten werden. Das Hauptwerkzeug der Vernehmungsbeamten sollte gewaltloser psychologischer Druck »durch ein energisches und ausführliches Verhör sein, bei dem verschiedene Strategien bis hin zu Täuschungsmanövern angewendet werden«. Wenn diese Vorgehensweise jedoch nicht anschlägt, kann »die Anwendung physischen Drucks in vernünftigem Maß« ins Auge gefaßt werden. »Die Kontrolle kann leicht in die Hände einer skrupellosen Person fallen«, wenn der Shin Bet weiterhin außerhalb des Gesetzes operiert.

Ein weiteres Beispiel ist die große öffentliche Diskussion, die die Shin Bet-Affäre ausgelöst hat: zwei arabische Terroristen waren nach der Entführung eines Linienbusses getötet worden, bei der eine Insassin – eine Soldatin – ums Leben gekommen war. Linke Organisationen und Bürgerrechtsgruppen setzten sich dafür ein, gegen die für den Tod der zwei Terroristen Verantwortlichen Schritte einzuleiten. Offizielle Untersuchungen wurden durchgeführt. Der Chef des Shin Bet trat nach einer mutmaßlichen eidesstattlichen Falschaussage zurück, als er die Tat einem hohen Armeeoffizier anhängen wollte. Sogar einige Mossad-Offiziere haben die moralische Vertretbarkeit von Mordanschlägen in Zweifel gezogen, bei denen manchmal unschuldige Personen getötet werden.[52] Die Entführung Vanunus, mit der die Sicherheitslücke einer hochsensiblen Militäranlage geschlossen werden sollte, genügt den Kriterien vieler Befürworter geheimer Operationen; es stellt sich jedoch die Frage, ob nicht weniger verdeckte Maßnahmen hätten angewendet werden können – zumal Vanunus Offenbarungen keine unmittelbare Gefahr für das Überleben des Staates darstellten.

Der Shin Bet und die Sicherheitslücke

Vanunus Enthüllungen über Israels atomare Geheimnisse waren die Folge einer der größten Sicherheitslücken in der Geschichte des jüdischen Staates. Diese undichte Stelle war doppelt beunruhigend, weil Vanunu kein Spion war und aus seinen Sympathien für die Palästinenser nie einen Hehl gemacht hatte. »Wenn ein offensichtliches Sicherheitsrisiko wie Vanunu damit durchkommen konnte, stelle man sich vor, was eine noch cleverere Person hätte anrichten können«, verlautete aus Sicherheitskreisen. Das Knesset-Mitglied Haim Kaufman fragte: »Wer weiß, wie viele Vanunus es gibt, die Staatsgeheimnisse an ausländische Quellen weitergegeben haben?«

Das Nuklearforschungszentrum Dimona verfügt über ein kompliziertes Sicherheitssystem. Es ist von einem Elektrozaun umgeben; zwischen der Umzäunung und dem Gebäude befindet sich ein Sandstreifen, der regelmäßig geharkt wird, um Fußspuren von möglichen Eindringlingen sofort zu entdecken; Raketenstellungen haben Anweisung, jedes Flugzeug abzuschießen, das sich in den Luftraum über dem Gelände verirrt – wie ein israelischer Pilot 1967 schmerzlich erfahren mußte.[53] Laut Auskunft der *Sunday Times* werden die Busse, die das Personal zur Arbeit bringen, ungefähr fünf Kilometer vor dem Reaktor oberflächlich kontrolliert und einen Kilometer vor der Einfahrt einer strengeren Sicherheitskontrolle unterzogen.

Für die Sicherheit in Dimona war ursprünglich das speziell dafür eingerichtete »Büro für besondere Aufgaben« zuständig, das von Benjamin Blumberg, einem früheren Sicherheitsoffizier des Verteidigungsministeriums, geleitet wurde.[54] Er sollte sicherstellen, daß die Geheimnisse von Dimona nicht nach außen drangen; später wurde sein Aufgabenbereich auch um die Materialbeschaffung für das Atomforschungszentrum aus dem Ausland und das Sammeln von Informationen über ausländische atomare Projekte und Entwicklungen erweitert.

Daß Vanunu das Land mit den Informationen und den Filmen verlassen konnte, obwohl ihn der Shin Bet als Sicherheitsrisiko verdächtigte, zeigt, daß es sich bei der Vanunu-Affäre nicht um eine einmalige Sicherheitslücke handelt, sondern vielmehr um eine ganze Reihe von Pannen, um ungerechtfertigte Selbstzufriedenheit und übertriebene Vertrauensseligkeit. »Die rechte Hand der Sicherheit wußte nicht, was die linke tat«, so formulierte es Israels führender Militärkommentator Zeev Schiff von der Zeitung *Ha-Aretz*. »Alle Teile des Getriebes rotierten um ihre Achsen, aber keines war richtig mit dem anderen verbunden.«

Als Folge der Affäre wurde eine großangelegte Ermittlung durchgeführt. Die Israelische Atomenergiekommission hat angeblich gegen hohe Beamte des Atomreaktors Dimona bis hin zum Leiter des Zentrums Maßnahmen eingeleitet.[55] Wissenschaftler und Techniker wurden auf eine mögliche Verbindung zu Vanunu befragt.[56] Ein ranghoher Shin Bet-Offizier ist angeblich entlassen worden.

In gewisser Hinsicht ist es überraschend, daß dieses Fiasko nicht Gegenstand eines unabhängigen Ermittlungsverfahrens war. Denn schließlich herrschte kein Mangel an staatlichen Kommissionen, die sich der jüngsten Affären in Israel annahmen, wie zum Beispiel die Agranat-Kommission, die die Pannen des Militärgeheimdienstes im Vorfeld des Yom Kippur-Krieges von 1973 untersuchte, die Kahan-Kommission, die Israels Beteiligung an den Falange-Massakern in den Flüchtlingslagern Sabra und Shatila aufdeckte, und die nach dem plötzlichen Kursverfall der israelischen Bankaktien 1983 eingesetzte Bejski-Kommission. Sogar die Geheimdienste sind den Augen der unabhängigen Tribunale nicht entgangen. Aber im Fall Vanunu führte die zwiespältige atomare Haltung dazu,

Spekulationen über die Entführung

daß die öffentliche Diskussion über die Sicherheitslücke und die Enthüllungen selbst nur leise ausfiel.

Es stellt sich nach wie vor die Frage, ob die Geheimdienste in eigener Sache selbst ermitteln sollen. Dies würde jedoch nicht nur dazu führen, daß die Verantwortlichen ihre Schuld selbst vertuschen könnten, sondern hätte auch den Zerfall der legislativen Kontrolle über die Sicherheitsdienste zur Folge. Geula Cohen von der rechten Partei Tehiya stellte einen Antrag auf eine Debatte in der Knesset über die Sicherheitsvorschriften in Dimona und vor allem darüber, wie Vanunu dort beschäftigt werden konnte; der Antrag wurde aber auf Druck der Regierung zurückgezogen. Als Professor Amnon Shaki von der Nationalreligiösen Partei das Thema im März 1987 wieder aufbrachte, wurde es an den Ausschuß für Verteidigung und Auswärtige Angelegenheiten verwiesen. Zuvor hatte sich jedoch im November 1986 das Ausschußmitglied Yossi Sarid darüber beklagt, daß »nach meinem besten Wissen keine Diskussion über die Sicherheitslücke« hinter den verschlossenen Türen des Gremiums stattgefunden habe. Anfang Dezember teilte Ministerpräsident Shamir dem Ausschuß mit, daß die Vanunu-Affäre ein ernster Sicherheitsflop war, die Angelegenheit untersucht und Lehren daraus gezogen werden sollten.

Zum besseren Verständnis, welche Position der Shin Bet in Israel einnimmt und wie er in der israelischen Gesellschaft gesehen wird, mag ein kurzer geschichtlicher Abriß hilfreich sein. Shin Bet ist ein hebräisches Akronym für *Sherut Bitachon*, was »Sicherheitsdienst« bedeutet. Er wurde 1948 gegründet und ist für Geheimdienstangelegenheiten im Inland zuständig. Sein erster Chef war Isser Harel. Wie aus einer Schätzung der CIA von 1977 hervorgeht, hat der Shin Bet rund 1 000 Mitarbeiter, darunter ungefähr 550 Offiziere.

Vor der Gründung Israels führten die Sicherheitsabteilungen der verschiedenen jüdischen Untergrundorganisationen

Spekulationen über die Entführung

eine ziemlich unkontrollierte Existenz in ihrem Zwei-Fronten-Krieg gegen die britischen Behörden und gegen die Araber. Danach mußte der Shin Bet jedoch innerhalb der gesetzlichen Grenzen arbeiten, die ein demokratischer Staat seinem Geheimdienst auferlegt. Nach dem Unabhängigkeitskrieg bestand eine der ersten Aufgaben des Shin Bet darin, rechte Gruppierungen wie die Irgun (Ezel) und die Stern-Gruppe (Lehi) zu zerschlagen, die sich gegen Ben-Gurions versöhnliche Haltung gegenüber den Arabern stellten. In den darauffolgenden Jahren richtete sich die Aufmerksamkeit des Shin Bet auf verschiedene linke Gruppen, die nach Harels Befürchtungen Ziel sowjetischer Unterwanderungsversuche sein konnten. Der Geheimdienst übernahm die Observation der Kommunistischen Partei Israels, deren Mitglieder Verbindungen zur sowjetischen Botschaft in Tel Aviv unterhielten. Die Entscheidung, auch die damals führende Oppositonspartei Mapam zu überwachen, war umstrittener. Ben-Gurion wurde angehalten, auf Informationen zurückzugreifen, die politischer statt geheimdienstlicher Beobachtung entsprangen. Die Mapam wird zwar nicht mehr bespitzelt, aber nach einem CIA-Report von 1979 hat der Shin Bet bis heute sowohl verschiedene linke als auch rechte Gruppierungen im Visier.

Bei der Spionageabwehr hat der Shin Bet beachtliche Erfolge vorzuweisen. Bemerkenswert war die Verhaftung von Dr. Israel Ber im März 1961. Ber war Militärwissenschaftler und Ben-Gurions engster militärischer Berater; Harel verdächtigte ihn aber schon seit langem als sowjetischen Agenten. Er wurde von Shin Bet-Offizieren bei einem Treffen mit einem sowjetischen Diplomaten festgenommen. Ein Jahr zuvor war Professor Kurt Sitte, der Leiter der physikalischen Fakultät an der Technischen Hochschule in Haifa, wegen Spionage für die Tschechen verhaftet worden.

Trotz dieser Erfolge gilt im allgemeinen der Mossad als der schillerndere israelische Geheimdienst, beispielsweise we-

Spekulationen über die Entführung

gen der spektakulären Entführung Adolf Eichmanns in Argentinien oder dem Untergrundkrieg gegen führende PLO-Politiker.[57] Da der Shin Bet für die innere Sicherheit des Landes zuständig ist, konzentriert sich das Alltagsgeschäft seiner Mitarbeiter auf die Sicherheit in den besetzten Gebieten – eine undankbare Aufgabe. Der Niedergang des Shin Bet in den letzten Jahren ist auf eine Reihe von selbstverschuldeten Pannen zurückzuführen. Die Jahre 1984 bis 1987 waren überschattet von der Entführung des Busses Nr. 300 und davon, wie auf Anweisung des Shin Bet-Chefs Avraham Shalom die Verantwortung des Inlandsgeheimdienstes für den Tod zweier arabischer Terroristen vertuscht wurde. Als die Zorea-Kommission die Todesfälle untersuchte, schaffte es der Shin Bet, jemanden aus den eigenen Reihen in diesen Ausschuß zu bekommen, der erfolgreich die Aufmerksamkeit des Gremiums auf einen Armeeoffizier, Brigadegeneral Yitzhak Mordechai, als den Schuldigen lenkte. Der Generalstaatsanwalt kam zu demselben Ergebnis, in einer Untersuchung durch den obersten Richter der israelischen Armee wurde Mordechai jedoch freigesprochen. Die Affäre hätte wohl hier geendet, wenn nicht andere Shin Bet-Offiziere, darunter auch der stellvertretende Chef, gegen Shalom revoltiert hätten. Ministerpräsident Shimon Peres gab ihm zwar Rückendeckung, aber nach der Begnadigung durch Präsident Herzog trat Shalom zusammen mit zehn anderen Funktionären zurück. Der Skandal erschütterte den Shin Bet bis in seine Grundfeste.

Kaum war dieses Kapitel abgeschlossen, sah sich der Shin Bet in eine neuerliche Affäre verstrickt, die man einem Armee-Offizier und Angehörigen der tscherkessischen Minderheit in Israel anzuhängen versuchte; dies führte wiederum zu Behauptungen, daß die Fälschung von Beweismitteln sowie die Anwendung von Gewalt, um Geständnisse herauszupressen, zur gängigen Praxis des Shin Bet in den besetzten Gebieten gehörten.

Spekulationen über die Entführung

Vor diesem Hintergrund ist es nicht erstaunlich, daß sich der Mossad-Chef bei Peres über das Shin Bet-Fiasko im Falle Vanunu beschwerte und den Ministerpräsidenten zur Einleitung von Ermittlungen gegen den Inlandsgeheimdienst drängte. Peres, der nur noch wenige Tage Ministerpräsident war, lehnte dies mit dem Argument ab, der Shin Bet habe »schon genug gelitten«. Die Skandale deckten nicht nur fundamentale Schwächen innerhalb der Organisation auf, sondern trübten auch die vielen Erfolge, die der Shin Bet bei der Vereitelung terroristischer Anschläge und Lösung anderer Sicherheitsvorfälle vorzuweisen hatte.

Die Vanunu-Affäre stellte jedoch ein ganz anderes Problem dar, das nicht die Hierarchie des Inlandsgeheimdienstes betraf. Es handelte sich vielmehr um einen Zusammenbruch der Sicherheitsmaßnahmen und der Koordination zwischen dem Shin Bet und der Verwaltung von Dimona. Trotzdem startete Geula Cohen einen Angriff auf den Shin Bet, aber nicht wegen seiner bürokratischen Fehler, sondern dafür, »Linke« zu beschäftigen; wenn in den Reihen des Shin Bet keine »Linken« gewesen wären, hätte man größere Sorgfalt walten lassen und Vanunu früher entlassen, so behauptete Cohen. »Warum müssen ausgerechnet Leute, die für Gespräche mit der PLO sind, beim Shin Bet arbeiten, dessen Aufgabe es doch ist, Kontakte mit der PLO zu unterbinden?«, fragte sie. Yitzhak Shamir, der im Rahmen einer Rotationsvereinbarung zwischen der Arbeiterpartei und dem Likud das Amt des Ministerpräsidenten von Peres übernommen hatte, gab zu, daß die Beschäftigung eines notorischen linken Sympathisanten in einer Atomanlage Israels ein schlimmer Fehler war.

Die Schritte, die zur Verbesserung der Sicherheit in Dimona eingeleitet wurden, sahen vermutlich vor, in Zukunft keine Leute mit extremen politischen Ansichten mehr zu beschäftigen, etwaige Veränderungen in der politischen Einstellung des Personals zu beobachten und die routinemäßigen Sicherheitsmaßnahmen im Atomforschungszentrum zu optimieren. Andere Vorkehrungen waren ebenfalls denkbar. Nach einer Serie von Spionagefällen in den USA, zu denen auch der prosowjetische Spionagering der Familie Walker gehörte, richtete die US-Armee beispielsweise einen gebührenfreien Telefonanschluß ein, über den Personen Verdachtsmomente gegenüber Mitarbeitern, die Zugang zu sensiblen Einrichtungen oder Informationen hatten, äußern konnten. Im ersten Jahr gingen über 2 000 Anrufe ein. Selbstverständlich müssen solche Mitteilungen mit äußerster Sorgfalt überprüft werden; dadurch wird aber niemand davon abgehalten, das Land zu verlassen und sein Wissen im Ausland preiszugeben – höchstens vielleicht von der Vorstellung, Vanunus Schicksal teilen zu müssen. Wenn Auslieferungsabkommen fehlen, die die unerlaubte Weitergabe von Informationen beinhalten, ist keine Gesellschaft hundertprozentig sicher.

Cohens Angriff richtete sich mehr gegen den Shin Bet als gegen Vanunu selbst und war somit ein weiteres Kapitel in der langwierigen Auseinandersetzung zwischen Israels rechtem und linkem Lager um politische Legitimität. Dennoch hatten ihre Bemerkungen – und die Zurückweisung durch linksgerichtete Politiker – eine tiefere Bedeutung: ob die Mitarbeiter eines Geheimdienstes oder anderer sensibler Verteidigungseinrichtungen ihre Aufgaben wie gewöhnliche Staatsbeamte unabhängig von ihren politischen Ansichten ausführen können. Cohen bekam Unterstützung von Raful Eitan, einem damaligen Parteikollegen Cohens und ehemaligem Stabschef der israelischen Armee. Er nannte Cohens Ansicht ein zweischneidiges Schwert und führte aus: »Die Herrschenden von heute können möglicherweise die Menschen mit gegensätzlicher Meinung ausschalten und die Herrschenden von morgen gegebenenfalls die in ihren Ämtern verbliebenen Geheimdienstmitarbeiter.« Die Leiter sensibler Organisationen hätten adäquate Mittel, um die Vertrauenswürdigkeit zu überprüfen. »Ich kenne sehr viele loyale Menschen, die heute dem linken Lager zugerechnet werden und die genauso herausragende Kämpfer und loyale Israelis sind wie jeder andere auch, wenn nicht sogar bessere.«

Ironischerweise schuf Ben-Gurion von der Arbeiterpartei, der Verteidigungsminister und Israels erster Ministerpräsident war, einen Präzedenzfall dafür, daß Linke nicht auf sicherheitsrelevanten Posten beschäftigt werden sollten. Professor Yuval Neeman, ein anderes Mitglied der Partei Tehiya und einer der Architekten von Israels Atompolitik, wurde zunächst von Ben-Gurion bei der Ernennung zum stellvertretenden Chef des israelischen Militärgeheimdienstes übergangen, da er damals der Mapam zugerechnet wurde. Anschließend ließ sich Ben-Gurion davon überzeugen, daß Neeman nicht mehr in der Mapam aktiv war. Ebenso sollte auch niemand mit rechten Ansichten bestimmte Posten der inneren Sicherheit bekleiden. Während Ben-Gurion zuließ, daß ehemalige Mitglieder von Untergrundgruppen aus der Zeit des britischen Mandats – wie der von Menachem Begin geführten Irgun und der Stern-Gruppe, zu deren Leitern Yitzhak Shamir gehörte – im Auslandsgeheimdienst Mossad arbeiteten, wollte er diese Personen nicht im Shin Bet beschäftigt wissen. Obwohl es seit der Staatsgründung Perioden gab, in denen linke Parteien mißtrauisch beäugt wurden, sitzen heute sogar deren Mitglieder, mit Ausnahme der Kommunistischen Partei, auf hochsensiblen Posten. So hat beispielsweise der Knesset-Abgeordnete Ran Cohen von der Bürgerrechtsbewegung einen hohen Rang der Reserve inne. Dabei spielt allein die persönliche Leistung eine Rolle. Ausnahmen bilden nur kürzlich eingewanderte Juden aus der Sowjetunion, da man weiß, daß der KGB auf diesem Wege Agenten einzuschleusen versucht.

Die liberale Tageszeitung *Ha-Aretz* schrieb in einem Leitartikel, selbst diejenigen, die einen palästinensischen Staat unterstützen, dürften auf dem allgemeinen Arbeitsmarkt nicht diskriminiert werden; in sicherheitsrelevanten Bereichen jedoch sollten »Leute, deren politische Ansichten sich wahrscheinlich irgendwann in Aktionen niederschlagen«, nicht beschäftigt werden. *Ha-Aretz* spielte damit eher auf Vanunu als auf den Shin Bet an. Es stellt sich letztendlich die Frage, ob ein Mitarbeiter seine Aufgabe verantwortungsvoll erfüllen kann, ohne sich von persönlichen Ansichten leiten zu lassen; Vanunu war dazu nicht in der Lage. Ohne eine Untersuchungskommission läßt sich nicht klären, ob den für die Sicherheit von Dimona zuständigen Shin Bet-Offizieren und Mitarbeitern des Reaktors deshalb der Fehler unterlief, Vanunu nicht rechtzeitig auszuschalten, weil sie bewußt oder unbewußt von politischen Erwägungen beeinflußt waren. Da bei dieser Affäre jedoch atomare Angelegenheiten mit den Geheimdiensten verquickt waren, schien eine unabhängige Untersuchung von vornherein ausgeschlossen. Bei unmittelbaren Auswirkungen – hätte es beispielsweise einen atomaren Zwischenfall gegeben –, wäre die Einsetzung einer öffentlichen Ermittlungskommission höchstwahrscheinlich nicht zu vermeiden gewesen.

Die *Sunday Times* und Vanunu

Die Zeitung und der Informant

Die Beziehung der *Sunday Times* zu Vanunu veranschaulicht plastisch die Verantwortlichkeiten und Spannungen in der Beziehung zwischen einem Presseorgan und seinem Informanten. Dabei werden Fragen aufgeworfen, inwieweit ein Medienunternehmen die Pflicht hat, den Informanten zu schützen, sofern sein Leben durch die Enthüllung der Informationen gefährdet ist, welche Aufgaben es bei einem Fehlschlag hat und welche Verpflichtungen zur Kooperation dem Informanten erwachsen.

Vanunu war nicht der erste Informant, um dessen Schicksal sich die *Sunday Times* Sorgen machte. Anthony Mascarenhas, ein indischer, in Ostpakistan lebender Journalist, wurde Zeuge der Rebellion und der Kämpfe, die der Unabhängigkeit Bangladeshs vorangingen, und vor allem der von Westpakistan verübten Greueltaten bei der blutigen Unterdrükkung des Aufstandes. Er wandte sich mit seiner Geschichte an die *Sunday Times* und bat wie Vanunu darum, daß sein Name nicht genannt würde. Chefredakteur Harold Evans meinte jedoch, sein Name müsse unter dem Artikel stehen, da es sich um einen Augenzeugenbericht handelte. Es war klar, daß er nicht nach Pakistan zurückgehen konnte. Evans zahlte ihm ungefähr 15 000 britische Pfund für die Story, die über zwei Wochen hinweg veröffentlicht wurde, und sah Mascarenhas' Reportage als längerfristige Verpflichtung. Er schickte ihn daher zurück, um seine Familie herauszubringen, und setzte ihn als festen Mitarbeiter auf die Gehaltsliste der Zeitung. Mascarenhas war sprachlos, sowohl angesichts der Integrität der Zeitung als auch des journalistischen Instinkts, mit dem man die Bedeutung der Geschichte erkannte.

Die *Sunday Times* arbeitete einen Plan aus, der Vanunus Sicherheit garantieren sollte und der auf den ersten Blick auch ziemlich sicher schien. Die Zeitung hatte vor, in Ergänzung zu Vanunus Enthüllungen ein internationales Seminar über Israels Atomwaffen zu organisieren. Es sollte von weltweit anerkannten Sicherheitsexperten besucht werden und sich mit den Gefahren auseinandersetzen, die aus der zunehmenden Verbreitung von Atomwaffen im Nahen Osten nicht nur für die Region selbst, sondern für die Welt insgesamt entstanden sind. Ein Journalist plante einen Bericht über das Seminar inklusive eines Diagramms über die Beeinflussung der Windverhältnisse durch eine Atomexplosion. Zudem beabsichtigte die *Sunday Times*, Vanunu vor einer Untersuchungskommission des US-Kongresses über die Weitergabe von Atomwaffen aussagen zu lassen.

Gegen Ende des Jahres 1986 müsse Vanunu nach den Worten Andrew Neils jedoch »ein neues Kapitel seines Lebens an einem neuen Ort aufschlagen«. – »Wir wußten, daß wir seine Sicherheit nicht bis ans Ende seines Lebens garantieren konnten. Die Israelis haben ein gutes Gedächtnis«, bemerkte der Leiter des *Insight*-Teams Robin Morgan. Er sagte zu Vanunu: »Du wirst gekidnappt, zurückgebracht und bestraft werden. Du wirst nach Israel zurückkehren wollen, weil es dein Zuhause ist. ›Das ist mein Problem, und nicht deines‹, erwiderte er. Sein Standpunkt war philosophischer Natur. Er wollte, daß die Informationen bekannt wurden«, erzählte Morgan.

Vanunu und die Zeitung diskutierten über eine Anzahl von Ländern, wo er ein neues Leben anfangen könnte. Neben Großbritannien wurden auch Kanada und die Vereinigten Staaten – sowohl seine Freundin Judy Zimmet als auch sein Bruder Meir lebten in Boston – ins Auge gefaßt. Auch Australien wurde erwähnt, Vanunu hatte sich jedoch während seines viermonatigen Aufenthalts dort nicht für dieses Land erwärmen können. »Was sie interessiert, ist Bier zu trinken«, urteilte er abschätzig. Eine andere Möglichkeit war Neuseeland: Stephen Milligan, der Auslandsredakteur der *Sunday Times*, kannte den Premierminister David Lange, der ein glühender Atomkraftgegner war, und glaubte, die Einbürgerung Vanunus dort arrangieren zu können. »In der Praxis muß man«, so der ehemalige *Insight*-Mitarbeiter Bruce Page, »ein sehr spezielles Umfeld finden. Die Zeitung muß sehr engen Kontakt zur betreffenden Regierung haben. Dies bedeutet, daß er sich in Großbritannien niederlassen sollte. Mit der Regierungspartei und der Opposition sind intensive Absprachen zu treffen. Danach kann man improvisieren. Zuerst muß aber alles klar gemacht werden.« – »Wir versprachen Vanunu«, sagte Neil, »ihm dabei zu helfen, eingebürgert zu werden, wenn alles vorbei sei.«[1] Aber die Zeitung hatte diesbezüglich im voraus nichts in die Wege geleitet, weil man dachte, Vanunus Einbürgerungsantrag würde wohl leichter durchkommen, wenn er erst einmal eine international bekannte politische Persönlichkeit wäre. Vanunu spielte selbst mit dem Gedanken, seine israelische Staatsbürgerschaft aufzugeben und eine ausländische Nationalität anzunehmen; dies sollte die Israelis – vorausgesetzt, sie hätten von diesem Wechsel gewußt – wegen der eventuellen diplomatischen Verwicklungen davon abhalten, ihn zu entführen.

Vanunu wollte gerne Philosophie lehren, wie er es schon vor seiner Abreise aus Israel an der Ben-Gurion-Universität getan hatte. Die *Sunday Times* hatte ihm zwar für die ursprünglichen Enthüllungen kein Geld gezahlt, mit dem Hinweis, Informanten nicht zu entlohnen. Der Zeitung war jedoch klar, daß sich Vanunu eine neue Zukunft aufbauen mußte; man bot ihm daher folgende Vereinbarung an: er sollte einen Teil der Einnahmen aus dem Verkauf der Zweitverwertungsrechte des Artikels an ausländische Medienunternehmen erhalten, weitere Einkünfte durch Interviews beziehen und ein noch auszuhandelndes Honorar für das vom *Insight*-Team geplante Buch bekommen; der *Collins*-Verlag hatte diesbezüglich bereits einen lukrativen Vertrag angeboten.

Während Vanunus Befragung durch Dr. Barnaby und *Insight* im September wurde sehr auf seine Sicherheit geachtet. In den entscheidenden Tagen waren Vanunu, Barnaby und die *Insight*-Mitarbeiter in der Heath Lodge, einem Landgasthaus außerhalb Londons, untergebracht. Sie glaubten, Vanunu sei dort gut geschützt; dennoch verhinderte dies nicht, daß er in London zufällig auf Yoram Bazak traf. Die Zeitung hatte Vanunus Identität so gut verheimlicht, daß der Besitzer der Heath Lodge ein Jahr später noch immer keine Ahnung hatte, wer sein geheimnisvoller Gast war.[2] Nach Vanunus Entführung meinte Neil: »Wäre Vanunu in unserer Obhut und unserem Schutz geblieben, säße er jetzt nicht in Israel.«[3]

Diese Aussage ist jedoch fragwürdig. Selbst wenn Vanunu den Wünschen der *Sunday Times* gefolgt und in der Heath Lodge geblieben wäre, ist es möglich, daß ihn jemand auf dem Land hätte ausfindig machen können; man brauchte ja nur den dorthin fahrenden Journalisten zu folgen. Darüber hinaus ließ mindestens in einem Fall einer der *Sunday Times*-Aufpasser unabsichtlich zu, daß Vanunu beinahe in eine Falle gelockt worden wäre. Dies geschah am 17. September, eineinhalb Wochen vor seinem Verschwinden. Die »Aufpasserin« war Wendy Robbins, die gerade ihr Studium in neueren Sprachen an der Universität in Leeds beendet hatte und den Sommer über als Rechercheurin bei *Insight* arbeitete, bevor sie ein Journalistik-Studium an der Universität in London begann. (Heute arbeitet Robbins als Produktionsassistentin der BBC-Sendung »Panorama«.) Wendy Robbins begleitete Vanunu zum Abendessen mit Yoram Bazak, den er scheinbar zufällig in der Regent Street in London getroffen hatte.[4] Ironischerweise hatte Vanunu Peter Hounam in Australien Bazak als Zeugen angegeben. Als Vanunu Bazak beim Abendessen die hypothetische Frage stellte, wie dieser wohl darauf reagieren würde, wenn er Informationen über seinen früheren Arbeitsplatz an die Medien weitergäbe, antwortete Bazak – sichtlich erschüttert –, er würde einen Weg finden, ihn nach Israel ins Gefängnis zu bringen.[5] Dies hätte Robbins aufhorchen lassen müssen. Statt dessen nahmen Bazak und seine Freundin Dorit beide mit auf ihr Zimmer im Royal Scot Hotel. »Es war eine der ersten Stories, bei denen ich mitgearbeitet habe. Ich wußte nichts über Verschwörungen. Für mich war der Gedanke unvorstellbar, die Israelis könnten jemanden geschickt haben, der ihn auf der Regent Street anrempelt. Ich sagte zu Peter Hounam und Robin Morgan: ›Das ist ein Zufall. Ich bin sicher, daß es ein Zufall ist.‹«[6] Nach Robbins' Angaben führte Bazaks Freundin ein Telefongespräch nach Israel. »Bazak bat Motti, nicht nach unten zu gehen, um etwas zu trinken, so als ob er Angst hatte, Vanunu könne flüchten«, sagte sie.[7] Das *Insight*-Team veröffentlichte einen Artikel über dieses Treffen; darin wird zwar die Verabredung zum Abendessen erwähnt, aber weder, daß die *Insight*-Rechercheurin mit in Bazaks Hotelzimmer gegangen ist, noch der Telefonanruf nach Israel, noch Bazaks Bitte an Vanunu, den Raum nicht zu verlassen. Der Vorfall machte Morgans und Neils Annahme zunichte, niemand würde versuchen, Vanunu vor den Augen der *Sunday Times*-Mitarbeiter zu entführen. Als Bazak Vanunu bat, das Hotelzimmer nicht zu verlassen[8], hätten bei Wendy Robbins die Alarmglocken klingeln müssen. »Es kam mir überhaupt nicht in den Sinn, jemand könnte ihn schnappen«, sagte Robbins.[9] Man hatte ihr keinerlei Anweisungen gegeben, was sie tun solle, falls jemand Vanunu angreifen würde. Sie sah ihre Aufgabe eher darin, dafür zu sorgen, daß er sich nicht langweilte, als sich um seine Sicherheit zu kümmern.[10] »Sie war ja noch eine Anfängerin. Wir hätten viel vorsichtiger bei seiner Bewachung sein sollen. Während einige eifrig seine Geschichte überprüften, haben andere, die auf ihn aufpaßten, ihren Job nicht so gut erledigt, wie sie es wohl hätten tun sollen«, sagte ein *Insight*-Reporter.

In den Tagen vor der Veröffentlichung des Artikels im *Sunday Mirror*, als Vanunu bereits befragt beziehungsweise »gemolken« (wie sich ein Mitarbeiter ausdrückte) worden war und das *Insight*-Team die Geschichte überprüfte, wurden die Sicherheitsmaßnahmen für Vanunu weniger streng gehandhabt als davor.[11] Zu dieser Zeit traf Vanunu Cindy am Leicester Square. »Man konnte wirklich nicht erwarten, ihn ständig zu unterhalten. Wir hatten, was wir wollten, und er durfte mehr oder weniger tun, was immer er wollte«, sagte Robbins. Peter Hounam war eine Ausnahme; seine Verantwortung als Journalist zeigte sich darin, daß er seinem Informanten von der ersten Begegnung in Australien bis zum heutigen Tag beistand. Ein anderer Rechercheur meinte: »Bei uns herrschte eine gewisse Blauäugigkeit über die Möglichkeit, er könnte noch entführt werden, nachdem er uns all die Informationen gegeben hatte.«

Am Dienstag, dem 23. September, zog Vanunu ins Mountbatten Hotel um. Vanunus Wagen hätte, so räumte die Zeitung ein, von jemanden, der seinen Aufenthaltsort ausfindig machen wollte, verfolgt werden können.[12] Obwohl es dem *Insight*-Team vielleicht nicht in den Sinn kam, die Kameraleute vor der *Sunday Times*-Redaktion, die eine Streikpostenkette aufnahmen, könnten Mossad-Agenten sein[13], war es purer Leichtsinn und Faulheit, daß Vanunu nur in einem normalen Pkw und nicht in einem geschlossenen Transporter fuhr.

Die Zeitung hatte darüber nachgedacht, professionelle Sicherheitsleute zu engagieren – diese Idee wurde jedoch verworfen. Trotz des Selbstvertrauens der *Sunday Times* in ihre Fähigkeiten, Vanunu zu schützen, ist das Sicherheitspotential einer Zeitung deutlich geringer als das des Staates. Zum Zeitpunkt der Veröffentlichung seiner Story sollte Vanunu nach

Neils Plan auf eine Reise durch Großbritannien geschickt werden. »Ich wollte, daß er eine Busfahrt quer durch das Land machte, um die ganze Zeit unterwegs zu sein. Er mochte jedoch nichts davon wissen«, sagte Neil.[14] Vanunu wäre dann ständig von 30 Touristen umgeben gewesen, darunter auch zwei *Sunday Times*-Journalisten und ein Photograph; eine Entführung – so dachte Neil – wäre damit unmöglich. Die Reise sollte unter einem fiktiven Namen gebucht werden. Es wäre in diesem Rahmen auch nicht nötig gewesen, das Land zu verlassen, einen Wagen zu mieten (wozu bei ausländischen Besuchern immer die Vorlage eines Passes erforderlich ist), in Hotels registriert zu werden, einen Führerschein vorzulegen oder Kreditkarten zu benutzen.

Neil hätte die vier Wochen, während derer die Zeitung Kontakt zu Vanunu hatte, dazu nutzen können, mit der britischen Regierung ins Gespräch zu kommen. Nach Meinung von Bruce Page hätte er die Regierungsvertreter folgendermaßen kontaktieren sollen: »Wir sind auf eine sehr heikle Geschichte gestoßen, die äußerst tiefgreifende Auswirkungen auf die britisch-israelischen Beziehungen haben könnte. Erscheint sie, wird sie explosiv sein. Ich sage Ihnen das jetzt schon, damit Sie die Sache in den Griff bekommen können.« Wäre die Angelegenheit in der Form vorbereitet worden, hätte man sich an Premierministerin Thatcher wenden können, zu der Murdoch gute Verbindungen unterhielt. Die Zeitung wollte jedoch unbedingt die Vertraulichkeit wahren, damit die Informationen nicht über den MI6 an die israelischen Behörden gelangten.

Die *Sunday Times* und Vanunu

Mitschuld der *Sunday Times*?

Mehr als jeder andere Aspekt der Vanunu-Affäre wirft die Episode um Oscar Guerrero die Frage auf, ob die *Sunday Times* in irgendeiner Weise eine Mitschuld an Vanunus Entführung trifft. Guerrero hatte Vanunu der Zeitung vorgestellt und die Geschichte an den *Sunday Mirror* weitergegeben, der in seinem Bericht die Story in Zweifel zog. An dem Wochenende, als der *Sunday Mirror*-Artikel erschien und nachdem das *Insight*-Team die Geschichte zur Stellungnahme in die israelische Botschaft gebracht hatte, wurde Vanunu nach Angaben der Zeitung immer unruhiger und beklagte sich über die Verzögerung. Aus dem Gefühl der Verletzlichkeit, Einsamkeit und Verzweiflung heraus ging er auf Cindys Vorschlag ein, nach Rom zu fliegen. Er teilte der Zeitung nach Morgans Angaben mit, er werde selbst auf sich aufpassen und in der Menge untertauchen. »Er konnte das Risiko nicht eingehen, daß jemand den *Sunday Times*-Journalisten folgen würde«, meinte Morgan. »Er hatte gerade sein Photo in einer britischen Zeitung gesehen, in einem fremden Land, das er zuvor nur einmal besucht hatte. Er kannte uns seit vier Wochen – und er war bereit, uns sein Leben anzuvertrauen.«

Als Vanunu Guerrero einige Monate zuvor zum ersten Mal in Australien getroffen hatte, zeigte ihm Guerrero ein Photo, das ihn bei einem Interview mit Issam Sarwati zeigte, einem gemäßigten Palästinenser, der von Extremisten ermordet wurde. Das überzeugte Vanunu schnell, mit Guerrero auf der gleichen Wellenlänge zu liegen. Kurz zuvor hatten die beiden davon gesprochen, eine Pressekonferenz abzuhalten, auf der sie Yitzhak Shamir und Yassir Arafat dazu aufrufen wollten, sich gemeinsam an einen Tisch zu setzen.

Der Entschluß der *Sunday Times*, die Geschichte zu recherchieren, nachdem Guerrero ihnen in London die Photos gezeigt hatte, implizierte die Verpflichtung, mit dem Kolumbianer zusammenzuarbeiten, auch wenn man ihm gegenüber bereits mißtrauisch war. »Der Umgang mit Guerrero war sehr frustrierend«, sagte Hounam. Während es angebracht gewesen wäre, ihn behutsamer zu behandeln – indem man beispielsweise nichts unternimmt, was er als Hintergehung hätte auslegen können –, konnte man von der Zeitung nicht erwarten, daß sie ihn zusammen mit Vanunu nach London bringt. In dieser Phase jedoch – als seine Trumpfkarte unterwegs nach London war – befürchtete er, ausgebootet zu werden, trotz des Briefes, in dem ihm die ersten 25 000 US-Dollar der Einnahmen aus einer möglichen Vereinbarung zwischen der *Sunday Times* und Vanunu versprochen wurden.

Es ist eine höchst schwierige Situation, wenn ein Medienunternehmen unter allen Umständen eine Quelle nutzen will, sich mit dem Mittelsmann nach Möglichkeit aber nicht auseinandersetzen möchte. Ist man der Meinung, mit dem Kontaktmann nicht verhandeln zu können, sollte die Geschichte fallengelassen werden. Der Entschluß, die Vanunu-Story durchzuziehen, bedeutete nicht nur eine Verpflichtung Vanunu gegenüber, sondern auch gegenüber Guerrero. Für ein Medienunternehmen ist es immer riskant, sich mehr auf den Informanten als auf den Mittelsmann zu konzentrieren; es gilt dabei das Risiko, daß der Vermittler sich an ein anderes Medium wendet und man die Folgen davon in Kauf nehmen muß. Gerade wegen Guerreros unorthodoxem Charakter zeugte es von mangelnder Erfahrung, nicht vorsichtiger mit ihm umzugehen.

Guerrero trifft jedoch für die Konsequenzen seiner Entscheidung, Kontakt zum *Sunday Mirror* aufzunehmen, mehr Schuld als die *Sunday Times*. Soweit bekannt ist, hatte er keine entsprechenden Anweisungen von seinem Klienten Vanunu. Guerrero gibt zu, Vanunu habe sich integer verhalten und sich bei der *Sunday Times* für ihn eingesetzt, indem er darauf bestand, Guerrero auf dem laufenden zu halten. Hätte Vanunu ihn hereingelegt und mit der *Sunday Times* eine Vereinbarung getroffen, die ihn ausgeschaltet hätte, wäre ihm die Möglichkeit geblieben, vor Gericht zu gehen. Das war aber nicht der Fall.

Zu ihrer Entlastung sei erwähnt, daß die *Sunday Times* zwei Journalisten zu Vanunu ins Hotel schickte, als sie von dem geplanten *Sunday Mirror*-Artikel erfuhr; man machte ihm eindringlich klar, ihn streng bewachen zu müssen. Dennoch war Vanunu nach der Veröffentlichung des Artikels entsetzt. Als er an jenem Sonntagabend mit McKnight in Sydney telefonierte, sagte Vanunu, er sei »bestürzt über all das; er nahm an, der *Sunday Mirror*-Artikel habe möglicherweise seine Glaubwürdigkeit zerstört und die *Sunday Times* würde somit das Ganze überhaupt nicht mehr veröffentlichen. Aus seinen Worten klang große Angst um seine Sicherheit«, erzählte McKnight.

In einem Brief an Judy Zimmet vom März 1987 schien Vanunu sowohl die *Sunday Times* als auch Guerrero dafür verantwortlich zu machen, daß er in Israel gelandet ist. »Mein ursprünglicher Plan war, von Australien über Neuseeland, Hawaii und Los Angeles nach New York zu reisen. Oscar Guerrero und die *Sunday Times* haben mich hierher geschickt, zu den Israelis.« Ivan Fallon, der stellvertretende Chefredakteur der *Sunday Times,* gab zu: »Wir hätten ihn nicht aus den Augen verlieren dürfen; das nächste Mal, falls es ein nächstes Mal geben wird, werden wir wesentlich besser auf ihn aufpassen. Wir waren sehr naiv und glaubten nicht, daß die Israelis sich wirklich die Mühe machen würden, ihn zu kidnappen; sonst hätten wir uns ganz anders verhalten. Wir haben uns ziemlich viel Mühe gegeben, aber offensichtlich nicht genug. Dafür fühlen wir uns verantwortlich.« Neil jedoch, der unter Vanunus Entführung litt, hat mit den Jahren versucht, sich nichts anmerken zu lassen, und auf die beträchtlichen

Vorkehrungen verwiesen. Auf die Frage der Fernsehgesellschaft BBC, ob Vanunus Verschwinden sein Gewissen belaste, erwiderte er: »Das hat nichts mit meinem Gewissen zu tun. Er kam zu uns; er wußte genau, was er tat. Wir verbrachten fünf Wochen mit der Überprüfung seiner Geschichte, und eines der Probleme war schließlich, daß er, weil es so lange dauerte, unruhig wurde und nicht in unserer Obhut bleiben wollte. Wäre Vanunu in unserem Schutz geblieben, säße er jetzt nicht in Israel.«[15] »Obhut und Schutz« wurden in der Praxis nicht eingehalten. Wendy Robbins sagte dazu: »Es gab weder einen zentralen Plan noch eine Koordination bei der Bewachung Vanunus. Abgesehen von Hounam, der wirklich mehr Anteilnahme zeigte, hatten die anderen kein Interesse daran, wer er war, oder was er wollte. Tagsüber ging es nur darum, zu melken. Abends darum, jemanden zu finden, der sich um ihn kümmerte. Während der ersten Tage nahm ihn Max [Prangnell] mit in seine Wohnung oder besuchte ihn in seinem Versteck. Hounam ging mit ihm aus, ebenso Peter Wilsher, der mit ihm zu Abend aß. Aber je besser ich mich mit Mordechai verstand, desto mehr Zeit wollte er mit mir verbringen. Abends wurde es demjenigen überlassen, der zufällig im Büro saß. Mindestens einmal blieb Vanunu allein im Büro zurück, da alle Journalisten heimgegangen waren.«

Es war Neils gutes Recht, die Veröffentlichung so lange hinauszuzögern, bis er sicher war, daß die Geschichte stimmte. Das *Insight*-Team hatte Vanunu nicht gesagt, von dem Artikel abrücken zu wollen. Ganz im Gegenteil: Die Redakteure versicherten ihm, die Zeitung habe immer noch Interesse, müsse aber noch weitere Recherchen durchführen. Die fünf Wochen, seit man zum ersten Mal von Vanunu und seinen Informationen gehört hatte, waren ja auch keine besonders lange Zeit, um eine derart komplizierte Geschichte zu überprüfen.

Die *Sunday Times* und Vanunu

Die Zeitung warnte Vanunu vor Cindy als einem möglichen Köder Israels, nachdem Vanunu sie einige Tage vor dem *Sunday Mirror*-Artikel erstmals getroffen hatte. »Wir vermuteten, daß irgend etwas im Gange war«, sagte Neil. Dennoch wäre Vanunus Photo wahrscheinlich nicht im *Sunday Mirror* erschienen, hätte man Guerrero mit größerem Geschick und mehr Professionalität behandelt. Außerdem scheint Neils Behauptung fragwürdig, Vanunu säße nicht in Israel, wenn er in ihrer Obhut und ihrem Schutz geblieben wäre. Der körperliche Schutz, den die *Sunday Times* Vanunu gab, erwies sich als mangelhaft. Darüber hinaus gibt es gute Gründe anzunehmen, daß Israel auch ohne die Guerrero-Episode andere Mittel und Wege gefunden hätte, Vanunu aus Großbritannien wegzulocken.

Eine andere Frage ist, ob die *Sunday Times* indirekt und unabsichtlich zu Vanunus Gefangennahme beigetragen hat. Einer ihrer Journalisten flog ja bekanntlich Anfang September nach Israel, um Vanunus persönliche Angaben in Gesprächen mit Nachbarn und Freunden in Beersheba zu überprüfen. »Man kann nie sicher sein, keinen Verdacht zu erregen. Wir müssen sehr vorsichtig sein; eigentlich sind wir es immer«, meinte Morgan.[16] Die Zeitung räumte jedoch ein, durch ein Gespräch des Journalisten mit einer Frau, die Reservistin bei der Armee war und ihren Vorgesetzten informierte, die israelischen Behörden auf den Plan gerufen zu haben. Ein weiteres unnötiges Risiko lag darin, die aus den ersten Interviews mit Vanunu erhaltenen Informationen von Australien nach London auf einer nicht abhörsicheren Telex- und Telefonleitung zu übermitteln. Da die Richtigkeit der Informationen nicht in Australien geprüft werden konnte, bestand zwar die Notwendigkeit, sie schnell an die *Insight*-Kollegen in London zu senden. Man hätte jedoch nicht riskieren müssen, sie von einem Geheimdienst abfangen zu lassen; sie konnten ebensogut per Kurierdienst geschickt werden. Des weiteren waren die Großraumbüros im *Sunday Times*-Gebäude nicht gerade dafür geeignet, Vanunu zu verstecken. Das *Insight*-Team saß ganz in der Nähe des Feuilletons und der Nachrichtenredaktion. »Jeder wußte, daß dieser Israeli in der Redaktion war. Den Nachrichtenkollegen war klar, was wir taten«, behauptete Wendy Robbins. »Die Mitarbeiter spekulierten: ›Sagt er die Wahrheit oder nicht‹«, fügte sie hinzu. »Ich glaube nicht, daß genügend Sorgfalt darauf verwendet wurde, ihn vom Rest des Mediengeschäfts fernzuhalten«, urteilte Hounam. »Nicht weil das direkten Ärger verursacht hätte. Es wäre einfach leichter gewesen.« Ebenso tauchen Fragen auf, ob die Angelegenheit richtig eingeschätzt wurde. Bei seiner ersten Kontaktaufnahme zur *Sunday Times* wünschte Vanunu, seinen Namen nicht in Zusammenhang mit dem Artikel zu erwähnen. Peter Hounam bestand aber darauf, seinen Namen zu nennen, da der Bericht seinen Wert vor allem daraus bezog, daß zum ersten Mal eine Person mit Insiderwissen die Geheimnisse über den Dimona-Reaktor enthüllte. Hounam brauchte einige Zeit, Vanunu davon zu überzeugen, daß die Erwähnung seines Namens die beste Absicherung dagegen sei, Ziel einer Mossad-Operation zu werden. Der Artikel wäre aber auch erschienen, wenn die Zeitung Vanunus Wunsch nach Anonymität gewahrt hätte; die 57 Photos vom Inneren Dimonas waren schließlich von internationaler Bedeutung. Die Geschichte hat jedoch durch Vanunus Namen viel an Gewicht gewonnen. Die *Sunday Times* hätte dies aber gegen die ernste Gefahr für Vanunu abwägen müssen.

Innerhalb der Zeitung wurde anscheinend keine interne Untersuchung über die Behandlung Vanunus durch das *Insight*-Team und seinen Schutz während und nach der Befragung durchgeführt; ungeklärt blieb auch, inwieweit die Israelis durch die Berichterstattung und die Überprüfung der Geschichte gewarnt wurden. Mit einer solchen Untersuchung hätten bestimmte Lehren für zukünftige Ermittlungen gezogen werden können, beispielsweise wie man mit Charakteren wie Guerrero umgeht, wie die Sicherheit für Informanten vor der Veröffentlichung gewährleistet wird und wie die besten Bedingungen für ihr Überleben nach der Preisgabe ihres Namens geschaffen werden. Als der Journalist John Swain 1976 in Äthiopien verschwand, wurde Kritik aus den Reihen der Mitarbeiter und *Insight*-Reporter laut, weil die Chefredaktion ihrer Meinung nach Swains Leben aufs Spiel setzte; sie hatte ihn schließlich nach Eritrea geschickt, das sich in der Hand von Rebellen befand. Daraufhin wies Harold Evans den Rechtsberater der Zeitung, James Evans, an, eine interne Untersuchung durchzuführen. Glücklicherweise tauchte Swain wohlbehalten wieder auf. Nachdem David Holden, der Chefauslandskorrespondent der Zeitung, 1977 in Kairo ermordet worden war, stellte man ebenfalls eine Untersuchung an. Die umfangreiche Akte wurde jedoch auf Wunsch der Witwe Holdens geschlossen, als man Hinweise auf eine Geheimdienstverbindung Holdens fand. Auch im Zusammenhang mit den gefälschten Hitler-Tagebüchern des *Stern* wurde eine interne Untersuchungskommission eingesetzt. Die Kritik an ihrer Objektivität ließ jedoch Forderungen nach einem von Redaktion und Verlag unabhängigen Ermittlungsausschuß aufkommen. Dies wurde aber vom *Stern*-Verlag *Gruner und Jahr* abgelehnt.

Investigativer Journalismus beinhaltet die Überprüfung von Informationen. Trotz einiger Zweifel über gewisse Behauptungen in Vanunus Enthüllungsgeschichte hat das *Insight*-Team diese Aufgabe mit beträchtlicher Professionalität bewältigt. Zum investigativen Journalismus gehört aber auch, seine Informanten zu schützen. In dieser Hinsicht demonstrierte *Insight* mangelndes Urteilsvermögen und Unerfahrenheit. Auf psychologischer Ebene reagierte die Zeitung vielleicht zu zögerlich auf Vanunus Bedürfnisse, als der *Sunday Mirror* seinen Bericht veröffentlicht hatte. Auf der anderen

Seite gibt es jedoch Hinweise darauf, daß man mit Fingerspitzengefühl vorging. Nachdem Vanunu über seine Arbeit in Dimona befragt worden war, quetschten ihn *Insight*-Mitarbeiter lang und breit über sein Leben aus, während andere die wissenschaftlichen Informationen überprüften; teilweise deshalb, weil »wir versuchten, den Burschen erst einmal ruhigzustellen«, so Morgan.

Wie ein *Insight*-Reporter einräumte, hatte Vanunu jedoch »die Geschichte immer unter Kontrolle. Wir unterzeichneten keine Vereinbarung [ein Vertrag sollte zwei Tage nach Vanunus Verschwinden unterschrieben werden]. Er konnte zu uns sagen: ›Ich mag die Art nicht, wie ihr mich behandelt. Ich werde gehen. Ich behalte die Story und gehe irgendwo anders hin.‹« Sie gaben seiner Bitte nach, vom Land nach London umzuziehen. Eines Tages »bestand« Vanunu darauf, Cindy kurz zu treffen, statt an einer geplanten Sitzung mit dem *Insight*-Team teilzunehmen. Dann kam seine »Entscheidung«, angeblich für einige Tage aufs Land zu fahren, aber in Wirklichkeit flog er mit Cindy nach Rom. Er nahm seine eigene Sicherheit nicht ernst. Wendy Robbins bemerkte hierzu: »Die Pseudonyme, die das Blatt ihm gab, waren ein Witz für ihn. Wir stiegen in ein Taxi ein, und er begann ein Gespräch mit dem Fahrer: ›Mein Name ist John Smith.‹ Er sagte oft zu mir: ›Ach, Wendy, mir wird etwas Furchtbares zustoßen, bevor ich auf meine Insel komme. Sie werden mich schnappen.‹ Aber er schien nichts dagegen zu machen. Er hatte einfach keine Lust, sich darüber Sorgen zu machen. Vollkommen fatalistisch.« Man hätte Vanunu gleich von Anfang an, schon als er zum ersten Mal mit der Zeitung Kontakt aufnahm, zu verstehen geben sollen, daß das Blatt nur dann seine Geschichte recherchieren und veröffentlichen würde, wenn er die Sicherheitsbedingungen der Zeitung akzeptiert. Ein *Insight*-Mitarbeiter sagte dazu: »Die Schwierigkeit, die ich nicht vorausgeahnt habe, liegt darin, auf der bedingungslosen Kooperation des Menschen bestehen zu müssen, den man beschützt; sonst wird er, wenn er frei herumläuft, die Beute von irgend jemanden, der ihn sich schnappen will. Hätten wir den normalerweise üblichen Fleet Street-Vertrag mit ihm abgeschlossen, hätten wir ihn wahrscheinlich im Griff gehabt und gesagt: ›Schau, du wirst eine Menge Geld bekommen, also halte dich aus London fern, bleib in dem Gasthaus, in dem wir dich untergebracht haben.‹«

Es überrascht nicht, daß Neil auf Vanunus Verschwinden einem *Insight*-Reporter zufolge mit »extremen Zorn« reagierte. Neil glaubte, Morgan all die finanzielle Unterstützung gegeben zu haben, die dieser für die Recherchen der Geschichte brauchte. Aber die eigentliche Frage war, ob Neil – und letztendlich Murdoch – Journalisten mit genügend Erfahrung engagiert hatte. Obwohl einige jüngere *Insight*-Mitarbeiter schon bei investigativen Stories beteiligt waren, verfügten anscheinend nur Hounam und *Insight*-Leiter Morgan über wirklich solide Kenntnisse im Enthüllungsjournalismus. Die Gesamtzusammensetzung des Teams hebt sich negativ von der Erfahrung der *Insight*-Mannschaft der sechziger und siebziger Jahre ab. Godfrey Hodgson beispielsweise, der Ende der siebziger Jahre die *Insight*-Redaktion leitete, sagte über sein Team: »Phillip Knightley war ein äußerst erfahrener Reporter, der bei verschiedenen Zeitungen gearbeitet und in Sydney ein Magazin herausgegeben hatte. John Barry hatte einen Journalistenpreis gewonnen. John Fielding kam aus der Wirtschaftsredaktion der Zeitung, und Mark Ottaway hatte beträchtliche Erfahrung als Reporter.« Die Fehler des *Insight*-Teams bei den Vanunu-Recherchen sind Ausdruck für die geringere journalistische Erfahrung unter dem gesamten Personal der Zeitung.

»Anfang und Mitte der siebziger Jahre gab es eine Zeit, als der brillanteste Haufen britischer Zeitungsjournalisten bei der *Sunday Times* arbeitete«, sagte der Medienkommentator Philip Kleinman. »Sie hatte ungefähr zwanzig fähige Reporter. Diese sprudelten vor Ideen. Evans, wie zuvor Denis Hamilton, ließ ihnen freie Hand. Licht zog Licht an: weil es so helle Köpfe gab, wollten andere dazugehören. Heute hat die *Sunday Times* gute, mittelmäßige und schlechte Geschichten, wie jede andere Zeitung auch.« Nicholas Faith, ein ehemaliger Redakteur des Blattes, geht noch einen Schritt weiter: »Um die Aufmerksamkeit ihrer Leser zu gewinnen, muß die *Sunday Times* ihnen einen ununterbrochenen Strom von neuen Trends, neuen Geschichten, aufregenden Einblicken in die Information hinter den Nachrichten liefern; dazu bedarf es einer ausgeprägten Begabung, die man nicht einfach über Nacht kaufen kann.« Für eine Story wie die über Dimona waren Journalisten mit fundierter Erfahrung erforderlich. Sofern dem Zeitungsbesitzer nicht die Mittel zur Verfügung stehen, die notwendigen journalistischen Talente zu gewinnen, muß sich ein Chefredakteur fragen, ob er nicht lieber die Finger von einer solch anspruchsvollen Geschichte läßt, welchen Neuigkeitswert sie auch haben mag.

Reaktionen der *Sunday Times*

Als Vanunu am 30. September mit Cindy aus London verschwand, gab dies die Zeitung nicht sofort bekannt, da sie nicht genau wußte, ob er in den Händen der Israelis war. Falls dem nicht so gewesen wäre, hätte das die Israelis alarmiert; da Vanunu nicht mehr in Begleitung der *Sunday Times*-Journalisten war, würde er für sie leichter zu fassen sein. In dem am 5. Oktober erschienenen dreiseitigen Artikel wurde die einzige Anspielung auf sein Verschwinden in einem Abschnitt über die Prüfung der Geschichte durch die Zeitung versteckt: Vanunu hätte sehr aufgeregt auf das von ihm im *Sunday Mir-*

ror veröffentlichte Photo reagiert und wäre aus Angst um seine Sicherheit untergetaucht.

Wie reagierte die Leitung der *Sunday Times* und das *Insight*-Team auf Vanunus Entführung? Die Reaktion kam erst nach einer Woche. Am Dienstag, dem 7. Oktober, also zwei Tage nach der Veröffentlichung, diskutierten die *Insight*-Mitarbeiter, ob sie die Polizei darüber informieren sollten, daß Vanunu vermißt wird. Einige Journalisten meinten, man solle sich keine Sorgen machen, da er ja aus eigenem Entschluß weggegangen wäre. Peter Hounam sagte jedoch, man müsse die Polizei verständigen: wenn das Team damit nicht einverstanden sei, würde er es von sich aus tun; also stimmten sie zu. Eine offizielle Vermißtenanzeige wurde bei der Polizei eingereicht, die Ermittlungen im Mountbatten Hotel anstellte, aber nichts Verdächtiges finden konnte. Man überprüfte die Särge, die vom Flughafen Heathrow nach Israel geflogen worden waren. Dabei wurde festgestellt, daß am gleichen Tag, an dem Vanunu verschwand, ein Sarg aufgegeben worden war. Man machte die Angehörigen ausfindig; die Sache stellte sich jedoch als harmlos heraus. Nachforschungen wurden auch beim Innenministerium durchgeführt, das für die Einwanderungskontrollen zuständig ist. Die Polizei legte den Fall ein paar Wochen später zu den Akten. Die Ermittlungen beim Innenministerium gingen laut einem *Insight*-Reporter nicht »über die offizielle Ebene hinaus«. Wendy Robbins, die in der Zwischenzeit die Zeitung verlassen und ihr Studium wieder aufgenommen hatte, wurde vom *Insight*-Team gefragt, ob Vanunu noch Kontakt zu ihr habe. Sie betonte, nicht nach irgend etwas Verdächtigem gefragt worden zu sein, was Vanunu hätte verraten oder einen Anhaltspunkt auf seinen Aufenthaltsort hätte geben können. Außenminister Sir Geoffrey Howe wurde gebeten, die israelische Regierung offiziell um Informationen zu ersuchen. Ein Sprecher erwiderte jedoch: »Wir haben keinen Grund, bei den Israelis vorstellig zu werden.« Als bekannt wurde, daß Vanunu von Rom aus nach Israel entführt worden war, soll sich die Leitung der *Sunday Times* zur Klärung dieser Angelegenheit mit Italien weder an das britische Außenministerium noch an die italienische Regierung selbst gewandt haben. Statt dessen gab das *Insight*-Team gutgläubig die Details, die es über Vanunus Entführung herausgefunden hatte, an Domenico Sica weiter, der in einem gerichtlichen Ermittlungsverfahren Vanunus Behauptung überprüfen sollte, in Italien gekidnappt worden zu sein. Peter Hounam besuchte Sica fünfmal und gab ihm die Beweisunterlagen, die das Blatt über Cindy und Vanunus Entführung zusammengetragen und als Grundlage für die Artikel verwendet hatte. Hounam legte Sica Vanunus Motive dar, warum dieser über seine Arbeit gesprochen hatte. Die Zeitung brachte zudem Meir Vanunu nach Rom, um ebenfalls vor Sica auszusagen.

In der Geschichte der *Sunday Times* gab es noch andere Journalisten und Informanten, die verschwanden oder sogar umgebracht wurden. Wie schon erwähnt, war John Swain im Sommer 1976 von der Zeitung nach Äthiopien geschickt worden, um über den Vormarsch der von der äthiopischen Regierung aufgestellten Bauernarmee gegen Guerillakämpfer in der Provinz Eritrea im Norden des Landes zu berichten. Swains Spur verlor sich, nachdem er die Stadt Aksum mit Ziel Addis Abeba verlassen hatte und in der Provinz Tigre unterwegs war. Er war der achte Brite, der verschwand – entführt von Tigre-Rebellen. Erst im Jahr zuvor war Swain während der Machtübernahme der Kommunisten in Kambodscha als einziger Passagier mit der letzten Maschine in die Hauptstadt Phnom-Penh geflogen, bevor die Stadt fiel. Zwei Wochen lang war er mit anderen in der französischen Botschaft eingesperrt und wurde Zeuge, wie die siegreichen Roten Khmer die Stadt eroberten. Ein langer und anstrengender Marsch aus dem Land folgte. Für seinen fünfseitigen Erlebnisbericht »Tagebuch aus

Die *Sunday Times* und Vanunu

einer verdammten Stadt« in der *Sunday Times* erhielt er die Auszeichnung »Journalist des Jahres« des britischen Presseverbandes.

Der Fall Swain in Äthiopien zeigt, wie eine Zeitung einen verschollenen Reporter aufspüren und seine Freilassung erreichen kann. »Ich sprach mehrmals mit dem Außenminister. Das war wirklich eine Formsache. Man tut das, um die notwendige Rückendeckung und Unterstützung von höchster Ebene zu erhalten. Dann wird mit dem für die Region zuständigen höheren Regierungsbeamten verhandelt«, führte Frank Giles aus. Zwar bestanden Beziehungen zwischen London und Addis Abeba; da das Regime aber erst kurz an der Macht war und Swain sich in einer von den Rebellen kontrollierten Provinz aufhielt, war es jedoch nicht so einfach, Swains Verschwinden aufzuklären. Der britische Botschafter in Addis Abeba, Derek Day, bat die äthiopische Regierung um ihre Hilfe. Ein britischer Konsul begab sich auf die Reise nach Makale, der Hauptstadt der an Eritrea angrenzenden Provinz Tigre; er durfte sie aber aufgrund der unsicheren Lage nicht fortsetzen. Zudem verboten die Behörden einem nach Addis Abeba gekommenen Journalisten der *Sunday Times*, die Suche nach Norden hin auszudehnen. Trotz eines Streites zwischen der sudanesischen und der britischen Regierung versprach Sudans Staatspräsident Numeiri der Zeitung, sich persönlich dafür einzusetzen, Swain frei zu bekommen. Swain wurde schließlich freigelassen, weil ein BBC-Interview mit Harold Evans den Verdacht der Rebellen zerstreuen konnte, Swain sei ein Geheimdienstoffizier, der sich als Journalist ausgab. Die Rebellen versprachen sich von seiner Freilassung einen Vorteil, da sie auf positive Publicity bedacht waren.

Im Dezember 1977 wurde die Leiche des Chefauslandskorrespondenten David Holden in den Randbezirken Kairos entdeckt. Zwei erfahrene *Sunday Times*-Reporter flogen daraufhin nach Ägypten und zwei weitere nach Amman, wo sich

Die *Sunday Times* und Vanunu

Holden vor seiner Reise nach Kairo aufgehalten hatte. Als jedoch Vanunu verschwand und der Verdacht einer Entführung durch die Israelis aufkam, schickte die Zeitung nur eine jüngere Mitarbeiterin des *Insight*-Teams, Rowena Webster, nach Israel. Sie engagierte Dr. Amnon Zichroni, einen angesehenen Anwalt für Bürgerrechte, den Vanunu zufällig aus einer kurzen Liste der Gefängnisbehörden ausgesucht hatte.

Vanunu war kein Journalist der *Sunday Times*. Daher fühlte man sich ihm gegenüber auch nicht so sehr verpflichtet. Er war aus freien Stücken zur Zeitung gekommen und fiel nicht in die gleiche Kategorie wie ein verschollener, fester Mitarbeiter. »Informanten verschwinden häufig. Hätte er zur Redaktion der *Sunday Times* gehört, wäre man moralisch verpflichtet gewesen, seinen Verbleib herauszufinden. Eher hatte die Familie die Pflicht, das zu tun«, sagte ein ehemaliger Mitarbeiter der *Sunday Times*. »Ein Polizei-Informant ist ein ›Spitzel‹; das gilt auch für den Burschen, der uns eine Geschichte liefert. Nur weil jemand uns eine gute Story bringt, bedeutet das nicht zwangsläufig, daß er ein Engel ist; hierin spiegelt sich Ambivalenz oder auch Zynismus wider. Wir fühlen uns mit so einem Menschen nicht hundertprozentig emotional verbunden.« – »Wäre ein Franzose oder ein Deutscher entführt worden, hätten wir die Sache vielleicht anders gesehen; da er aber ein marokkanischer Sepharde war, bestand kein so großes Interesse an seinem Wohlergehen. Manche in der Redaktion hatten eine gewisse Geringschätzung für Vanunu«, meinte ein *Insight*-Journalist.

Vanunu war jedoch kein gewöhnlicher Informant. Er war einer der wichtigsten Informanten der Zeitung während Neils Zeit als Chefredakteur. Ungeachtet des relativ oberflächlichen Verhältnisses zwischen den Zeitungsmitarbeitern und dem sephardischen Israeli waren das Renommee und der Stolz der *Sunday Times* doch verletzt worden: eine ausländische Regierung hatte einen sehr wichtigen Informanten entführt. Die zurückhaltende Reaktion der Chefredaktion ist daher äußerst erstaunlich. »Den meisten leitenden Mitarbeitern war ein solcher Fall bisher noch nicht untergekommen. Viele glaubten nicht daran, daß die Israelis eine Kontaktperson aus London entführen konnten«, bemerkte ein *Insight*-Reporter.

Anscheinend wurden die weitläufigen politischen Kontakte, die eine britische Zeitung normalerweise genießt, nicht genutzt. »Harry Evans wäre direkt zum Besitzer gegangen. Thomson hätte im Parlament Fragen gestellt«, vermutete Phillip Knightley. Frank Giles, Neils Nachfolger, sagte: »Ich hätte, so wie Neil, zunächst journalistisch Dampf gemacht, den Prozeß mitzuverfolgen und aufzudecken, wie er verschwand. Wäre dies fehlgeschlagen, wäre ich zum Außenminister selbst gegangen. Ich hätte mit dem für die Geheimdienste im Nahen Osten zuständigen Regierungsbeamten gesprochen. Aber abgesehen davon bin ich nicht sicher, was ich hätte tun können. Zeitungen haben keine Raketen. Ich könnte mir vorstellen, über ein mir bekanntes Geheimnis, das die Regierung in arge Verlegenheit bringen könnte, zum Premierminister zu sagen: ›Wenn Sie mir nicht meinen Informanten zurückbringen, werde ich Ihr Geheimnis enthüllen.‹« Zur völligen Überraschung gab es überhaupt keinen Leitartikel, nachdem die israelische Regierung offiziell bestätigt hatte, daß Vanunu in Israel in Haft saß.

Laut Fallon wurde Rupert Murdoch – trotz seiner guten Verbindungen sowohl zu Premierministerin Thatcher als auch zu führenden israelischen Politikern – nicht darum gebeten, sich der Sache anzunehmen. »Ab dem Tag, an dem wir zum ersten Mal unseren Besitzer bitten, Druck auszuüben, lassen wir zu, daß er uns redaktionell unter Druck setzt. An so etwas denken wir noch nicht einmal«, führte er aus. Das ideale Verhältnis zwischen Eigentümer und Chefredakteur einer Zeitung ist weniger davon gekennzeichnet, daß die Verantwortlichkeiten scharf voneinander abgegrenzt sind, als vielmehr davon, daß sich der Besitzer völlig aus der Redaktion heraushält, aber bereitwillig seine Beziehungen spielen läßt, wenn dies wirklich erforderlich ist. Im Falle des *Observer*-Journalisten Farzad Bazoft beispielsweise, der im Irak zum Tode verurteilt wurde, wandte sich der Vorstandsvorsitzende der Zeitung, »Tiny« Rowland, an Sambias Präsidenten Kenneth Kaunda, den er seit vielen Jahren kannte. Daraufhin sandte Kaunda, der gute Verbindungen zu Saddam Hussein unterhielt, einen streng vertraulichen Appell an den irakischen Führer, und zwar vier Tage, bevor Bazoft gehängt wurde. Dies war jedoch erfolglos, weil Saddam Hussein fälschlicherweise darüber informiert wurde, Rowlands Firma *Lonhro* hätte dem Iran Waffen geliefert. Einem späteren Appell Kaundas, die britische Krankenschwester Daphne Parish freizulassen, die zur gleichen Zeit wie Bazoft im Irak war, wurde aber nachgegeben.

Hätte nicht die *Sunday Times* selbst Vanunus Enthüllungen veröffentlicht, wäre das Fehlen eines Leitartikels nicht von Bedeutung gewesen. Die Medien haben aber ein generelles Interesse an Geschichten im Zusammenhang mit Sicherheitsfragen. Der *Daily Telegraph* druckte beispielsweise enthusiastisch Einzelheiten von Peter Wrights Behauptungen, die britischen Geheimdienste seien von den Sowjets unterwandert, obwohl die Zeitung in ihren Leitartikeln Wrights Vorgehen mißbilligte. Die israelischen Medien und sogar das linksgerichtete Organ der Mapam *Al ha-Mishmar* äußerten sich in den Leitartikeln zwar kritisch über Vanunu, brachten aber ausführliche, den Bericht der *Sunday Times* zusammenfassende Artikel; einige Blätter, wie zum Beispiel *Maariv*, druckten die dreiseitige Geschichte vollständig nach.

Selbst Neils Stellungnahme zu Vanunus Urteil enthielt keine direkte Kritik an den israelischen Behörden für die Entführung seines Informanten. Neil meinte darin, die Zeitung habe Verständnis dafür, daß eine demokratische Regierung im nationalen Interesse Geheimnisse schützen muß und die meisten Bürger Israels in Vanunu einen Verräter sehen. »Nach israelischem Recht hat er eine Straftat begangen«, äußerte sich Fallon. »Wir glauben an das Prinzip der Rechtsstaatlichkeit. Gegen diesen Teil des Prozesses hatten wir keine Einwände, obwohl wir ein ungutes Gefühl wegen seiner Entführung und Anklage hatten. Wir haben gegen die Höhe des Strafmaßes – das absolut in keinem Verhältnis zu seinem Delikt steht – und gegen seine Haftbedingungen protestiert«, fügte Fallon hinzu. Hätte ein großer Teil der israelischen Bevölkerung mit Vanunu sympathisiert, wäre Neils Ansicht über Vanunus Entführung vermutlich anders ausgefallen. Im Juni 1990, nachdem Israels Oberster Gerichtshof Vanunus Berufung gegen das Urteil von achtzehn Jahren Gefängnis abgewiesen hatte, prangerte Neil diese Entscheidung in einem offenen Brief an den israelischen Präsidenten an. Würde der entführte Informant nicht begnadigt, so schrieb er, stelle sich Israel auf eine Stufe mit vorrevolutionären, totalitären Regimen in Osteuropa. Wenn ein Chefredakteur jedoch nicht in der Lage ist, sich die Folgen einer Enthüllung bis zum bitteren Ende vor Augen zu führen, unabhängig von den Reaktionen anderer, dann sollte er die begonnenen Recherchen nicht weiter fortführen.

Meir Vanunu meinte hierzu: »Ich beschwere mich massiv über die Art und Weise, wie sich die *Sunday Times* verhalten hat. Sie hat keine maßgebliche Erklärung zu Mordechais Handlung abgegeben. War ihr überhaupt klar, daß sie moralisch motiviert war? Sie hat die ganze Sache von Anfang an ignoriert.« Fallon sagte: »Moralisch waren wir weder über Israels Bombe entrüstet noch über Israels Entschluß, sowohl die eigene Bevölkerung als auch den Rest der Welt nicht über die Bombe zu informieren. Für uns war es eine Angelegenheit von großem internationalem Interesse, daß Israel über die Bombe verfügt, und wir dachten, die Welt und das israelische Volk sollten das wissen – aber das liegt in der Entscheidung der Israelis.« Die *Sunday Times* lehnt Atomwaffenbesitz nicht generell ab. Der Vanunu-Artikel war keine Kampagne gegen Israels Besitz der Bombe. Die Zeitung war gegen die Geheimhaltung. Nur ein Kenner der hohen Kunst des »Nachrichtenkonsums« kann verstehen, daß die einzige *raison d'être* eines Medienunternehmens die Entlarvung ist, ungeachtet der politischen Assoziationen, die andere fälschlicherweise hineininterpretieren. Bei der halbherzigen Einstellung der *Sunday Times* konnte von der britischen und italienischen Regierung jedoch kaum erwartet werden, Vanunus Verschwinden ernsthaft nachzugehen.

Die Aufarbeitung der verschiedenen Phasen der Vanunu-Affäre und die Stellungnahmen Neils lassen Engagement vermissen. Weniger als zwei Monate nach Vanunus Verschwinden äußerte Neil in einem Interview mit der Zeitung *Ha-Aretz* weder Zorn noch Kritik gegenüber den israelischen Behörden. Es kam sogar Heiterkeit auf. Auf die Frage des Londoner Korrespondenten von *Ha-Aretz*, Shaul Zedka, ob die Zeitung durch Vanunus Verschwinden den Plan einer Buchveröffentlichung fallengelassen habe, antwortete er: »Jetzt ist das Buch noch viel besser.« Gefragt, wie Vanunu wohl an den Einnahmen des Buches partizipieren könne, erwiderte er: »Ich muß wirklich darüber nachdenken, denn es ist möglich, daß die israelische Regierung das Geld beschlagnahmt.« Als der Korrespondent einwandte, mit dem Geld könnten möglicherweise Mossad-Operationen finanziert werden, erklärte Neil seine Bereitschaft, »dem Mossad das Geld zu geben, wenn sie mir sagen, wie sie Vanunu von hier weggebracht haben«. – »Für Israel war Vanunu ein Verräter, aber wir hatten keine Meinung dazu«, sagte Fallon. »Wir hatten ein ungutes Gefühl, daß Israel Vanunu nach seinem Recht strafrechtlich verfolgt und entführt hat. Für uns war es aber ebenfalls eine interessante Geschichte; wir waren nicht gerade moralisch darüber entrüstet.«

Das einzige Mittel, auf das *Insight* nach Vanunus Entführung zurückgreifen konnte, war die Verbreitung unbequemer Informationen. Das *Insight*-Team ließ – wie sich ein Mitarbeiter ausdrückte – Hinweise an Parlamentsabgeordnete im Unterhaus »durchsickern«. *Insight* hatte unter anderem recherchiert, wie die Israelis Vanunu in London aufgespürt und nach Rom gelockt hatten, wer »Cindy« war und wie er aus Italien entführt wurde. Durch die Aufdeckung von Cindys Identität zeigte *Insight*, so Peter Hounam, »was wirklich geschah. Wir wollten Israel nicht in Verlegenheit bringen, aber wenn wir es tun, so manchmal deshalb, weil es Dinge gibt, die den Israelis unangenehm sind. Sie logen und behaupteten, auf britischem Boden sei kein Verbrechen verübt worden. Wir haben ein solches Delikt jedoch nachgewiesen.« – »Wir gaben Zehntausende von Pfund aus, um Cindy aufzustöbern; nicht weil es eine gute Story war, sondern weil die Lösung des Rätsels einer der besten Wege war, Vanunus Sache voranzubringen«, urteilte ein *Insight*-Reporter. Morgan meinte: »Die Reportage würde den Israelis vielleicht derart peinlich sein, daß sie die Anklage gegen ihn fallenlassen und ihn auf freien Fuß setzen.« Er verglich den Fall mit dem Einfluß der Medien bei der Aufklärung der Rolle, die der französische Geheimdienst in der Affäre um das Greenpeace-Schiff *Rainbow Warrior* gespielt hatte. Der Glaube, Israel würde jemanden, der des Verrats eines der wichtigsten Staatsgeheimnisse angeklagt ist, freilassen, nur weil eine ausländische Zeitung einige unbequeme Informationen weitergibt, zeugt von mangelndem Urteilsvermögen darüber, welchen Einfluß die Medien auf die internationale Politik haben. Morgan bekräftigte ebenfalls *Insights* Hoffnungen, Beweise zu liefern, damit die britische Regierung eingreifen könne. »Die Reaktion der höchsten britischen Regierungsebene lautete: ›Bringt uns Beweise, daß ein paar Mossad-Agenten ihn auf offener Straße mit einem Sandsack niedergeschlagen haben, und wir werden handeln‹«, formulierte es ein Mitarbeiter der Chefredaktion. Ironischerweise hat die Zeitung zwar die Rolle des israelischen und des australischen Geheimdienstes aufgedeckt, aber keine Ermittlungen angestellt, inwieweit der MI5 oder MI6 involviert waren, die beispielsweise Vanunus Spur in London verfolgten; das Blatt hat lediglich berichtet, daß zwei Männer der Sonderabteilung Vanunu in Hounams Begleitung bei seiner Ankunft auf dem Londoner Flughafen beobachteten. Das *Insight*-Team zog daraus den Schluß, der MI5 habe bei Vanunus Verschwinden ein Auge zugedrückt, hätte aber keinerlei Aktionen auf britischem Boden hingenommen. *Insight* untersuchte jedoch nicht, ob der MI5 tatsächlich kontaktiert sowie über Israels Absichten informiert worden war und inwiefern er den Israelis seine Bereitschaft signalisiert hatte, wegzuschauen. Ein *Insight*-Reporter sagte dazu: »Es ist wahr, daß wir alle Möglichkeiten in Betracht zogen, das heißt, ob die Geheimdienste darin verwickelt waren. Wir interessierten uns jedoch mehr für spezielle Spuren, wie beispielsweise Cindy und Rom. Hätten wir Hinweise auf eine Beteiligung des CIA gehabt, wären wir dem auch nachgegangen.« Einige waren der Ansicht, dem Thema sei zuviel Zeit gewidmet worden; die Geschichte sei zu Ende, und man solle sich nun anderen Dingen zuwenden. Es ist daher nicht erstaunlich, daß ein langer, von Hounam Ende 1987 verfaßter Artikel über den unter Ausschluß der Öffentlichkeit stattfindenden Prozeß, die Atmosphäre im Gerichtssaal und seine Aussagen auf ein Viertel der ursprünglichen Länge zusammengestrichen wurde. Die Berichterstattung war übrigens nicht immer korrekt; der Artikel am Vorabend von Vanunus Verfahren im September 1987 trug die Überschrift »Sympathie wächst bei Eröffnung des Vanunu-Prozesses«. Das ist nicht nur die Unwahrheit, sondern die Zeitung lieferte keinerlei Belege für diese Behauptung. Als *Insight* die Informationen von Meir Vanunu über Mordechais Entführung aufbereitete, behauptete das Team, Cindy hätte ihn mit sexuellen Versprechungen in ihre Wohnung gelockt. Erscheint es logisch, daß ein Mann auf der Flucht für ein sexuelles Abenteuer in ein anderes Land fliegt, kurz bevor seine Geschichte veröffentlicht werden soll? Meir bestreitet, so etwas gegenüber der Zeitung erwähnt zu haben: »Sie beschönigen die Wahrheit mit dem Hinweis auf Sex. Ich habe ihnen das niemals erzählt.«[17] Laut Meir soll die Amerikanerin Mordechai ihre Hilfe angeboten haben, die italienische Presse zu kontaktieren.[18] In Meirs Augen betrieb die Zeitung Sensationsmache: »Er war ein sehr philosophischer Mensch, und sie gehen hin und schreiben in der Überschrift, er sei auf Sex aus gewesen.« Solange *Insight* Vanunus Enthüllungen überprüfte, flirtete er jedoch mit den Journalistinnen und Rechercheurinnen[19] – auch wenn sein Bruder dies bestreitet.

Die *Sunday Times* hat aber eine bedeutende Rolle bei Vanunus Verteidigung vor Gericht gespielt, da man die Pflicht erkannte, sich an Vanunus Anwaltskosten zu beteiligen; damit wurde der interne Streit beendet, inwieweit man Vanunu beistehen müsse. Zu den Hauptbefürwortern der Hilfe vor Gericht gehörten Peter Hounam und der juristische Berater Alastair Brett, der meinte: »Die Affäre hat internationale Dimensionen und wichtige Auswirkungen auf die Meinungsfreiheit. Wenn Menschen nicht mehr nach Großbritannien kommen und mit einer Zeitung darüber sprechen können, was in anderen Ländern vor sich geht, aus Angst, entführt zu werden, dann ist das ein sehr trauriger Tag für die Redefreiheit sowohl in Großbritannien als auch international. Israel hat sich absolut erbärmlich verhalten; es hat internationales Recht gebrochen.« Sobald Vanunu vermißt wurde und noch bevor die israelische Regierung überhaupt seine ›Rückkehr‹ nach Israel bekanntgab, hatte Rowena Webster Kontakt zu Rechtsanwalt Amnon Zichroni aufgenommen, damit dieser beim Obersten Gerichtshof einen Antrag auf Haftprüfung stellte; dies führte zusammen mit einer Reihe anderer Faktoren letztendlich zur Bestätigung Israels, daß Vanunu im Gefängnis saß. Laut einem Familienangehörigen Vanunus, der im Januar 1988 interviewt wurde, hat die Zeitung einen Zuschuß von 28 000 US-Dollar zu den Anwaltskosten geleistet, die sich voraussichtlich auf über 50 000 US-Dollar belaufen. Eine Quelle der *Sunday Times* betonte jedoch, die Zeitung habe die geschätzten 50 000 US-Dollar vollständig übernommen, abgesehen von einer kleinen, von Vanunus Familie an Zichroni gezahlten Summe, nachdem sie ihn als Verteidiger entlassen hatten. Brett hielt den Kontakt zu Vanunus Verteidiger aufrecht; flankierend konsultierte die Zeitung britische Experten für internationales Recht, wie die Verteidigung in dem Prozeß am besten aufgebaut werden könne. Anthony Lester, Anwalt der Krone, wurde nach der Rechtslage bei Verschwörung und Entführung befragt, um festzustellen, ob britisches Gesetz übertreten worden sei. »Wir prüften die internationalen Verzweigungen bei Anklagen in Israel, und inwieweit der anklagende Staat bei der Überstellung der Person in seine Gerichtsbarkeit eine Straftat begangen hat«, führte ein Justitiar der Zeitung aus.

Abgesehen von diesen Maßnahmen war die Beteiligung der *Sunday Times* bei Vanunus Verteidigung zurückhaltend. Die Zeitung war von Beginn an vorsichtig bei ihrer Unterstützung im Prozeß. Auf die Frage eines israelischen Journalisten im November 1986, ob das Blatt Vanunus Verteidigung bezahle, antwortete Neil: »Nein, wir sind nicht daran beteiligt. Vanunu zahlt seinen Anwalt selbst.« Ein anderer Grund für diese eingeschränkte Unterstützung war, daß trotz früherer Erwartungen kein Vorstandsmitglied der Zeitung oder ihres Mutterkonzerns *News International* freiwillig für Vanunu aussagte; nur Hounam war zu einer Aussage bereit. Dieses fehlende hundertprozentige Engagement wird laut Brett teilweise entschuldigt »durch die Tatsache, daß Vanunu seine Probleme weitestgehend selbst verursachte, indem er den Rat der *Sunday Times* nicht beachtet hat. Aber wir können unsererseits nicht sagen, überhaupt keine Schuld zu haben, denn Vanunu sieht sich der Anklage des Verrats nur deshalb ausgesetzt, weil er das Material an uns weitergegeben hat.« Angesichts der Verantwortung, die das Blatt und Guerrero teilweise für Vanunus Entführung tragen, stellt sich die Frage, ob diese beiden Parteien nicht mehr Schuld trifft, als sie bisher zugegeben haben.

Die Hilfe der *Sunday Times* auf rechtlichem Gebiet und die fortgesetzten Enthüllungen über Vanunus Entführung nach Israel sind von Personen, die eine – Verfolgung oder Schlimmeres nach sich ziehende – wichtige Information an die Öffentlichkeit tragen wollen, als Beweis dafür anzusehen, in solchen Fällen mit der Unterstützung der Zeitung rechnen zu können. Bei genauerem Hinsehen entpuppt sich diese Interpretation aber nur teilweise als richtig. Die Mittel eines Medienunternehmens sind zwar begrenzt, aber gerade deshalb hätte sich die *Sunday Times* anderen möglichen Unterstützungsquellen, vor allem in der Regierung, stärker zuwenden müssen, als man es offensichtlich tat.

Die Zurückhaltung der Zeitung kann teilweise mit dem Wunsch erklärt werden, sich von der Verknüpfung zu distanzieren, die Meir Vanunu immer stärker zwischen dem Schicksal seines Bruders und Atomwaffengegnern herstellte. Die Zeitung hatte nichts dagegen einzuwenden, daß Israel die Bombe besitzt; sie war nur gegen die staatliche Geheimhaltung. Dennoch ist fragwürdig, ob sich die *Sunday Times* stärker für Vanunu engagiert hätte, wenn Vanunus Fall nicht mit der Anti-Atom-Bewegung in Zusammenhang gebracht worden wäre; die Zeitung hatte sich bereits Ende 1986, bevor die Kampagne zur Freilassung Vanunus gestartet wurde, nicht mehr merklich für ihn eingesetzt.

Ebenso sind auch Vanunus Motive zu hinterfragen, mit Cindy nach Rom zu fliegen. Wenn Meir Vanunus Behauptung zutrifft, sein Bruder habe Cindys Angebot annehmen wollen, ihn der italienischen Presse vorzustellen – vermutlich glaubte Vanunu, die *Sunday Times* wolle nach dem Artikel des *Sunday Mirror* über den nuklearen Hochstapler seinen Bericht nicht mehr veröffentlichen –, bedeutet dies, daß er die Geschichte einer anderen Zeitung verkaufen wollte; dies würde den Grad der Verpflichtung für die *Sunday Times* mindern, Vanunus Verteidigung vor Gericht zu unterstützen. Die *Sunday Times* hat jedoch niemals berichtet, daß Vanunu zu diesem Zweck nach Rom gereist sei; sie ging davon aus, er würde einige Tage mit seiner Freundin verbringen und käme dann vor der Veröffentlichung zurück, um den Vertrag mit der Zeitung zu unterzeichnen.

Im Herbst 1992 vollzog sich ein wichtiger Wandel, als das Blatt einen nationalen Appell für die Verbesserung seiner Haftbedingungen – beispielsweise die Lockerung der Einzelhaft – und für seine Freilassung aus dem Gefängnis startete. In einem Leitartikel zum Jahreswechsel mit der Überschrift: »Zeit für Gerechtigkeit« – dem ersten Leitartikel der *Sunday Times* zu Vanunu überhaupt – schrieb die Zeitung: »Wenn Israel als zivilisierter Staat angesehen werden soll, dessen es sich rühmt, muß es im Fall von Mordechai Vanunu nachgeben – und zwar bald.« Daneben organisierte die Zeitung eine Postkartenaktion; die Leser sollten jeweils eine Karte, auf der zwei Hände zu sehen waren, die eine Taube fliegen ließen, an den israelischen Präsidenten Herzog mit der Bitte um Vanunus Begnadigung und an Vanunu selbst ins Gefängnis schicken, um ihm moralischen Auftrieb zu geben. Ein Antwortschreiben von einem persönlichen Berater Herzogs an die *Sunday Times* wurde veröffentlicht; er wies darin den Appell der Zeitung

Die *Sunday Times* und Vanunu

zurück und schrieb, jedes weitere Gnadengesuch müsse von Vanunu selbst kommen. Laut Auskunft Meir Vanunus haben die Postkarten seinen Bruder stärker und entschlossener gemacht, den Kampf nicht aufzugeben.

Beim Lancieren ihrer Begnadigungspetition blieb die Zeitung vorsichtig; sie bezog keine klare Stellung zu Vanunus Handlung hinsichtlich seiner Informationsweitergabe. Neil wurde auf den Nachrichtenseiten mit den Worten zitiert, der Appell sei unpolitisch, und man wolle damit keine Wertung vornehmen, ob Vanunu eines Verbrechens schuldig sei oder nicht. Die Zeitung hatte von bekannten Persönlichkeiten des öffentlichen Lebens Sympathiebekundungen erbeten und diese zur Unterstützung abgedruckt. Eine ähnliche Differenzierung zwischen Vanunus ursprünglicher Handlung und seinen Haftbedingungen wurde auch in einem Leitartikel der *Times* mit der Überschrift »Zeit für Gnade: 2 200 Tage in Einzelhaft sind selbst für Verrat genug« vollzogen. Trotz der Zurückhaltung war Neils Entscheidung, eine öffentliche Kampagne zu starten, ein sehr wichtiger Schritt. Sein Entschluß kann verschiedene Gründe haben. Vanunu hatte sechs Jahre Gefängnis hinter sich, also ein Drittel seiner Haftstrafe abgesessen. In Israel war gerade eine gemäßigtere Regierung gewählt worden, was Vanunus Chancen erhöhte. Zur gleichen Zeit wie der Zeitungsaufruf fragte auch das britische Außenministerium vorsichtig bei den israelischen Behörden um eine Erleichterung von Vanunus Haftbedingungen an. Die Kritik von Vanunus Anhängern am fehlenden Engagement der Zeitung schien ebenfalls Wirkung zu zeigen.

1992 verließ Peter Hounam die *Sunday Times*, um unabhängiger Filmemacher zu werden. Er befaßte sich zwar als freier Mitarbeiter unter anderem auch mit den Entwicklungen in Sachen Vanunu, aber da »Vanunus Botschafter« nun nicht mehr täglich in der Redaktion war, schwand auch notwendigerweise sein Einfluß. 1994 räumte Andrew Neil den

Sessel des Chefredakteurs, um künftig als freier Journalist zu arbeiten. Es bleibt abzuwarten, ob sich sein Nachfolger John Witherow – 42 Jahre alt, ehemaliger Chef der Nachrichtenredaktion und Berichterstatter der Zeitung im Falklandkonflikt – der Vanunu-Frage annehmen wird, und wenn ja, wie er sie behandelt. 1998 – Vanunu wird dann zwei Drittel seiner Haftstrafe von achtzehn Jahren abgesessen haben – ist ein günstiger Zeitpunkt, nochmals um Vanunus Begnadigung zu bitten; dann wird sich Witherows Haltung zur Verantwortlichkeit einer Zeitung gegenüber ihrem Informanten beurteilen lassen.

4 Meter x 3 Meter x 18 Jahre:
Der Prozeß

Vanunus Verteidiger

Der Schleier der Geheimhaltung, den die israelischen Behörden über die diplomatischen und geheimdienstlichen Aspekte der Vanunu-Affäre legten, umhüllte auch den Prozeß gegen Vanunu. Während Dementi und Desinformation Teile des diplomatischen Handwerks sind, wurden die Spielregeln jedoch durch die Unabhängigkeit der israelischen Justiz und das Prinzip der Rechtsstaatlichkeit verändert. Obwohl die Richter bestimmte Aspekte der Atomproblematik nicht ansprechen durften, kamen sie nach langer Überlegung zu einem Urteil. Da es jedoch in der israelischen Strafgesetzgebung keinen Paragraphen gibt, der die unerlaubte Weitergabe geheimer Informationen an die Medien verbietet, blieb dem Gericht nichts anderes übrig, als jemanden, der dies zum erklärten Wohle der Gesellschaft getan hatte, des Verrats und der Spionage anzuklagen. Der Fall warf eine Reihe wichtiger Fragen über die Beziehungen zwischen Staat und Individuum auf; die Richter mußten sich jedoch darauf beschränken, die bestehenden Gesetze auszulegen. Dies erweckte den falschen Eindruck, das Gericht würde den »Schwarzen Peter«, den es von der Regierung zugeschoben bekommen hatte, an die Gefängnisbehörden weitergeben, die ihrerseits Vanunu für achtzehn Jahre in eine zwölf Quadratmeter große Zelle sperrten.

Israels atomare Geheimnisse und die Entführung durch den Mossad machten Vanunus Verteidigung zweifellos zu einer Prestigefrage. Das Medieninteresse und der Gedanke an die Rückendeckung durch die *Sunday Times* brachte zahlreiche Anwälte dazu, Vanunus Familie ihre Dienste anzubieten. Mordechai Vanunu hatte sich aber bereits Amnon Zichroni aus einer Liste von Anwälten ausgesucht, die Verschlußsachen einsehen durften; diese Liste wurde ihm von den Gefängnisbehörden vorgelegt, nachdem er im Oktober 1986 nach Israel zurückgebracht worden war. Amnon Zichroni hatte schon viele politisch links stehende Mandanten vertreten und war Mitbegründer sowie Knesset-Kandidat der ehemaligen Linkspartei Ha-Olam Hazeh/Koach Hadash. Als junger Rekrut der israelischen Armee verweigerte er den Wehrdienst und trat in einen Hungerstreik. Er verteidigte gegen die religiösen Gesetze opponierende Mandanten oder solche, die aus Gewissensgründen gegen den Libanonkrieg von 1982 waren. Er ist vermutlich der erste Anwalt, der die Unschuld eines der Spionage bezichtigten Angeklagten in Israel bewies. Bereits zu seiner Studienzeit an der Ben-Gurion-Universität in Beersheba hatte sich Vanunu im Namen von arabischen Kommilitonen an Zichroni gewandt.

Zichronis Verbindungen zum israelischen Establishment und Geheimdienstkreisen machten Vanunus Brüdern Sorgen. Zichroni war ein persönlicher Freund Yossi Ginnossars, einem hochrangigen Shin Bet-Offizier, der Meir Vanunu zufolge das Team leitete, das seinen Bruder verhörte[1]. Kurz bevor Vanunus Fall im März 1987 vor Gericht kommen sollte, entließ Mordechai auf Meirs Anraten Zichroni als Anwalt, da dieser besorgt war, Zichroni würde weder die Entführung vorbringen noch die gerichtliche Klärung der Legitimität von Atomwaffen beabsichtigen. In den Monaten seit Vanunus Entführung hatte Meir den Fall immer stärker mit der internationalen Anti-Atom-Bewegung verknüpft. Während Vanunus Schicksal unmittelbar nach seiner Entführung ungewiß war, weigerte sich Zichroni, die strenge Zensur zu mißachten und zuzugeben, daß sein Mandant zurück in Israel war und unter Arrest stand.

Am 10. November 1986 kam es in der BBC-Radiosendung *The World at One* zu folgendem Wortwechsel zwischen Moderator Brain Widlake und Zichroni:

Moderator:	»Wo wird Herr Vanunu gefangengehalten?«
Zichroni:	»Dazu kann ich mich nicht äußern.«
Moderator:	»Haben Sie mit Herrn Vanunu darüber gesprochen, wie er von Großbritannien nach Israel kam?«
Zichroni:	»Dazu kann ich mich nicht äußern.«
Moderator:	»Aber Sie haben mit ihm darüber gesprochen?«
Zichroni:	»Dazu kann ich mich nicht äußern.«
Moderator:	»Gibt es in Israel etwas Vergleichbares zum britischen *Official Secrets Act* (Geheimhaltungsgesetz)?«
Zichroni:	»Wir haben ein spezielles Gesetz, das solche Fälle regelt.«
Moderator:	»Gehe ich richtig in der Annahme, daß Herr Vanunu diesem Gesetz unterworfen ist?«
Zichroni:	»Dazu kann ich mich nicht äußern.«
Moderator:	»Herr Zichroni, Sie sind übertrieben vorsichtig, können Sie mir erklären, warum?«
Zichroni:	»Zu Ihrer letzten Frage kann ich mich ebenfalls nicht äußern.«
Moderator:	»Dazu, warum Sie vorsichtig sind?«
Zichroni:	»Ja.«
Moderator:	»Liegt der Grund darin, daß Sie unter dem Druck der israelischen Behörden stehen?«
Zichroni:	»Ich stehe nicht unter Druck, ich kann mich jedoch dazu nicht äußern.«

4 Meter x 3 Meter x 18 Jahre: Der Prozeß

Für Vanunus Familie war es nur ein schwacher Trost, daß Zichroni die Behörden dazu gebracht hatte, den Schleier der Geheimhaltung zu lüften und zu bestätigen, daß Vanunu noch lebte und sich in Gewahrsam befand; Zichroni hatte den Behörden damit gedroht, sich andernfalls an den Obersten Gerichtshof zu wenden.

Zichronis Nachfolger, Avigdor Feldman, genoß einen guten Ruf als Menschenrechtsanwalt. Er hatte gegen Deportationsanordnungen klagende Araber und auf den Golanhöhen wohnende Drusen verteidigt; ihm ist es zu verdanken, daß die Haftverfügung gegen den palästinensischen Aktivisten Faisal Husseini um die Hälfte gemindert wurde. Als ehemaliger Rechtsberater der Israelischen Gesellschaft für Bürgerrechte kümmerte sich Feldman jahrelang um die mangelhaften juristischen Dienstleistungen für Araber und den fehlenden Erfolg, den Berufungen von Arabern beim Obersten Gerichtshof im allgemeinen haben. Er ist einer der israelischen Vertreter bei der Menschenrechtsorganisation *Human Rights Watch* in New York. Mit einem Examen in Internationalem Recht lehrte er als Gastdozent an der Universität Harvard und war als junger Anwalt vierzehn Jahre lang in Zichronis Kanzlei tätig. Für den früheren Schriftsteller und Intellektuellen barg der Fall Vanunu eine Reihe bedeutender und anregender Aspekte mit langfristigen Auswirkungen: die Rechte des Einzelnen gegenüber dem Staat und die Grenzen des individuellen Handelns; die Frage, wie sich eine demokratische Gesellschaft mit dem atomaren Themenkomplex auseinandersetzt und ob Israel dabei seine eigenen Regeln festlegen konnte.

Bevor Feldman den Fall übernahm, sprach er ausführlich mit Vanunu, um herauszufinden, was dieser mit dem Wunsch meinte, »den Fall zu politisieren«. Themen wie die moralische Vertretbarkeit von Kernwaffen und die legislative Kontrolle über das Atomforschungsprogramm konnten zwar im

Gerichtssaal innerhalb des Gefüges juristischer Argumente angesprochen werden; Feldman würde aber nicht das Gerichtsverfahren in Frage stellen. Seine vorgeschlagene Verteidigungsstrategie basierte darauf, daß Vanunu aus ideologischen Motiven gehandelt und die Sicherheit des Staates durch die Enthüllung der atomaren Geheimnisse nicht gefährdet habe. Er hatte vor, genau das Gegenteil zu behaupten: Vanunu wollte den Bürgern »beistehen« und sie über das Atomprogramm informieren, damit sie sich über das Thema eine eigene Meinung bilden konnten; zudem hatte er keine Geheimnisse an den Gegner verkauft, sondern sie lediglich an eine Zeitung weitergegeben.

Den abweichenden Strategien von Feldman und Zichroni lag eine unterschiedliche Sichtweise darüber zugrunde, welchen Platz die Politik im Gerichtssaal einnehmen solle. »Rechtssprechung ist eine zweifellos professionelle Angelegenheit und der Gerichtssaal das Forum für rein juristische Argumente«, so Zichroni. »Jura ist eine Sprache, die nicht jeder versteht.« Er räumte ein, es gäbe Situationen, in denen politisch gefärbte Argumente dem Verteidiger helfen können, und zwar in Ländern mit nicht richtig funktionierendem Rechtssystem. Im Gegensatz dazu meinte Feldman: »Das Recht selbst ist ein Produkt politischer Institutionen. Die Funktion des Rechts ist es, einen Anhaltspunkt im Gesetz zu finden, wonach dem Mandanten die politische Meinungsäußerung zusteht. Vanunu erwartet von seiner Verteidigung, in der Strafgesetzgebung nach etwas zu suchen, das seine Motive rechtfertigt und verteidigt.«[2] Angesichts von Vanunus Wunsch, die Aufmerksamkeit der Öffentlichkeit auf das Thema Atomwaffen zu lenken, entbehre der Anwaltswechsel nicht einer gewissen Ironie, da Zichroni vom Temperament her ein stärker auf Publicity bedachter Anwalt war als der zurückhaltende Feldman.

Der Prozeß

Der Schleier der Geheimhaltung, der auf Vanunus Ankunft in Israel lag, dehnte sich, wie schon erwähnt, unausweichlich auch auf seinen Prozeß aus. Das Gerichtswesen sieht die Möglichkeit vor, Verfahren aus Sicherheitsgründen unter Ausschluß der Öffentlichkeit durchzuführen; auf eine Reihe von sicherheitsrelevanten Prozessen, darunter auch solche gegen Spione, wurde dies angewandt. Die einzige Information, die dabei an die Öffentlichkeit dringt, ist eine kurze Bekanntmachung am Ende des Prozesses, ob und welchen Verbrechens eine Person für schuldig befunden wurde. Vanunus Prozeß, der im August 1987 vor dem Bezirksgericht in Jerusalem nach einer kurzen Verschiebung zur Einarbeitung des neuen Verteidigers eröffnet wurde, hatte zwei sicherheitsrelevante Aspekte: das Thema Atomwaffen und Vanunus Entführung.

Vor Prozeßbeginn stellte Feldman beim Gericht den Antrag, öffentlich zu verhandeln. Im Hinblick auf Vanunus Wunsch, die Frage nach der moralischen Vertretbarkeit von Kernwaffen aufzuwerfen, und sein Argument, die Öffentlichkeit habe ein Recht auf atomare Informationen, war es besonders wichtig, Publikum zuzulassen. Das Vanunu in der Öffentlichkeit anhaftende Image des Verräters und Spions mußte entkräftet und seine wahren Motive verständlich gemacht werden.

Das Gericht lehnte Feldmans Antrag jedoch ab und bestand darauf, die Verhandlung unter Ausschluß der Öffentlichkeit zu führen. Dadurch wurden die Hoffnungen zunichte gemacht, nur der Dimona und die Entführung betreffende Teil des Prozesses würde hinter verschlossenen Türen abgehalten. Feldman argumentierte, sogar die Informationen über Vanunus Arbeit in Dimona seien kein Geheimnis mehr, da sie ja detailliert in der *Sunday Times* veröffentlicht worden waren. Die Anklagevertretung konterte jedoch, es gäbe zusätzliche Informationen, die in den Zeugenaussagen – beispielsweise von Dimona- oder Geheimdienst-Mitarbeitern – ans Tageslicht kommen könnten; zudem kenne Vanunu selbst möglicherweise weitere Einzelheiten, die er noch nicht weitergegeben habe.

Die Befürchtungen der Behörden waren vor allem durch den Handflächen-Zwischenfall genährt worden. Als Vanunu im November 1986 zu einem Haftprüfungstermin in das Gerichtsgebäude gebracht wurde, streckte er seine Handfläche wartenden Reportern hin, auf die er die Nachricht gekritzelt hatte, in Rom entführt worden zu sein. Man untersagte nicht nur der Öffentlichkeit und den Medien den Zugang zum Gerichtssaal, sondern verhängte noch außergewöhnliche Sicherheitsmaßnahmen, um Vanunu am Kontakt mit der Außenwelt zu hindern. Er wurde jeden Tag in einem Polizeitransporter mit schwarz übermalten Scheiben zum Gericht gebracht. Er mußte das Gerichtsgebäude durch den Hintereingang betreten, über dem zur Abschirmung ein Vordach aus Sackleinen aufgestellt worden war. Vanunu war gezwungen, einen Helm zu tragen, damit er wartenden Journalisten nichts zurufen konnte; zudem übertönten Polizeisirenen seine möglichen Äußerungen. Der Gerichtssaal war vom Rest des Gebäudes abgetrennt, und die Fenster waren mit Brettern abgedeckt, was zu Klagen von seiten der Richter über die unerträglich stickige Luft im Saal führte. Wollte Vanunu einem Zeugen bloß die Hand schütteln, um ihm zu danken, daß dieser extra aus dem Ausland angereist war, mußten unter Vermittlung der Richter Verhandlungen mit dem Shin Bet geführt werden.[3]

Ein zusätzliches Problem für die Sicherheitsdienste bestand darin, wie man die Zeugen der Verteidigung – die meisten kamen aus dem Ausland – von außen wartenden Journalisten fernhalten und sie hindern könne, nach Verlassen des Landes von den Vorgängen im Gerichtssaal zu erzählen. Peter Hounam von der *Sunday Times* wurde beispielsweise von israelischen Regierungsvertretern gewarnt, er könne ausgeliefert und in Israel vor Gericht gestellt werden, falls er Einzelheiten seiner Aussage publik mache.[4]

Daß die Richter die Informationen und Aussagen als geheim einstuften und sich dafür entschieden, den Prozeß unter Ausschluß der Öffentlichkeit abzuhalten, war schon ein Hinweis auf ihr späteres Urteil. Nicht nur der Teil des Verfahrens, der sich mit Vanunus Arbeit in Dimona und seiner Entführung beschäftigte – also die Aussagen der Zeugen der Anklage –, würde nicht öffentlich sein, sondern auch die Vernehmung der Entlastungszeugen, zu denen auch Experten gehörten, deren Aussage hauptsächlich philosophischer Natur war oder auf bereits bekannten Informationen basierte.

Der Protest der Anklagevertretung richtete sich nicht prinzipiell gegen die Anwesenheit von Besuchern bei den Aussagen der Entlastungszeugen; sie verlangte vielmehr zusammen mit den Sicherheitsdiensten, in diesem Fall Vanunu aus dem Gerichtssaal zu entfernen. Vanunu erklärte sich dazu bereit, damit die Diskussion über Atomwaffen öffentlich geführt werde. Die Richter entschieden jedoch, Vanunus Anwesenheit sei wichtiger als die Zulassung der Öffentlichkeit. Die Möglichkeit, die entsprechenden Aussagen an Journalisten in einem Nebenraum zu übertragen, wurde ebenfalls verworfen, da man einen unkontrollierbaren Gefühlsausbruch Vanunus befürchtete. Es gab zwei andere Möglichkeiten: Zum einen könnte Vanunu in einer schalldichten Kabine – ähnlich wie sie in den Verhandlungen gegen die Baader-Meinhof-Gruppe verwendet wurde – mit Spezialglas sitzen, so daß er in den Gerichtssaal schauen, aber niemand im Saal ihn sehen konnte; damit sollte sich so etwas wie der Handflächen-Zwischenfall nicht wiederholen können. Zum anderen konnten die Protokolle nach Durchsicht durch den Militärzensor veröffentlicht werden; dieser Möglichkeit wurde zugestimmt.

Die Anwälte der Verteidigung und der Anklagevertretung trafen sich am Ende jedes Sitzungstages, um abzustimmen, was an die Öffentlichkeit gegeben werden konnte; in der Praxis erwies sich dieses System jedoch als ineffektiv. Nachdem die Anklagevertetung beispielsweise der vollständigen Veröffentlichung einer Aussage von Professor George Quester, einem ausländischen Experten, zugestimmt hatte, fielen viele der Passagen der Militärzensur zum Opfer.[5] Als Feldman etwas über Vanunus Leben wie Kindheit, Studium, Wehrdienst und politische Ansichten weitergeben wollte, legten die Richter dagegen ihr Veto mit dem Argument ein, aus der Freigabe könne man möglicherweise folgern, die Richter würden seiner Aussage Verständnis entgegenbringen. Der einzige Satz, der von einer zweitägigen Aussage übrig blieb, war: »Ich tat dies aus ideologischen Motiven.«[6]

Durch eine eher maximalistische als minimalistische Bewertung von Sicherheitsbedenken setzten die Richter in Wirklichkeit das demokratische Prinzip öffentlicher Gerichtsverfahren außer Kraft. Die Glaubwürdigkeit des Prozesses und seines Urteils wurde durch die Haltung der Richter nicht gerade verstärkt. Nach Angaben des Zeugen Dr. Frank Barnaby machten jedoch »die Richter keinerlei Anstalten, die Beweisaufnahme vorzeitig abzubrechen. Sie gestanden, soweit ich das beurteilen konnte, der Verteidigung soviel Zeit zu, wie sie zur Darlegung des Falles brauchte, und sie hörten mit Interesse zu. Mit echtem Interesse, meiner Meinung nach.« Berichte über den Prozeß – wie auch dieses Buchkapitel – waren weitgehend auf unvollständige Informationshäppchen angewiesen, die aus dem Gerichtssaal drangen.

Im wesentlichen ging es um zwei Rechtsstreitigkeiten. Parallel zu der Anklage wegen der Weitergabe von Dienstgeheimnissen versuchte Vanunu, den Staat Israel wegen Entführung zur Verantwortung zu ziehen. Er wollte nicht für viele Jahre ins Gefängnis, ohne daß die illegale Art und Weise, wie er vor Gericht kam, diskutiert wurde. Kurz nachdem Vanunu nach Israel gebracht worden war, begannen die Sicherheitsdienste und Vanunu, sich über eine Art Abmachung zu verständigen: Vanunu würde nur der schweren Spionage und nicht des Verrats angeklagt, wenn er zustimme, das Thema seiner Entführung nicht aufzuwerfen.[7] Nach dem Handflächen-Zwischenfall wurde dieses Angebot jedoch zurückgezogen. Seine Strafe von achtzehn Jahren wäre dadurch vielleicht um drei bis fünf Jahre niedriger ausgefallen.

Zu Beginn des Verfahrens hatte der Verteidigungsminister eine Anordnung erlassen, nach der das Gericht weder über Vanunus Arbeit in Dimona noch über seine Entführung sprechen dürfe, da dies wahrscheinlich die Sicherheit des Staates gefährde. Nach Paragraph 128 des israelischen Strafgesetzbuches kann ein Gericht den Angeklagten oder seinen Anwalt von bestimmten Verfahrensschritten und von der Prüfung bestimmter Beweismittel ausschließen. Dazu sagte ein Beamter: »Es war eine komische Situation. Vanunu wußte – oder glaubte zu wissen –, was stimmte und was nicht. Ebenso wurde angenommen, der Vertreter der Anklage wisse, was stimmte und was nicht. Die einzigen Personen, die es nicht wissen konnten, waren die drei Richter.« Avigdor Feldman legte Widerspruch beim Obersten Gerichtshof ein, die ministerielle Anordnung aufzuheben, da eine Verteidigung unter diesen Bedingungen unmöglich sei. Er beabsichtigte, die Zuständigkeit des Gerichts für Vanunu anzufechten, weil dieser illegal nach Israel zurückgebracht worden war. Feldman plante ebenfalls, die Zulässigkeit von Vanunus Äußerungen in den Verhören des Shin Bet anzuzweifeln; hierzu wollte er seinen Mandanten über dessen Gefühle und Reaktionen während der Entführung aus Italien und zu Beginn seiner Gefangenschaft befragen.

4 Meter x 3 Meter x 18 Jahre: Der Prozeß

Richter Gavriel Bach, der für seine humanen richterlichen Entscheidungen bekannt war, rang sich zu dem in der israelischen Rechtsgeschichte seltenen Schritt durch, die Anordnung des Verteidigungsministers teilweise aufzuheben. Er entschied, Vanunu dürfe beschreiben, wie er nach Israel gebracht wurde und unter welchen Bedingungen, wie lange er gefangen gehalten war und wie er sich dabei gefühlt hatte. Laut Bach wäre es das erste Mal gewesen, einem Angeklagten die Möglichkeit zu verweigern, sich im eigenen Prozeß zu äußern. Das Gericht müsse erst davon überzeugt werden, so die Entscheidung Bachs, daß die Sicherheit des Staates tatsächlich gefährdet sei, bevor man Vanunus Aussagerecht beschränke. Bach berief sich dabei auf Richter Aharon Bank, einen anderen liberalen Außenseiter, und stellte fest, ein Richter müsse die relative Wichtigkeit eines jeden Beweisstückes zwischen völliger Unwichtigkeit und unbedingter Relevanz einschätzen. Danach müsse ein Vergleich mit der Notwendigkeit angestellt werden, das Beweismittel aus Gründen der nationalen Sicherheit nicht zuzulassen. Überwiegt seine Wichtigkeit für den Angeklagten die Sicherheitsbedenken, so könne seine Offenlegung im Interesse eines fairen Prozesses erlaubt werden. Bach erlaubte Vanunu zu erzählen, wie er im Ausland gefaßt, zurück nach Israel gebracht und eingesperrt wurde, sowie seine Ängste und Gefühle während dieser ganzen Zeit zu beschreiben. Da der Prozeß unter Ausschluß der Öffentlichkeit stattfand, war das Risiko gemindert, Beweise könnten nach außen dringen.[8] Die Entscheidung Bachs führte zu einer kleinen Schockwelle in den oberen Etagen des Geheimdienstapparates. Nach Bachs Vorstellungen durfte Vanunu jedoch weder das Land nennen, in dem er verhaftet wurde – obwohl er es ja bereits mit dem Handflächen-Zwischenfall getan hatte –, noch den Ort seiner Gefangenschaft, noch die Identität seiner Entführer und noch nicht einmal das Transportmittel, mit dem er nach Israel zurückgebracht wurde. Diese Angaben seien nach Meinung Bachs für den Prozeß irrelevant und würden ihn nur unnötig aufblähen.

Feldmans erste Aufgabe bestand darin, die Zuständigkeit des Gerichts anzufechten, da Vanunu illegal nach Israel gebracht wurde. Wären die Richter Feldmans Argumentation gefolgt, hätte man Vanunu freilassen müssen. Im Recht der USA – auf das man sich vor israelischen Gerichten berufen kann – gibt es dazu einen Präzedenzfall: den Prozeß gegen den Drogenhändler Francisco Toscanino, der wegen Schmuggels einer großen Heroinmenge zu einer langen Haftstrafe verurteilt wurde. Ein amerikanisches Bundesberufungsgericht hob die Entscheidung einer niedrigeren Instanz mit der Begründung auf, er sei in Südafrika von US-Rauschgiftfahndern entführt und betäubt in die Vereinigten Staaten verfrachtet worden. Bis zu dieser Bundesgerichtsentscheidung hatte die US-Justiz nicht berücksichtigt, was vor einem Prozeß passierte, da man es für irrelevant hielt, wie eine Person vor Gericht gebracht wurde.[9]

Auch in der israelischen Rechtsgeschichte gibt es Präzedenzfälle für gewaltsame Entführungen nach Israel. Der bedeutendste ist der Fall Adolf Eichmann, der für die Logistik der systematischen Judenvernichtung durch die Nazis zuständig war; er wurde 1960 von Mossad-Agenten in Argentinien gekidnappt. Das Gericht verwarf Eichmanns Einwand, nicht zuständig zu sein, mit dem Hinweis, es würde sich nicht dafür interessieren, wie eine Person vor Gericht gebracht wurde. Ausschlaggebend sei, ob es die juristische Macht habe; das Gericht hatte sie – und zwar über jede Person, die sich auf israelischem Territorium befand. Ein Unterschied zwischen Eichmanns und Vanunus Entführung war allerdings, daß Argentinien auf sein Recht im Fall Eichmann verzichtet hatte, wohingegen dies von Italien im Fall Vanunu nicht bekannt war.[10] Zudem haben, im Gegensatz zu Einzelpersonen, nur Staaten eine rechtliche Stellung im Völkerrecht und können gegen die Verletzung internationalen Rechts klagen; zwischen Israel und Italien gibt es außerdem kein Auslieferungsabkommen. Erfolgte die Auslieferung einer Person nicht im Rahmen eines bestehenden Abkommens, wird das Gericht nicht die Umstände untersuchen, unter denen die Person festgenommen und nach Israel gebracht wurde.[11] Im internationalen, humanitären Recht hat sich jedoch manches weiterentwickelt. Artikel 9 der Internationalen Konvention für bürgerliche und politische Rechte lautet beispielsweise: »Niemand darf willkürlich verhaftet oder inhaftiert werden.« Dies schließt auch die Entführung einer Person durch Agenten eines Staates in ein anderes Land aus. Daher sei Israel, das die Allgemeine Erklärung der Menschenrechte in sein Rechtssystem aufgenommen hat, verpflichtet, so die Argumentation Feldmans, Vanunu nach Italien zurückzuschicken.[12]

Das Gericht wies Feldmans Argument zurück[13] – die genaue Begründung wurde nicht bekanntgegeben – und berief sich dabei auf den Grundsatz, ein Gericht könne jede Person in seinem Zuständigkeitsbereich anklagen, unabhängig davon, wie diese Person in den Gerichtsbezirk gelangt sei. Auch andere Staaten haben Menschen entführt, obgleich dabei internationales Recht verletzt wurde. In bestimmten demokratischen Regierungen ist ein Streit darüber im Gange, wie man sich zu Entführungen im Ausland stellen soll. Nachdem der Arzt Humberto Machain 1990 von den USA in Mexiko entführt wurde, weil man ihn der Mittäterschaft beim Mord an einem US-Drogenfahnder beschuldigte – Machain hielt den Mann am Leben, während man mit brutalen Verhörmethoden aus ihm herauszubekommen versuchte, was die USA über die Drogen-Korruption in Mexiko wußte –, legte Machain beim Obersten Bundesgerichtshof der Vereinigten Staaten Berufung ein; seine Entführung bedeute, daß die amerikanischen Gerichte nicht das Recht hätten, ihn anzuklagen. In einer mit sechs zu drei Richterstimmen gefällten Entscheidung verteidigte der Oberste Gerichtshof jedoch die Entführung. Sie würde das Auslieferungsabkommen zwischen den USA und Mexiko nicht verletzen, schrieb dessen Präsident William Rehnquist, da dieser Vertrag nichts darüber aussage, ob »für die USA und Mexiko die Verpflichtung, sich gewaltsamer Entführungen von Menschen aus dem Hoheitsgebiet des anderen Landes zu enthalten«, gelte. Die Richter mit abweichendem Votum meinten, die Entscheidung würde im Ausland als »ungeheuerlich« wahrgenommen werden.

Der Beschluß der Bush-Regierung, den Mexikaner zu kidnappen, war der Höhepunkt einer internen Debatte vorheriger Regierungen. In der Amtszeit Carters wurde 1980 dem Bundeskriminalamt FBI durch eine Anordnung des Justizministeriums nicht gestattet, Straftäter im Ausland zu entführen, da dies an einen Bruch internationalen Rechts grenze. Die Regierung Reagans versuchte, sich davon freizumachen, und postulierte die Befugnis des US-Präsidenten, dem FBI Instruktionen zu erteilen, unabhängig davon, ob die entsprechende Handlung internationalem Recht zuwiderläuft oder nicht. Abraham Sofaer, der juristische Berater des US-Außenministeriums, vertrat den Standpunkt, die Entführung Krimineller im Ausland stelle nicht unbedingt einen Verstoß gegen internationales Recht dar. Er meinte jedoch, jeder Fall müsse anhand einer Reihe von Faktoren beurteilt werden, beispielsweise nach der Schwere des Verbrechens, nach der Staatsangehörigkeit der entführten Person, nach der Art der Beziehungen zwischen den beiden Staaten und danach, ob das Land, in dem der Täter sich aufhielt, versucht hatte, ihn vor Gericht zu stellen. Beim Verbrechen Vanunus, der zwar israelischer Staatsangehöriger war, spielte weder Gewalt noch Drogenhandel eine Rolle.

Ein weiteres Beispiel für Israels gewaltsame Entführungen ist neben Eichmann auch Sheikh Obeid, ein Hisbollah-Geistlicher, der gekidnappt wurde, um den von der Hisbollah gefangengehaltenen israelischen Flugnavigator Ron Arad freizupressen. 1973 nötigte Israel ein syrisches Flugzeug, in Israel zu landen, da man den Verdacht hatte, vier führende Mitglieder einer palästinensischen Terrorgruppe seien an Bord. Als Israel jedoch 1954 eine über dem Mittelmeer fliegende Verkehrsmaschine zur Landung gezwungen hatte, um auf Syrien Druck auszuüben, vier in syrische Gefangenschaft geratene israelische Soldaten freizulassen, war Ministerpräsident Moshe Sharett außer sich und fragte, ob Israel ein Rechtsstaat oder ein Gangsterland sei.

Vanunus Familie hoffte, Mordechais Entführung würde von einem italienischen Gericht oder vom Europäischen Gerichtshof in Straßburg aufgegriffen; Feldman war jedoch skeptisch angesichts von Sicas Urteil, daß Vanunu »ein israelischer Agent« sei. Feldman wollte lieber die israelische Regierung verklagen, da deren Agenten Gewalt angewendet hatten, um Vanunu nach Israel zu bringen.

Wäre zum Prozeß gegen Vanunu Publikum zugelassen gewesen, hätte der von Feldman gezogene Vergleich mit dem Eichmann-Prozeß bei der Öffentlichkeit wohl kaum Eindruck machen können, da Vanunus Image bereits beschädigt war und er als Verräter galt. Während Eichmann jedoch des Mordes und der Verbrechen gegen die Menschlichkeit angeklagt wurde, war Vanunus Delikt politischer Natur. Der Vergleich ließ sich sogar vollständig umdrehen: der auf Eichmann gerichtete Finger konnte ebenso auf einen Staat zeigen, der nach Vanunus Behauptungen Atomwaffen besaß.[14]

Feldman versuchte auch, den Prozeß mit dem Vorwurf zu torpedieren, Vanunus Aussagen dem Shin Bet gegenüber – auf denen die Anklage basierte – wären von seinem Mandanten unter großem psychologischem Druck abgegeben worden. Vanunu wurde seinen Angaben zufolge in einer dunklen Schiffskabine nach Israel zurückgebracht und danach in einer abgeschlossenen, stickigen Zelle gefangengehalten. Der

Shin Bet hatte Vanunu den Eindruck vermittelt, jahrelang eingesperrt zu bleiben, ohne daß jemand davon weiß.[15] In dem Geständnis, zu dessen Unterschrift Vanunu nach eigenen Behauptungen gezwungen wurde, stand auch, er habe von der *Sunday Times* Geld für seine Enthüllung erhalten; dieses Gewinnmotiv lieferte der Anklagevertretung erst die Grundlage für den Vorwurf, Vanunu habe Verrat begehen wollen.[16] Vanunu wartete auf die Gelegenheit, seine Behandlung in den Händen des Shin Bet ausführlich zu beschreiben. Er hielt sich jedoch an die in der revidierten Anweisung des Verteidigungsministers festgelegten Richtlinien und erwähnte weder das Transportmittel, mit dem er nach Israel gebracht wurde, noch das Land seiner Entführung.[17] Während des Prozesses saßen zwei Shin Bet-Agenten neben ihm, um ihm den Mund zuzuhalten, falls er etwas Geheimes verraten sollte. Monate zuvor hatte Vanunu versucht, bei einer gerichtlichen Anhörung seinen Wächtern zu entfliehen, um den Richtern etwas mitzuteilen; die Wachen hatten ihn aber weggezerrt.[18] Hätte Feldman das Gericht zu dem Eingeständnis bewegen können, die Geständnisse seien unter großem psychologischem Druck zustande gekommen, wären die Anklagepunkte hinfällig gewesen. Vor israelischen Gerichten sind jedoch auch mit illegalen Mitteln erhaltene Beweise zulässig, vorausgesetzt, daß diese Mittel nicht ihre Glaubwürdigkeit mindern. Im Gegensatz dazu ist es in den USA nicht erlaubt, solche Beweise vor Gericht zu verwenden, auch wenn ihre Glaubwürdigkeit außer Zweifel steht; dadurch sollen die Polizeibehörden vom Einsatz illegaler Taktiken abgehalten werden.

Der Leiter der Polizeieinheit für schwere Verbrechen und Yossi Ginnossar erzählten dem Gericht, Vanunus geistige Verfassung sei gut gewesen[19], und die Richter entschieden, das Geständnis zuzulassen, mit der Begründung, es sei unter einem vertretbaren Maß an Druck zustande gekommen.[20]

Die Anklage

Die Anklage gegen Mordechai Vanunu schien eindeutig aufgebaut. In der Anklageschrift stand, Vanunu habe zu Beginn seiner Ausbildung im Atomforschungszentrum Dimona eine Erklärung unterschrieben, die ihn zu Stillschweigen über seine Arbeit verpflichtete; er sei auf die Wichtigkeit dieser Erklärung hingewiesen worden. Insbesondere seit Anfang 1985 hätte er jedoch geheime Informationen gesammelt, kopiert, aufbereitet und in seinen Besitz gebracht. Er habe Hochsicherheitszonen des Kernforschungszentrums besucht, »streng geheime Objekte« und Anlagen photographiert sowie die Informationen bei sich zuhause versteckt. Darunter seien auch Unterlagen über Aufbau und Organisation des Zentrums, geheimgehaltene »Entwicklungen«, Verschlußsachen über Betriebs- und Produktionsprozesse sowie »Decknamen der Terminologie verschiedener geheimer Entwicklungen« gewesen.

In Australien, so ist weiter in der Anklageschrift zu lesen, habe Vanunu die geheimen Informationen sowie die von ihm in Dimona aufgenommenen Photos einem Mann namens Guerrero, »der sich ihm als Journalist vorstellte«, gegeben. »Als er die Informationen an Guerrero und anschließend an die *Sunday Times* weitergab, beabsichtigte der Angeklagte, die Sicherheit des Staates zu beeinträchtigen. Der Beschuldigte lieferte die Informationen in dem Wissen, daß sie von der Zeitung veröffentlicht und auf diesem Weg wahrscheinlich den Gegner erreichen würden. Mit seinen Taten beabsichtigte der Angeklagte, dem Feind bei seinem Krieg gegen Israel zu helfen.«

Der Tatbestand, dessen man Vanunu am offensichtlichsten bezichtigen konnte, lautete »schwere Spionage« und wird in Paragraph 113 des israelischen Strafgesetzbuchs über staatliche Sicherheit und Dienstgeheimnisse geregelt:

(b) Wer geheime Informationen ohne entsprechende Genehmigung und in der Absicht weitergibt, die staatliche Sicherheit zu gefährden, wird mit lebenslangem Freiheitsentzug bestraft.
(c) Wer geheime Informationen ohne entsprechende Genehmigung erhält, sammelt, aufbereitet, aufzeichnet oder in Besitz hält, wird mit einer Freiheitsstrafe von sieben Jahren bestraft; wenn er dabei beabsichtigt, die Sicherheit des Staates zu gefährden, wird er mit einer Freiheitsstrafe von fünfzehn Jahren bestraft.

Der Anklagepunkt der Gefährdung der staatlichen Sicherheit setzte die Richtigkeit der an die *Sunday Times* weitergegebenen Informationen voraus. Um zu vermeiden, daß die Anklageschrift die Haltung der nuklearen Zweideutigkeit unterminiert, wiesen Regierungsbeamte jedoch eilig darauf hin, nach dem Gesetz sei es irrelevant, ob die Informationen richtig wären oder nicht. Unter »geheime« Informationen konnten auch Schilder mit der Aufschrift »Zutritt verboten« fallen, die das Nuklearforschungszentrum umgaben.[21]

Mit der Anklagevertretung waren Dorit Beinish, die stellvertretende Generalstaatsanwältin, und Uzi Hasson betraut. Hasson war der Leiter der Steuerabteilung beim Justizministerium, der auf beträchtliche Erfahrung in Strafsachen beim Obersten Gerichtshof zurückgreifen konnte. Die beiden wurden als das beste Team zur Bewältigung dieses delikaten Falles angesehen. Sie hatten zuvor im umstrittenen Prozeß gegen den »Jüdischen Untergrund« mitgewirkt, in dem jüdische Siedler im Westjordanland wegen Mordes an arabischen Nachbarn zu teilweise lebenslänglichen Haftstrafen verurteilt worden waren. Dorit Beinish geriet daraufhin in die Schußlinie persönlicher Angriffe und Kritik von seiten der politischen Rechten. Kurz vor der Fertigstellung der Anklageschrift fügten Beinish und Hasson dem Anklagepunkt Spionage noch den des Landesverrats hinzu. Diese nachträgliche Aufnahme zeigte die Meinungsverschiedenheiten zwischen dem Shin Bet

4 Meter x 3 Meter x 18 Jahre: Der Prozeß

und dem Justizministerium sowie innerhalb des Ministeriums selbst.[22] Paragraph 99 des Strafgesetzbuches lautet:

(a) Wer in der Absicht, einem Feind im Krieg gegen Israel zu helfen, eine Tat begeht, die dazu bestimmt ist, ihm zu helfen, wird mit der Todesstrafe oder mit lebenslangem Freiheitsentzug bestraft.
(b) Für die Zwecke dieses Paragraphen beinhaltet ›Hilfe‹ auch die Lieferung von Informationen in der Absicht, daß sie in die Hände des Feindes fallen, oder in dem Wissen, daß sie in Feindeshände fallen könnten; dabei ist es unerheblich, ob zu dem Zeitpunkt, an dem die Information weitergegeben wird, Krieg geführt wird oder nicht.

Obwohl die Anklagevertretung im allgemeinen dazu neigt, möglichst viele Anklagepunkte aufzuführen, löste der Vorwurf des Landesverrats in offiziellen Kreisen Verwunderung aus, weil Vanunu die Informationen nicht an einen Feind, sondern an eine Zeitung weitergegeben hatte. Einige Beobachter waren der Ansicht, daß es schwierig werden würde, Vanunu in diesem Punkt für schuldig zu befinden.[23] Daneben gab es innerhalb des Justizministeriums Unstimmigkeiten, welches Strafmaß man beantragen solle. Generalstaatsanwalt Yosef Harish wollte angesichts der Schwere der Vorwürfe für die Todesstrafe plädieren[24], wohingegen sich andere Beamte für eine lebenslange Haftstrafe aussprachen, da in ihren Augen die Todesstrafe nur verhängt werden könne, wenn das Delikt während einer Periode bewaffneter Feindseligkeiten, das heißt während eines Krieges begangen wurde. Das einzige Todesurteil, das jemals in der Geschichte Israels vollstreckt wurde, war das gegen Adolf Eichmann. Harish machte jedoch die Rechtsauslegung geltend, daß sich Israel in einem permanenten Zustand bewaffneter Feindseligkeiten befände, solange nicht Frieden mit den Nachbarstaaten herrsche. Letztendlich entschied man sich aber für die Beantragung von lebenslanger Haft.

Avigdor Feldman bestritt den Hauptvorwurf der Anklage nicht, Vanunu habe der *Sunday Times* Informationen geliefert, sondern baute seine Verteidigung auf zwei Fragen auf: Haben die Informationen der Sicherheit Israels geschadet? Und hat Vanunu beabsichtigt, die Sicherheit des Landes zu gefährden? Feldman stellte sich auf den Standpunkt, die Informationen hätten die Sicherheit Israels nicht beeinträchtigt, weil schon früher Berichte darüber veröffentlicht worden seien, nach denen Israel über die Bombe verfügt; etwas, von dem alle wüßten, könne nicht als geheim angesehen werden. Ab einem gewissen Punkt stellt allgemeines Wissen einen Widerspruch zum Begriff des Geheimnisses dar.

Eine Hürde für Feldman war die Regierungsanordnung, wonach im Gerichtssaal bestimmte Fragen, wie zum Beispiel, ob der Artikel Schaden verursacht habe oder ob er der Wahrheit entspreche, nicht besprochen werden durften; die Anordnung erging mit der Begründung, damit würde Israels Besitz der Bombe suggeriert.[25] Feldman versuchte, diese Schwierigkeit durch die Vorladung ausländischer Experten zu umgehen, die bezeugen sollten, daß die Informationen bereits bekannt waren. Professor George Quester von der Cornell University, der ausführlich über den Rüstungswettlauf publiziert hatte, meinte, Vanunus Enthüllung sei nichts Neues gewesen. »Alle Länder der Welt«, sagte Quester vor Gericht, »darunter auch die arabischen Staaten, die USA und die Sowjetunion, gehen davon aus, daß Israel die Atombombe hat. Die Supermächte und die arabischen Staaten richten ihre Politik dementsprechend aus.« In den vierzehn Monaten zwischen dem *Sunday Times*-Artikel und Vanunus Erscheinen vor Gericht im Januar 1988 war nach Aussagen Questers kein internationaler Druck auf Israel bezüglich der atomaren Frage ausgeübt worden. Auch hätten die arabischen Staaten keine speziellen Erklärungen abgegeben oder besondere Standpunkte zu diesem Thema eingenommen. Dies zeige, so Quester, daß Vanunu nichts Neues offenbarte.[26] Dr. Frank Barnaby, der ebenfalls von Feldman geladen worden war, bestätigte, in den Enthüllungen wäre nichts Neues enthalten.[27] Die Verteidigung hatte eine Liste früher veröffentlichter Berichte über Israels Atompotential zusammengestellt.[28] Die von Vanunu angeführte Wiederaufbereitungsanlage wurde bereits von Fuad Jabber, Autor des Buches *Israel and Nuclear Weapons*, von Steve Weisman und Herbert Krosney, Verfasser von *The Islamic Bomb,* und von Peter Pringle und James Spigelman in ihrem Buch *The Nuclear Barons* (dt. Titel: *Die Atom-Barone*) erwähnt. Ein Rüstungsexperte hatte ein Jahr zuvor in den NBC-Nachrichten geschätzt, Israel habe mindestens 100 atomare Sprengköpfe, möglicherweise sogar über 140. Über die Erweiterung der Reaktorleistung hatte der französische Journalist Pierre Péan 1982 in einem Buch berichtet.[29] In der Liste fand sich jedoch kein Beleg dafür, daß jemand vor Vanunu behauptet hatte, Israel verfüge über thermonukleare Bomben.

Zeugenaussagen

Im Gegensatz zu Barnaby und Quester sagte ein anderer, von Feldman vorgeladener Zeuge aus, Vanunu habe die staatliche Sicherheit gefährdet. Dieser Zeuge war Shimon Peres, zur Zeit des Vanunu-Artikels Ministerpräsident und ein Architekt des Atomforschungsprogramms Israels und dessen Haltung der nuklearen Zweideutigkeit. Peres schien damit einem eigenen Kommentar zu widersprechen, den er im November 1986, einen Monat nach Erscheinen der Geschichte, in einer nichtöffentlichen Sitzung von Knessetabgeordneten der Arbeiterpartei abgegeben hatte; danach habe der *Sunday Times*-Artikel Israel nicht geschwächt.[30] Peres' Aussage war auch deshalb eine Enttäuschung, weil er sich strikt an die Regierungsanordnung hielt und die Antwort auf Feldmans Fragen verweigerte, auf welche Quellen er sich bei seiner Behauptung stütze, die nationale Sicherheit sei gefährdet worden.[31] Feldman brandmarkte die Regierungsanordnung als »Eingriff in das gerichtliche Verfahren« und rief erneut den Obersten Gerichtshof um deren Aufhebung an. Er fand wiederum ein offenes Ohr bei Richter Gavriel Bach, der das Verbot für eines der fünf Tabuthemen außer Kraft setzte, da er deren Erörterung für »sehr essentiell und wichtig für Vanunu« ansah.[32] Peres ließ jedoch in seiner dreiseitigen schriftlichen Antwort immer noch einige der von Feldman gestellten 20 Fragen unbeantwortet.[33]

Eigentlich war Questers Behauptung paradox, Vanunus Enthüllungen seien allgemein bekannt gewesen, denn dies hätte bedeutet, daß der »Knüller« der *Sunday Times* wertlos war. Die Zeitung selbst hatte Professor Theodore Taylors Standpunkt wiedergegeben, der nach Durchsicht von Vanunus Angaben meinte, das israelische Atomprogramm sei weiter fortgeschritten, als in früheren, Taylor bekannten Berichten vermutet wurde. Barnaby sagte vor Gericht aus, der Wert des Zeitungsartikels läge teilweise darin, daß die Informationen von einem Insider stammten.[34] Durch diese Aussage zerstörte Barnaby Feldmans Ansatz, nach dem in den Enthüllungen nichts Neues enthalten sei und Vanunu somit nicht der in Paragraph 113 geregelten Weitergabe »geheimer« Informationen beschuldigt werden könne. Feldmans Argumentation stand auf tönernen Füßen, da es kein wirkliches Wissen über Israels Atompotential gab, sondern nur Mutmaßungen und Schätzungen.

Feldmans zweiter Verteidigungsansatz betraf die Ziele von Vanunus Enthüllungen. Sein Mandant hatte weder die »Absicht, einem Feind zu helfen« (Paragraph 99), noch die »Absicht, die staatliche Sicherheit zu gefährden« (Paragraph 113).

Sein Ziel war es, die israelische Öffentlichkeit und die internationale Staatengemeinschaft über das Atomprogramm zu informieren. Feldman zitierte Paragraph 94, mit dem der Abschnitt des Strafgesetzbuchs über staatliche Sicherheit und Dienstgeheimnisse beginnt:

Eine Handlung soll nicht als Straftat gemäß dieses Abschnittes angesehen werden, wenn sie in gutem Glauben mit der Absicht begangen wurde oder so begangen worden zu sein scheint, mit rechtmäßigen Mitteln einen Wandel in der Struktur des Staates oder der Funktion eines seiner Organe, oder in der Strukur eines ausländischen Staates oder der Funktion eines seiner Organe, oder in der Struktur oder der Funktion einer staatenübergreifenden Behörde oder Organisation herbeizuführen.

Durch Vanunus Gesetzesübertretung wurde die Öffentlichkeit über etwas in Kenntnis gesetzt, was ihr zuvor verborgen gehalten blieb; erst dadurch wurde eine Meinungsbildung durch den demokratischen Prozeß ermöglicht.

»Es muß ein gewisses Gleichgewicht geben: Wie kann ein Bürger von seinem Wahlrecht Gebrauch machen, wenn er unwissend ist? Ist die Likud-Regierung für oder gegen Atomwaffen?«, fragte Feldman.[35]

Peter Hounam sagte aus, er sei der erste *Sunday Times*-Mitarbeiter gewesen, den Vanunu getroffen habe. »Wir haben ihm kein Geld gezahlt, sondern nur seine Auslagen übernommen«, so Hounam. »Ich sagte vor Gericht, daß Vanunu bei unseren Treffen betont hatte, aus ideologischen Beweggründen zu handeln. Geld stellte keine Motivation für ihn dar.«[36] Hounam hatte Vanunu nicht mehr gesehen, seit dieser in London verschwunden war. »Ich meinte: ›Paß auf dich auf und kämpfe weiter‹, und er erwiderte: ›Vielen Dank, Peter.‹ Das war ein sehr emotionaler Moment für uns beide. Ihm traten Tränen in die Augen«, erzählte Hounam.[37]

Feldman hatte auch Abba Eban vorgeladen, den Vorsitzenden des Knesset-Ausschusses für Auswärtige Angelegenheiten und Verteidigung, der formell die legislative Kontrolle über die Atompolitik ausübt; mit seiner Hilfe wollte Feldman »den nichtdemokratischen Prozeß offenlegen, in dem Entscheidungen gefällt werden, von denen noch nicht einmal wichtige Ausschüsse wußten.«[38] Ebans Aussage »half Feldman, seine Verteidigungsstrategie aufzubauen«, eine extreme Strategie, bei der er zivilen Ungehorsam für Vanunu in Anspruch nahm.[39] Bei den Nürnberger Prozessen wurde festgehalten, daß eine Einzelperson nicht nur dazu verpflichtet ist, sich der Ausführung eines »illegalen« Befehls zu verweigern, sondern daß sie alles in ihrer Macht Stehende tun muß, um die Rechtmäßigkeit des Befehls sicherzustellen.[40] Da Dimona internationalen Inspektionen nicht zugänglich war und Israel nicht den Atomwaffensperrvertrag unterzeichnet hatte, postulierte Feldman, habe Vanunu die moralische Verpflichtung gehabt, die Informationen trotz des geleisteten Eides auf Geheimhaltung zu enthüllen.

Feldman wollte Professor Richard Falk in den Zeugenstand rufen. Falk war Experte für Internationales Recht an der Universität Princeton und hatte Wehrpflichtige verteidigt, die aus Gewissensgründen den Einsatz in Vietnam verweigerten. Die Richter meinten jedoch, Feldman könne Falks Ansichten in seinem Schlußplädoyer vortragen.[41] Durch die verschiedenen Aussagen der von Feldman beigebrachten Experten und Zeugen, nach denen Vanunus Behauptungen auch von international anerkannten Wissenschaftlern vertreten wurden, verwandelte sich das Gericht in einen Universitätshörsaal.

Die These, wonach Vanunu zu seiner Handlung moralisch verpflichtet gewesen sei, wurde nicht allgemein akzeptiert. Während über die Illegalität eines Atompotentials als Erstschlagswaffe Einigkeit herrschte, war der Status eines Nuklearpotentials zu Abschreckungszwecken ungeklärt. Ein weiteres Fragezeichen stand über Feldmans Interpretation des Paragraphen 94, wonach Vanunus Informationsweitergabe »in gutem Glauben mit der Absicht begangen wurde, mit rechtmäßigen Mitteln einen Wandel herbeizuführen«. Feldmans Gesetzesauslegung öffnete die Büchse der Pandora; jede Person mit ideologischen Motiven konnte demnach das Gesetz übertreten. Es ist schwer vorstellbar, daß die Knesset bei der Abfassung des Gesetzes über die staatliche Sicherheit dies im Hinterkopf hatte.

Das Hauptproblem für das Gericht war jedoch, ob Vanunus Ziele mit der rechtlichen Bedeutung des Begriffs ›Absicht‹ übereinstimmten. Das israelische Recht unterscheidet, wie manche anderen Rechtssysteme, zwischen ›Motiv‹ und ›Absicht‹. Motiv bezeichnet das grundlegende Ziel eines mutmaßlichen Straftäters; Absicht bezieht sich auf die zur Erreichung des Zieles eingesetzten Mittel. All die Jahre hindurch haben sich die israelischen Gerichte nicht für das Motiv des Angeklagten interessiert – obwohl es für das Urteil hätte relevant sein können –, sondern für die Absicht oder die Handlung des einzelnen, da diese der Gesellschaft oder, wie im Fall Vanunu, der nationalen Sicherheit schadet. Vanunu glich irgendwie einem Arzt, der zum Zwecke kardiologischer Forschung einem lebenden Patienten das Herz herausnimmt, um es zu untersuchen. Der Patient stirbt natürlich. Der Arzt wollte ihn zwar nicht töten, wird aber des Mordes angeklagt, weil mit hoher Wahrscheinlichkeit davon ausgegangen werden konnte, daß der Patient sterben würde. Die rechtliche Definition der Absicht beinhaltet, die Folgen seines Handelns vorauszusehen und sie in Kauf zu nehmen. Daher wurde der in der Tschechoslowakei geborene Professor Kurt Sitte 1960 von einem israelischen Gericht der Weitergabe geheimer Informationen an ausländische Agenten für schuldig befunden, obwohl er die nationale Sicherheit nicht gefährden wollte, sondern aus Sorge um das Wohlergehen seiner Angehörigen handelte. In seinem Urteil im Fall Sitte schrieb der Oberste Israelische Gerichtshof: »Bei Verbrechen gegen die Sicherheit des Staates ist eine Person für solche Konsequenzen ihres Handelns verantwortlich, die höchstwahrscheinlich eintreffen.« Nach dem Gesetz über Verrat »beinhaltet ›Hilfe‹ auch die Lieferung von Informationen in der Absicht, daß sie in die Hände des Feindes fallen, oder in dem Wissen, daß sie in Feindeshände fallen könnten« (Paragraph 99b). Die Verfasser dieses Gesetzes scheinen darüber besorgt gewesen zu sein, daß dort, wo die nationale Sicherheit auf dem Spiel steht, die Gesellschaft nicht angemessen geschützt ist. Ein enger definiertes Gesetz wäre beispielsweise nicht auf ein Individuum mit ideologischen Motiven anwendbar, im Gegensatz zu einem Täter, dessen Absicht tatsächlich die Gefährdung des Staates war.

Angesichts der weiter gefaßten Definition von ›Absicht‹ im israelischen Strafgesetz, die auch die wahrscheinlichen Folgen einer Handlung unabhängig vom eigentlichen Ziel einschließt, war Feldmans Aufgabe nicht gerade leicht. Dies traf besonders auf den Vorwurf der Spionage zu, da Paragraph 113b lautete: »Wer geheime Informationen ohne entsprechende Genehmigung und in der Absicht weitergibt, die staatliche Sicherheit zu gefährden, wird mit lebenslangem Freiheitsentzug bestraft.« Sogar für das unerlaubte Sammeln von Informationen konnte Vanunu mit sieben Jahren Freiheitsentzug bestraft werden (Paragraph 113c).

Der von der Anklagevertretung erhobene Vorwurf des Landesverrats stand auf schwächeren Füßen, da man damit Vanunu eine »Absicht, einem Feind im Krieg gegen Israel zu helfen« unterstellte, obwohl »Hilfe« auch »die Lieferung von Informationen in dem Wissen, daß sie in Feindeshände fallen könnten« beinhaltet. Vanunu handelte in gutem Glauben und beabsichtigte niemals, »dem Feind zu helfen«. Feldman argumentierte, es sollte im Gesetz heißen: »Wer einem Feind im Krieg hilft«. Die Formulierung »Wer in der Absicht, einem

Feind im Krieg gegen Israel zu helfen« suggeriere, daß es sich um eine besondere Art von Vorsatz handeln müsse. Demnach erfordere nach Ansicht Feldmans die Hilfe an einen Feind mit dem bloßen »Wissen, daß die Informationen in Feindeshände fallen könnten« (Paragraph 99b), den besonderen Vorsatz, der die Voraussetzung für die in Paragraph 99a postulierte »Hilfe« darstelle.

Der Vertreter der Anklage Uzi Hasson konterte, es sei unmöglich, in das Herz eines Menschen zu sehen, um seine Absichten festzustellen: der Vorsatz lasse sich an der Handlung selbst ablesen.[42] Richter Shalom Brenner forderte ihn heraus: »Wenn Sie sagen, Vanunu habe beabsichtigt, die geheime Information an einen Feind weiterzugeben, warum ist er dann nicht zum Feind gegangen? Warum bedurfte er einer Mittelsperson, der *Sunday Times*?« Hasson erwiderte ziemlich kläglich: »Es ist nicht möglich, den eindeutigen Grund dafür zu kennen.«[43] Die Richter ließen sich nicht davon überzeugen, daß Vanunus Tat mit Landesverrat gleichgesetzt werden konnte. Sie verschoben die Beweislast von der Verteidigung, die Vanunus gutmeinende Absichten hätte beweisen müssen, auf die Anklage, die nun das Gegenteil beweisen mußte.

Vanunus Motiv

Im Gegensatz zu Feldmans intellektuellem Erklärungsversuch für Vanunus Beweggründe, lieferte Uzi Hasson dem Gericht eine soziopsychologische Analyse des Angeklagten. »Was seine Persönlichkeit anbelangt, ist Vanunu ein introvertierter Mensch – egozentrisch, ein Einzelgänger, mit einer vielschichtigen und komplexen geistigen Struktur –, der zu dem Schluß kam, daß er seinen Platz in der israelischen Gesellschaft und im Land nicht gefunden hatte. Seine Lebenssuche im allgemeinen und in der Gesellschaft Israels im besonderen führte ihn mehr und mehr zur Linken und näherte seine Einstellung den Arabern an.« Hasson führte weiter aus: »Je stärker Vanunus Neigungen in diese Richtung gingen, desto feindseliger wurde er gegenüber dem Nuklearforschungszentrum. Dieses Gefühl verstärkte sich während und nach dem Libanonkrieg von 1982 und erhärtete sich, als er entlassen werden sollte. Die Aufhebung des Entlassungsbescheides änderte nichts an seinen Gefühlen; er fühlte sich beschimpft und beschloß, von sich aus zu kündigen. Er schied aus, weil seine Vorgesetzten ihn seiner Meinung nach loswerden wollten. Die Arbeitsunterbrechung und die vorausgegangenen Beschimpfungen (die aus Gesprächen und Warnungen des Sicherheitspersonals resultierten, nachdem man seine linksgerichtete Einstellung entdeckt hatte) bestärkten ihn in seiner Entscheidung – zu der er Anfang 1985 gelangt war –, sich von Israel loszusagen und im Ausland ein neues Leben zu beginnen; sie weckten den Wunsch, sich an allen zu rächen, die ihm diesen Schmerz zugefügt hatten.« Dies sei vielleicht auch der Grund, so Hasson, daß Vanunu zum Christentum konvertiert ist.

»Vanunu ist ein intelligenter Mensch«, fuhr Hasson fort, »der trotz seiner sozialen Herkunft beachtliche Bemühungen anstellte, vorwärtszukommen und eine angesehenere Stellung zu erlangen als seine Eltern und seine Familie. Bedauerlicherweise schaffte er es nicht; auch hatte er keine eigene Familie gegründet. Seine alltägliche Arbeit ohne Hoffnung und vielleicht sogar ohne die Möglichkeit auf eine Verbesserung, ließ ihn zu dem Schluß kommen, in seinem Leben nichts erreicht zu haben. Und daraus«, so legte Hasson dar, »erwuchs sein Wunsch nach Publicity, etwas Bedeutendes zu tun, was ihn aus der Anonymität heraustreten lassen und seine Einzigartigkeit beweisen würde. Die Aussicht auf einen finanziellen oder anderen Nutzen – der zum Beginn eines neuen Lebens erforderlich war – gehörte zu den Gründen« für sein Handeln, obwohl Hasson zugeben mußte: »Es gibt keinen direkten Beweis dafür, daß es Vanunu gelungen war, einen größeren Betrag von der *Sunday Times* zu erhalten.«[44]

Die Richter waren sich in der Frage nach Vanunus Motiven nicht einig. In einer Mehrheitsentscheidung schlossen sich der den Vorsitz führende Richter Eliahu Noam und Shalom Brenner Hassons Ausführungen an, die Vanunus Behauptung, er habe aus ideologischen Motiven gehandelt, für nichtig erklärten. Richter Zvi Tal meinte jedoch, der ausschlaggebende Faktor sei ideologischer Natur – »eine Weltanschauung, die sich während Vanunus aktiver Phase an der Ben-Gurion-Universität herauskristallisierte. Vanunu stand im politischen Spektrum ganz links außen.« Zvi Tals Einschätzung trifft Vanunus Persönlichkeit völlig. Tal, ein religiöser Jude mit umfassender jüdischer Bildung, war ein geduldiger Zuhörer, der in seinen Verhandlungen generell die Behauptungen des Angeklagten einfühlsam in einen Zusammenhang brachte, auch wenn sie teilweise weit hergeholt schienen. Als Anwalt hatte er früher die Armen ohne Honorar verteidigt. Zu Beginn seiner Zeit im Richteramt bestand die Gefahr, angeschwindelt zu werden, aber nach langjährigen Erfahrungen war er durchaus in der Lage, Dichtung und Wahrheit zu unterscheiden. Bei dem Versuch, Vanunus wahre Motive herauszufinden, forschten die Richter nach früheren Belegen für seine Einstellung gegen Atomwaffen. Ein Brief, den Vanunu kurz vor seinem Abflug von Australien nach Großbritannien an seinen Bruder Meir geschickt hatte, war in diesem Zusammenhang für Richter Tal von einiger Bedeutung. Vanunu schrieb darin, er habe sich »in erster Linie aus politischen Beweggründen« zum Handeln entschlossen: »Obwohl ich Israel verlassen habe und nichts mehr damit zu tun haben will, werde ich immer wieder davon eingeholt. Ich fühle mich verpflichtet, die Informationen zu veröffentlichen.« Aber Noam und Brenner werteten den Brief als Rechtfertigungsversuch, »weil für jeden intelligenten Menschen die Handlung auf Verrat gegenüber dem Heimatland hinauslief«. Die ideologischen Erklärungen seien dazu gedacht, jegliche Unterstellung zu zerstreuen, er sei ein Spion oder Verräter. Um Vanunus Motive zu verstehen, müsse man, so die beiden Richter, sein Bestreben berücksichtigen, der Kommunistischen Partei Israels beizutreten, sowie seinen Wunsch, die Brücken zu seinem Land endgültig abzubrechen. Des weiteren meinten sie, aus Vanunus Tagebüchern ließe sich ein ständiger Drang nach Publicity und ein finanzieller Anreiz, nicht aber eine starke ideologische Motivation herauslesen.

Israelische Zeitungen berichteten jedoch, in Vanunus Tagebüchern trete sein progressives Denken sehr deutlich zutage. Daß es keine Tagebucheinträge über die Bombe oder seine Arbeit in Dimona gibt, könne zu seinen Gunsten ausgelegt werden, da er noch nicht einmal seinem eigenen Tagebuch geheime Informationen anvertraut habe. Er sprach auch nicht mit seiner Familie oder seiner Ex-Freundin über seine Arbeit. Was die Richter vielleicht hätte umstimmen können, wären Hinweise auf legale Aktivitäten gewesen, nachdem er Dimona verlassen hatte, wie beispielsweise antinukleare Presseartikel oder ein Engagement in Friedensgruppen. Den Richtern ist wohl entgangen, daß Vanunu während seines Aufenthalts in King's Cross in Sydney aktiv an einem Workshop zum Thema Frieden teilgenommen hat, der sich auch mit dem Problem Atomwaffen befaßte. Wenn man die Noam-Brenner-Argumentation verallgemeinern würde, hieße das, die selbst formulierten politischen Ansichten und Handlungen eines Individuums eher auf tiefverwurzelte, soziopsychologische Faktoren zurückzuführen als auf intellektuelle und rationale Überlegungen. Das Bild, das Hasson von Vanunu zeichnete, bedeutete ebenfalls, daß Vanunu beim atomaren Thema »extrem« war, weil er auch in anderen politischen Fragen, wie beispielsweise dem Araberproblem und dem zukünftigen Status des Westjordanlandes, extreme Ansichten vertrat.

Es ist tatsächlich nicht erstaunlich, wenn ein Mensch mit einer weitgehend radikalen Lebensanschauung Atomwaffengegner ist.

Das Urteil

Die drei Richter verfaßten ihr Urteil gemeinsam, aber bis zum Tag der Urteilsverkündung am 24. März 1988 wägten sie ausführlich ab, ob Vanunu nur wegen Spionage oder auch wegen Verrats verurteilt werden sollte.[45] Sie kamen schließlich zu der einstimmigen Entscheidung, ihn sowohl der Spionage als auch des Landesverrats schuldig zu sprechen. Das Gericht wies alle Argumente Feldmans zurück. Zum Einwand, die Informationen seien an eine Zeitung und nicht an einen ausländischen Agenten weitergegeben worden, meinten die Richter, die Veröffentlichung in einer Zeitung sei in Wirklichkeit Beweis dafür, daß Vanunu »beabsichtigte, alle gesammelten Informationen veröffentlichen zu lassen, damit jeder Feind Israels davon Kenntnis erhalte, sogar ohne direkten Kontakt zum Feind aufzunehmen«.[46] Das Argument, die »Hilfe an einen Feind« müsse sich erst in der Praxis als Schaden erweisen, verwarf das Gericht mit dem Hinweis, »Schaden« könne am bloßen Verbot der Handlung gemessen werden, auch wenn der Feind die Informationen gar nicht nutze. Zu der Auslegung, »Hilfe an den Feind im Krieg« sei auf Perioden bewaffneter Feindseligkeiten beschränkt, stellte das Gericht fest, »im Krieg« umfasse auch die Zeiträume zwischen Kriegen, weil sich die meisten arabischen Länder in einem permanenten Kriegszustand mit dem jüdischen Staat befänden. Das Gericht wies ebenso das Argument zurück, Informationen über Israels Nuklearpotential seien schon früher veröffentlicht worden; die Begründung hierzu wurde jedoch zensiert.

Feldman hatte auch den Einwand vorgebracht, die Anklage der schweren Spionage träfe auf Vanunu nicht zu, da man bei ihm nicht von einem »Vorsatz, die staatliche Sicherheit zu gefährden« ausgehen könne. Während im Paragraph zu Verrat explizit gesagt wird, »Absicht« beinhalte auch das bloße »Wissen, daß die Information in Feindeshände fallen könnte«, wird »Absicht« in Paragraph 113 zu Spionage nicht so definiert. Die Richter entschieden, in Paragraph 99 werde das Wesen der »Absicht« auch für Paragraph 113 definiert. Ihre Interpretation ist fragwürdig, weil der Strafgesetzbuchabschnitt über staatliche Sicherheit und Dienstgeheimnisse in sechs Titel unterteilt ist, darunter »Allgemeine Bestimmungen«, »Spionage« und »Verrat«. Wenn die Verfasser des Strafgesetzes gewollt hätten, daß die weiter gefaßte Interpretation der ›Absicht‹ auch auf andere, die staatliche Sicherheit betreffende Paragraphen angewandt wird, hätten sie dies eher in die »Allgemeinen Bestimmungen« zu Beginn des Abschnitts als in einen bestimmten Paragraphen (nämlich den zu ›Verrat‹) aufgenommen. Die Richter hatten in Wirklichkeit die Entscheidung über einen bestimmten Paragraphen von einem anderen davon unabhängigen Paragraphen über ›Verrat‹ übernommen.

Obwohl zwei Richter die ideologischen Motive, die Vanunu für sich in Anspruch nahm, verworfen hatten, schloß das Gericht sein Urteil mit folgender Bemerkung: »Die schlimmsten Verbrechen in der Geschichte der Menschheit sind aus ideologischen Beweggründen begangen worden. Kein ideologisches Ziel heiligt den Einsatz illegaler Mittel. Darüber hinaus ist die Gefahr durch ideologisch motivierte Straftäter vielleicht größer als die durch andere Typen von Verbrechern.« Mit einem Zitat von Generalstaatsanwalt Yitzhak Zamir hielten die Richter fest, daß Überzeugungstäter nicht nur das Gesetz übertreten, sondern das Gefüge des Staates selbst gefährden. Da sie oft in einem positiven Licht gesehen werden, sind sie Identifkationsfiguren für ihre jeweiligen Anliegen; sie können Maßnahmen ergreifen und Gewalt anwenden, »vielleicht bis hin zu Rebellion und Aufstand gegen Autorität, das heißt gegen die demokratische Gesellschaft«.

Bei der Urteilsverkündung sagte Vanunu zu den Richtern, er bedauere zwar nicht, die Informationen bekanntgemacht zu haben, aber im nachhinein betrachtet, hätte er es nicht getan. Als er die 60seitige Urteilsbegründung las, konnte er seine Enttäuschung nicht verbergen und legte immer wieder den Kopf in seine Hände. Vanunu hatte erwartet, nur der Spionage für schuldig befunden zu werden. »Ich bin kein Verräter, ich beabsichtigte nicht, die Sicherheit des Staates zu gefährden. Ich bin sehr enttäuscht, daß das Gericht die Botschaft nicht angenommen hat, die ich ihm mitzuteilen versuchte: Alles, was ich tat, habe ich aus ideologischen Gründen getan«, sagte Vanunu zu Feldman.[47]

Er wurde zu einer Freiheitsstrafe von 18 Jahren verurteilt, also zu weniger als den von der Staatsanwaltschaft beantragten 20 Jahren. Vanunus Einzelhaft, seine Kooperation beim Shin Bet-Verhör und ein gewisses Bedauern in seinen abschließenden Äußerungen waren Faktoren, die das Gericht zu einem etwas milderen Urteil bewegten. Hätte das Thema Atombombe die israelische Öffentlichkeit beschäftigt, wäre es höchst fraglich, ob man Vanunu derart hart bestraft hätte.

Asher Vanunus Reaktion auf das Urteil und das Strafmaß war: »Mordechai hat sich weder des Mordes noch der Vergewaltigung schuldig gemacht. Er hatte gute Absichten. Niemand verstand ihn.« Sein Vater Shlomo sagte jedoch: »Meine Ehre ist dahin. Es ist eine Schande für die Familie. Aber er ist mein Sohn. Kennen Sie einen Vater, der seinen Sohn nicht liebt? Was kann ich tun? Wir hatten mehr Glück mit unseren Töchtern; sie haben Männer mit jüdischer Bildung geheiratet. Dieser Sohn hat jedoch unser Leben und unsere Ehre zerstört.« In London griff Meir Vanunu, der wie Asher gehofft hatte, das Gericht würde Mordechai nicht des Landesverrats für schuldig befinden, die Richter dafür an, daß sie »es nicht schafften, sich über die engen Staatsinteressen zu erheben und sich zum atomaren Thema im allgemeinen zu äußern«. Man würde Berufung beim Obersten Gerichtshof einlegen, und er wollte die internationale öffentliche Meinung gegen das Urteil mobilisieren.

Der Vanunu-Prozeß wies Parallelen zu einem Verfahren vor einem amerikanischen Gericht auf, in dem der mit der Auswertung von Geheimdienstmaterial beschäftigte Zivilangestellte der US-Marine Samuel Loring Morison angeklagt wurde; nebenbei arbeitete er auch als Redakteur für das Londoner Magazin *Jane's Fighting Ships*.

1984 gab Morison US-Satellitenphotos von einem neuen sowjetischen Flugzeugträger, die er auf dem Schreibtisch eines Kollegen entdeckt hatte, an das Magazin *Jane's Defence Weekly* weiter. Aufgrund des Spionagegesetzes von 1917 bezichtigte die Reagan-Regierung Morison der Spionage. Er war die erste Person, die jemals vor einem US-Gericht wegen der Weitergabe geheimer Informationen an die Medien angeklagt wurde. Morison versuchte, sich damit zu verteidigen, der Kongreß hätte bei der Beschließung des Spionagegesetzes nicht dessen Anwendung auf Enthüllungen in den Medien im Sinn gehabt. Er berief sich auf den *First Amendment*, den ersten Zusatzartikel zur Verfassung von 1787, und wies auf die Gefahren hin, wenn ein Bürger für die Lieferung von Informationen an die Medien vor Gericht gestellt wird. Der Bezirksrichter Donald Russell verwarf jedoch diesen Einwand: »Die bloße Tatsache, daß jemand ein Dokument gestohlen hat, um es der Presse zu geben, ob für Geld oder aus anderem persönlichen Nutzen, schützt ihn nicht davor, für seine kriminelle Handlung zur Verantwortung gezogen zu werden. Die Berufung auf den *First Amendment* zu einem solchen Zweck würde diesen Artikel in eine Ermächtigung zum Diebstahl verwandeln.« Im Oktober 1985 wurde Morison zu einer zweijährigen Haftstrafe verurteilt.

Es gibt Gemeinsamkeiten und Unterschiede in der Art und Weise, wie die israelische und die US-amerikanische Justiz mit den jeweiligen Fällen umgingen. Im Vanunu-Prozeß wurde ausführlich darüber diskutiert, ob sein Verbrechen nun Spionage oder auch Landesverrat darstellte. Im Morison-Verfahren hingegen wurde dies nicht in Betracht gezogen; es ging zunächst um die Frage, ob es sich überhaupt um einen Fall von Spionage handelte. Zwei der drei Richter stimmten zwar mit Russells Urteil überein, sorgten sich aber auch um das Recht der Medien und der Öffentlichkeit auf Information. Richter James Wilkinson meinte: »Das Anliegen des *First Amendment* auf eine fundierte Debatte in der Öffentlichkeit tritt nicht einfach zurück, wenn die Worte ›Nationale Sicherheit‹ fallen.« Bei der Verteidigung Morisons spielten Fragen der Absicht und des tatsächlichen Schadens für die Sicherheit des Landes ebenfalls eine Rolle. Die US-Regierung behauptete, Morison habe durch die Weitergabe der Photos den sowjetischen Geheimdienst auf die Effizienz der US-Satelliten beim Sammeln von Geheimdienstmaterial aufmerksam gemacht. Die Verteidigung hingegen argumentierte, die Sowjets hätten bereits über die technischen Möglichkeiten der US-Satelliten Bescheid gewußt und sogar ein Handbuch des Satelliten KH-11 gestohlen, mit dem die Photos aufgenommen wurden. Man führte ebenfalls an, Morison habe als Patriot vor der sowjetischen Bedrohung gewarnt. Richter Russell meinte jedoch, Morison sei nicht »vom Eifer nach einer öffentlichen Debatte«, sondern von dem »Eigeninteresse«, sich bei den Magazinen *Jane's* einzuschmeicheln, angetrieben worden.[48]

Die Berufung vor dem Obersten Gerichtshof

Die Schlüsselargumente, die Avigdor Feldman bei Vanunus Verteidigung vor dem Jerusalemer Bezirksgericht vorgebracht hatte, wurden in der Berufungsverhandlung vor dem Obersten Israelischen Gerichtshof im Mai 1989 noch einmal gehört. Die Tendenz des Obersten Gerichtshofes, tiefschürfende juristische Fragen zu diskutieren – im Fall Vanunu ging es um grundlegende Definitionen von Absicht, Vorsatz, Hilfe für den Feind und Schaden für die staatliche Sicherheit –, gab Feldman die Hoffnung, das Gericht würde einige der Schwächen im strafrechtlichen System anerkennen, an denen er die Verteidigung seines Mandanten festgemacht und die er erfolglos im ersten Verfahren dargelegt hatte.

Erwähnenswert ist, daß der Vorsitz des dreiköpfigen Richtergremiums bei der Berufungsverhandlung vom Präsidenten des Obersten Gerichtshofes, Meir Shamgar, geführt wurde. Shamgar hatte als früherer Anwalt der israelischen Armee im Generalsrang ein besonderes Interesse an Verteidigungsangelegenheiten und neigte im allgemeinen dazu, den Behauptungen der Anklagevertretung Glauben zu schenken, wenn geheimdienstliche Verschlußsachen hineinspielten.[49] In seiner Zeit als Armeeanwalt hatte er die Anwendung internationalen Rechts auf die Militärverwaltung des Westjordanlandes und des Gazastreifens eingeführt und später, als juristischer Berater der Regierung, für die Bewohner der besetzten Gebiete die Möglichkeit geschaffen, den Obersten Israelischen Gerichtshof anzurufen.

Feldman wiederholte seinen Einwand, der Paragraph über Verrat (»in der Absicht, dem Feind im Krieg zu helfen«) beinhalte eine besondere Art von Vorsatz, und Verrat mit dem bloßen »Wissen, daß die Informationen in Feindeshände fallen könnten«, setze diesen speziellen Vorsatz voraus. Vanunu hätte niemals beabsichtigt, dem Feind zu helfen. Richter Shamgar verwarf jedoch die Notwendigkeit, das Ergebnis seiner Taten mit »Gewißheit« nachzuweisen; eine »hohe Wahrscheinlichkeit« wäre ausreichend. Man könne davon ausgehen, daß eine Person die normalen und wahrscheinlichen Folgen ihres Handelns beabsichtige.

Feldman brachte vor, Vanunus Motive seien von der Mehrheit des Bezirksgerichtes, nämlich von den Richtern Noam und Brenner, falsch interpretiert worden und Hassons Porträt wäre einseitig gewesen. Er bat das Oberste Gericht, dem Minderheitsvotum von Richter Tal zu folgen, wonach Vanunu in erster Linie aus ideologischen Motiven gehandelt habe. Der Oberste Gerichtshof vertrat jedoch die Ansicht, das Motiv sei nach israelischem Recht für die strafrechtliche Verantwortung unerheblich. Das Recht wäre dazu da, die Regierungsorgane zu schützen, und berücksichtige nur die Absicht eines Täters, wie sie sich in seinen Handlungen zeige. Shamgar zitierte den britischen Richter Lord Devlin: »Rebellen und geistreiche Spione könnten sich damit herausreden, daß eine Niederlage in einer Schlacht den Interessen der Nation am besten diene, da sie unter einem anderen Regime besser dran sei.« Man könne nicht von gutem Glauben sprechen, so Shamgar, wenn eine Person geheime Informationen in dem Wissen veröffentlicht, daß dies die staatliche Sicherheit mit »hoher Wahrscheinlichkeit« gefährde. Feldman wandte daraufhin ein, Vanunus Enthüllung habe eher die Wahrnehmung des israelischen Atompotentials geschärft als der nationalen Sicherheit geschadet. Shamgar sprach Vanunu die Befugnis ab, zu entscheiden, was in den Verteidigungsinteressen Israels läge; diese Befugnis stünde nur der Regierung zu.

Nach Meinung von Professor Mordechai Kremnitzer, dem Dekan der juristischen Fakultät der Hebräischen Universität Jerusalem, konnte Vanunus Tat zwar dem Feind helfen, aber Landesverrat wäre eine unangemessene Anklage, da sie zu weit ginge: »Man muß zwischen der Weitergabe von Informationen an die Medien und normaler Spionage aus zwei Gründen differenzieren. Erstens können bei einer Medienveröffentlichung Schritte zur Schadensbegrenzung eingeleitet werden; dies ist hingegen unmöglich, wenn die Informationen im Verborgenen weitergegeben werden. Das geschädigte Land ist aber in dem Vorteil zu wissen, was der Feind weiß. Zweitens grenzt die Anklage des Landesverrats an eine Beschneidung des Rechts auf freie Meinungsäußerung und des Rechts der Öffentlichkeit auf Information. Es ist ein Unterschied, ob man sich an einen ausländischen Geheimdienst oder an die Medien wendet. Daher sollte es im Strafgesetzbuch auch einen eigenen Tatbestand für die Preisgabe geheimer Informationen an die Öffentlichkeit geben.«

Feldman wiederholte sein Argument, Vanunu habe nach Paragraph 94 in gutem Glauben gehandelt, um mit rechtmäßigen Mitteln einen Wandel herbeizuführen, und zwar mit Hilfe des Drucks einer informierten öffentlichen Meinung. Shamgar betonte, daß »die Haltung, die Ziele der Motivation würden die Mittel rechtfertigen, die Antithese der Demokratie« darstelle. Zwischen Demokratie und Geheimhaltung bestehe kein Widerspruch; alle freiheitlichen Staaten würden das Recht der kompetenten Organe anerkennen, der Geheimhaltung zum Schutze des Staates Geltung zu verschaffen. Anscheinend habe Vanunu Demokratie mit Anarchie verwechselt. Feldman konterte: »›Geheim‹ war, was die Behörden für angebracht hielten, geheimzuhalten.« In einem engeren Sinne unterliegen atomare Themen der Kontrolle durch die Legislative, da Paragraph 113d eine Kategorie von Informationen vorsieht, »deren Geheimhaltung die staatliche Sicherheit erfordert – Informationen, die die Regierung mit Zustimmung des Ausschusses für Auswärtige Angelegenheiten und Verteidigung der Knesset für geheim erklärt hat«. Nukleare Themen fallen unter diese Kategorie.

4 Meter x 3 Meter x 18 Jahre: Der Prozeß

Trotz seiner Sorge um Verteidigungsinteressen stand Shamgar in dem Ruf, sich für das Recht auf freie Meinungsäußerung einzusetzen. In Verleumdungsprozessen beispielsweise hat er der Redefreiheit mehr Bedeutung zugemessen als der Reputation des Einzelnen. Mit der Zurückweisung von Feldmans Einwand befürwortete er die Geheimhaltung der atomaren Angelegenheiten. Shamgar hielt den Obersten Gerichtshof für eine Art Seismographen der öffentlichen Meinung und bemerkte, Gesetze müßten Rückhalt in der Bevölkerung finden. Die weitreichende Unterstützung der israelischen Bevölkerung für das Atompotential und dessen Geheimhaltung bewirkt die starke emotionale Beteiligung, die – dessen war sich Shamgar bewußt – der Schlüssel zur nationalen Sicherheit ist. In einem weiteren Sinne zeigt jedoch die Kritik der Mitglieder des Verteidigungsausschusses, im Laufe der Jahre von Regierungsvertretern unzureichend informiert worden zu sein, daß Shamgars Einschätzung der legislativen Kontrolle atomarer Angelegenheiten durch dieses Gremium nicht zutreffend ist. Bei seinem Urteil verkennt er auch die Rechte von Minderheiten in einer Demokratie auf Information und Diskussion dieses eminent wichtigen Themas. Shamgar hat eine wichtige Gelegenheit versäumt, diese Lücken im demokratischen System Israels aufzuzeigen.

Shamgar bezweifelte ebenso, ob Vanunu wirklich die israelische Öffentlichkeit erreichen wollte. Schließlich stelle sich die Frage, warum die Informationen in einer britischen Zeitung verbreitet wurden, zu dessen Leserschaft ja nur wenige Israelis gehören. »Es war eher ein Schlag gegen Israel aus dem Ausland vor den Augen all seiner Einwohner«, behauptete Shamgar.[50] Er hat die vor der Enthüllung Vanunus in Israel geltende Zensur hinsichtlich aller atomaren Fragen somit außer acht gelassen. Obwohl kleinere Friedensgruppen gegen Atomwaffen agitierten, gab es keine breitere Diskussion über das Thema in der Öffentlichkeit. Gegen Feldmans Argument,

Vanunu habe in gutem Glauben gehandelt, um einen Wandel mit rechtmäßigen Mitteln herbeizuführen, stand Shamgars Einwand, Vanunu hätte die Geheimhaltung in einer weniger drastischen Weise brechen können. Auch wenn es keine offiziellen Verfahren dafür gibt, wäre es ihm möglich gewesen, sich an das Büro des Staatskontrolleurs oder an den Vorsitzenden des Knesset-Ausschusses für Auswärtige Angelegenheiten und Verteidigung zu wenden. Durch die Kontaktaufnahme mit einer führenden ausländischen Zeitung habe Vanunu die Geheimhaltungspflicht mutwillig gebrochen.

Die Verteidigung erfuhr eine gewisse Befriedigung aus dem Prozeß selbst, da schließlich doch über das atomare Thema diskutiert wurde – auch wenn die Pressebänke leer waren und der Rest der Welt die Diskussion nicht mitverfolgen konnte. Die Richter waren da, ebenso ein historisches Moment – wenn auch nur fürs Protokoll –, und internationale Experten sagten aus. Auch wenn sich der Kern der Pseudodebatte nicht darum drehte, ob Israel über die Bombe verfügen solle und ob deren Besitz moralisch vertretbar sei, so kamen diese Fragen doch bei der Beschäftigung mit Vanunus Motiven auf und bei dem Aspekt, ob er die Sicherheit des Staates gefährdet hatte. Es war das erste Mal, daß sich ein israelisches Gericht dem Status von Atomwaffen im internationalen Recht widmete. Es war auch eine seltene Gelegenheit für ein Gericht, sich mit dem Recht des einzelnen, Dienstgeheimnisse an die Medien weiterzugeben, zu befassen. Das Minderheitenvotum, wonach Vanunu aus ideologischen Beweggründen gehandelt habe, ließ ihn hoffen, der Oberste Gerichtshof möge sich auch mit den tieferliegenden Fragen beschäftigen, die dem Verfahren »Der Staat Israel gegen Mordechai Vanunu« zugrunde lagen. Die Tatsache, daß in Israel das atomare Thema kaum diskutiert wird und die Regierung diesen Zustand aktiv unterstützt, verstärkte diese Hoffnung. Die Zurückweisung der Berufung und des Ende 1991 gestellten Gesuches auf Wiederaufnahme des

Verfahrens ließen Vanunus Herausforderung gegenüber der Regierung und der Knesset jedoch scheitern. Nachdem der Rechtsweg nun ausgeschöpft war, wurde ihm klar, erst im Jahre 2004 oder frühestens 1998 aus dem Gefängnis entlassen zu werden; dies stürzte ihn in eine Phase der Depression und Hilflosigkeit.

Vanunus Haftbedingungen

Vanunu sitzt seit Oktober 1986 in Einzelhaft. Seine Zelle befindet sich in einem abgelegenen Flügel des Gefängnisses in Ashkelon am Ende des Ganges für Isolationshäftlinge. Seine zwölf Quadratmeter große Zelle hat noch nicht einmal eine gemeinsame Wand mit einer anderen Zelle. Sie ist mit einem Bett, einem Regal und einem Tisch ausgestattet. Die Zelle hat ein Abflußrohr, das als Toilette und gleichzeitig als Ablauf für die Dusche dient. 1993 renovierten Mithäftlinge Vanunus Zelle. Die Wände wurden mit Keramikkacheln verkleidet und eine Zwischenwand eingezogen, um die Toilette und Dusche abzuteilen. Kurze Zeit später inspizierte Polizeiminister Moshe Shahal seine Zelle. Anfangs ließ man das Licht vierundzwanzig Stunden am Tag brennen, und er wurde mit einer Kamera beobachtet, da die Behörden Angst hatten, er könne sich etwas antun. Vanunu verbringt die meiste Zeit mit Lesen; seine Literaturauswahl ist eklektisch: Thomas Mann, T. S. Eliot, Kafka, Spinoza, Shakespeare. Er darf täglich zwei Stunden in den Gefängnishof, obwohl daraus in der Praxis oft nur eine Stunde wird. Mordechai versucht, sich fit zu halten, trägt immer Turnschuhe und kurze Sporthosen, macht Jogging und Gymnastik. Während seines Hofgangs sind die Türen und Zugänge ringsherum verschlossen. 1992 unterlief einem Gefängniswärter einmal ein Fehler: er ließ andere Gefangene in den Hof, als Vanunu noch dort war; die Wächter dachten irrtümlicherweise, Vanunu sei zurück in seiner Zelle. »Da kam er auf uns zu«, sagte der im Libanon geborene Mithäftling Jamil Makhroum. »Er lächelte, legte seinen Finger auf die Lippen und sagte: ›Bitte sagt nichts – laßt mich nur ein Stück mit euch gehen. Ich möchte mit anderen Leuten gehen. Ich bin einsam.‹ Also begleiteten wir ihn ein Stück, vielleicht zehn Minuten lang. Dann dankte er uns und lächelte – er lächelte immer. Als die Gefängnisaufsicht bemerkte, was passiert war, schlug man Alarm. Viele Wärter kamen mit Schutzausrüstung und Schlagstöcken und brachten ihn weg. In jener Nacht trat er an sein Zellenfenster und schrie uns zu: ›Ich liebe Arafat – ich liebe die PLO.‹«

Einzelhaft bedeutet die fast völlige Abschottung von der Außenwelt. Sein Wärter ist ein marokkanischer Jude namens Aba Kara, der sich um ihn kümmert, ihn beobachtet, sein Essen und seine Briefe kontrolliert. Das Wachpersonal hat ihm den Spitznamen Johnny gegeben, um sich über Vanunus Übertritt zum Christentum lustig zu machen; er hatte als Christ den Namen John Crossman angenommen. Die einzigen Menschen, mit denen er sprechen kann, sind seine Familienangehörigen, die ihn alle zwei Wochen eine halbe Stunde oder einmal im Monat eine Stunde lang besuchen dürfen. Sämtliche Treffen finden im Beisein des Gefängnisdirektors oder eines hochrangigen Gefängniswärters und eines Geheimdienstagenten statt. Seinen Rechtsanwalt konnte er so oft sehen, wie er wollte. Freunde dürfen ihn jedoch nicht besuchen. Am Anfang verweigerten die Behörden die Besuchserlaubnis für eine frühere Freundin mit der Begründung, er habe geheime Informationen weitergegeben und könnte dies auch in Zukunft tun. Die Besuche seiner Angehörigen oder seines Rechtsanwaltes sind kaum ein Ausgleich dafür, daß er keine Beziehungen knüpfen und unterhalten darf. Die Behörden erlauben ihm, Kassetten zu besprechen, da diese überprüft werden können. Er darf jedoch nicht telefonieren, im Gegensatz zu den meisten israelischen Häftlingen, die dieses Privileg genießen. Ein schwacher Trost ist ein Radio, das normalerweise in israelischen Gefängnissen verboten ist, weil sich die Insassen darüber streiten könnten, welcher Sender eingestellt werden soll. Vanunu hört oft den *World Service* der BBC und hat auch einen Fernseher. Er liest die englischsprachige Zeitung *Jerusalem Post*, und sein Bruder hat verschiedene Magazine für ihn abonniert. Nachdem er sein Englisch wesentlich verbessert hat – sein Regal ist voll mit englischsprachigen Büchern –, lernt er nun Deutsch. Avigdor Feldman zufolge nimmt Vanunu regen Anteil an dem, was in der Welt vor sich geht: »Besonders interessiert ihn die Atomwaffenfrage, sowohl im Kontext des Nahen Ostens, wie zum Beispiel im Irak, als auch im Rahmen der Abrüstungsverhandlungen zwischen den USA und Rußland.«

Anfangs unterhielt Vanunu trotz der strengen Zensur auf seine ausgehende Post umfangreiche Briefkontakte. Angeblich bekommt er Tausende von Briefen pro Monat, die meisten aus dem Ausland und mit unterstützendem Inhalt. In den Anfangsjahren seiner Haft schrieb er Briefe an die israelischen Medien und Politiker über atomare Fragen sowie an Einzelpersonen wie Peter Hounam und Frank Barnaby. Seit 1990, dem vierten Jahr seiner Inhaftierung, schreibt er jedoch nur noch selten, noch nicht einmal seinem ihm nahestehenden Bruder Meir in London. Anfang 1990 teilte er Meir in einem Brief mit: »Ich habe Dir viele Briefe geschrieben – aber sie lassen sie mich Dir nicht schicken. Ich habe eine Menge zu erzählen. Sie nutzen jedoch immer noch ihre Macht, um mir den Mund zu verbieten – aber das Denken können sie mir nicht verbieten. Wenn ich frei bin, werde ich sprechen – ich habe nichts zu verlieren.« Früher bekam Vanunu einmal im Monat, meist sonntags, Besuch von einem Priester, der mit ihm die Heilige Kommunion feierte. Heute trägt er ein Kreuz, der Priester kommt aber schon lange nicht mehr. Reverend

John McKnight, der Vanunu zum Christentum bekehrte, schreibt ihm ungefähr einmal pro Monat.

Vanunu ist nicht der einzige Sicherheitsgefangene in Israel, der in Einzelhaft sitzt.[51] Langfristig leiden diese Häftlinge an zahlreichen psychischen und physischen Störungen, wie Gemütserkrankungen, Konzentrationsschwäche, Beeinträchtigung des Denkvermögens, Realitätsverlust, Neurosen, Schlafstörungen, Kopfschmerzen, Benommenheit, niedrigem Blutdruck sowie Kreislauf- und Verdauungsproblemen. Vanunu hat bereits mit Schwindelanfällen, Beeinträchtigung des Gleichgewichtsempfindens und Konzentrationsschwierigkeiten zu kämpfen. Seiner Familie zufolge leidet er unter ernsten Wahnvorstellungen. Die Möglichkeit, von Gefängnispsychologen behandelt zu werden, erübrigt sich, da Vanunu zu Recht oder Unrecht befürchtet, daß diesen anvertraute Informationen an die Gefängnisbehörden gelangen könnten. Alle drei Monate besucht ihn ein Gefängnispsychologe, Vanunu ignoriert ihn jedoch. Ein Gesuch von Vanunus Anhängern, ihn von einem unabhängigen Psychiater untersuchen zu lassen, blieb ohne Antwort. Dedi Zucker, Vorsitzender des Knesset-Rechtsausschusses, machte sich 1994 ein Bild von Vanunus Haftbedingungen; er zeigte sich von Vanunus ungebrochenem Willen überrascht. »Wir sprechen von einem Mann mit einer ungewöhnlichen inneren Stärke«, bemerkte Zucker später.

Asher Vanunu, ein anderer Bruder Mordechais, versuchte, linksgerichtete Knesset-Abgeordnete dazu zu bewegen, auf eine Verbesserung seiner Haftbedingungen hinzuwirken, allerdings ohne großen Erfolg. Das gleiche tat die Israelische Gesellschaft für Bürgerrechte. Laut Avigdor Feldman wird die Einzelhaft auf Anweisung des Shin Bet alle sechs Monate vom Gefängnisdirektor ohne Rücksprache mit den Gerichten verlängert. Feldman stellte 1991 bei einem Jerusalemer Gericht den Antrag auf Aufhebung der Einzelhaft. Die Anklagevertretung machte jedoch den Handflächen-Zwischenfall als Beweis dafür geltend, daß Vanunu zu weiteren Enthüllungen entschlossen sei. Sie führte weitere Vorfälle an, wie beispielsweise ein Treffen mit seiner Familie im Gefängnis, auf dem er nach Angaben eines Geheimdienstagenten namens Boaz seinen Brüdern »über den Ort der Entführung, das Transportmittel und die Methoden, mit denen er nach Israel gebracht wurde«, erzählte. Laut Boaz bat Vanunu seine Brüder, für die Veröffentlichung dieser Einzelheiten im Ausland zu sorgen.[52] In seiner Korrespondenz mit ausländischen Organisationen soll er auf die Bekanntgabe zusätzlicher Informationen gedrängt haben.

Feldman beantragte, Vanunu besser vor Gericht zu bringen, falls er wirklich weitere Informationen enthülle, statt ihn ständig in Einzelhaft zu halten. Der Strategie der Einzelhaft liegt eine Kollision unterschiedlicher Standpunkte zugrunde: Vanunu glaubt, die Enthüllungen seien sein Recht und seine Schuldigkeit gewesen, wohingegen die Behörden auf das pochen, was sie für ihr Recht auf Wahrung von Staatsgeheimnissen halten. Einige sehen in der Einzelhaft den Versuch der Gefängnisbehörden, Vanunu mundtot zu machen, indem sie ihn in den Wahnsinn treiben.

Richter Zvi Cohen stellte in seiner Entscheidung zu Feldmans Antrag fest, Vanunu habe fünf Jahre in Isolationshaft gesessen. Dies wären zweifellos schwierige Jahre gewesen, aber der Schlüssel läge in Vanunus Händen. Die Behörden hätten aber seiner Ansicht nach die Pflicht, den »Informationen, die Vanunu noch veröffentlichen will«, den Stachel zu nehmen und die Empfehlung auszusprechen, daß ein vom Gefängnisdirektor ausgewählter Gefangener die Zelle mit Vanunu teilen solle. Dabei wurde der Name Dr. Marcus Klingberg ins Spiel gebracht, ein betagter Spezialist für bakteriologische Kriegsführung und ehemaliger stellvertretender Direktor des Biologischen Instituts in Nes Ziona; er wurde wegen der Preisgabe von Dienstgeheimnissen über biologische Waffen an die

Sowjetunion verurteilt. Cohens Entscheidung war der erste Vorstoß auf ein eventuelles Ende der Einzelhaft. Obwohl Feldman vorschlug, Vanunu solle es wenigstens für eine Probezeit versuchen, lehnte Vanunu – er hatte den Verdacht, der Zellengenosse könne ihn bespitzeln – das Angebot mit der Behauptung ab, die Behörden hätten nicht das Recht, zu bestimmen, mit wem er die Zelle teilen solle. Es wurden noch andere Sicherheitsgefangene als mögliche Kandidaten genannt, aber Vanunu bestand auf sein Recht, sich seinen Zellengenossen selbst auszusuchen. Obwohl die israelischen Gefängnisbehörden für die Wünsche der Häftlinge hinsichtlich der Zellenbelegung offen sind, stellt sich dieser Aspekt bei Sicherheitsgefangenen jedoch komplizierter dar. Die meisten Insassen des Gefängnisses in Ashkelon sind angeblich arabische ›Hochsicherheitsgefangene‹. Es wäre ein Sicherheitsskandal, wenn man Vanunu, dessen Sympathien für palästinensische Araber bekannt sind, erlauben würde, seine Zelle mit einem arabischen Sicherheitsgefangenen zu teilen. Vanunu, von Natur aus Einzelgänger, will möglicherweise lieber niemanden in seiner Zelle haben. Die Behörden verbieten ihm aber auch jeglichen Kontakt zu anderen Häftlingen außerhalb seiner Zelle und setzen so die Einzelhaft fort. Zwar meinte Vanunu 1994 gegenüber Polizeiminister Shahal, er würde auf einen Zellengenossen verzichten, damit der Shin Bet nicht behaupten könne, er sitze nicht länger in Einzelhaft. Vanunu muß sich aber dessen bewußt sein, daß ihm der Mythos der Einzelhaft teilweise Unterstützung und Sympathien eingebracht hat. Sollte er der Beendigung der Einzelhaft zustimmen, so wird die Fortdauer der eigentlichen Haft immer noch Interesse und Engagement für seinen Fall hervorrufen. Zucker war durch die Einzelhaft und die Tatsache, daß die Gefängnisleitung sie ohne ein Widerspruchsrecht von außen verlängern durfte, so aus der Fassung gebracht, daß er sich gegen diese

Vollmachten einzusetzen gedachte. »Diese Gesetze haben keinen Platz in einer freien Gesellschaft«, sagte er.

Internationale Solidarität: »Freiheit für Vanunu«

Amnesty International – die Gefangenenhilfsorganisation versuchte vergeblich, eigene Beobachter in den Gerichtssaal schicken zu dürfen – nannte Vanunus Haftbedingungen »grausam, unmenschlich und entwürdigend« und brandmarkte sie als Mißhandlungskategorie eine Stufe unterhalb der Folter. Amnesty behauptete, die Gefängnisbehörden könnten statt Einzelhaft auch andere Maßnahmen ergreifen, um Vanunu an der Enthüllung weiterer Informationen zu hindern sowie ihn »vor anderen Häftlingen zu schützen«, was als weiterer Grund für seine Isolierung angeführt wurde. Dazu gehöre beispielsweise die Anwesenheit eines Wärters, wenn er mit anderen Gefangenen zusammen sei.

Vanunus Einzelhaft rief Sympathien bei vielen Anti-Atom-Gruppen auf der ganzen Welt hervor. Friedensorganisationen wie die *Bertrand Russell Peace Foundation* und die *Associazione per la Pace* in Italien versuchten, auf Politiker in ihrem eigenen Land sowie auf die israelischen Behörden Einfluß zu nehmen und starteten Informationsaktionen. Für diese Gruppen war Mordechai Vanunu der Aufhänger, um auf die Gefahr der zunehmenden Verbreitung von Atomwaffen im Nahen Osten aufmerksam zu machen. Überaus großes Interesse herrschte in Westeuropa, insbesondere in Großbritannien. Dies war nur natürlich, da die Affäre hier ihren Anfang genommen hatte. Viele Anhänger der Anti-Atom-Bewegung engagierten sich auch in der britischen Kampagne zur Freilassung Vanunus (*Campaign to Free Vanunu*). Mit Meir Vanunu, dem Bruder Mordechais, an der Spitze, konnten prominente Persönlichkeiten des politischen und kulturellen Lebens wie

Julie Christie, Graham Greene und der Dramatiker Harold Pinter gewonnen werden. Man übersah jedoch, die Kampagne auf eine breite Basis zu stellen und beispielsweise die Gewerkschaftsbewegung zu mobilisieren. Eine Mahnwache wird jede Woche vor der israelischen Botschaft in London abgehalten. Vereinzelt wird die Kampagne von Juden unterstützt; zudem erscheinen gelegentlich Artikel über entsprechende Aktivitäten im *Jewish Chronicle*. Das jüdische Establishment jedoch, wie zum Beispiel der Deputiertenrat Britischer Juden (*Board of Deputies of British Jews*), konnte man nicht in die Sache einbeziehen.

Solidaritätsgruppen haben sich auch in Italien, Norwegen, Schweden, Australien und Neuseeland gebildet. In den Vereinigten Staaten sprachen die Vanunu-Anhänger in den späten achtziger Jahren angesichts der mangelnden Unterstützung für Vanunu von einer »Verschwörung des Schweigens« von seiten der US-Regierung, dem Kongreß und den Medien; der eigentliche Grund dafür war jedoch, daß die Regierung nicht auf das israelische Atomprogramm reagierte, was wiederum fehlendes öffentliches Interesse für das Thema bewirkte. Bis Anfang der neunziger Jahre hatte die von Sam Day geführte Kampagne zur Freilassung Vanunus Gruppen in New York, Washington, Kalifornien, Chicago und Wisconsin gegründet. Die Überzeugungsarbeit in Washington begann, und die für atomare Fragen zuständigen Senatoren und Abgeordneten des Repräsentantenhauses wurden kontaktiert, allerdings bisher mit wenig Erfolg. Man verglich die Vanunu-Affäre mit dem Fall Jonathan Pollard, dem ehemals mit der Auswertung von Geheimdienstmaterial beschäftigten Marineangehörigen, der wegen Spionage für Israel im Gefängnis sitzt. Der 30. September, der Jahrestag von Vanunus Entführung, wird oft als Anlaß für Mahnwachen vor israelischen Botschaften und Konsulaten genommen; Vanunus Handflächen-Botschaft »Hijacken in Rome« wurde zum Symbol für die Demonstranten. Zwar finden in vielen Ländern Aktionen statt, es mangelt bei der Vanunu-Kampagne jedoch an der Koordination zwischen den Anhängern in den einzelnen Staaten.

Auch kirchliche Organisationen unterstützen die Anti-Atom-Bewegung als Teil ihrer Bemühungen um Frieden und Gerechtigkeit. Vor allem Gruppen innerhalb der Quäker, der Anglikanischen Kirche, der Episkopalkirche und der Vereinigten Reformierten Kirche haben sich für Vanunu eingesetzt. Ein paar Dutzend Einrichtungen sowohl in Großbritannien als auch in Australien schreiben Briefe an Vanunu, um ihn, so McKnight, »spüren zu lassen, daß er nicht vergessen ist«. Andere jedoch haben ihre Unterstützung versagt. Der Erzbischof von Canterbury beispielsweise lehnte es ab, sich der Sache anzunehmen, denn »es gibt keine Regierung, die jemanden wegen eines solchen Delikts nicht einsperren würde«. Einige wollten offensichtlich einen möglichen Konflikt mit Israel und den Juden vermeiden.

Gegen Ende der achtziger Jahre entdeckten auch liberale und sozialistische Politiker ihre Sympathie für Vanunu. Nach der Abweisung seiner Berufung durch den Obersten Gerichtshof forderte das Europäische Parlament den israelischen Präsidenten Herzog auf, Vanunu zu begnadigen. Anderenfalls könnten die Hilfe und die wissenschaftliche Zusammenarbeit zwischen der Europäischen Gemeinschaft und Israel »verschoben« werden. Die Neuordnung des Nahen Ostens durch den Golfkrieg im Jahre 1991, als Israel sich auf die Seite des von den USA geführten Bündnisses stellte, führte jedoch dazu, daß diese Vereinbarungen schließlich umgesetzt wurden.

Das Thema Vanunu wurde gelegentlich in einzelnen Parlamenten angeschnitten. In den späten achtziger Jahren griffen es die deutschen Grünen auf. Für Petra Kelly, Mitbegründerin des deutschen Vanunu-Komitees, war Vanunu Teil des Kampfes in der westlichen Welt gegen Atomwaffen. Nach Kellys Tod und dem Einflußverlust der Grünen nahm das

Interesse jedoch ab. Eine Rolle spielt dabei aber auch die allgemeine Zurückhaltung der Deutschen, mit dem jüdischen Staat in Konflikt zu geraten. In Italien widmeten sich linke Politiker der Frage nach Vanunus Entführung. International renommierte Wissenschaftler, die sich mit der Anti-Atom-Bewegung identifizieren, haben sich mit ihrer Unterschrift Petitionen an die israelischen Behörden angeschlossen.

Entscheidende Fragen in der Vanunu-Affäre wurden jedoch von den Solidaritätsgruppen geflissentlich ignoriert. Dazu gehört die Frage nach der Rechtfertigung von Vanunus Tat, da die meisten Israelis zum Zeitpunkt seiner Enthüllung glaubten, ihr Land besitze die Bombe. Zudem hat Vanunu keine Informationen unmittelbarer Wichtigkeit enthüllt, wie zum Beispiel einen Störfall und den Austritt radioaktiver Strahlung. Als weitere Aspekte kommen hinzu, daß es eher Vanunu selbst als die Gefängnisleitung ist, der die Einzelhaft aufrechterhält, und daß die finanziellen Vereinbarungen zwischen Vanunu und der *Sunday Times* nicht von Anfang an klar geregelt wurden.

1987 erhielt Vanunu den mit 25 000 US-Dollar dotierten alternativen Nobelpreis (*The Right Livelihood Award*), der für Verdienste in den Bereichen Ökologie und Anti-Atom-Bewegung verliehen wird. Zudem wurde er für den Friedensnobelpreis nominiert. Das Internationale Friedensbüro mit Sitz in Genf zeichnete ihn 1994 mit dem Sean McBride-Friedenspreis aus. Bei Amnesty International diskutierte man heftig darüber, ob man Vanunu den Status eines »Gefangenen des Gewissens« zuerkennen sollte. Vanunu paßt insofern zu den Kriterien von Amnesty, als er gewaltlos vorging und für seine Tat Gewissensgründe geltend machen kann. Da er jedoch militärische Geheimnisse enthüllt hat – die einem Land nach internationalem Recht zustehen –, enthielt ihm die Organisation diesen Status vor. Er fällt damit unter die gleiche Kategorie wie Daniel Ellsberg, dem der Status wegen der Enthüllung von Pentagon-Papieren nicht gewährt wurde, und Nelson Mandela, der den bewaffneten Kampf befürwortete. 1994 forderte Amnesty International erneut Vanunus Freilassung. Da seit 1986 noch mehr Informationen über Israels nukleare Aktivitäten – die Amnesty »das schlechtestgehütete Geheimnis der Welt« nannte – an die Öffentlichkeit gelangt sind und »beim Frieden im Nahen Osten Fortschritte« erzielt wurden, verlangte die Organisation seine vorbehaltlose Freilassung durch die israelischen Behörden.

Die Kampagne für Vanunus Haftentlassung wurde von seinem Bruder Meir angeführt, einem rhetorisch gewandten Juraabsolventen der Hebräischen Universität, der sich an Politiker in verschiedenen Ländern richtete. Er versuchte einen Drahtseilakt, indem er den Fall seines Bruders mit der Anti-Atom-Bewegung verknüpfte, aber gleichzeitig sicherstellte, daß die Notlage seines Bruders das Hauptanliegen blieb. Nachdem er sich acht Jahre lang unermüdlich für seinen Bruder eingesetzt hatte, zog er sich 1994 unerwartet von seinen Aktivitäten zurück und ging nach Australien, um ein eigenes Leben zu beginnen. Er hatte die Basis für die Kampagne gelegt, die in den verbleibenden Jahren von Vanunus Inhaftierung weiterläuft. Der größte Erfolg wäre natürlich die Freilassung seines Bruders; Israel hat sich aber bisher standhaft geweigert, in dieser heiklen Angelegenheit dem Druck von Randgruppen nachzugeben. Für Israel ist die Kampagne nicht viel mehr als ein Medienärgernis; die israelischen Behörden werden dadurch jedoch immer wieder daran erinnert, daß es Gruppen gibt, die sich für Vanunu einsetzen.

Zusammenfassend läßt sich festhalten, daß durch den Prozeß und die Reaktionen darauf Israels Atompolitik verstärkt diskutiert wurde – wenn auch hauptsächlich von der Anti-Atom-Bewegung. Vanunu hat zu keinem Zeitpunkt eine breite Aufmerksamkeit in der Öffentlichkeit oder einen Platz auf der internationalen Tagesordnung erlangt. Mit dem Ende der

Rivalität zwischen den Supermächten wurde die Sorge um die Verbreitung von Atomwaffen von Themen wie der wirtschaftlichen Rezession, der Arbeitslosigkeit und dem Umweltschutz verdrängt. Auch wenn die Menschen durch den Golfkrieg wieder an die von nichtkonventionellen Waffen ausgehende Bedrohung im Nahen Osten erinnert wurden, hatte dies keinerlei Konsequenzen für Vanunus persönliches Schicksal.

Chancen auf eine vorzeitige Haftentlassung

1992 trennte sich Vanunu überraschend von seinem Verteidiger. Nach der Abweisung der Berufung durch den Obersten Gerichtshof hielt Avigdor Feldman nicht mehr den intensiven Kontakt aufrecht, den sein Mandant erwartete. Jetzt, da Vanunu seine Verteidigung selbst in die Hand genommen hatte, fielen die Ergebnisse kläglich aus. Im August 1993 vertrat sich Vanunu bei zwei Anträgen vor Gericht selbst, als er verlangte, zum einen seine Beweggründe für die Preisgabe der atomaren Geheimnisse und zum anderen Einzelheiten über seine Entführung von Italien bekanntgeben zu dürfen.[53] Nach einer 90minütigen Anhörung vor dem Obersten Gerichtshof wurden die Anträge abgewiesen. Die Staatsanwaltschaft wurde wiederum von Uzi Hasson repräsentiert. Es sollte jedoch das letzte Aufeinandertreffen der beiden sein, da Hasson im November 1993 im Alter von 49 Jahren plötzlich einem Herzinfarkt erlag. Einen Monat zuvor hatte er noch vollmundig gegenüber einer Zeitung erklärt, er würde sich mit sämtlichen Einsprüchen Vanunus vor Gericht befassen.

Vanunus fehlende juristische Vertretung hatte sich auch schon im November 1992 bemerkbar gemacht, als er dafür bestraft wurde, einen Gefängniswärter angeschrien zu haben, der nachts um 2.00 Uhr in seine Zelle kam und das Licht anschaltete. Er durfte daraufhin zehn Wochen lang seine Familie nicht sehen. Nach dem Abbruch der Verbindungen zu Feldman gab es kaum eine Chance für ihn, sich gegen diese Strafe zur Wehr zu setzen.

Juristischer Beistand wird auch bei jedem weiteren Versuch Vanunus wichtig sein, seine Haftentlassung zu erreichen. Prinzipiell gibt es zwei Möglichkeiten, vorzeitig auf freien Fuß gesetzt zu werden. Erstens entscheidet das Freilassungskomitee der Gefängnisbehörde, ein professionelles Gremium aus Sozialarbeitern und Psychologen – und im Falle von Sicherheitsgefangenen aus Shin Bet- und Mossad-Mitarbeitern –, darüber, ob ein Häftling nach Verbüßung von zwei Dritteln seiner Strafe vorzeitig entlassen wird. 1998 wird das bei Vanunu der Fall sein. Zweitens kann der israelische Präsident Gefangene jederzeit begnadigen. Aber auch der Präsident muß die Stellungnahmen sowohl des Justizministers als auch der Sicherheitsdienste zur Kenntnis nehmen und abwägen.

Vanunus Chancen auf vorzeitige Entlassung durch eine Begnadigung des Präsidenten sind minimal – im Gegensatz zur Aussicht auf Lockerung seiner Haftbedingungen. Noch geringer sind die Chancen, vom Freilassungskomitee der Gefängnisbehörde entlassen zu werden, da der Einfluß des Shin Bet in diesem Gremium beträchtlich, für manche gar zu groß ist. Angesichts der akuten Angst, Vanunu könnte weitere Informationen enthüllen – wie das in den ersten Jahren seiner Inhaftierung der Fall war –, stellt sich der Geheimdienstapparat gegen eine vorzeitige Freilassung. In dem nicht unähnlichen Fall von Marcus Klingberg, der Geheimnisse über seine Arbeit mit biologischen Waffen an die Sowjetunion weitergab, hat sich der Shin Bet trotz Klingbergs hohen Alters und des Zerfalls der Sowjetunion gegen eine vorzeitige Haftentlassung ausgesprochen, obwohl selbst der frühere Leiter der Israelischen Atomenergiebehörde, Shalheveth Freier, meinte, seine Freilassung stelle kein Sicherheitsrisiko dar.[54] In einem anderen Fall wurde jedoch Udi Adiv, der wegen Spionage für Syrien verurteilt worden war, nach Verbüßung von zwei Dritteln seiner Strafe trotz der Proteste von seiten des Shin Bet nach öffentlichem Druck und einer Berufung vor Gericht freigelassen. Die Befürchtungen des Shin Bet waren unbegründet, denn Adiv hat in der Zwischenzeit eine Familie gegründet und ist nach England gegangen, um Informatik zu studieren. Die Empfehlungen und Akten der Sicherheitsbehörden über Haftentlassungen unterliegen der Geheimhaltung; nur Richter und der Freilassungsausschuß haben Zugang zu ihnen.

Im Vergleich dazu scheinen Vanunus Chancen, vom Präsidenten begnadigt zu werden, größer – wenn auch nur unwesentlich –, zumal Präsident Herzog zwischenzeitlich von Ezer Weizman abgelöst wurde. Weizman engagierte sich zwar aktiv für einen Frieden zwischen Israelis und Arabern, ist aber als ehemaliger Chef der Luftwaffe ein Realist in Verteidigungsangelegenheiten. Er hält Vanunu für einen Landesverräter. Weizmans Präsidentschaft ist jedoch von einem unorthodoxen Amtsstil gekennzeichnet, auch was die Frage der Begnadigung von Häftlingen anbelangt. Gnadengesuche von Mördern und Drogenhändlern lehnt er aber grundsätzlich ab. 1994 brach er die offizielle Praxis und empfing eine britische Delegation, die ihm eine Petition für Vanunus Begnadigung überbrachte. Bei der 30minütigen Audienz hörte Weizman zwar die Delegation an; sein Büro teilte jedoch anschließend mit, er sei »nicht überzeugt« worden. Dennoch differenziert er zwischen Vanunus Haftbedingungen und der davon unabhängigen Frage der Begnadigung.

Eine weitere Schlüsselrolle in dieser Frage kommt Justizminister David Libai zu. Er stattete im Juli 1993 angesichts der Kritik an Vanunus Haftbedingungen aus dem Ausland dem Gefängnis in Ashkelon einen Besuch ab. Libai, ein früherer Professor für Kriminologie an der Universität in Tel Aviv, ist einer der wenigen Justizminister in der Geschichte Israels, der Wert darauf legt, Gefangene zu besuchen. Als notorische Taube war er der einzige Minister, der 1992 die von der Regierung Rabin angeordnete Massendeportation von Hamas-Aktivisten in den Südlibanon nicht unterstützte. Kurz nach seiner Ernennung bestand Libai gegen den gemeinsamen Widerstand des Obersten Gerichtshofs und von Kreisen innerhalb des Justizministeriums auf die Wiederaufnahme des Verfahrens im Mordfall Danny Katz; der Tat wurden einige Araber beschuldigt.

In einer Szene, die an den Besuch des früheren südafrikanischen Präsidenten Frederik Willem de Klerk bei Nelson Mandela im Gefängnis erinnerte, unterhielt sich Libai eine Stunde lang mit Vanunu in dessen Zelle. Sonst war niemand zugegen. »Wir saßen Seite an Seite und hatten ein ausführliches Gespräch«, sagte der Minister. Libai wollte vor allem Vanunus Haftbedingungen inspizieren. »Vanunu lebt in einer überdurchschnittlich großen Zelle mit einer Ausstattung, die man in einem Hotel erwarten würde«, bemerkte er gegenüber einem Journalisten. Der Besuch schien jedoch auch ein ernsthafter Versuch Libais zu sein, abzuklären, ob man mit Vanunu eine Art Handel schließen könne, der zu dessen Freilassung führe. Wie das nächste Kapitel zeigen wird, müssen grundlegende Fragen über die Rechtfertigung von Vanunus Enthüllungen gestellt werden. Für eine eventuelle Begnadigung ist ausschlaggebend, ob Vanunu bereit ist, sich zu Stillschweigen über seine Arbeit in Dimona und über seine Entführung zu verpflichten. Nach Angaben Libais hätte Vanunu jedoch gesagt, »daß er nach seiner Freilassung weitere Tatsachen bekanntgeben würde«. Knapp zwei Jahre später ließ Vanunu Dedi Zucker wissen, seine Tat nicht zu bereuen. Er meinte auch, er habe es verdient, bestraft zu werden, allerdings nicht so streng. Libai gibt sich auch keinerlei Illusionen hin, was die Schwere von Vanunus Verbrechen anbelangt. Als 1988 ein Bus mit Arbeitern auf dem Weg zum Atomforschungszentrum Dimona von Terroristen entführt wurde und dabei drei Arbeiter ums Leben kamen, behauptete er sogar, die im *Sunday Times*-Bericht veröffentlichten Informationen über die Zufahrtsstraßen zu Dimona hätten den Terroristen geholfen. Der mit den Entführern verhandelnde Polizeioffizier bestritt jedoch den Nutzen des *Sunday Times*-Artikels für die Terroristen.[55]

Es gibt keine Gewißheit, daß Vanunu mitspielen und sich auf die Forderung der israelischen Behörden einlassen wird. Am besten wäre es, einen *modus vivendi* zwischen den Behörden, die ihn zum Schweigen bringen wollen, und Vanunu zu finden, der sich dem widersetzt. Die Behauptung von Vanunu-Anhängern, er habe keine zusätzlichen Informationen mehr, stimmt jedenfalls nicht. Von den rund 60 000 Wörtern der Aussagen Vanunus hat die Zeitung in ihrem Artikel nur 6 000 Wörter verarbeitet. Beide Seiten müssen in dieser Auseinandersetzung zwischen Vanunus Enthüllung streng geheimer Informationen und den allgemeineren Fragen um Israels Atompotential unterscheiden, die Vanunus Motiven zugrunde liegen. Sicherheitsgefangene müssen vor ihrer Begnadigung eine eidesstattliche Versicherung unterschreiben, in der sie sich zu vollständigem Stillschweigen verpflichten. Ehemalige Soldaten arbeiten jedoch nach ihrer Rückkehr ins zivile Leben in militärischen ›Denkfabriken‹ oder als Militärkommentatoren bei den Medien, ohne Staatsgeheimnisse offenzulegen. Werden die Behörden erkennen, daß eine solche Unterscheidung auch auf ehemalige Gefangene angewendet werden kann, die nach Verbüßung ihrer Haftstrafe als vollwertige Bürger ins Leben zurückkehren? Und werden die Behörden eine derartige Grundsatzentscheidung ausgerechnet in der Atompolitik machen, die von Zweideutigkeit geprägt ist? Wenn ja, wird sich Vanunu dann an die Spielregeln halten?

Die israelische Regierung erklärte kürzlich, daß die Abrüstung nichtkonventioneller Waffen im Nahen Osten ein Schritt in Richtung auf eine atomwaffenfreien Zone ist – für die Vanunu eintritt –, obwohl Fortschritte nur langsam erzielt werden. Auch wenn er sich auf die allgemeineren Fragen dieses Themenkomplexes beschränken würde – der Name Vanunu ist ja sehr bekannt –, könnte er die öffentliche Meinung in Israel entscheidend beeinflussen. Oder wird er sich verkalkulieren und den falschen Schluß ziehen, daß er von der ihn unterstützenden Öffentlichkeit außerhalb Israels dann nicht länger als »Gefangener des Gewissens« angesehen wird?

Vanunu sieht in seiner Entführung sowohl eine Verletzung der individuellen Rechte als auch einen Verstoß gegen internationales Recht. Die extreme Empfindlichkeit der Behörden zeigte sich auch darin, daß 1994 – also acht Jahre nach der Entführung – ein Artikel des Journalisten Mordechai Alon für die Wochenzeitung *Kolbo* in Haifa, in dem dieser die Entführung Schritt für Schritt nachzeichnete, vollständig der Militärzensur zum Opfer fiel. Der Journalist und sein Chefredakteur erhielten die Warnung, man könnte sie vor ein Militärgericht bringen, falls die Informationen nach außen drängen; ihre Telefone wurden angezapft und Nachbarn vom Sicherheitsdienst verhört; Kontaktpersonen riet man dringend von einem Gespräch mit Alon ab, und Termine platzten manchmal in letzter Minute.[56] Vanunu hat behauptet, trotz der *Sunday Times*-Berichte über seine Entführung aus Italien seien noch nicht alle Einzelheiten ans Tageslicht gekommen. In anderen Fällen hat es manchmal Jahrzehnte gedauert, bevor der Militärzensor die Veröffentlichung des Geschehens erlaubte.

Auch wenn Libai einverstanden wäre, so hat er doch nur schwachen Einfluß innerhalb des Kabinetts und keine guten Beziehungen zu Rabin. Darüber hinaus müssen für jeden Vorstoß in Richtung Begnadigung von seiten Libais oder Weizmans die offiziellen Tabus über Vanunu und die atomaren Geheimnisse gebrochen werden; zudem muß man die Regierung und den Verteidigungsapparat überzeugen, die beide hinter der atomaren Geheimhaltung und der nuklearen Vorherrschaft stehen. Wenn die Rüstungskontrollverhandlungen zwischen Israel und den arabischen Staaten zu einem offiziellen Eingeständnis Israels führen würden, daß es über ein Atomarsenal verfügt, wäre es weniger gerechtfertigt, Vanunu in Haft zu behalten. In Wirklichkeit müßte es dann peinlich sein, jemanden im Gefängnis zu haben, der so eng mit dem Thema Atomwaffen assoziiert wird. Sollte Vanunu dann freigelassen werden, käme dies weniger einem Gnadenakt oder dem Nachgeben auf einen störenden, wenn auch weitestgehend zu vernachlässigenden Druck seiner Anhänger im Ausland gleich. Es würde vielmehr zeigen, wie sehr Vanunu ein Faustpfand für Israels Atompolitik ist und bleibt. Ein Faustpfand, dessen Enthüllungen und Entführung 1986 zynischerweise Israels nuklearer Abschreckung gedient hat. Und vielleicht profitiert Israel eines Tages von seiner Freilassung.

Der Preis des Konsenses

Konsens und Zensur

Eine wirklich demokratische Regierung, die eine Politik der Doppeldeutigkeit bei atomaren Angelegenheiten oder in einem anderen politischen Bereich verfolgt, unterliegt trotz allem der Rechenschaftspflicht. Israel ist der Testfall für die dabei auftretenden Spannungen. Der ehemalige Generaldirektor des israelischen Außenministeriums, David Kimche, meinte dazu: »In jeder Demokratie gibt es Themen, die einer doppeldeutigen Politik unterworfen sind. Keine Demokratie legt alles offen, weil sich keine Demokratie zu große Blößen geben will. Die Probleme Israels können nicht mit denen Westeuropas verglichen werden. Eine Demokratie muß zuallererst ihre demokratische Existenz an sich bewahren; genau das tun wir. Es ist ein Fehler zu fordern, alles in einer Demokratie habe offen zu sein.« Kann es jedoch nur ein Entweder-Oder geben? Warum muß die öffentliche Diskussion selbst allgemeiner Aspekte der Atomproblematik offiziell erschwert werden?

In Israel akzeptieren weite Teile der Bevölkerung die staatliche Autorität in vielen Fragen der nationalen Sicherheit. Das *Kedushat ha-Bitachon*, das »Heiligtum der Sicherheit«, durchdringt die Gesellschaft, die in ihrem 40jährigen Bestehen mit existenziellen Bedrohungen konfrontiert war. Unter Bezug auf den Psalm Davids »Siehe, der Hüter Israels schläft und schlummert nicht«, versuchte eine Meinungsumfrage 1986 zu ermitteln, wen die Israelis als »Hüter Israels« ansehen. 57 Prozent gaben die israelische Armee an, 17 Prozent Gott, 13 Prozent den Staat Israel, 10 Prozent das israelische Volk und 2

Prozent die Vereinigten Staaten; die restlichen 2 Prozent meinten, jeder müsse auf sich selbst aufpassen.

»Zur israelischen Mentalität gehört die Erkenntnis, daß in atomaren Angelegenheiten Geheimnisvolles passiert. Die Regierung kennt sich am besten aus und handelt nicht leichtfertig. Zudem gibt es dringendere Probleme als das nukleare Thema«, so Menachem Shalev, der diplomatische Korrespondent der Tageszeitung *Davar*. »Ich bin erstaunt, auf welch geringes öffentliches Interesse die Atomproblematik stößt«, bemerkte Peter Hounam. Durch den hohen Bevölkerungsanteil an Einwanderern aus Osteuropa und arabischen Ländern, die keine Erfahrung in demokratischer Mitbestimmung haben, wird diese Haltung noch verstärkt. Für viele Israelis ist das Recht auf Information, insbesondere in Verteidigungsfragen, kein absoluter Wert – wie in manch anderen westlichen Ländern –, sondern ein relativer, der hinter dem absoluten Wert des nationalen Überlebens zurücktritt. »Die Bevölkerung akzeptiert die Doppeldeutigkeit: Wenn wir nicht sicher sind, ob wir die Bombe haben, brauchen wir auch nicht darüber nachzudenken«, meinte Professor Dan Horowitz von der Hebräischen Universität. Der frühere Minister der Arbeiterpartei und ehemalige Stabschef Mordechai Gur sagte in diesem Zusammenhang: »Die Öffentlichkeit weiß ziemlich genau, daß wir angesichts der permanenten Bedrohung durch die arabischen Staaten Maßnahmen ergreifen müssen, um das Überleben zu sichern. Kein Israeli will dabei alle Einzelheiten kennen. Fragt man die israelische Bevölkerung, haben die meisten nicht das Gefühl, es werde ihnen etwas verheimlicht.«

Damit das Bild der Doppeldeutigkeit nicht geschwächt wird, unterliegen die Medien einer strengen Militärzensur hinsichtlich jeglicher atomaren Information. Eine detaillierte Diskussion über Dimona liegt zwar immer noch im Bereich des absolut Verbotenen, es sei denn, es werden ausländische Quellen zitiert; in anderen Bereichen dieser Thematik ist jedoch eine gewisse Lockerung der Zensur zu verzeichnen. In den sechziger Jahren wurde selbst jeder indirekte Hinweis auf Israels Atompotential zensiert, weil darin die atomare Option Israels zu deutlich hervortrat. Eine Anfang 1967 vor dem Sechstagekrieg verfaßte Artikelserie des *Ha-Aretz*-Militärkorrespondenten Zeev Schiff, der darin auch Eindrücke der Araber hinsichtlich des israelischen Atompotentials schilderte, wurde vom damaligen Zensor, Oberst Walter Bar-On, mit der Begründung verboten, sie stütze sich auf die Sichtweise der Araber und nicht auf die Perspektive der Israelis. Im Laufe der Jahre haben israelische Regierungsbeamte häufig *Ha-Aretz* gebeten, Artikel im Zusammenhang mit atomaren Angelegenheiten nicht zu veröffentlichen. Als beispielsweise die Zensurbestimmungen das Verbot einer bestimmten Meldung nicht erlaubten, wandte sich ein hochrangiger israelischer Regierungsvertreter mit dem Hinweis an die Chefredaktion, ihre Veröffentlichung würde eine »unerwünschte« öffentliche Diskussion entfachen. Die Zeitung lehnte dieses Ansinnen jedoch ab.

Die Militärzensur ist Bestandteil der israelischen Abschreckungspolitik. Im April 1986 untersagte der Zensor die Veröffentlichung von Bemerkungen eines Presseoffiziers der Armee, wonach Syrien in der Lage sei, chemische Waffen gegen Israel einzusetzen. Ende 1986 begannen Militärsprecher offener über ein mögliches Chemiewaffenarsenal der Syrer zu sprechen. Der Gipfel des offiziellen Zynismus war der Beitrag Shalheveth Freiers, des ehemaligen Leiters der israelischen Atomenergiekommission, zur atompolitischen Diskussion; er schrieb 1992, ihm sei kein »Beispiel eines offiziellen Versuches, die öffentliche Diskussion der Atomfrage zu unterdrücken«, bekannt. Er machte die Akademiker dafür verantwortlich, da sie weder offizielle Stellungnahmen zur Bombe in ihren Publikationen wiedergeben, noch »die Ergebnisse ihrer Forschungen mit Regierungsquellen« teilen würden.[1]

Durch die starke Unterminierung des Konzepts der nuklearen Zweideutigkeit beginnen allmählich auch die Zensurbeschränkungen bezüglich der Diskussion allgemeiner Aspekte der Atomfrage langsam aufzubrechen. Dies geht einher mit einer stärkeren Skepsis der Bevölkerung und der Medien gegenüber dem Militär seit dem Yom Kippur-Krieg 1973 und dem Libanonkrieg 1982. Vor dem Yom Kippur-Krieg folgten die Korrespondenten noch den Zensurwünschen, keine geheimdienstlichen Warnungen vor Militäraktionen Ägyptens und Syriens zu veröffentlichen, um eine Verunsicherung der Bevölkerung zu vermeiden. Wären diese Warnungen jedoch bekannt geworden, hätten die Vorbereitungen für den Notfall früher beginnen und somit viele Todesopfer verhindert werden können.

Die 1990 und 1991 in der israelischen Bevölkerung herrschende Besorgnis über die irakische Bedrohung entfachte eine heftigere Diskussion als jemals zuvor in der Öffentlichkeit und in den Medien über diese Gefahr; man redete über die Möglichkeiten Israels hinsichtlich eines nichtkonventionellen Gegenschlages. Noch nie war die israelische Militärzensur in diesem Punkt so offen gewesen wie in dieser Zeit. Offene Anspielungen der Medien auf das israelische Atompotential, die in der Vergangenheit der Zensur zum Opfer gefallen wären, wurden abgesegnet. Dan Margalit, ein *Ha-Aretz*-Kolumnist, beschrieb die Situation treffend: »Die Regierung muß zwar still sein, aber die Medien tun die Arbeit der Regierung.« Mit dem Ende des Krieges jedoch hatte auch die kurzlebige liberale Haltung der Zensur ein Ende. Durch den Golfkrieg und seine Nachwirkungen ist es fragwürdig geworden, ob sich Israel die ambivalente Haltung bezüglich seines Atompotentials in Zukunft noch leisten kann. Das Dilemma für die israelische Politik bestand darin, daß der Schleier, der im Laufe der Jahre immer dichter über das Atomprogramm gelegt wurde, nun angesichts des wachsenden internationalen Drucks zur

Rüstungskontrolle nicht so einfach wieder gelüftet werden konnte. Bereits 1986, kurz nach Vanunus Enthüllungen, überzeugten alle Dementis, Israel sei keine Atommacht, niemanden mehr.

Nach dem Golfkrieg versuchte die Zensur ihre harte Haltung bezüglich atomarer Angelegenheiten wieder einzuführen. Dr. Avner Cohen, ein israelischer Forscher am *Massachusetts Institute of Technology*, reichte 1993 einen Artikel über die frühe Geschichte des israelischen Atompotentials zur Prüfung ein; er stützte sich darin auf öffentlich zugängliche Quellen und US-Archive. Der Zensor weigerte sich jedoch, auch nur einen Blick auf den Artikel zu werfen, mit der Begründung, Cohen hätte bereits Arbeitskopien Kollegen in den USA gezeigt. Cohen arbeitete mit einem US-Partner an einem gemeinsamen Forschungsprojekt. Er behauptete, die israelischen Behörden wollten ihn zum Schweigen bringen. Vor dem Hintergrund einer breiteren Diskussion über Israels nichtkonventionelle Militäroptionen nach dem Golfkrieg war jedoch der Versuch, Informationen zu unterdrücken, zum Scheitern verurteilt, vor allem weil seither in den Massenmedien offener diskutiert wird. Dennoch sind die Interviewpartner weiterhin in der Regel regierungsloyal; Kritiker aus pazifistischen Anti-Atom-Gruppen kommen nur selten zu Wort.

Daß die israelischen Medien die Zensur weitgehend hinnehmen, widerspricht nicht unbedingt der Theorie einer freien Presse. Eine Demokratie kann sich ihre eigenen Grenzen hinsichtlich der Meinungs- und der künstlerischen Freiheit sowie zu Fragen der nationalen Sicherheit setzen, solange diese Grenzen vom Volk und nicht von der Regierung festgelegt werden. Einer 1987 vom Jaffa-Zentrum für Strategische Studien der Universität Tel Aviv durchgeführten Meinungsumfrage zufolge befürworten 78 Prozent der befragten Israelis die Geheimhaltung des israelischen Nuklearpotentials. Als die *Davar*-Redakteurin Hannah Zemer nach Vanunus Enthüllungen in ihrer Zeitung die Atomfrage anschnitt, bekam sie – wie andere israelische Journalisten, die das taten – unter anderem von Reserveoffizieren eine Unmenge von Leserbriefen mit dem Vorwurf, die Zeitung habe die Geheimnisse Israels an den Feind verraten; dabei war der Artikel von der Militärzensur freigegeben worden.

Ausländische Medien fühlen sich – wenn überhaupt – im Hinblick auf die Geheimhaltung von Informationen, die eine Öffentlichkeit in einem anderen Land lieber unter Verschluß sehen möchte, nur minimal verpflichtet. »Was passiert, wenn eine ausländische Regierung die Geheimhaltung dazu benutzt, Inkompetenz, Fehler oder politische Parteilichkeit zu verschleiern, um ihre eigenen politischen Interessen zu verfolgen?«, fragte Godfrey Hodgson, ein früherer *Insight*-Mitarbeiter. »Unser Geschäft ist es, Nachrichten zu verbreiten, wenn wir sie für wichtig halten, und nicht bis ins kleinste die möglichen Konsequenzen einer Veröffentlichung vorauszuberechnen. Es ist die Aufgabe der Presse, Nachrichten zu veröffentlichen, es sei denn, dies würde Leben in Gefahr bringen.« Der ehemalige *Sunday Times*-Chefredakteur Frank Giles stellte dazu fest: »Das Argument, die Enthüllung der Nukleargeheimnisse Israels könne zu einem eskalierenden atomaren Rüstungswettlauf im Nahen Osten führen, ist typisch für einen Politiker und nicht für einen Journalisten. Die Möglichkeit einer Eskalation ist äußerst hypothetisch. Hätte die *Sunday Times* beispielsweise von einem Atompotential Pakistans oder Indiens erfahren, wäre dies eine erstklassige Story von höchstem internationalem Interesse. Gäbe es aber eindeutige Beweise, daß die Veröffentlichung den Tod irgendeines unschuldigen Menschen, beispielsweise eines britischen Geheimdienstlers oder eines anderen westeuropäischen Bürgers, nach sich ziehen könnte, würde ich sicherlich auf die Geschichte verzichten.«

In Israel stellt die Zensur sicher, daß sich die ausländischen Medien gemäß der nationalen Sicherheitsinteressen aus israelischer Sicht verhalten. Thomas Friedman, Pulitzer-Preisträger und Jerusalemer Korrespondent der *New York Times* von 1984 bis 1988, befaßte sich nicht mit dem Thema des israelischen Atompotentials. »Warum sollte ich meine beschränkte Zeit und Energie für eine Geschiche verschwenden, die ich nicht veröffentlichen kann, ohne des Landes verwiesen zu werden?«, fragte er sich. »Und warum sollte ich mich für eine Story aus dem Land werfen lassen, die bereits bekannt ist?« Charles Richards, damaliger Israel-Korrespondent des Londoner *Independent*, meinte: »Mit Ausnahme von Israels Atomgeschichte und ein, zwei anderen Themen hat mich die Zensur bei meiner Arbeit als Auslandskorrespondent nicht behindert.« Als der *Time*-Photograph David Rubinger Anfang der sechziger Jahre den Dimona-Reaktor von außerhalb der Umzäunung photographierte, stritt er sich eine Nacht lang am Telefon mit dem Zensor herum. »Am Ende gewann ich, weil ich ihn davon überzeugte, das amerikanische Aufklärungsflugzeug U-2 könne aus der Luft mehr photographieren als ich jemals vom Boden aus. Bis heute ist es das einzige Photo von Dimona, das je durch die Zensur gekommen ist«, erzählte er. Gideon Berli, der für die *Deutsche Presse Agentur* arbeitete und ehemaliger Vorsitzender der israelischen Vereinigung der Auslandspresse war, äußerte in diesem Zusammenhang: »Wir können zwar ein wenig mehr als die israelischen Medien hinsichtlich der Atomstory tun, aber in der Praxis sind unsere Möglichkeiten begrenzt, weil wir keine Quellen haben.« Berli, israelischer Staatsbürger, fügte hinzu: »Ich achte die Wichtigkeit dieses Themas für die Sicherheit des Landes weit höher als den Wunsch, es als gute Story zu verkaufen. Wenn andere Journalisten es nicht tun, warum soll ich dann Vanunu spielen?«

Der Preis des Konsenses

In einer Stellungnahme vom März 1988 äußerte *Sunday Times*-Chefredakteur Andrew Neil nach Vanunus Verurteilung Verständnis dafür, daß demokratische Staaten im nationalen Interesse ihre Geheimnisse schützen müßten. Zwar sei Vanunu in den Augen der meisten Israelis ein Verräter, aber in anderen Demokratien wüßten die Bürger, ob ihr Land über Kernwaffen verfügt; nur so seien aufgeklärte Entscheidungen möglich. Darüber hinaus sei es im allgemeinen Interesse von Atomstaaten, auch als solche nach außen hin aufzutreten. Neils Stellungnahme beinhaltet ebenso viele Fragen wie Antworten. Er ging von der Prämisse aus, die Israelis wüßten nicht, ob ihr Land ein Atompotential hat. Eine im Januar 1986 – also neun Monate vor der *Sunday Times*-Veröffentlichung – vom Jaffa-Zentrum für Strategische Studien durchgeführte Meinungsumfrage ergab hingegen, daß 92 Prozent der befragten Israelis glaubten, ihr Land verfüge bereits über Atomwaffen. 54 Prozent der Befragten waren sich dessen sicher; 38 Prozent glaubten dies zwar, waren aber unsicher. Nur 7 Prozent verneinten den Besitz solcher Waffen, waren aber auch nicht sicher. Lediglich 1 Prozent der Befragten war sich sicher, daß Israel kein Atomarsenal hat. Dabei ist ein beträchtlicher Anstieg gegenüber einer 1976 von *Ha-Aretz* in Auftrag gegebenen Studie zu verzeichnen: damals glaubten 62,3 Prozent, Israel besitze die Atomwaffe. Nur 4,3 Prozent waren vom Gegenteil überzeugt. 33,4 Prozent gaben an, es nicht zu wissen.

In Zweifel zu ziehen ist auch Neils – und ebenso Vanunus – Prämisse, die Israelis wollten über dieses Thema diskutieren; 78 Prozent der Israelis befürworteten nämlich die Politik der Geheimhaltung. »Das allgemeine Interesse, zu wissen, welches Land eine Atommacht ist und welches nicht«, fällt in Israel nicht so sehr ins Gewicht angesichts des herrschenden Konsenses zugunsten der atomaren Doppeldeutigkeit.

Die Medien sollten – so die logische Schlußfolgerung – keine Auslandsnachrichten veröffentlichen, die eine bestimmte Gesellschaft unter Verschluß halten möchte. »Gibt es irgendeine Verpflichtung für Israel, Ihnen oder irgend jemandem sonst alle geheimen Angelegenheiten zu erzählen, die wir in diesem Land haben?«, lautete die rhetorische Frage von Minister Ehud Olmert hinsichtlich der *Sunday Times*-Enthüllungen. Dr. Frank Barnaby beschreibt das Dilemma wie folgt: »Einerseits glaube ich, man sollte nicht die Gesetze brechen. Andererseits ist Vanunus Argument über die Folgen für die globale Sicherheit, das ich teile, höher zu veranschlagen als die nationale Sicherheitsproblematik. Wenn ein Mensch sich dessen sicher ist, setzt seine Pflicht jedes Geheimhaltungsgesetz außer Kraft.«

Das Argument, es herrsche in Israel ein Konsens zugunsten der Geheimhaltung, zieht jedoch insofern nicht, als dieser Konsens von oben als *fait accompli* verordnet wurde. Vanunu könnte zu Recht philosophisch behaupten, der Konsens habe sich nicht nach einer breiten, öffentlichen Debatte über Pro und Contra der Geheimhaltung entwickelt. Zudem machen viele Regierungen, ganz besonders die israelische, großes Aufheben um die Geheimhaltung »im Angesicht des Feindes«.

In seiner Stellungnahme betonte Neil, nukleare Angelegenheiten seien von globalem Interesse. Hounam schloß sich diesem Standpunkt an: »Dadurch können andere Staaten in einen Atomkrieg hineingezogen werden.« Es ist unklar, was Neil mit seiner Stellungnahme erreichen wollte, da doch die israelische Bevölkerung glaubt, ihr Land verfüge über ein Atompotential, und die Fragen nach dem Recht der Öffentlichkeit und der diesbezüglichen Verantwortung der ausländischen Medien ungeklärt blieben. Neil hat bestenfalls eine konfuse Verteidigung der freien Presse geliefert. Schlechtestenfalls hat er die Veröffentlichung eines Knüllers zu rechtfertigen versucht. »Die Sicherheitsüberlegungen«, so ein leitender Redakteur der *Sunday Times*, »flossen bei den Vanunu-

Recherchen nie in unseren Entscheidungsprozeß ein. Es gehört nicht zu unserem Job, die israelische Sicherheit zu berücksichtigen. Müßten wir dieses Argument entkräften, dann damit, daß nukleare Geheimnisse prinzipiell schlecht sind; wenn wir in der Lage sind, ein wenig Licht in das atomare Dunkel zu bringen, haben wir die Pflicht dazu.« Auf die Frage, ob die *Sunday Times* auch die Vorgänge im Inneren einer geheimen britischen Atomanlage aufdecken würde, erwiderte er: »Wir würden es nicht versuchen!«

Der Konflikt zwischen Israels nationaler Sicherheit und den Interessen der ausländischen Medien – vertreten durch die *Sunday Times* – kam noch einmal drei Jahre später mit der Obeid-Affäre auf. Der Nahost-Korrespondent der Zeitung unterlief die israelischen Zensurbestimmungen und meldete, der aus dem Südlibanon entführte schiitische Geistliche Sheik Obeid würde behaupten, zwei der drei israelischen Soldaten, die der Hisbollah in die Hände gefallen waren und die Israel im Austausch gegen den Geistlichen freipressen wollte, seien tot. Die israelische Armee hält vermißte Soldaten für lebend, solange nicht das Gegenteil bewiesen ist. Das Militär hatte ein Interesse an einer Zensurempfehlung für Obeids Behauptung, da bei geringeren Erfolgsaussichten für Israel die Verhandlungsposition der Regierung geschwächt würde. Israelische Regierungsvertreter zeigten sich angesichts der Haltung der Vereinigten Staaten besorgt, die darauf drängten, Obeid im Rahmen eines Gefangenenaustausches mit amerikanischen Geiseln im Libanon freizulassen. Nach Ansicht der Medien ist die Nichtveröffentlichung der Nachricht mit dem Ziel, die Freilassung der Geiseln zu erreichen, nicht gerechtfertigt; sie können geltend machen, daß dieser Schritt vielleicht – aber nur vielleicht – dazu beitragen würde, die Geiseln freizubekommen.

Der Preis des Konsenses

Das *Editors' Committee*

Am Freitag, dem 26. September 1986, berief Ministerpräsident Peres das *Editors' Committee* zu einer Dringlichkeitssitzung zusammen. »Das kam ziemlich überraschend – um 14.00 Uhr am Vorabend des Sabbat, zu einem sehr unkonventionellen Zeitpunkt also. Wir hatten Angst, Peres könnte uns erklären, daß an jenem Abend ein Krieg ausbrechen würde«, bemerkte Hannah Zemer. Wie schon erwähnt, teilte Peres den versammelten Journalisten mit, die *Sunday Times* wolle die Enthüllungen eines abtrünnigen Technikers veröffentlichen. Er legte den Anwesenden nahe, in den nächsten 48 Stunden keine israelischen Stellungnahmen zu erbitten. Längerfristig könne man die Diskussion jedoch unmöglich verhindern. Nach Ablauf der zwei Tage dürften die Redakteure daher nach Überprüfung durch die Militärzensur veröffentlichen, was immer sie wollten. Dabei standen nicht so sehr die Reaktionen der israelischen Öffentlichkeit oder der USA im Vordergrund als vielmehr die Reaktion Ägyptens oder anderer arabischer Staaten.

Obwohl israelische Regierungsvertreter schon seit beinahe einem Monat von Vanunus Kontakten zur *Sunday Times* wußten, berief Peres das Komitee erst ein, nachdem sich die Zeitung wegen einer Stellungnahme an die israelische Botschaft in London gewandt hatte und somit klar war, daß die Enthüllung unmittelbar bevorstand. Zunächst wandten die israelischen Redakteure ein, sie könnten nicht auf die Veröffentlichung von Reaktionen und Kommentaren verzichten. Nachdem Peres ihnen jedoch erklärt hatte, alles, was aus Israel nach außen dränge, könne die Dinge verkomplizieren, verstummten die Einwände. »Er appellierte an unseren Patriotismus, und wir willigten ein«, so ein Journalist. »Ich bin ein verantwortungsbewußter israelischer Bürger«, sagte *Je-

rusalem Post-Redakteur Ari Rath. Den Journalisten fiel die Einwilligung noch aus einem anderen Grund leicht. Sie wußten schließlich nicht, was die *Sunday Times* veröffentlichen würde. Selbst wenn sie eine Ahnung gehabt hätten, besaß doch kein Redakteur solch detaillierte Informationen über das Nuklearforschungszentrum wie die *Sunday Times*. Der israelische Journalistenverband, der zuvor das *Editors' Committee* als Institution kritisierte, mit deren Hilfe die Regierung die Presse knebelt, übte später scharfe Kritik sowohl an Peres als auch am Komitee selbst. Obwohl sich letztendlich keiner der anwesenden Redakteure Peres' Bitte widersetzt hatte, wurde kein offizielles Votum abgegeben. Gershon Schocken, *Ha-Aretz*-Verleger und Chefredakteur, verließ beispielsweise die Sitzung in dem Glauben, Peres' Ansinnen sei zurückgewiesen worden. Nachdem die *Sunday Times* neun Tage später ihren Artikel veröffentlicht hatte, wurde ein *Ha-Aretz*-Leitartikel, der zusammen mit dem Abdruck der dreiseitigen *Sunday Times*-Enthüllung veröffentlicht werden sollte, vom Zensor nicht genehmigt. Aus Protest ließ die Zeitung seine Leitartikelspalte frei. Rund 70 Prozent des Leitartikels in der Zeitung *Al ha-Mishmar* fielen ebenfalls der Zensur zum Opfer.

Das Mißverständnis zwischen Peres und *Ha-Aretz* entstand, weil es kein klares Votum gegeben hatte. Auf einem späteren Treffen des *Editors' Committee* faßten die Journalisten den Entschluß, in Zukunft ein offizielles Votum zu verabschieden, falls ein Minister die Nichtveröffentlichung einer bestimmten Information verlangt. Dies würde jedoch den Minister in die ungünstige Situation bringen, erst eine Information preisgeben zu müssen, ohne sicher zu sein, daß die Redakteure dem Publikationsverzicht zustimmen. Schließlich wurde festgelegt, der Vorsitzende des Komitees solle am Anfang jeder Sitzung die Verfahrensregeln erläutern; zudem müsse das Votum zur Nichtverbreitung einstimmig und unmittelbar gefaßt werden.

Seltsamerweise haben die Redakteure niemals unter sich die mangelnde Berichterstattung zu atomaren Themen besprochen. Einzelne anspruchsvolle Zeitungen, darunter *Ha-Aretz*, *Davar* und *Al ha-Mishmar*, haben seit 1986 Artikel über allgemeine Aspekte der Atompolitik gebracht, wobei diese jedoch meist von freien Mitarbeitern statt den darauf spezialisierten Redakteuren stammten. Die auflagenstarken Abendzeitungen *Yediot Aharonot* und *Maariv* haben sich des Themas nicht angenommen. »Ich werde nur einmal im Jahr jemanden darüber schreiben lassen, weil das Thema erschöpft ist«, sagte *Maariv*-Redakteur Iddo Dissentschik. Im Gegensatz dazu versuchte *Hadashot* – eine 1984 gegründete, buntbebilderte Boulevardzeitung und einzige nicht dem *Editors' Committee* angehörende Publikation des Landes –, die Aufmerksamkeit seiner Leserschaft auf Vanunus Geschichte zu lenken. *Hadashot* stellte 1993 ihr Erscheinen jedoch ein. Seit der Kuwaitkrise 1990, dem Golfkrieg und Saddam Husseins Drohung, mit chemischen Waffen »halb Israel zu verbrennen«, haben die israelischen Medien ausführlich über die nichtkonventionellen Aspekte des militärischen Gleichgewichts zwischen Israel und den arabischen Staaten berichtet – allerdings innerhalb der engen Zensurgrenzen bezüglich des israelischen Atompotentials.

Die Londoner Büros der internationalen Medienunternehmen berichteten zusammenfassend von dem *Sunday Times*-Artikel. Ihre Korrespondenten in Israel – die nicht den gleichen Status wie die Journalisten des *Editors' Committee* genießen – versuchten vergeblich, Artikel über israelische Reaktionen und selbst über allgemein zugängliches Material durch die Zensur zu bekommen. Zwei Drittel eines vom *Times*-Korrespondenten Ian Murray eingereichten Artikels wurden zensiert. Seine Proteste waren vergeblich. »Nicht Sie, sondern ich entscheide darüber, was die israelische Sicherheit gefährden kann«, teilte ihm der Militärzensor mit. Später wurden Informationen über Vanunus Entführung, seine Anklage und seinen nichtöffentlichen Prozeß weitestgehend unter Verschluß gehalten. Damit versuchten israelische Regierungsvertreter nicht nur das Bekanntwerden der Umstände zu verhindern, wie Vanunu nach Israel gebracht wurde; sie wollten auch vermeiden, daß die ursprüngliche *Sunday Times*-Enthüllung durch die Entführungsstory erneut in den Mittelpunkt des Interesses rückte.

Publizistische Debatte in Israel

Vanunus Ziel, eine Diskussion in Gang zu setzen, ist teilweise erreicht worden. In den fünfziger und sechziger Jahren mußten Wissenschaftler und Politiker, die das Thema anzuschneiden versuchten, noch mit Drohungen von offizieller Seite rechnen. Elizier Livneh, ein Knesset-Abgeordneter der Regierungspartei Mapam, der eine Debatte über die atomare Frage initiieren wollte, wurde von Regierungsvertretern einbestellt und verwarnt, er könne angeklagt werden. 1976 beabsichtigte das erste Fernsehprogramm in *Mabat Sheni*, der führenden Informationssendung im israelischen Fernsehen, die Ausstrahlung eines Beitrags mit dem Titel »Israels nukleare Option«. Dies wurde jedoch vom Generaldirektor der Israelischen Rundfunk- und Fernsehbehörde mit der Begründung untersagt, das Thema sei heikel und würde eine öffentliche Diskussion entfachen, »die weit über das hinausgeht, was bisher diskutiert wurde«. Der Generaldirektor, der von der Regierung ernannt wird, fügte hinzu: »Die Aufgabe des Fernsehens ist es, Informationen zu senden und nicht öffentliche Diskussionen anzuregen.« Das Buch *None Will Survive Us. The Story of the Israeli A-Bomb* des Rechtsanwalts Eli

Teicher und des Journalisten Ami Dor-On wurde 1980 vollständig von der Militärzensur verboten; man warnte die Verfasser, sie könnten zu einer fünfzehnjährigen Haftstrafe verurteilt werden, falls sie den Inhalt des Buches jemals enthüllen würden. Als der CBS-Rundfunkkorrespondent in Israel, Dan Raviv, über das Verbot des Buches und die darin aufgestellten Behauptungen einer nuklearen Zusammenarbeit zwischen Israel und Südafrika berichtete, wurde ihm als zweitem Auslandskorrespondenten in der Geschichte Israels die Presseakkreditierung entzogen.

Es kam selten vor, daß überhaupt über nukleare und nichtkonventionelle Waffenarsenale geschrieben wurde; die Journalisten fühlten sich auch nicht gerade dazu ermutigt. »Zweifellos war dies ein Fehler, und ich zähle mich zu den Verantwortlichen dafür«, resümierte Zeev Schiff von *Ha-Aretz*. »Deshalb stammten die meisten Artikel über Atomwaffen in Israel und im Nahen Osten von ausländischen Quellen; nicht wenige waren voll grundlegender Irrtümer und, was noch schlimmer war, in der Absicht geschrieben, Israel zu schaden«, schrieb Schiff in einer der Atomfrage gewidmeten Sonderausgabe der von der Bürgerrechtsbewegung herausgegebenen Zeitschrift *Politika*. Seltsamerweise hatte sich Schiff während der Vanunu-Affäre in der vielgelesenen *Ha-Aretz* nicht zu diesem Thema geäußert.

Es wäre jedoch falsch zu sagen, es hätte keine Diskussion innerhalb informierter Kreise und keine organisierte Meinung zu diesem Thema gegeben. Einige Gruppen engagierten sich in den letzten 25 Jahren in der Anti-Atom-Bewegung; zu nennen sind beispielsweise der Kreis um Hillel Schenker vom Mapam-Organ *New Outlook* oder das in den sechziger Jahren gegründete Komitee für nukleare Abrüstung im Nahen Osten, das unter anderem von dem Wissenschaftler und Philosophen Professor Yeshayahu Leibowitz geleitet wurde. In jüngerer Zeit bildete sich eine Gruppe um Professor Avner

Cohen, dem Koautor von *Nuclear Weapons and the Future of Humanity*. Bereits 1964 veröffentlichte Professor Yehoshafat Harkabi, ein ehemaliger Chef des Militärgeheimdienstes, eine seriöse Studie in hebräischer Sprache über Israels Nuklearstrategie mit dem Titel *Nuclear War and Nuclear Peace*; das Buch erschien unmittelbar danach in einer zweiten Auflage und 1966 auf englisch. Yigal Allon, der frühere Minister der Arbeiterpartei, publizierte seinen Standpunkt in *A Curtain of Sand*. Neben Akademikern wie Professor Shai Feldman und Professor Yair Evron griffen auch Journalisten das Thema auf, wie beispielsweise Avraham Schweitzer von *Ha-Aretz*, Haggai Eshed von *Davar* und Ephraim Kishon. Die Diskussion wurde jedoch oft indirekt geführt. In einem Artikel für die israelische Zeitschrift *State, Government and International Relations* schilderte beispielsweise Alan Dowty, damaliger Dozent an der Hebräischen Universität, das Faktum der nuklearen Zweideutigkeit; dem Beitrag war folgendes Dementi nachgestellt: »Dieser Artikel basiert auf veröffentlichten Quellen. Der Verfasser hatte keinen Zugang zu geheimen Informationen; er steht weder mit der israelischen Regierung in Verbindung, noch hat er offizielle Unterstützung oder Hintergrundinformationen bei der Vorbereitung dieses Artikels bekommen.«

Auf parlamentarischer Ebene versuchten linksgerichtete Abgeordnete, eine Diskussion über das Atompotential in Gang zu bekommen. Im November 1987 stellte Mattityahu Peled von der Progressiven Friedensliste einen Mißtrauensantrag gegen die Regierung, weil diese nicht auf einen ägyptischen Vorschlag einer atomwaffenfreien Zone im Nahen Osten eingegangen war. »Israels Atompolitik bringt das Land in Gefahr, weil es den arabischen Rüstungswettlauf fördert«, so seine Argumentation. Ein stellvertretender Minister erwiderte daraufhin, Israel unterstütze eine atomwaffenfreie Zone nur im Rahmen eines weitergehenden Friedensabkommens zwischen Israel und den arabischen Staaten. Da weite Teile der beiden wichtigsten Parteien, des Likud und der Arbeiterpartei, die nukleare Option und die Politik der atomaren Zweideutigkeit befürworten, wurde jedoch bisher keine parlamentarische Debatte initiiert, die eine breit angelegte Diskussion in der Öffentlichkeit hätte anregen können. Die Atomfrage tauchte in der Knesset nur im Zusammenhang mit anderen Themen auf. Nach dem Kauf zweier Atomreaktoren von Frankreich 1984 beschuldigte beispielsweise Meir Wilner von der Demokratischen Friedensliste die Regierung, die Reaktoren für militärische Verteidigungszwecke statt – wie von der Regierung behauptet – für zivile Zwecke verwenden zu wollen. Die Gesundheitsgefährdung durch radioaktive Abfälle wurde im Juni 1988 in einer Umweltschutzdebatte angeschnitten. Es fand jedoch keine umfassende Diskussion nach der *Sunday Times*-Enthüllung statt. In einer Eröffnungsrede zur Aussprache über die allgemeine politische Situation zwei Tage nach dem *Sunday Times*-Artikel stellte der Mapam-Abgeordnete Yair Tzaban, Befürworter einer atomwaffenfreien Zone, fest: »Obwohl das Thema die Schlagzeilen erobert hat – was in jeder Hinsicht sensationell ist –, verbietet es sich, dies als Vorwand zu nehmen, die Frage unter den Teppich zu kehren.«

»Wer ist Vanunu, daß er sich ein Urteil über Entscheidungen anmaßt, die in einem demokratischen Prozeß in einem demokratischen Land getroffen wurden?«, fragte Ehud Olmert, der einzige Minister, der sich unmittelbar nach der Vanunu-Affäre öffentlich äußerte. Sein Einwand ist in fast jedem anderen politischen Bereich in diesem von heftigen Debatten und politischen Machtkämpfen geprägten Land berechtigt. Vanunus Kritik, daß wichtige Entscheidungen im Rahmen des israelischen Atomprogramms ohne parlamentarische Mitbestimmung und sogar ohne die Zustimmung des Kabinetts getroffen wurden, ist indes wohlbegründet. Während der Bauphase des Nuklearforschungszentrums Dimona erhielt der

Knesset-Ausschuß für Auswärtige Angelegenheiten und Verteidigung lediglich einen allgemeinen Projektbericht – und das, nachdem er schon in den Zeitungen veröffentlicht worden war. Die Entscheidung zum Bau des Reaktors wurde sogar vor den Mitgliedern des Knesset-Ausschusses für den Verteidigungshaushalt geheimgehalten; normalerweise weiß dieses Gremium über finanzielle Angelegenheiten Bescheid, selbst wenn sie Verschlußsachen sind. Ministerpräsident David Ben-Gurion unterrichtete die Knesset über den Atomreaktor erst 1960 auf Druck der US-Regierung; er versicherte den Abgeordneten, der Reaktor diene ausschließlich friedlichen Zwecken. Durch die Knesset ging ein Aufschrei der Entrüstung, die Regierung wolle den Mitgliedern Informationen vorenthalten. Haim Landau, Mitglied des Ausschusses für Auswärtige Angelegenheiten und Verteidigung von der rechtsgerichteten Partei Herut, warf der Regierung vor: »Die wichtigste Tatsache im Zusammenhang mit dem Atomreaktor wurde uns nicht mitgeteilt; dabei handelt es sich um eine absichtliche Täuschung.« Ben-Gurion blieb jedoch ungerührt: die »Sicherheit« rechtfertige die Geheimhaltung. Das Magazin *Time* behauptete, die Plutoniumgewinnungsanlage sei auf Initiative von Ben-Gurion und Moshe Dayan ohne Wissen oder Zustimmung des Kabinetts gebaut worden. Heute wird die Atomwaffenpolitik im »Forum der Vier« diskutiert, dem der Ministerpräsident, der Verteidigungsminister, der Außenminister und der Finanzminister angehören.[2]

Politische Kontrolle der Atompolitik

Die Atompolitik fällt in den Zuständigkeitsbereich des Ausschusses für Auswärtige Angelegenheiten und Verteidigung, der unter Ausschluß der Öffentlichkeit tagt. Als der Autor den damaligen Vorsitzenden Abba Eban um ein Interview über die Arbeit des Ausschusses und die Atomwaffenpolitik bat, erwiderte Eban: »Ich bin zwar für die Nuklearproblematik und die Vanunu-Affäre zuständig, aber gerade aus diesem Grund kann ich nicht mit Ihnen darüber sprechen.«

Die Tatsache, daß der Ausschuß die Regierung für die spärliche Information über eine Reihe von sensiblen Themen wie etwa die Geheimdienstarbeit kritisiert hat, läßt sicherlich Zweifel aufkommen, ob dieses Gremium seinen verfassungsmäßigen Auftrag in Sachen Atompolitik erfüllt hat beziehungsweise erfüllen kann. Als Dr. Frank Barnaby die Zahl der israelischen Atomsprengköpfe auf 100 bis 200 schätzte, warf er die Frage auf, ob Israels Nuklearprogramm »aufgrund des durchaus verständlichen Wunsches der Atomwissenschaftler, immer bessere und hochentwickeltere Kernwaffen zu produzieren, außer Kontrolle geraten« sei. Vanunus und Barnabys Besorgnis angesichts der mangelnden parlamentarischen Kontrolle wurde von keinem geringeren als Levi Eshkol geteilt, der in seiner Zeit als Ministerpräsident den Vorsitzenden der Israelischen Atomenergiekommission zum Rücktritt zwang. Eshkol nahm diese Kommission aus der Zuständigkeit des Verteidigungsministeriums heraus und unterstellte sie dem Büro des Ministerpräsidenten; zudem erweiterte er dieses Gremium durch zivile Experten. Sowohl die Regierung als auch der Ausschuß für Auswärtige Angelegenheiten und Verteidigung müssen künftig weitere Maßnahmen zur Sicherstellung einer angemessenen legislativen Kontrolle der Atompolitik ergreifen; dies würde alle Israelis beruhigen, die der Politik der nuklearen Zweideutigkeit ablehnend gegenüberstehen.

Die mangelnde politische Kontrolle ist ein direktes Ergebnis der zweideutigen Atompolitik. Die strenge Geheimhaltung beim Bau des Reaktors und der Plutoniumgewinnungsanlage war eine Bedingung für Frankreichs Bereitschaft, sie überhaupt zu bauen. Dr. Francis Perrin zufolge, dem damaligen Leiter der französischen Atomenergiebehörde, war die Geheimhaltung aufgrund der Beziehungen zwischen Frankreich und den USA notwendig. Im Rahmen einer früheren Vereinbarung zwischen Paris und Washington erlaubten die Amerikaner französischen Wissenschaftlern, die bei der Produktion von Atomwaffen in Kanada während des Zweiten Weltkriegs mitgearbeitet hatten, die Rückkehr in ihre Heimat und die Nutzung ihres Wissens nur unter der Auflage absoluter Geheimhaltung. Frankreich glaubte, so Perrin, Jerusalem würde Stillschweigen über die französische Beteiligung bewahren.[3] Auch wenn die politischen Entscheidungsträger Israels glauben, der Fortführung der Geheimhaltungstradition anscheinend einen gewissen Nutzen abgewinnen zu können, müssen sie jedoch einen Mittelweg zwischen der Beibehaltung der doppeldeutigen Atompolitik und der Notwendigkeit einer breiten öffentlichen Diskussion finden.

In anderen Ländern stellt sich die Situation hinsichtlich einer öffentlichen Debatte in Atomfragen unterschiedlich dar. In den USA, Großbritannien, Frankreich, Indien, Argentinien und Brasilien findet eine breite Diskussion statt, wohingegen in Ländern wie zum Beispiel Pakistan die Bombe mit Patriotismus gleichgesetzt wird, Kritiker des Anti-Islamismus bezichtigt werden und jegliche öffentliche Debatte verboten ist. In Israel wiederum finden sich selbst unter den Befürwortern einer öffentlichen Diskussion über allgemeine Nuklearthemen Anhänger der zweideutigen Atompolitik. Yair Evron beispielsweise meinte: »In einer demokratischen Gesellschaft ist eine fundierte und offene Debatte über die Implikationen von Strategien zur Sicherung der Existenz dieser Gesellschaft essentiell. Die mit der Atomfrage verbundenen Probleme sind derart komplex, daß es zweifelhaft ist, ob umsichtige und effektive politische Strategien ohne offene und ausführliche Diskussionen überhaupt entwickelt und umgesetzt werden können. Angesichts der Existenz nichtkonventioneller Waffen und der Möglichkeit einer Eskalation haben israelische Regierungsvertreter ein Interesse an einem Konsens zur Befürwortung der nuklearen Option.«

Neben diesen pragmatischen Argumenten müssen auch politische Minderheiten das Recht haben, ihre Ansichten zu Themen grundlegender Wichtigkeit für den Fortbestand einer Gesellschaft – wie etwa der Atomproblematik – zu äußern und von der Regierung ein gewisses Maß an Verantwortlichkeit zu fordern. Die mangelnde öffentliche Diskussion der atomaren Frage in Israel schlägt sich in scheinbar widersprüchlichen Meinungsumfrageergebnissen nieder. Einer 1976 von *Ha-Aretz* in Auftrag gegebenen Umfrage zufolge befürworteten 77 Prozent der befragten Israelis den Besitz der Bombe; 69 Prozent davon vorbehaltlos und 8 Prozent aufgrund mangelnder Alternativen. Eine vom Jaffa-Zentrum 1986 durchgeführte Umfrage, nach der 78 Prozent der Befragten die Politik der nuklearen Zweideutigkeit unterstützten, ergab, daß 46 Prozent nicht dafür waren, »sich zur Abschreckung der Araber auf Atomwaffen zu verlegen«. 28 Prozent waren »auf keinen Fall« dafür; 22 Prozent sprachen sich hingegen dafür aus, 5 Prozent »auf jeden Fall« dafür. Während 1986 noch 64 Prozent den Einsatz von Nuklearwaffen unter allen Umständen ablehnten, ging diese Zahl in weniger als zwei Jahren auf 47 Prozent zurück. Von diesen 47 Prozent meinten 96 Prozent, die Verwendung von Kernwaffen sei als Antwort auf den Atomangriff eines anderen Landes zulässig; 58 Prozent gaben als Rechtfertigungsgrund die Vermeidung einer Niederlage in einem konventionellen Krieg an und 52 Prozent die Rettung vieler Menschenleben.

Die Frage, inwieweit Vanunus Handlung gerechtfertigt war, muß unter vielen Gesichtspunkten untersucht werden. Sowohl in philosophischer Hinsicht als auch auf politischer Ebene wirft der Besitz von Massenvernichtungswaffen, die möglicherweise gegen schutzlose Zivilisten eingesetzt werden, tiefgreifende moralische Fragen auf. Vanunu hat sich jedoch nicht nur an die internationale Staatengemeinschaft, sondern auch an »seine Landsleute« gewandt. Die schon erwähnte, heute in der israelischen Bevölkerung weitverbreitete Überzeugung, ihr Land verfüge über ein Atompotential, bedeutet, daß Vanunus Enthüllung kaum zweckgerichtet oder gerechtfertigt erschien. Ob die Annahme der Bevölkerung richtig ist oder nicht, ist weitgehend irrelevant, da Vanunus Geschichte diese Einschätzung bestätigt. Wäre seine Behauptung wesentlich von dieser allgemein akzeptierten Sichtweise abgewichen, hätte sie vielleicht eher gerechtfertigt werden können. Auch wenn ein Insider aus Dimona vor Mitte der siebziger Jahre, als die Bevölkerung nur eine recht vage Vorstellung von Israels Atomprogramm hatte, öffentlich über seine Arbeit gesprochen hätte, wäre diese Tat leichter zu rechtfertigen gewesen. Vanunus Vorwurf, die politischen Entscheidungen in Sachen Atompolitik würden ohne angemessene legislative Kontrolle getroffen, war zwar richtig; seine Enthüllung selbst diente jedoch für viele keinem klaren Zweck. Das Rad der Geschichte läßt sich nicht zurückdrehen; ohne Rücksicht auf das Ergebnis machten Technokraten und eine Handvoll hochrangiger Minister Politik.[4] Vanunu war sich also scheinbar nicht bewußt, wie weitverbreitet die Annahme in der israelischen Öffentlichkeit war, das Land verfüge über ein Atompotential. In diesem Sinne ist Vanunus Tat jedoch ein Symbol für die ungerechtfertigte Geheimhaltung, die sämtliche Regierungen hinsichtlich der Atomwaffenfrage betrieben haben.

Durch den Golfkrieg ist die Zahl der Befürworter eines Atomprogramms in Israel sprunghaft gestiegen. Eine nach dem Krieg vom Jaffa-Zentrum durchgeführte Umfrage ergab, daß 91 Prozent der befragten Israelis die Entwicklung von Atomwaffen befürworteten; 1987 lag diese Zahl noch bei 78 Prozent. Noch bemerkenswerter ist der erstaunliche Anstieg der Bereitschaft, Kernwaffen einzusetzen: Nach dem

Golfkrieg gaben 88 Prozent der Befragten an, sie würden den Einsatz von Nuklearwaffen tolerieren; 1987 waren es noch 53 Prozent und 1986 lediglich 36 Prozent. Falls Vanunu wirklich nicht wußte, wie stark die Bevölkerung die Atompolitik unterstützt, scheint eine andere Erklärung für sein Vorgehen möglich: Die Vorgänge in Dimona erfüllten ihn mit großer Sorge, und die grundlegenden moralischen Fragen ließen ihn nicht mehr los. Vanunu hätte sich zwei Ziele setzen müssen. Erstens, die israelische Bevölkerung über die in seinen Augen bestehenden Gefahren nichtkonventioneller Rüstung aufzuklären, zum Beispiel im Bereich der Friedenserziehung israelischer Jugendlicher, wie sie in vielen Ländern, etwa in Skandinavien, praktiziert wird. In einer Umfrage von 1991 antworten bemerkenswerterweise 78 Prozent der Befragten – trotz ihrer Unterstützung für das Atompotential –, sie seien bereit, auf sämtliche nichtkonventionelle Waffen zu verzichten, falls der Gegner das gleiche tue. Zweitens hätte Vanunu dafür kämpfen können, daß sich die Bevölkerung – im Bewußtsein des Atomwaffenbesitzes ihres Landes – für eine angemessene legislative Kontrolle einsetzt, und sei es auch nur hinter den verschlossenen Türen eines Knesset-Ausschusses. Sowohl von einem pragmatischen als auch von einem moralischen Standpunkt aus könnte man geneigt sein, Vanunus Tat für wenig sinnvoll zu halten, da er jetzt eine lange Zeit seines Lebens im Gefängnis verbringen wird – jeglicher Einflußmöglichkeit beraubt.

Dimona als Umweltproblem

Vanunu lieferte zwar keine Beweise für unmittelbare Gesundheits- und Umweltgefahren durch Dimona, er trug jedoch dazu bei, die Aufmerksamkeit auf die Geheimhaltung der Atomfrage und die damit verbundenen Umweltauswirkungen zu lenken. In dem Anfang der sechziger Jahre gebauten und damit relativ alten Reaktor brach US-Angaben zufolge 1991 ein Brand aus. Nach Aussagen Paul Leventhals von der amerikanischen Atomkontrollkommission zeigt der Reaktor zudem Sicherheitsmängel, so daß Israel bereits den Bau einer neuen Atomanlage in Erwägung gezogen hat. Die US-Regierung machte den Verkauf eines amerikanischen Reaktors an Israel von der Unterzeichnung des Atomwaffensperrvertrages abhängig, was die Öffnung Dimonas für internationale Inspektionen erfordern würde. Israel wandte sich wegen eines neuen Reaktors an Frankreich und Rußland. Washington übte jedoch diplomatischen Druck auf die Regierungen beider Länder aus, nicht an Israel zu verkaufen. Die israelische Regierung denkt jetzt über die Errichtung eines eigenen Reaktors aus vor Ort produzierten und importierten Bauteilen nach. Dazu meinte Wissenschafts- und Energieminister Professor Yuval Neeman: »Israel verfügt über alle notwendigen Daten und Technologien zum Bau eines unter Umwelt- und Sicherheitsaspekten sicheren Atomreaktors.« Unabhängig von der gegenwärtigen tatsächlichen Megawatt-Leistung ist der Dimona-Reaktor im Vergleich zu anderen Atomanlagen relativ klein. Selbst wenn man von der höchsten Schätzung von 150 Megawatt ausgeht, ist dies wenig im Vergleich zu den vier Reaktorblöcken in Tschernobyl von jeweils 600 Megawatt.

Ein weiteres Umweltproblem im Zusammenhang mit Dimona sind austretende giftige Gase; Vanunu behauptete, manchmal würden diese in die Atmosphäre abgelassen. Das Hauptumweltproblem ist jedoch der radioaktive Abfall. In Dimona werden zwei Arten von radioaktiven Abfallstoffen gelagert. Zum einen handelt es sich dabei um schwach aktiven Abfall aus ungefähr 320 Krankenhäusern, Forschungsinstituten und Fabriken; zum anderen fallen hochangereicherte Uranbrennstäbe als Brennmaterial für den Reaktor an, die extrem gefährlich sind. Bei einem alle paar Monate vorgenommenen Austausch der Brennstäbe setzen sie große Mengen an Radioaktivität frei, die Menschen sowie Flora und Fauna gefährden. Angesichts dieses scheinbar unüberwindlichen Problems sucht die Atomindustrie eine langfristige Lösung zur Entsorgung nicht mehr verwertbarer Brennstäbe. Bislang werden sie über Monate – wenn nicht Jahre – in Abklingbecken gelagert und in ihre Bestandteile zerlegt, von denen einige wiederverwendet werden. Die nicht verwertbaren Teile werden in Fässern für mehrere 100 Jahre tief in der Erde eingelagert.

Eine Ankündigung der israelischen Atomenergiekommission im Jahre 1993, radioaktiven Abfall ausschließlich in Dimona zu lagern, löste Besorgnis bei der Bevölkerung aus. Bis dato war nie bekannt geworden, ob radioaktiver Abfall in Israel gelagert wird, und schon gar nicht wo. Gerade in dieses Amt berufen, besuchte Umweltminister Yossi Sarid das Nuklearforschungszentrum. Es war das erste Mal, daß, abgesehen vom Ministerpräsidenten oder Verteidigungsminister, überhaupt ein Minister nach Dimona kam. Sarid sagte nach dem Besuch, er habe vollstes Vertrauen in die Art und Weise, wie der radioaktive Müll gelagert wird. Vertreter des Umweltministeriums durften anschließend das Atomforschungszentrum selbst inspizieren. Dabei blieben jedoch viele Fragen offen. Trotz der Verlautbarung der Atomenergiekommission wurden keine Details über spezielle Sicherheitsmaßnahmen bei der Lagerung der verschiedenen Arten radioaktiven Abfalls und insbesondere der Uranbrennstäbe bekannt. Dr. Danny Rabinovitch, ein in Umweltfragen engagierter Anthropologe der Hebräischen Universität, blieb skeptisch, ob das Umweltministerium über das Know-how und die notwendige Weisungsbefugnis zur Kontrolle des Kernforschungszentrums verfügt. Rabinovitch unterstellte Sarid zwar gute Absichten, betonte aber, dieser würde schließlich von der Atomenergiekommission gewählt, um die berechtigten Sorgen der Bevölkerung über die Sicherheitsstandards zu zerstreuen.

Der Bürgermeister der Stadt Dimona, Gabby Lelouche, war zunächst weniger optimistisch. Der Reaktor befindet sich zehn Kilometer südlich von seiner Stadt; das Gebiet, in dem der radioaktive Abfall gelagert wird, liegt noch einige Kilometer weiter im Süden. Lelouche wurde von der Ankündigung vollkommen überrascht. Zwar arbeiten einige Bewohner Dimonas im Forschungszentrum. In der Vergangenheit wurden auch Zivilschutzübungen abgehalten; unter anderem probte man die vollständige Evakuierung der Stadt für den Fall eines Unfalls im Nuklearzentrum. Der Bürgermeister war jedoch nie von der Atomenergiekommission darüber informiert worden, daß nicht nur der Abfall von Dimona in der Nähe der Stadt lagerte, sondern der gesamte radioaktive Müll Israels. Nach einem Gespräch mit Mitarbeitern des Zentrums meinte Lelouche jedoch, er sei zufrieden, daß keine Gefahr bestehe. Er würde nachts ruhig schlafen. Dimonas Einwohner – meist orientalischer Herkunft – waren tatsächlich nicht sonderlich beunruhigt. Was in einem westlichen Land ein Skandal wäre, löste kaum Besorgnis aus und hatte keinerlei Auswirkungen auf die Wiederwahl Lelouches als Bürgermeister. Verteidigungsangelegenheiten sind weiterhin eine heilige Kuh und Umweltschutzbedenken kaum mehr als eine lästige Störung.

Einige Wochen später meldeten die Medien, der Kleine Krater, eine Touristenattraktion südlich des Reaktors, sei acht Monate zuvor radioaktiv verstrahlt worden, da Wasser aus den Abklingbecken in den Krater gelangt war. Das Umweltministerium entnahm zwar einige Wasserproben, die ein abnormales Maß an Radioaktivität aufwiesen; weitere Versuche der Probenentnahme wurden jedoch von einem Sicherheitsoffizier des Nuklearforschungszentrums gestoppt. Der Austritt radioaktiver Strahlung ist möglicherweise auf das Leerpumpen der Abklingbecken zu Säuberungszwecken zurückzuführen. Die damalige Umweltministerin Ora Namir, Sarids Vorgängerin, besprach die Angelegenheit mit Ministerpräsident Rabin. Anschließend wies man die untersuchenden Beamten an, »die Sache fallenzulassen«. Die Armee erklärte den Kleinen Krater zum militärischen Sperrgebiet. Der israelische Fernsehjournalist Shlomi Eldar, der in der Sache zu recherchieren begann, wurde in einer Unterredung mit Namir seinen Angaben zufolge davon abgebracht, die Geschichte weiter zu verfolgen.[5]

Das Leck selbst war angeblich nicht gefährlich. Wochen später erbrachte eine Überprüfung des Umweltministeriums jedoch, daß die radioaktive Belastung in diesem Gebiet siebenmal höher war als die Normalwerte; dies stelle aber keine Gesundheitsgefährdung dar, hieß es. Ein Damm wurde errichtet, um in Zukunft das Auslaufen der Abklingbecken zu verhindern. Hinter dem Damm wurde zusätzlich ein Becken zur Aufnahme überlaufenden Wassers gebaut, um das Abfließen in den Kleinen Krater zu verhindern. All dies zeigt die Notwendigkeit einer langfristigen Lösung für die Abklingbecken Dimonas.

Sarid, der vor seiner Ernennung zum Umweltminister als Mitglied des Knesset-Ausschusses für Auswärtige Angelegenheiten und Verteidigung Zugang zu geheimen Unterlagen über Reaktorsicherheit hatte, behauptete, Israel sei »strenger als viele westliche Länder. Weder der Reaktor noch die Lagerstätte für radioaktiven Abfall haben jemals irgendwelche Umweltprobleme verursacht. In Amerika gibt es viele ältere Reaktoren.« Die beschwichtigenden Worte Sarids erklären jedoch nicht, warum das Leck vom August 1992 acht Monate lang der Öffentlichkeit verschwiegen wurde. Eine Serie von Zwischenfällen in den Monaten danach weckt eher den Verdacht, im Laufe der Jahre habe es weitere Lecks dieser Art gegeben, die jedoch vertuscht wurden. Die Wahrscheinlichkeit solcher Pannen in den Anfangsjahren des Nuklearforschungszentrums ist noch größer, da die Sicherheitsstandards früher nicht so streng gehandhabt wurden. Ein Botaniker und ein Zoologe schrieben zwei Doktorarbeiten über die Auswirkungen der Radioaktivität auf die Pflanzen- beziehungsweise Tierwelt in der Umgebung von Dimona. Die Veröffentlichung beider Forschungsarbeiten wurde jedoch untersagt.

1993 errichtete man in Dimona eine Kontrollstation zur Messung der Strahlungsbelastung. Da sie sich in der dortigen Polizeistation befindet, sind ihre Ergebnisse öffentlich zugänglich. Die Meßberichte werden an die zentrale Kontrollstelle der Universität Tel Aviv übermittelt. Auch die Atomenergiekommission begann, die Geheimhaltung ein wenig zu lokkern. Dr. Dan Littai, der Leiter der Genehmigungs- und Sicherheitsabteilung der Kommission, teilte beispielsweise mit, bis gegen Ende der sechziger Jahre sei der radioaktive Abfall in einwandigen Fässern vergraben worden. Erst später habe man doppelwandige Fässer benutzt. Die Behälter müssen alle 40 Jahre ausgetauscht werden. Daneben muß sichergestellt werden, daß die Temperatur in den vergrabenen Fässern nicht übermäßig ansteigt; dazu muß die vorhandene Zerfallswärme abgeführt und kalte Luft hineingepumpt werden.[6] Vanunu hat Barnaby von der Endlagerung der Fässer erzählt. Der radioaktive Abfall aus der Wiederaufbereitungsanlage und anderen Bereichen wird seinen Aussagen zufolge mit Teer gemischt und in Fässer gefüllt; die versiegelten Behälter werden anschließend ungefähr einen Kilometer von Dimona entfernt vergraben.[7]

Die ägyptische Regierung versuchte, Israel zu Verhandlungen über sein Atompotential zu bewegen, und sprach deshalb den Austritt radioaktiver Strahlung ihren Gesprächspartnern gegenüber an. Im Januar 1994 schickte Ägypten ein Wissenschaftsteam mit einem tragbaren Labor in die Grenzregion zu Israel, um die radioaktive Belastung zu messen. Die

Wissenschaftler stellten angeblich eine über dem Normalwert liegende Strahlung fest und führten diese auf das Kernforschungszentrum zurück.

Zeitgleich zu diesen Ereignissen forderten die Mitarbeiter des Dimona-Reaktors höhere Sicherheitsstandards. Sie befürchteten, einige Krebsfälle unter ehemaligen Kollegen könnten auf den Umgang mit radioaktivem Material an ihrem Arbeitsplatz zurückzuführen sein. Anfang 1992 beantragte die Gewerkschaftsvertretung des Zentrums beim Obersten Gerichtshof die Überwachung der Sicherheitsbestimmungen durch eine vom Ministerium unabhängige Stelle. Dieser extreme und in der Geschichte Dimonas bis dahin einmalige Schritt zeigt den Zusammenbruch des Vertrauens zwischen Reaktorpersonal und Arbeitgeber. Die Beschwerden der Mitarbeiter bestätigten die Befürchtungen der Bevölkerung hinsichtlich der nuklearen Sicherheit.

Dimona und das Atomforschungszentrum Nahal Soreq kontrollieren ihre Sicherheitsstandards vollkommen selbständig. Nach einem Gesetz von 1981 fällt die Verantwortung für die Gesundheit an Arbeitsplätzen, an denen Arbeiter mit radioaktivem Material in Kontakt kommen, in die Zuständigkeit des Arbeitsministeriums. Das Gesetz sieht außerdem medizinische Untersuchungen der Mitarbeiter vor. Das Umweltministerium ist für die Lagerung radioaktiver Stoffe zuständig. Die Atomenergiekommission durfte jedoch weiterhin die Sicherheit in Dimona und Nahal Soreq selbst regeln. Dabei sind drei Stellen beteiligt: Dimonas eigene Sicherheitsabteilung, die Genehmigungs- und Sicherheitsabteilung der Atomenergiekommission und die Kommission für nukleare Sicherheit, deren Mitglieder auf zwei Jahre vom Ministerpräsidenten ernannt werden. Eine Knesset-Untersuchungskommission unter Leitung des Abgeordneten Yair Tzaban, die nach dem Strahlentod eines Arbeiters in Nahal Soreq eingesetzt wurde, empfahl die Schaffung einer neuen, von der Atomenergiekommission unabhängigen Dachorganisation zur Überwachung der Atommüllagerung, da die Atomenergiekommission ihrer Meinung nach nicht über ausreichende personelle und finanzielle Möglichkeiten verfüge, der radioaktive Abfall aus den Krankenhäusern, Forschungsinstituten und Fabriken auf zivilen Straßen nach Dimona transportiert werde und die Anlage in Nahal Soreq ihre Dienste zunehmend auf dem privaten Markt anbiete. Die Atomenergiekommission argumentierte hingegen, die Sicherheits- und Geheimhaltungsanforderungen machten die Durchführung eigener Sicherheitsverfahren notwendig. Die Gewerkschaft erwiderte schließlich, die Einsetzung auswärtiger Inspektoren müsse vom Ministerpräsidenten abgesegnet werden. Einem für Strahlungsopfer zuständigen Gewerkschaftsausschuß wurde die vollständige Einsichtnahme in die Krankenberichte der Opfer verwehrt.

Der Gewerkschaftsklage folgte der Rechtsstreit der Witwe von Hayim Itach. Ihr Mann war an Leukämie gestorben, die ihren Behauptungen zufolge durch den Kontakt mit radioaktivem Material verursacht worden war. Zwar habe man ihren Mann angewiesen, bei der Arbeit mit radioaktiven Stoffen spezielle Schutzkleidung zu tragen; er sei der Strahlung jedoch auch ausgesetzt gewesen, wenn er die Stoffe nicht direkt berührte. Sie forderte, einem unabhängigen Experten Zugang in den Reaktor zu gewähren; er sollte einen möglichen Zusammenhang zwischen der Krankheit ihres Mannes und seiner Arbeit untersuchen sowie von der für Dimona zuständigen Behörde volle Einsichtnahme in die Krankengeschichte ihres Mannes erhalten. Ihre Vorstöße blieben jedoch erfolglos. Eine durch radioaktive Strahlung verursachte Krebserkrankung tritt in der Regel erst nach sieben Jahren auf. Daher ist es sehr schwierig, den Zusammenhang zwischen Krankheit und Arbeitsplatz zu beweisen.

Der Fall Itach war jedoch nicht der erste Rechtsstreit. Nach dem Tod von Bruria Hecht infolge eines Gehirntumors verklagte ihre Familie 1990 erfolgreich die Behörden, obwohl der Zusammenhang mit ihrem Arbeitsplatz nicht eindeutig nachgewiesen werden konnte. Ebenfalls erfolgreich war 1989 die Klage Yosef Eilenbergs, der 23 Jahre lang als Chemieingenieur gearbeitet hatte. Er behauptete, an bestimmten Arbeitsplätzen, die eigentlich für strahlungsfrei erklärt worden waren, sei Radioaktivität aufgetreten. Darüber hinaus hätte man ihn nach seiner Arbeit in diesen Bereichen nicht medizinisch untersuchen lassen. Bereits 1966 starb Abraham Sofer bei einem Reaktorstörfall; drei weitere Arbeiter wurden verletzt. Die Atomenergiekommission behauptete damals, Sofer wäre durch einen Schlag auf den Kopf getötet worden.[8] Sein Vater durfte die Leiche seines Sohnes jedoch nicht sehen, da sie keinerlei Anzeichen einer äußeren Verletzung aufwies.[9] Nach diesem Zwischenfall wurde einer der Sicherheitsleiter Dimonas von seinem Posten entfernt.

Bislang sind ungefähr 25 Verfahren anhängig, bei denen ehemalige krebskranke Arbeiter von Dimona auf hohe Schadensersatzleistungen klagen. Das Nuklearforschungszentrum hat angeblich mittels einer Studie nachgewiesen, die Krebsrate liege bei den Dimona-Mitarbeitern unter dem Landesdurchschnitt. Es lehnte jedoch die Veröffentlichung von Einzelheiten aus der Studie ab. In einigen der 25 Fälle scheint es übrigens Zusammenhänge zu geben, beispielsweise bei Baruch Ben-Amos. Als Verantwortlicher für die Überwachung der Strahlungs- und Kontaminationswerte im Reaktor sei er – so seine Angaben – infolge einer Reinigungsaktion nach dem Sofer-Unfall an Krebs erkrankt.

Die Klage der Gewerkschaft kam erst gar nicht vor Gericht, da das Büro des Ministerpräsidenten neue Sicherheitsbestimmungen erließ. Diese sahen unter anderem die Schaffung eines neuen Labors und eines Instituts für die Messung der Strahlenbelastung vor sowie eine strengere Registrierung der radioaktiven Materialien und intensivere Gesundheitsuntersuchungen für die Arbeiter. Das Arbeitsministerium kann seither beliebig oft die Krankenberichte der Arbeiter einsehen, und das Umweltministerium darf das Nuklearforschungszentrum in einem gewissen Umfang inspizieren. Die übergeordnete Kontrolle liegt jedoch immer noch bei der Atomenergiekommission; eine Überwachung von außen existiert nur auf dem Papier.

Zumindest können die Arbeiter jetzt ihre Krankengeschichte einsehen. Die Unterlagen durften zunächst jedoch nicht einem Arzt außerhalb des Kernforschungszentrums vorgelegt werden. Die Behörden weigerten sich, Einzelheiten aus den Krankenblättern an Rechtsanwälte weiterzugeben, die damit einen Kausalzusammenhang zwischen der Krankheit ihrer Mandanten und deren Arbeit herstellen wollten. Teilweise wird sogar behauptet, die Krankenblätter seien manipuliert worden.[10] Nachdem in einem Fall der Rechtsanwalt Richard Lester das Gericht bemüht hatte, wurde der Zugriff auf die Krankenberichte erleichtert, auch wenn die Freigabe der Daten nur teilweise erfolgte. Mit dem Gerichtsurteil ist es unabhängigen Medizinern nunmehr gestattet, sich in Dimona ein Bild von den Sicherheitsstandards zu machen, um eventuelle Zusammenhänge zwischen Krankheiten ehemaliger Mitarbeiter und ihrer Arbeit aufzudecken.

Wie schon erwähnt, beinhalteten Vanunus Enthüllungen kaum direkt Relevantes für die Umweltproblematik. Der Atomphysiker Dr. Frank Barnaby meinte nach der Befragung Vanunus für die *Sunday Times*, die Sicherheits- und Gesundheitsstandards in Dimona seien angemessen. Vanunu spielte jedoch in zweierlei Hinsicht eine wichtige Rolle. Durch ihn wurde erstens das Tabu des Schweigens um Dimona gebrochen, so daß die Arbeiter jetzt weniger Hemmungen haben, über ihre Bedenken in der Öffentlichkeit zu sprechen. Zweitens lieferte Vanunu wertvolle Informationen über den Grundriß des Atomforschungszentrums und der Anlage *Machon 4*, in welcher der radioaktive Abfall behandelt wird. Die *Sunday Times* veröffentlichte Vanunus Material hinsichtlich der atomaren Umweltproblematik zwar nicht, es wurde aber von Frank Barnaby in seinem Buch *The Invisible Bomb* verarbeitet.[11] Darüber hinaus diskutierte man Vanunus Informationen über die Atommüllagerung in der Kommission für nukleare Sicherheit.[12]

Die Tschernobyl-Katastrophe im April 1986 – zu dieser Zeit weilte Vanunu in Australien – war ein maßgeblicher Faktor bei seiner Entscheidung, mit seinem Material an die Öffentlichkeit zu gehen. Eine offizielle israelische Untersuchung über das Ausmaß des radioaktiven Fallouts aus Tschernobyl ergab, »daß ein Atomunfall in einem entfernten Land Israel völlig unvorbereitet traf; die Maßnahmen zum Umgang mit dem radioaktiven Niederschlag waren schlecht organisiert und unzureichend geplant.« Die Veröffentlichung des Untersuchungsberichts wurde von der Zensur verboten, um einer öffentlichen Diskussion über die Konsequenzen der Atomkraft vorzubeugen. Mattityahu Peled, damaliger Knesset-Abgeordneter, sagte: »Die israelische Öffentlichkeit hat – wie in allen anderen Demokratien auch – ein Recht zu wissen, wo Atommüll gelagert wird, wie weit die Lager von besiedelten Regionen entfernt liegen, in welcher Meerestiefe der Abfall versenkt wird und wie groß die Gefahr ist, daß radioaktive Strahlung Siedlungsgebiete erreicht.« Die israelische Regierung ließ Agrarprodukte des Landes nach Tschernobyl trotz der darin gefundenen hohen Strahlenbelastung nur stichprobenartig untersuchen; dabei waren die Produkte sogar von den Behörden der Bundesrepublik Deutschland zurückgewiesen worden. Die israelischen Verbraucher wurden nicht unterrichtet; ebenfalls unterdrückte man eine Information, wonach Kinder – bei denen die Risiken durch Radioaktivität fünfmal höher sind als bei Erwachsenen – nach dem Tschernobyl-Unfall während einer Woche einem Zehntel der radioaktiven Strahlung ausgesetzt waren, die sie normalerweise während eines ganzen Jahres aufnehmen.

Vanunus Beitrag zu einer öffentlichen Diskussion

»Ich brach das Tabu. Nun werden andere kommen. Niemand kann das verhindern«, schrieb Vanunu an die Abendzeitung *Maariv* im September 1987. Nur wenige kamen. Vanunus Enthüllungen bewirkten in Israel wesentlich weniger, als er gehofft hatte. Er entfachte keine große öffentliche Diskussion über die Atomfrage; ohne daß sich die Regierung sehr bemühen mußte, heilte die Tabuverletzung fast von allein. Vanunu war weniger als zwei Jahre nach dem *Sunday Times*-Artikel »gestorben«. Meir Vanunu stellte dazu fest: »Niemand kann erwarten, daß sich nach einem 25 Jahre dauernden Tabu die Dinge plötzlich ins Gegenteil umkehren und vollkommen offen diskutiert werden. Man beginnt aber definitiv, sich dafür zu interessieren. Heute wird viel mehr Material veröffentlicht, das vorher nicht bekanntgemacht worden wäre.«

Die Debatte ist jedoch auf gut informierte und organisierte Kreise beschränkt. Es finden beispielsweise akademische Symposien zu Israels Nuklearoption statt; Band 1987 des vom Jaffa-Zentrum für Strategische Studien herausgegebenen Jahrbuches *Middle East Military Balance* enthielt einen Abschnitt über das nichtkonventionelle Waffenarsenal im Nahen Osten. Die Diskussion ging jedoch nicht auf die breite Öffentlichkeit über. Mordechai Vanunu zeigte sich neun Monate nach dem *Sunday Times*-Artikel ein wenig enttäuscht und beklagte, niemand wolle »das Establishment herausfordern, das die Thematik erfolgreich von der politischen Tagesordnung gestrichen hat.« Während und nach dem Golfkrieg wurde über die nichtkonventionelle Strategie in Israel wahrscheinlich stärker und fundierter diskutiert als jemals zuvor. Die *Sunday*

Times-Veröffentlichung bereicherte diese Diskussion zwar; es wäre aber falsch zu behaupten, Vanunu hätte sie angeregt. Die Debatte wurde eher durch den Krieg, die Raketenangriffe auf Israel und den Vorschlag von US-Präsident Bush über eine regionale Rüstungskontrolle geschürt.

Vanunu wollte die Israelis nicht einfach über Dimona informieren, sondern Besorgnis bei ihnen auslösen. In anderen Ländern hat schließlich die öffentliche Diskussion über Atomwaffen und andere Militärarsenale zu Abrüstungsmaßnahmen beigetragen. In den USA beispielsweise wurde durch Enthüllungen während der Entwicklungsphase der Neutronenbombe eine Debatte angeregt, die den Entschuß forcierte, auf den Bau der Waffe zu verzichten. Die Sorge der amerikanischen Bevölkerung über die Luftverschmutzung mündete in eine Begrenzung der Atomtests. Die öffentliche Kritik – vor allem der Widerstand der Anwohner in der Nähe der geplanten Raketenstützpunkte – führte zu Abstrichen beim Raketenprogramm MX. Auf Druck der Bevölkerung wurden bestimmte Waffentypen und der Einsatz von biologischen Kampfstoffen und Giftgas geächtet.

Die israelische Linke – nicht zu verwechseln mit der Arbeiterpartei links der Mitte – ist gegen Israels Besitz eines Nuklearpotentials und für eine atomwaffenfreie Zone im Nahen Osten. In einem umstrittenen *Al ha-Mishmar*-Artikel verglich Gideon Spiro, ein Aktivist der Friedensbewegung, Vanunu mit einem Vater, der sein Kind für den Versuch bestraft, einen Metalldraht in eine Steckdose zu stecken. »Wenn Eltern, die verhindern, daß ihr Kind von einem Stromschlag getötet wird, wegen Kindesmißhandlung vor Gericht gebracht werden, würden sie das System für verrückt erklären. Vanunu hatte Angst, die Regierung könnte einen Metalldraht – und zwar einen atomaren – in eine Steckdose stecken und uns alle durch einen Atomschlag töten.«

Die *Al ha-Mishmar*-Redakteurin Yael Lotan war etwas vorsichtiger und verglich die Reaktion der israelischen Öffentlichkeit auf Vanunu mit der Situation nach dem Libanonkrieg 1982. Die Intervention – von der israelischen Regierung »Operation Frieden für Galiläa« genannt – sollte die PLO-Angriffe aus dem Südlibanon auf Israels Siedlungen im nördlichen Galiläa beenden. »Die meisten Leute unterstützten den Libanonkrieg. Heute hat sich die Situation umgekehrt. Die Mehrheit weiß nun, daß es kein Krieg, sondern lediglich Blutvergießen war – angeordnet von einigen Führern, die einem benachbarten Land gewaltsam ›Ordnung aufzwingen‹ wollten.« Selbst die links von der Mitte angesiedelte *Davar*, die Tageszeitung der Gewerkschaftsbewegung, schrieb: »Vanunus Behauptung, das Atomprogramm würde vor den Bürgern verborgen, kann nicht vollständig widerlegt werden, da die Militärzensur die meisten Berichte unabhängig von ihrem Wahrheitsgehalt verbietet. Sein Kampf hätte jedoch über die Knesset und die Regierung vorangebracht werden sollen.«

Drei Monate nach der *Sunday Times*-Veröffentlichung wurde das Komitee für einen öffentlichen Prozeß für Mordechai Vanunu gegründet; es verfolgte drei Ziele. Erstens sollte das Verfahren gegen Vanunu öffentlich und nicht – wie von den Behörden entschieden – hinter verschlossenen Türen stattfinden. Zweitens wollte man die Kampagne mehr auf die Atomproblematik als auf Vanunus Person konzentrieren. Drittens sollte eine öffentliche Debatte initiiert werden, um Israel zur Unterzeichnung des Atomwaffensperrvertrages zu bewegen. Dieses Komitee löste das Israelische Komitee zur Verhinderung eines Atomkriegs ab, das sich nach der Tschernobyl-Katastrophe gebildet hatte. Seine Arbeit wurde jedoch kaum von der israelischen Öffentlichkeit registriert. Seit 1991 organisiert das Komitee – jetzt unter dem Namen Israelisches Komitee für die Freilassung Mordechai Vanunus – Demonstrationen vor dem Gefängnis in Ashkelon sowie vor den

Amtsgebäuden von Ministerpräsident Rabin und Umweltminister Yossi Sarid von der linksgerichteten Partei Meretz. Die ungewöhnlichste Demonstration fand auf der Zufahrtsstraße zum Dimona-Reaktor statt. Bei allen Demonstrationen war die Teilnehmerzahl mit 20 bis 100 jedoch minimal – weit geringer als das Polizei- und Sicherheitsaufgebot.

Israels Linke zeigte sich uneinig darüber, ob Vanunus Tat ein positiver oder negativer Schritt war. Yoram Nimrod beispielsweise, ein Historiker an der Universität Haifa, der sich seit 1963 für eine öffentliche Diskussion über die Atompolitik einsetzt, hielt Vanunus Enthüllung für »schädlich. Die Leute werden die Forderungen nach einem atomwaffenfreien Israel und nukleare Abrüstung mit dem Verrat Vanunus gleichsetzen.« Als Asher Vanunu Persönlichkeiten des öffentlichen Lebens Israels bat, sich für die Ziele seines Bruders einzusetzen, wollten die meisten nicht mit Vanunu in Verbindung gebracht werden. Yossi Sarid, damals noch Knesset-Abgeordneter für die Bürgerrechtsbewegung, attackierte Vanunu für die Art und Weise, wie er sein Ziel verfolgte, nämlich durch die Weitergabe geheimer Informationen an eine ausländische Zeitung. Der pensionierte General Aharon Yariv, Leiter des angesehenen Jaffa-Zentrums, in dessen Publikation *Middle East Military Balance* behauptet wurde, Vanunus Enthüllung habe die nukleare Abschreckung Israels verstärkt, lehnte Asher Vanunus Wunsch nach einer diesbezüglichen Stellungnahme beziehungsweise Zeugenaussage vor Gericht ab. Der linksgerichtete Journalist Levi Morav schrieb: »Für eine öffentliche Debatte waren die bunten Bilder des Reaktors nicht erforderlich, die Vanunu der *Sunday Times* gebracht hatte.« Obwohl sich die Mapam jahrelang für eine atomwaffenfreie Zone im Nahen Osten eingesetzt hatte, reagierte auch sie zurückhaltend. Lediglich die Progressive Friedensliste, die jedoch nur zwei der 120 Knesset-Abgeordneten stellte, gab Vanunu öffentlich Rückendeckung. Seit Mitte der neunziger

Jahre ist jedoch ein Stimmungswandel in Teilen der Linken spürbar. Gemäßigte linksorientierte Persönlichkeiten, wie beispielsweise der Meretz-Abgeordnete Dedi Zucker und der Gerichtsjournalist Moshe Negbi, ziehen jetzt zumindest die moralische Legitimität von Vanunus Haftbedingungen in Zweifel.

Vanunu selbst brach alle Brücken hinter sich ab. Die Ablehnung, die ihm die Israelis als Landesverräter entgegenbrachten, war nicht überraschend, da Israel erst jetzt den Frieden mit seinen Nachbarn als Hoffnungsstreifen am Horizont wahrnimmt. Heute steht die breite Öffentlichkeit Vanunu weniger ablehnend gegenüber. Vanunu wurde zwar nach seiner Enthüllung als Verräter nuklearer Staatsgeheimnisse dargestellt; gegenwärtig liegt jedoch das Hauptaugenmerk weniger auf seinem Verbrechen als vielmehr auf seinen Haftbedingungen.

Es bleibt jedoch nur schwer vorstellbar, ob Vanunu die öffentliche Meinung in Israel auch ohne wirklich sensationelle Enthüllungen drastisch beeinflußt hätte. Selbst seine dramatische Veröffentlichung löste keinen grundlegenden politischen Wandel aus. Hätte Vanunu daher den »Versuch« wagen sollen, »innerhalb des demokratischen Systems Israels, das stärker als jedes andere Land der Welt die absolute Meinungsfreiheit berücksichtigt, für seine Überzeugungen zu kämpfen?«, wie Ehud Olmert es ausdrückte. Das Geschäft der Lobbyisten ist selbst in einer freiheitlichen Gesellschaft ein hartes Brot, da die Erfolge oft kaum sichtbar sind. In einer Demokratie können Interessengruppen theoretisch die Öffentlichkeit und die politischen Entscheidungsträger beeinflussen. Wenn ein Thema aber nicht diskutiert werden darf, weil es zu sensibel ist, stößt das demokratische System an seine Grenzen. Hätte Vanunu in den sechziger Jahren versucht, über dieses Thema zu sprechen, wäre man mit ziemlicher Sicherheit von offizieller Seite eingeschritten. Frühere Mitglieder der israelischen Atomenergiekommission sprachen sich zwar dagegen aus, das Nuklearprogramm an Verteidigungszwecken zu orientieren; es gab jedoch Fälle, in denen eine Diskussion der Atomfrage in der Öffentlichkeit und in den Medien von offizieller Seite torpediert wurde. Schon vor dem 5. Oktober 1986 waren Informationen und Daten aus ausländischen Quellen durchgesickert, so daß eine begrenzte Diskussion möglich war. Erst nach diesem Datum konnte jedoch eine fundierte Debatte stattfinden, die allerdings immer noch nicht die breite Öffentlichkeit erreicht hat.

Als Shimon Peres an den Patriotismus des *Editors' Committee* appellierte, nichts über den *Sunday Times*-Artikel zu schreiben, sagte er, das höhere Ziel der »nationalen Sicherheit« müsse Vorrang vor dem demokratischen Prozeß haben. Ob dabei Gesetze übertreten würden, sei irrelevant. Tatsächlich bedeuteten die Worte von Peres: »Nein, Herr Vanunu, eine ausführliche Diskussion der Atomwaffenproblematik kann es in der breiten Öffentlichkeit Israels nicht geben.«

Vanunu mag sich einen Platz im internationalen liberalen Gewissen erobert haben. Die Israelis taten ihn jedoch als Landesverräter ab, da sie sich ernsthaften Bedrohungen von außen ausgesetzt sahen und die Atomfrage nicht diskutiert hatten. Vanunus Abneigung gegenüber seinem Land, die in der Konvertierung zum Christentum gipfelte, vervollständigte das Bild. Angesichts der in Israel zunehmenden Besorgnis über die Verbreitung von nichtkonventionellen Waffen in den arabischen Staaten erhält die Diskussion über die atomare Frage neuen Auftrieb. Im Falle einer Katastrophe in einem israelischen Reaktor wird auch die Atomwaffenproblematik gewiß wieder in das Bewußtsein der Öffentlichkeit treten. Ein solches Szenario – das natürlich niemals eintreten darf – würde sicherlich dazu führen, daß die breite Masse der Bevölkerung auf Rüstungskontrollen und nukleare Abrüstung drängt. Alles in allem ist somit die Debatte über die Atomproblematik – das zeigen zumindest die Meinungsumfragen – längst nicht so weit gediehen, wie Vanunu sich das erhofft hatte.

Nachwort

Nach Verbüßung der Hälfte seiner Haftstrafe Mitte der neunziger Jahre ist Mordechai Vanunu praktisch als einziger der Beteiligten in der Affäre übriggeblieben. Yitzhak Shamir trat von seinem Amt als Ministerpräsident nach der Wahlniederlage von 1992 zurück. Robert Maxwells Leichnam wurde im Atlantik gefunden. Staatsanwalt Uzi Hasson ist tot. Rechtsanwalt Avigdor Feldman wurde von Vanunu seines Mandats entbunden. Meir Vanunu hat sich von der internationalen Kampagne zur Freilassung seines Bruders abgewandt, um ein eigenes Leben zu beginnen. Peter Hounam verließ die *Sunday Times* ebenso wie Andrew Neil. Vanunus Freundin Judy Zimmet verschwand als eine der ersten von der Bildfläche. Cindy steht wahrscheinlich immer noch auf der Mossad-Gehaltsliste, ist jedoch mit anderweitigen Missionen betraut; ihre Führungsoffiziere haben vermutlich gelernt, Abtrünnige wie Victor Ostrovsky und Ari Ben-Menashe sich selbst zu überlassen, statt diplomatische Verwicklungen für die Regierung wie nach der Vanunu-Entführung zu riskieren. Der einzige verbleibende »Protagonist« ist Außenminister Shimon Peres, Architekt der Politik der atomaren Zweideutigkeit. Ob Peres allerdings sein Amt als Außenminister noch bekleidet, wenn Vanunu im Jahre 2004 entlassen wird, bleibt abzuwarten. Vanunu, den der Shin Bet zum Schweigen bringen wollte, ist somit der letzte Überlebende.

Ein weiterer, noch vorhandener »Protagonist« ist Dimona selbst. Das menschliche Drama der Vanunu-Affäre wird vermutlich von der Politik der nuklearen Zweideutigkeit – ebenso wie vom Atomprogramm selbst – überdauert, auch wenn diese Politik ein wenig unterminiert worden ist. Wie werden die israelischen Behörden mit Mordechai Vanunu umgehen, wenn er am 30. September 2004 durch das Tor des Gefängnisses in Ashkelon gehen wird, falls Israel bis dahin sein Atompotential nicht aufgegeben hat, und er sich noch immer moralisch verpflichtet glaubt, seine Arbeit in Dimona zu enthüllen? Werden die Behörden Vanunu erlauben, eine Pressekonferenz abzuhalten – und werden dann seine Landsleute und die Weltöffentlichkeit erwidern: »Na und, das haben wir seit Jahren gewußt«?

Der Konflikt zwischen Vanunus Gewissen und Israels Interessen hätte kaum unbefriedigender gelöst werden können als durch die tragische Verurteilung zu 18 Jahren Haft. Es ist jedoch unwahrscheinlich, daß in anderen demokratischen Systemen ein durch die Enthüllung streng geheimer Informationen heraufbeschworener Konflikt anders beigelegt worden wäre, insbesondere wenn in dem betreffenden Land die entsprechende Thematik unumstritten ist und auch Einigkeit darüber herrscht, sie geheimzuhalten; in einem nichtdemokratischen Staat wäre er bestimmt schneller und brutaler ›gelöst‹ worden. Die mangelnden Lösungsmöglichkeiten eines solchen Konflikts sind jedoch ein Schwachpunkt im demokratischen Herrschaftsmodell. In keiner Phase des Gerichtsverfahrens gegen Vanunu hat einer der Richter eingeräumt, daß es bis 1986 und sogar danach keine offiziellen Informationskanäle für die israelische Bevölkerung gegeben hat; eine fundierte Diskussion über die Atomproblematik war daher nicht möglich gewesen. Eine Demokratie ist jedoch schwach, wenn ihre Bürger lediglich durch ausländische Quellen über sensible Fragen der nationalen Sicherheit informiert werden.

Die Gründer Israels waren der Meinung, der Zugang zu »sensiblen« Informationen hinsichtlich der nationalen Sicherheit sei über die spärlichen Einzelheiten gesichert, die – autorisiert oder nicht autorisiert – in jedem Fall an die Öffentlichkeit dringen. Eine Demokratie sollte indes ein in sich abgeschlossenes System mit einem offiziellen Kontrollmechanismus darüber sein, welche sensiblen Informationen der Geheimhaltung unterliegen; alle anderen Informationen sollten freigegeben werden. Man muß die kurzfristigen diplomatischen Konsequenzen einer Politik der Zweideutigkeit gegen die Notwendigkeit abwägen, der Öffentlichkeit langfristig angemessene Daten für eine fundierte und faktenreiche Diskussion zukommen zu lassen. Hätte es solche Informationskanäle gegeben, wäre der Name Mordechai Vanunu unbekannt.

In demokratischen Gesellschaften muß es ebenfalls Möglichkeiten geben, wie Menschen, die über die Ineffizienz der Regierung und andere Angelegenheiten öffentlichen Interesses besorgt sind, ihren Ängsten Ausdruck verleihen können, damit sie nicht auf die unerlaubte Weitergabe geheimer Informationen an die Medien angewiesen sind. In den achtziger Jahren führte Israel die »Flötenspieler«-Regelung ein, nach der ein Staatsbeamter einen etwaigen Korruptionsverdacht ohne Angst vor Entlassung öffentlich äußern oder dem Büro des Staatskontrolleurs mitteilen darf, einer Einrichtung zur Überprüfung der Regierungsarbeit und deren Effizienz. Diese Regel bezieht sich jedoch nur auf Korruption und sicherlich nicht auf die von Vanunu erhobenen Vorwürfe, die Atompolitik unterliege keiner angemessenen parlamentarischen Kontrolle.

Um den Fall beenden zu können, sollte Vanunu im Rahmen eines Begnadigungsgesuches an den Präsidenten Bedauern über seine Enthüllung geheimer, technischer Informationen äußern und sich dazu verpflichten, in Zukunft lediglich über allgemeinere Aspekte der Atomfrage zu sprechen. Er sollte sich dazu durchringen, auch wenn es unwahrscheinlich ist, daß die israelische Justiz ihre Verallgemeinerung zurücknimmt, Vanunu habe »Demokratie mit Anarchie« verwechselt. Vanunu könnte aufgrund seines hohen Bekanntheitsgrades in Freiheit mehr für seine Sache erreichen als in seiner Gefängniszelle.

Wie die Behandlung beweist, die Vanunu weiterhin zuteil wird, befinden sich die israelische Bevölkerung, die Regierung und die Justiz immer noch in der Vor-Vanunu-Ära. Die atomare Frage bleibt heilig und unangetastet. Nur eine nukleare Katastrophe könnte ihn vom Ruch des Verräters befreien und ihn plötzlich zu jemandem machen, der seiner Zeit voraus war. Die Öffentlichkeit kann diesen Sprung möglicherweise nur nachvollziehen und die Legitimität von Atomwaffen in Frage stellen, wenn sie mit deren Totalität konfrontiert wird. Wäre Vanunus Enthüllung in einem Klima intensiver Diskussionen über Kernwaffen erfolgt, hätten ihn die Gerichte höchstwahrscheinlich nicht zu dieser harten Strafe verurteilt. Da seine Enthüllung umfangreiches Datenmaterial über das Atomprogramm beinhaltete und somit eine fundiertere Diskussion über Israels nukleare Option ermöglichte, verdient er einen Platz sowohl in der Geschichte der israelischen Demokratie als auch innerhalb der Besonderheiten der israelischen Zensur und der öffentlichen Meinung.

Moralische Verpflichtung und Gewissen sind jedoch eher relative als absolute Werte. 1986 war die Situation in Israel noch davon geprägt, daß nach 40 Jahren Kriegszustand nur ein einziges arabisches Land Israel offiziell anerkannt hatte und eine als negativ empfundene islamistische Tendenz die Entwicklung bestimmte. Das Überleben des Staates ist ein moralischer Wert; die meisten Israelis hielten ein starkes Israel und sein nukleares Abschreckungspotential zur Erreichung dieses Ziels für notwendig. In den Augen der meisten Israelis zeigte die Vanunu-Affäre deutlich das Dilemma, wie eine offene Gesellschaft ihre Geheimnisse schützen kann. Einerseits bestätigte die Affäre, daß die offene Gesellschaft genauso überleben und gedeihen kann wie eine ›geschlossene‹ Gesellschaft. Die große Mehrheit der Personen, die Zugang zu sensiblen

Informationen haben, geben diese dank wirksamer Sicherheitsvorkehrungen nicht preis. In offenen Gesellschaften wie Israel gibt es eine Grauzone, in der ehemalige Staatsbedienstete am demokratischen Prozeß mitwirken können, auch wenn sie ihre Informationen, Erfahrungen und Einblicke in die gesellschaftliche Meinungsbildung einfließen lassen. Zwei in den sechziger Jahren zurückgetretene Führungsmitglieder der Israelischen Atomenergiekommission haben beispielsweise anschließend eine Gruppe gegründet, die gegen Israels Atomprogamm opponierte. Vanunu ist zwar von den Behörden verwarnt worden, während seiner Anstellung in Dimona nicht Mitglied der Kommunistischen Partei zu werden; nichts konnte ihn jedoch davon abhalten, nachdem er aus Dimona ausgeschieden war.

Andererseits legt die Vanunu-Affäre die Verletzlichkeit der offenen Gesellschaft bloß. Leute gehen aus und ein. Die inländischen Medien dürfen zwar keine Sicherheitsgeheimnisse veröffentlichen – Auslandskorrespondenten können jedoch kaum davon abgehalten werden. Ist eine Enthüllung erst einmal gemacht, kann die Gesellschaft wenig tun, um die Nachwirkungen zu verhindern. Im Fall Vanunu hatte die israelische Regierung noch Glück, weil ausländische Staaten – weder Freund noch Feind – kein Interesse zeigten, die Sache aufzubauschen.

Anmerkungen

Die Geschichte des israelischen Atomprogramms

1 Beres, Louis (Hg.). *Security or Armageddon. Israel's Nuclear Strategy.* Lexington, 1986, S. 31ff.
2 Siehe das Kapitel über Israel in: Burrows, William und Windrem, Robert. *Critical Mass. The Dangerous Race for Superweapons in a Fragmenting World.* New York, 1994.
3 *Time*, 12. April 1976.
4 Ibid.
5 Cockburn, Andrew und Leslie. *Dangerous Liaison.* New York, 1991, S. 330.
6 *Ha-Aretz*, 5. Oktober 1986.
7 Jabber, Fuad. *Israel and Nuclear Weapons.* London, 1971, S. 114.
8 Spector, Leonard. *The Undeclared Bomb.* Cambridge, Mass., 1988, S. 386f.
9 Spector, op. cit., S. 168.
10 Spector, op. cit., S. 386f.
11 Weisman, Steve und Krosney, Herbert. *The Islamic Bomb.* New York, 1981, S. 114.
12 Péan, Pierre. *Les Deux Bombes.* Paris, 1981, Kapitel 6-7.
13 Spector, op. cit., S. 171ff.
14 Beit-Hallahmi, Benjamin. *The Israeli Connection.* London, 1988, S. 204. (dt. Titel: *Schmutzige Allianzen. Die geheimen Geschäfte Israels.* München, 1988.)
15 *Yediot Aharonot*, 3. November 1986.
16 Barnaby, Frank. *The Invisible Bomb. The Nuclear Arms Race in the Middle East.* London, 1989, S. 22 und 25.
17 *Observer*, 27. März 1988.
18 Ibid.
19 Burrows und Windrem, op. cit.; *Le Monde*, 8. Januar 1994.

20 Jabber, op. cit., S. 114.
21 Barnaby, op. cit., S. 6.
22 *Davar*, 29. Dezember 1986.
23 *Yediot Aharonot*, 28. April 1994.
24 *Wehrtechnik*, Juni 1976.
25 *Newsweek*, 11. Juli 1988.
26 *Observer*, 23. August 1987.
27 Australisches Fernsehen, »Four Corners«, 31. August 1987.
28 Ein ähnliches Argument findet sich in: Melman, Yossi und Raviv, Dan. *The Imperfect Spies*. London, 1989, S. 402.
29 *Jane's Intelligence Review*, November 1994.
30 *Yediot Aharonot*, 15. September 1993.
31 Hersh, Seymour. *The Samson Option. Israel's Nuclear Arsenal and American Foreign Policy*. New York, 1991, S. 198. (dt. Titel: *Atommacht Israel. Das geheime Vernichtungpotential im Nahen Osten*. München, 1991.)
32 *Hadashot*, 6. April 1989.
33 *Time*, 5. April 1993.
34 *New York Times*, 16. Juni 1968.
35 Jabber, op. cit., S. 127.
36 Gary Milhollin, *Foreign Policy*, Winter 1987/88.

Vanunus Leben

1 *Ha-Aretz*, 14. November 1986.
2 *Yediot Aharonot*, 21. Dezember 1987.
3 *Maariv*, 21. November 1986.
4 *Ha-Olam Hazeh*, 11. Februar 1987.
5 *Ha-Aretz*, 8. Mai 1989.
6 *Ha-Aretz*, 5. Oktober 1986.
7 *New Outlook*, September/Oktober 1991, S. 9.
8 Der Autor hat zwar Vanunu Briefe ins Gefängnis von Ashkelon geschickt, in denen diese und andere Fragen aufgeworfen wurden, aber keine Antwort erhalten.
9 *Koteret Rashit*, 19. August 1987.

Prüfung und Veröffentlichung durch die *Sunday Times*

1   Frank Giles, *Sunday Times*, London, 1986.
2   *Ha-Aretz*, 5. Oktober 1986.
3   Ibid.
4   Ibid.
5   Ibid.
6   Ibid.
7   *Time*, 12. April 1976.
8   *CBS News*, »The Man from Dimona«, 27. Februar 1988.
9   Spector, op. cit., S. 138.
10 *CBS News*, 27. Februar 1988.
11 Barnaby, op. cit., S. XI.
12 Australisches Fernsehen, »Four Corners«, 3. August 1987.
13 »Changing Times«, in: Denis Herbstein. *Index on Censorship*. London, 1986.

Rivalität zwischen *Sunday Times* und *Sunday Mirror*

1   Interview des Autors mit Peter Hounam.
2   *Maariv*, 21. November 1986.
3   Entscheidung des Obersten Israelischen Gerichtshofs, ausgefertigt am 29. September 1990 in Jerusalem, S. 3f.
4   Interview des Autors mit Tony Frost.
5   Interview des Autors mit Mike Molloy.
6   Hersh, op. cit., S. 311.
7   Ibid., S. 312.
8   Ibid., S. 315.
9   *Jewish Chronicle Magazine*, 19. September 1986.
10 *Observer*, 27. Oktober 1991.
11 Interview des Autors mit Mark Souster.

12 Auszüge der Notiz von Tony Frost vom 26. Oktober 1991 wurden in der Ausgabe vom 27. Oktober 1991 des *Sunday Mirror* veröffentlicht.
13 Ostrovsky, Victor. *The Other Side of Deception*. New York, 1994, S. 209. (dt. Titel: *Geheimakte Mossad. Die schmutzigen Geschäfte des israelischen Geheimdienstes*. München, 1994.)
14 Interview des Autors mit Mike Molloy.
15 Ibid.
16 *Yediot Aharonot*, 26. Februar 1988; Interview des Autors mit Mark Souster.

Vanunus Entführung durch den Mossad

1 *Hadashot*, 16. November 1986.
2 Ibid.
3 Australisches Fernsehen, »Four Corners«, 31. August 1987; Melman und Raviv, op. cit., S. 387.
4 *Hadashot*, 16. November 1986.
5 Australisches Fernsehen, »Four Corners«, 31. August 1987.
6 *Financial Times*, 8. November 1986; *Observer*, 9. November 1986; *Daily Telegraph*, 10. November 1986; *The Times*, 12. November 1986; *Sunday Telegraph*, 16. November 1986.
7 *The Middle East*, Oktober 1981.
8 *Hadashot*, 20. Juni 1988.
9 Thames Television, 20. Juni 1988.
10 *Sunday Telegraph*, 18. Dezember 1988.
11 Richelson, Jeffrey T. *Foreign Intelligence Organisations*. Cambridge, Mass., 1988, S. 196.
12 Ibid., S. 232f.
13 Ibid., S. 205f.
14 Tinnin, David. *The Hit Team*. London, 1976. (dt. Titel: *Vergeltungskommando. Israels Geheimdienst jagt die Attentäter von München*. Frankfurt/Main, 1977.)
15 Spector, Leonard. *The New Nuclear Nations*. New York, 1985.
16 Weisman und Krosney, op. cit., S. 125f.
17 Ibid.

18 Deacon, Richard. *The Israeli Secret Service*. London, 1979, S. 146.
19 *Maariv*, 4. August 1989.
20 *The Middle East*, August 1981.
21 *Yediot Aharonot*, 23. Februar 1990.
22 *The Independent*, 23. Dezember 1986.
23 *Hadashot*, 16. November 1986.
24 Ibid.
25 *Ha-Aretz*, 21. Februar 1988.
26 *Hadashot*, 16. November 1986.
27 Ibid.
28 *Yediot Aharonot*, 17. November 1986.
29 *Ha-Aretz*, 6. April 1990.
30 *Hadashot*, 21. März 1988; *Ha-Aretz*, 21. Februar 1988.
31 Ibid.
32 Ibid.
33 *Hadashot*, 16. November 1986.
34 *Hadashot*, 28. April 1987; *Maariv*, 29. April 1987.
35 *Hadashot*, 16. November 1986.
36 Australisches Fernsehen, »Four Corners«, 31. August 1987.
37 Ibid.
38 Ibid.
39 Ibid.
40 *Hadashot*, 16. November 1986.
41 *Financial Times*, 6. Dezember 1986.
42 *La Stampa*, 27. Dezember 1986.
43 Ibid.
44 *Ha-Aretz*, 1. Februar 1989.
45 *Washington Times*, 26. März 1987.
46 *Ha-Aretz*, 9. August 1987.
47 Ibid.
48 *Corriere della Sera*, 13. Oktober 1988.
49 *Ha-Aretz*, 16. August 1987.
50 Ibid.
51 *Kolbo*, 24. März 1995.

Spekulationen über die Entführung

1   *Davar*, 11. November 1986.
2   *Hadashot*, November 1986; *Jerusalem Post*, 26. Oktober 1988.
3   *Ha-Aretz*, 20. Januar 1988.
4   Ibid.
5   Ibid.
6   *Jerusalem Post*, 24. Juni 1988.
7   Ibid.
8   Ibid.
9   *Hadashot*, 23. März 1990.
10 *International Herald Tribune*, 18./19. Juni 1988.
11 *Sunday Telegraph*, 18. Dezember 1988.
12 *Jerusalem Post*, 24. Juni 1988.
13 *Yediot Aharonot*, 19. Juni 1988.
14 *Hadashot*, 20. Juni 1988.
15 Ibid.
16 *The Independent*, 28. Juli 1988.
17 *Sunday Telegraph*, 18. Dezember 1988.
18 *The Independent*, 28. Juli 1988.
19 Ibid.
20 *The Times*, 25. Juli 1988.
21 *The Independent*, 28. Juli 1988.
22 *Sunday Telegraph*, 18. Dezember 1988.
23 Ibid.
24 BBC World Service, 12. März 1989.
25 FBIS Near East and South Asia, 4. Januar 1989.
26 *Ha-Aretz*, 16. August 1987.
27 Ibid.
28 Ibid.
29 Ibid.
30 Ibid.
31 Ibid.
32 Ibid.
33 Ibid.
34 *Panorama*, 26. September 1988.
35 Ibid.

36 Tinnin, op. cit., S. 56ff.
37 Ibid.
38 *Ha-Aretz*, 21. Februar 1988.
39 Ibid.; *Hadashot*, 21. Februar 1988.
40 *Hadashot*, 16. November 1986.
41 *The Times*, 25. Juli 1988.
42 Beres, op. cit., S. 65f.
43 *Maariv*, 14. November 1986.
44 Ibid.
45 *Time*, 20. März 1989.
46 Deacon, op. cit., S. 135.
47 *The Independent*, 29. November 1986.
48 Zur Pollard-Affäre siehe Blitzer, Wolf. *Territory of Lies*. New York, 1989.
49 Ibid.
50 *Maariv*, 14. November 1986; *Sunday Telegraph*, 16. November 1986.
51 *Maariv*, 14. November 1986.
52 *The Independent*, 29. November 1986.
53 *Ha-Aretz*, 5. Oktober 1986.
54 Melman und Raviv, op. cit., S. 102.
55 *Israel Shelanu*, 7. November 1986; *Maariv*, 7. November 1986.
56 *Hadashot*, 15. Oktober 1986.
57 Deacon, op. cit., S. 120 und 252.

Die *Sunday Times* und Vanunu

1 BBC, »Breakfast Time«, 28. November 1986.
2 Australisches Fernsehen, »Four Corners«, 31. August 1987.
3 BBC, »Breakfast Time«, 28. November 1986.
4 *Hadashot*, 16. November 1986.
5 Ibid.
6 Interview des Autors mit Wendy Robbins; vgl. auch ihren Artikel »Betrayal« in: *New Moon*, Dezember 1991.
7 *Yediot Aharonot*, 15. Januar 1988.
8 Ibid.

9   Interview des Autors mit Wendy Robbins.
10 Ibid.
11 *Jewish Chronicle*, 13. Dezember 1991.
12 *Hadashot*, 16. November 1986.
13 Ibid.
14 *Ha-Aretz*, 19. November 1986.
15 BBC, »Breakfast Time«, 28. November 1986.
16 Interview des Autors mit Robin Morgan.
17 Interview des Autors mit Meir Vanunu.
18 *Palestine Focus*, Januar/Februar 1988.
19 Wendy Robbins, »Betrayal« in: *New Moon*, Dezember 1991; *Davar*, 14. November 1986.

4 Meter x 3 Meter x 18 Jahre: Der Prozeß

1   *Jerusalem Post*, 19. Juni 1987.
2   *Al ha-Mishmar*, 11. März 1987.
3   *Hadashot*, 8. Dezember 1987.
4   *The Guardian*, 8. Dezember 1987; *Hadashot*, 8. Dezember 1987.
5   *Hadashot*, 24. März 1988.
6   Ibid.
7   Ibid.
8   *Jerusalem Post*, 28. September 1987.
9   *Jerusalem Post*, 14. August 1987.
10 *Davar*, 28. August 1987.
11 *Jerusalem Post*, 14. August 1987.
12 *Jerusalem Post*, 28. August 1987; *Kol ha-Ir*, 21. August 1987.
13 *Hadashot*, 23. November 1987.
14 *Davar*, 28. August 1987.
15 *Hadashot*, 31. August 1987 und 1. September 1987.
16 *Hadashot*, 31. August 1987.
17 *Davar*, 3. September 1987.
18 *Hadashot*, 1. September 1987.
19 *Hadashot*, 24. März 1988; *Jerusalem Post*, 19. Juni 1987.
20 *Hadashot*, 24. März 1988.

21 *Jerusalem Post*, 4. September 1987.
22 *Davar*, 30. November 1986; *Yediot Aharonot*, 20. November 1986.
23 *Ha-Aretz*, 21. November 1986.
24 *Jerusalem Post*, 23. November 1986.
25 *Hadashot*, 3. Mai 1989.
26 *Hadashot*, 7. Januar 1988.
27 *Ha-Aretz*, 29. Juli 1987.
28 *Ha-Aretz*, 1. September 1987.
29 Anhang zu einem Beitrag von Amnon Zichroni bei dem Workshop *Mobilising the International Peace Movement for a Nuclear Weapon Free Zone in the Middle East*; vierte Internationale UN-Konferenz der Nichtregierungsorganisationen (Non-Governmental Organizations) zur Palästina-Frage; Genf, September 1987.
30 *Davar*, 4. November 1986; *Ha-Aretz*, 4. November 1986.
31 *Hadashot*, 7. Januar 1988.
32 *Hadashot*, 18. Januar 1988.
33 *Davar*, 24. Januar 1988.
34 *Ha-Aretz*, 29. Juli 1987.
35 *Jerusalem Post*, 28. August 1987.
36 *Hadashot*, 31. August 1987.
37 *The Guardian*, 31. August 1987.
38 *Yediot Aharonot*, 27. August 1987; *The Independent*, 26. August 1987.
39 *Hadashot*, 10. Dezember 1987.
40 *Jerusalem Post*, 28. August 1987.
41 *Maariv*, 5. Januar 1988.
42 *Davar*, 2. Dezember 1987.
43 *Maariv*, 2. Dezember 1987.
44 Urteil des Obersten Israelischen Gerichtshofes vom 24. März 1988, S. 5f.
45 *Hadashot*, 25. März 1988.
46 Urteil des Obersten Israelischen Gerichtshofes vom 24. März 1988, S. 9.
47 *Hadashot*, 25. März 1988.
48 *National Journal*, 30. September 1989.

49 *Kol ha-Ir*, 16. August 1991.
50 Urteil des Obersten Israelischen Gerichtshofes vom 29. September 1990, S. 52.
51 *Davar*, 25. Oktober 1991.
52 *Jerusalem Post*, 10. September 1987.
53 *Sunday Times*, 30. Januar 1994.
54 *Ha-Aretz*, 23. Dezember 1994.
55 *Yediot Aharonot*, 1./2. Dezember 1993.
56 *Tikshoret*, Dezember 1994.

Der Preis des Konsenses

1 *Politika*, März 1992.
2 *Newsweek*, 11. Juli 1988.
3 Spector, op. cit., S. 386f.
4 *Time*, 27. April 1976.
5 *Yediot Aharonot*, 4. Juni 1993.
6 *Shishi* (Beilage), 24. Dezember 1993.
7 Barnaby, op. cit., S. 38.
8 *Ha-Aretz*, 1. Juli 1994.
9 *Maariv*, 14. September 1994.
10 *Yediot Aharonot*, 4. Juni 1993; *Hadashot*, 23. September 1993.
11 Für eine Darstellung der Enthüllung Vanunus hinsichtlich des Umweltaspekts siehe den Artikel von Danny Rabinovitch »Geheimer Abfall in Kellern« (auf hebräisch) in *Ha-Aretz*, 16. April 1993.
12 *Ha-Aretz*, 17. Dezember 1990.

Chronologie

1 Spector, op. cit., S. 386f.

Glossar

arab.: arabisch
hebr.: hebräisch
Akr.: Akronym

Al-Fatah: arab. Akr. rückwärts, *Harakat al-Tahrir al-Filastiniya*, »Bewegung zur Befreiung Palästinas«.
Aman: hebr. Akr., *Agaf ha-Modiin*, »Nachrichtendienstabteilung«, israelischer Militärgeheimdienst.
ASIO: Australian Security Intelligence Organisation, australischer Auslandsgeheimdienst.

CIA: Central Intelligence Agency, Zentrale Nachrichtenbehörde der USA, US-Geheimdienst.

DGSE: Direction Générale de Sécurité Extérieure, französischer Auslandsgeheimdienst.
DIA: Defense Intelligence Agency, US-Militärgeheimdienst.

FBI: Federal Bureau of Investigation, Bundeskriminalamt der USA.

Haganah: hebr. »Verteidigung«, jüdische Untergrundarmee aus der Zeit vor der Staatsgründung Israels, Vorläuferorganisation der israelischen Armee.

IAEA: International Atomic Energy Agency, Internationale Atomenergiebehörde.

KGB: Komitet Gosudarstwennoje Besopasnosti (Komitee für Staatssicherheit), sowjetischer beziehungsweise russischer Geheimdienst.

Lakam: hebr. Akr., *Lishka le-Kishrei Mada*, »Büro für wissenschaftliche Beziehungen«, israelische Geheimdienstabteilung für die Beschaffung von wissenschaftlichen und technischen Informationen.

MI5: Military Intelligence 5, britischer militärischer Inlandsgeheimdienst.
MI6: Military Intelligence 6, britischer militärischer Auslandsgeheimdienst.
Mossad: hebr. »Institut«, Kurzform für *Mossad le-Modiin u-le-Tafkidim Meyuhadim*, »Institut für Nachrichtendienst und Sonderaufgaben«, israelischer Auslandsgeheimdienst.
Mossad le-Aliya Bet: hebr., Institut für illegale Einwanderung.

NSA: National Security Agency, Nationale Sicherheitsbehörde der USA.

PLO: Palestine Liberation Organisation, Palästinensische Befreiungsorganisation.

SAVAK: persisches Akr., Sazman-e Amniyat va Ittilaat e-Keshvar, iranischer Sicherheits- und Geheimdienst.
Shai: hebr. Akr., *Sherut Yediot*, »Nachrichtendienst«, Geheimdienst der Haganah.
Shin Bet: hebr. Akr., *Sherut Bitachon*, »Sicherheitsdienst«, israelischer Inlandsgeheimdienst.
SID: Servizio Informazione Difesa, italienischer Auslandsgeheimdienst.

SIPRI: Stockholm International Peace Research Institute, Internationales Stockholmer Friedensforschungsinstitut.

SISDE: Servizio Informazione Sicurezza Democratica, italienischer Inlandsgeheimdienst.

SISMI: Servizio Informazione Sicurezza Militare, italienischer Militärgeheimdienst.

Chronologie

1954	Gründung der Israelischen Atomenergiekommission
1956	Unterzeichnung eines Geheimabkommens zwischen Frankreich und Israel über den Bau eines Atomreaktors bei Dimona
1958-64	Bau des Atomreaktors und einer unterirdischen Plutoniumgewinnungsanlage durch französische Ingenieure und Wissenschaftler[1]
Oktober 1973	Atomalarm zu Beginn des Yom Kippur-Krieges
7. August 1977	Arbeitsbeginn Mordechai Vanunus als Kontrolleur der Nachtschicht in Dimona
November 1985	Vanunus letzter Arbeitstag
Januar 1986	Vanunu verläßt Israel
Mai 1986	Ankunft Vanunus in Sydney, Australien
August 1986	Kontaktaufnahme Oscar Guerreros mit der *Sunday Times*; erstes Treffen des *Sunday Times*-Redakteurs Peter Hounam mit Vanunu in Sydney

Anfang September 1986	Reise Vanunus nach London und Befragung durch den Atomwissenschaftler Dr. Frank Barnaby
28. September 1986	Artikel des *Sunday Mirror*
30. September 1986	Verschwinden Vanunus in London
Anfang Oktober 1986	Schiffstransport Vanunus von Italien nach Israel
5. Oktober 1986	Vanunus Enthüllungen in der *Sunday Times*
9. November 1986	Bestätigung der israelischen Regierung über Vanunus Rückkehr nach Israel
August 1987	Beginn des Vanunu-Prozesses
24. März 1988	Verurteilung Vanunus zu achtzehn Jahren Haft
Mai 1989	Berufung vor dem Obersten Israelischen Gerichtshof
Mai 1990	Abweisung der Berufung durch den Obersten Israelischen Gerichtshof

Vanunus Enthüllungen auf der *Sunday Times*-Titelseite vom 5. Oktober 1986

Mordechai Vanunu

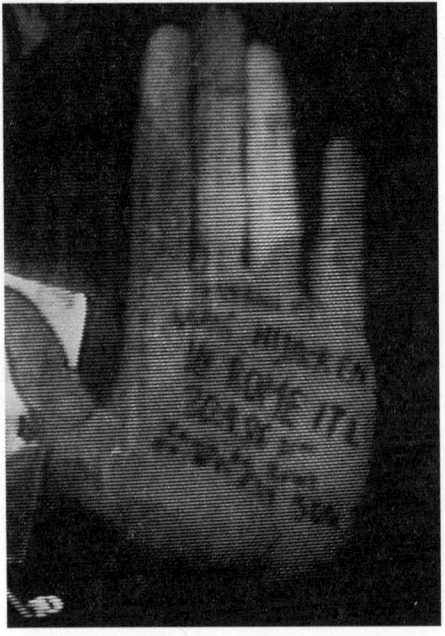

Vanunus Handflächen-Nachricht; durch sie wurde bekannt, daß er von Rom nach Israel entführt wurde.

Das Nuklearforschungszentrum Dimona. Diese Aufnahme des *Time*-Photographen David Rubinger aus dem Jahre 1960 ist das einzige Photo, dessen Veröffentlichung nicht von der israelischen Militärzensur verboten wurde.

Peter Hounam von der *Sunday Times*

Meir Vanunu,
Koordinator der Kampagne für die Freilassung seines Bruders

Avigdor Feldman,
Vanunus Verteidiger

Nahum Admoni,
Mossad-Chef zur Zeit
der Vanunu-Affäre

Uzi Hasson,
Vertreter der Anklage

Register

Abbas, Abu al- 185
Achille Lauro 185
Adiv, Udi 352
Admoni, Nahum 171, 238
Agranat-Kommission 258
Ägypten 14, 15, 16, 19, 25, 32, 33, 34, 50, 173, 184, 218, 241, 247, 248, 285, 360, 367, 384
Al-Fatah 207
Ali, Naji al- 208, 209
Allon, Yigal 38, 372
Amman 285
Amnesty International 345, 348, 349
Arad, Ron 313
Arafat, Yassir 19, 273
Arbeiterpartei 58, 69, 219, 249, 255, 262, 264, 319 (siehe auch Mapai)
Arens, Moshe 41
Argov, Shlomo 170
Ashkelon 196, 238
ASIO 168, 169
Assad, Hafez al- 50
Australien 44, 78, 80, 81, 88, 105, 167, 182, 202, 236, 257, 267, 269, 271, 273, 275, 277
Avner, Yehuda 115, 206
Awa, Zahi al- 210

Bach, Gavriel 309, 310, 320
Bagdad 27, 34, 46, 204
Barnaby, Frank 12, 43, 44, 48, 92, 108, 109, 110, 113, 116, 117, 123, 125, 127, 140, 175, 189, 307, 365, 375, 388, 389
Baruch, John 138
Bazak, Yoram 176, 235, 269, 270
Bazoft, Farzad 204, 288
Beersheba 63, 64, 68, 69, 71, 74, 77, 79, 81, 105, 136, 167, 277, 300
Begin, Menachem 24, 69, 264
Beilin, Yossi 202, 220
Beinish, Dorit 316
Beirut 206, 207
Beit-Hallahmi, Benjamin 255
Ben-Abu, Rabbi 62
Ben-Gurion, David 18, 22, 25, 37, 38, 39, 71, 72, 236, 240, 260, 264, 374
Ben-Menashe, Ari 396
Bentov, Cheryl 177, 178, 179, 180, 231, 235 (siehe auch Cindy)
Bentov, Ofer 232
Bitov, Oleg 218
Boaz 343
Borstein, Uzi 77
Brenner, Shalom 325, 327, 328, 335

Bull, Gerald 174
Bundesrepublik Deutschland
  33, 170, 206, 212, 242, 389
Bus Nr. 300 238
Bush, George 52, 156, 312, 391

Campaign to Free Vanunu 345
Carter, Jimmy 42, 156
Chambers, Erika Mary 206
Cheney, Dick 46
Christie, Julie 346
CIA 30, 35, 38, 39, 42, 169,
  170, 178, 179, 186, 218, 253,
  259, 260
Cindy 160, 165, 179, 180, 181,
  183, 186, 188, 192, 223, 224,
  226, 227, 228, 231, 232, 233,
  235, 271, 273, 277, 280, 282,
  284, 291, 292, 293, 296, 396
  (siehe auch Bentov, Cheryl)
Clinton, Bill 11
Cohen, Geula 259, 262
Cohen, Ran 264
Cohen, Zvi 343
Comay, Michael 118
Craxi, Bettino 220, 231
Crossman, John 82, 340

Damaskus 35, 50
Davies, Nicholas 143, 144,
  145, 146, 147, 150, 153, 156,
  157, 158, 159, 161, 166
Dayan, Moshe 23, 40, 41, 374
DGSE 237
DIA 29, 42

Dikko, Umaru 171, 199
Dimona 9, 11, 12, 13, 17, 23,
  24, 26, 36, 37, 39, 42, 43, 44,
  45, 46, 47, 48, 51, 53, 54, 55,
  56, 58, 60, 65, 69, 70, 71, 74,
  75, 76, 79, 81, 85, 87, 88, 99,
  100, 103, 104, 105, 112, 113,
  114, 115, 117, 118, 121, 122,
  123, 124, 133, 134, 136, 138,
  139, 140, 141, 142, 143, 155,
  161, 164, 166, 167, 168, 173,
  174, 176, 225, 239, 240, 244,
  257, 258, 259, 262, 265, 278,
  280, 282, 304, 305, 306, 308,
  315, 322, 328, 353, 356, 358,
  363, 373, 378, 379, 380, 381,
  382, 383, 384, 385, 386, 387,
  388, 391, 393, 396, 397, 400,
  404
Drory, Mordechai 220
Dulles, Allan 39

Eban, Abba 22, 39, 210, 251,
  252, 322, 374, 375
Editors' Committee 7, 120,
  122, 164, 367, 368, 369, 395
Eichmann, Adolf 240, 310,
  312, 313, 317
Eilenberg, Yosef 387
Eitan, Raful 263
Elad, Avri 241
Eldar, Shlomi 383
Eldat, Nura 178
Ellsberg, Daniel 348
Entebbe 169
Eshed, Haggai 372

Eshkol, Levi 23, 38, 375
Evans, Harold 93, 101, 114, 126, 235, 266, 279, 285, 287
Evans, James 279
Evron, Yair 372, 376
Eyal, Daliah 178

Falange 258
Falk, Richard 322
Fawzi, Musa 72
FBI 179, 205, 407
Feldman, Avigdor 73, 228, 302, 308, 318, 334, 341, 342, 350, 396
Feldman, Shai 59, 372
Ferruci, Romeo 231
Frankreich 24, 25, 27, 28, 29, 37, 46, 49, 55, 112, 113, 170, 174, 193, 198, 237, 373, 375, 376, 380
Freier, Shalheveth 351, 359
Friedman, Thomas 197, 363
Frost, Tony 129, 131, 132, 133, 134, 135, 137, 138, 139, 140, 141, 142, 153, 157, 158, 161, 164, 165, 404, 405

Gaddafi, Muammar el- 31
Gaulle, Charles de 25, 38
Gazastreifen 149, 334
Gibli-Lavon-Affäre 248
Ginnossar, Yossi 300, 314
Gol, Ehud 220
Golanhöhen 23, 24, 211, 302
Golfkrieg 10, 14, 15, 24, 27, 29, 34, 35, 45, 46, 149, 347, 350, 360, 361, 369, 378, 379, 390
Goodmann, Hirsh 235
Großbritannien 24, 28, 52, 144, 146, 150, 151, 152, 158, 169, 170, 171, 175, 183, 191, 192, 193, 194, 199, 200, 201, 202, 203, 204, 206, 207, 208, 209, 210, 211, 212, 214, 217, 224, 231, 235, 236, 242, 243, 250, 267, 268, 272, 277, 293, 301, 327, 345, 347, 376
Grupper, Pessach 252
Guerrero, Oscar 85, 86, 89, 90, 93, 98, 99, 100, 104, 111, 127, 128, 129, 130, 133, 134, 135, 136, 137, 138, 139, 141, 143, 156, 158, 162, 164, 165, 166, 168, 180, 183, 191, 195, 273, 274, 275, 277, 279, 295, 315
Gur, Mordechai 358

Haganah 172
Haifa 52, 81, 187, 188, 212, 231, 255, 260, 355, 393
Hamas 353
Hamilton, Denis 94, 235, 282
Hanin, Randy 233
Hanin, Stanley 232
Harel, Isser 178, 236, 237, 238, 259, 260
Harish, Micha 253
Harish, Yosef 198, 200, 241, 317
Harkabi, Yehoshafat 372
Hasson, Uzi 316, 325, 326, 328, 350, 396

427

Hazak, Reuven 252
Hersh, Seymour 6, 143-148, 150, 152-164, 403, 404
Herut 69, 374
Herzog, Chaim 148, 151, 202, 261, 296, 347, 352
Hindawi, Nazar 170, 193, 201
Hisbollah 217, 247, 312, 366
Hitler-Tagebücher 100-102, 121, 122, 139, 279
Hoffi, Yitzhak 23
Hounam, Peter 104, 105, 106, 108, 114, 115, 120, 121, 125, 127, 128, 129, 130, 147, 156, 160, 161, 167, 168, 169, 175, 176, 181, 182, 189, 223, 231, 232, 234, 235, 269, 270, 271, 274, 276, 278, 281, 283, 284, 291, 292, 293, 294, 297, 306, 321, 341, 358, 365, 404
Hussein, Saddam 14, 27, 29, 288
Husseini, Faisal 302

Insight-Team 97, 98, 99, 100, 106, 110, 115, 175, 181, 189, 190, 223, 229, 234, 245
Internationale Atomenergiebehörde (IAEA) 28, 29, 37, 56, 173
Interpol 175
Intifada 248
Irak 14, 15, 16, 17, 18, 22, 24, 27, 28, 29, 30, 33, 34, 35, 46, 54, 59, 63, 99, 116, 172, 174, 178, 204, 255, 288, 341

Iran 14, 15, 17, 18, 27, 30, 31, 33, 34, 54, 59, 155, 156, 169, 219, 247, 252, 255, 288
Irangate 156, 247, 252
Irgun 260, 264
Israel 9-65, 72, 73, 76-89, 98, 100, 105, 109-119, 122-128, 141-150, 164-179, 183-231, 234-270, 275-278, 282-329, 334-385, 389-395, 403-411
Italien 19, 28, 170, 172, 183, 184, 185, 186, 187, 212, 217, 219, 220, 221, 222, 226, 229, 231, 235, 236, 284, 291, 308, 310, 311, 345, 346, 348, 350, 355

Jason-Ausschuß 51
Jerusalem 19, 20, 45, 49, 56, 78, 115, 149, 152, 160, 162, 166, 173, 199, 207, 210, 213, 221, 249, 304, 335, 376, 404
Jordanien 14, 18

Kahan-Kommission 258
Kairo 184, 279, 285, 286
Kamal, Hussein 28, 29
Kara, Aba 340
Katz, Danny 353
Katzir, Ephraim 40
Kaufman, Haim 257
Keidar, Mordechai 241
Kelly, Petra 347
Keren, Ofer 179
KGB 81, 218, 253, 264

Khadir, Omar Abu 174
Khalil, Mustapha 49
Khomeini, Ayatollah 30
Kimche, David 246, 357
Kirschen, Yaakov 44
Kishon, Ephraim 372
Kissinger, Henry 154
Klingberg, Marcus 343, 351
Knesset 39, 58, 198, 210, 252, 253, 255, 257, 259, 264, 300, 319, 322, 323, 336, 338, 339, 342, 370, 373, 374, 379, 383, 385, 389, 392, 393

La Spezia 186, 187, 212, 213, 223
Landau, Haim 374
Landau, Moshe 255
Leibowitz, Yeshayahu 371
Leventhal, Paul 380
Libai, David 352, 353, 355, 356
Libanon 72, 170, 185, 212, 218, 340, 366
Libanonkrieg 24, 71, 87, 112, 248, 300, 326, 360, 392
Libyen 31, 32, 33, 154, 184, 210, 212, 218, 230, 248, 255
Likud 116, 149, 155, 262, 321, 373
Littai, Dan 384
Livneh, Eliezer 370
Lok, Mordechai 184, 218
London 13, 19, 26, 44, 45, 47, 88, 89, 99, 104, 105, 106, 107, 108, 111, 118, 120, 127, 128, 129, 130, 132, 136, 143, 151, 153, 156, 158, 160, 166, 168, 169, 170, 175, 176, 178, 179, 182, 186, 190, 192, 193, 195, 196, 199, 201, 203, 206, 207, 208, 209, 210, 211, 214, 215, 217, 218, 222, 226, 228, 232, 234, 235, 250, 269, 273, 274, 277, 280, 281, 282, 285, 287, 290, 291, 292, 321, 331, 332, 341, 346, 363, 367, 369, 402, 403, 404, 405, 406
Lotan, Yael 164, 392

Makhroum, Jamil 340
Mandela, Nelson 349, 353
Manor, Eviator 115, 161, 162
Mapai 69 (siehe auch Arbeiterpartei)
Mapam 249, 260, 264, 288, 370, 371, 373, 393
Mashad, Yihye el- 173
Maxwell, Betty 151
Maxwell, Robert 131, 142, 143, 146, 148, 150, 151, 164, 396
McKnight, John 82, 83, 85, 109, 182, 183, 196, 197, 198, 275, 342, 347
Meir, Golda 23, 25
Mengele, Joseph 178
Meretz 393, 394
MI5 97, 170, 209, 211, 212, 292
MI6 171, 209, 212, 234, 235, 253, 272, 292
Molloy, Mike 131, 134, 138, 139, 141, 142, 143, 147, 162, 163, 166, 404, 405

Morav, Levi 393
Mordechai, Yitzhak 261
Morison, Samuel Loring 332, 333
Moskau 32, 55, 81, 218
Mossad 31, 44, 49, 117, 118, 121, 144, 145, 146, 147, 152, 158, 159, 162, 165, 167, 168, 169, 170, 171, 172, 173, 174, 175, 176, 177, 178, 179, 180, 183, 184, 185, 186, 188, 189, 191, 192, 193, 206, 207, 209, 211, 212, 213, 215, 219, 224, 226, 233, 236, 237, 238, 241, 246, 247, 248, 249, 253, 256, 260, 262, 264, 271, 278, 290, 292, 299, 310, 351, 396, 405
Mossad le-Aliya Bet 172
München 173, 206, 402, 403, 404, 405
Murdoch, Rupert 44, 96, 97, 100, 101, 102, 112, 119, 126, 272, 281, 287
Mustafa, Abder Rahman 207, 208, 209, 211

Nablus 145
Nahal Soreq 24, 37, 385, 386
Nahmias, Samuel 159, 160
Namir, Ora 383
Naor, Arye 251
Nasser, Gamal Abdel 49
Neeman, Yuval 264, 380
Negbi, Moshe 394
Neil, Andrew 97, 98, 100, 104, 111, 112, 115, 116, 117, 118, 119, 120, 121, 122, 124, 126, 160, 164, 190, 193, 268, 269, 272, 275, 277, 281, 287, 288, 289, 290, 294, 297, 364, 365, 396
Nes Ziona 36, 343
Nora 187-189
NSA 170

Obeid, Sheikh 312, 366
Olmert, Ehud 365, 373, 394
Operation Plumbat 173
Osirak 110, 172, 174
Ostrovsky, Victor 162, 396, 405

Palästina 31, 172, 410
Paris 25, 38, 73, 93, 135, 159, 173, 192, 207, 237, 241, 376, 402
Parish, Daphne 288
Peled, Mattityahu 372, 389
Peres, Shimon 15, 17, 21, 25, 39, 46, 58, 85, 116, 120, 122, 133, 148, 162, 164, 169, 177, 179, 189, 195, 198, 200, 201, 202, 206, 210, 217, 221, 236, 239, 240, 241, 244, 250, 252, 261, 262, 319, 320, 367, 368, 395, 396
PLO 14, 19, 75, 178, 184, 206, 207, 208, 210, 248, 261, 262, 392
Pollard, Jonathan 238, 247, 248, 249, 252, 346

Rabin, Yitzhak 9, 16, 17, 41,
    169, 195, 198, 241, 250, 353,
    355, 383, 393
Rafael, Sylvia 233
Rakach 73, 74
Ramallah 82
Rath, Ari 164, 368
Raviv, Dan 371, 403, 405, 408
Reagan, Ronald 51, 60, 312,
    332
Robbins, Wendy 408, 409
Rom 160, 165, 174, 181, 183,
    184, 186, 188, 190, 212, 213,
    214, 217, 218, 220, 221, 222,
    223, 224, 226, 231, 234, 273,
    280, 284, 291, 292, 296, 305
Rom, Menachem 178
Rotenstreich-Shalev-Kommission 253
Rubinger, David 363
Rubinstein, Amnon 253
Rußland 30, 44, 45, 149, 341,
    380

Sabra 258
Sabri, Izmat 178
Sadat, Anwar el- 49, 50
Sadr, Musa 218
Salameh, Ali Hassan 206
Samara, Bashir 211
Samarra 34
Sarid, Yossi 252, 259, 381, 383,
    393
Sartawi, Issam 133
SAVAK 169
Schenker, Hillel 371

Schiff, Zeev 258, 359, 371
Sechstagekrieg 23, 33, 149,
    151, 359
Shahak, Amnon 50, 58
Shahal, Moshe 339, 344
Shaki, Amnon 259
Shalev, Menachem 196, 358
Shalom, Avraham 252, 261
Shamgar, Meir 334-338
Shamir, Yitzhak 19, 21, 46, 54,
    116, 148, 149, 155, 162, 169,
    198, 199, 201, 209, 210, 216,
    228, 241, 249, 250, 251, 252,
    259, 262, 264, 273, 396
Sharett, Moshe 313
Sharon, Ariel 24, 38, 71, 112
Shatila 258
Shin Bet 69, 74, 75, 87, 167,
    194, 195, 196, 198, 207, 208,
    215, 228, 248, 252, 255, 256,
    257, 258, 259, 260, 261, 262,
    263, 264, 265, 300, 305, 308,
    313, 314, 316, 331, 342, 344,
    351, 352, 396
Shin Bet-Affäre 87, 196, 252,
    256
Sica, Domenico 221, 222, 223,
    224, 225, 226, 227, 228, 229,
    231, 236, 284, 313
SID 184
SIPRI 48, 108
SISDE 222
SISMI 185
Sitte, Kurt 260, 323, 324
Sofaer, Abraham 312
Sofer, Abraham 387
Sowan, Ismael 207, 208, 209,
    210, 211

Sowjetunion 24, 30, 31, 32, 35, 55, 210, 238, 239, 264, 318, 344, 351
Spector, Leonard 47, 116, 402, 404, 405, 411
Spiegel (Zeitschrift) 242
Spiro, Gideon 391
Stern (Zeitschrift) 100-102, 279
Stern-Gruppe 260, 264
Sunday Mirror 111, 120, 127, 128, 129, 130, 131, 132, 134, 135, 136, 139, 140, 141, 143, 144, 152, 153, 155, 156, 157, 158, 161, 163, 164, 166, 180, 195, 201, 271, 273, 274, 275, 277, 279, 282, 296, 404, 405
Sunday Times 13, 19, 21, 26, 39, 42, 43, 44, 47, 48, 49, 50, 51, 52, 53, 56, 58, 60, 86, 89, 90, 93, 94, 96, 97, 98, 99, 100, 101, 102, 103, 104, 106, 108, 112, 113, 114, 115, 118, 119, 120, 122, 123, 124, 125, 126, 127, 128, 129, 130, 132, 133, 134, 135, 136, 137, 139, 140, 141, 143, 147, 156, 160, 162, 163, 164, 165, 166, 167, 168, 175, 176, 177, 180, 181, 187, 189, 190, 191, 193, 194, 195, 196, 198, 216, 217, 223, 225, 227, 228, 229, 231, 234, 239, 240, 242, 245, 246, 257, 266, 267, 268, 269, 270, 271, 272, 273, 274, 275, 277, 278, 281, 282, 283, 284, 285, 286, 288, 289, 290, 293, 294, 295, 296, 297, 300, 304, 306, 314, 315, 316, 318, 319, 320, 321, 325, 327, 348, 354, 355, 362, 364, 365, 366, 367, 368, 369, 370, 373, 388, 389, 390, 392, 393, 395, 396, 404, 408, 411
Sydney 81, 82, 98, 103, 104, 105, 128, 165, 167, 168, 182, 191, 275, 281, 328
Syrien 14, 24, 32, 35, 193, 201, 210, 247, 313, 352, 359

Tappuz 186, 187, 189, 212, 223, 229
Teicher, Eli 371
Tel Aviv 45, 69, 75, 78, 80, 136, 141, 142, 160, 163, 171, 192, 196, 221, 231, 238, 260, 353, 361, 384
Tel Nof 45
Tempelberg-Massaker 149
Thatcher, Margaret 169, 193, 199, 200, 201, 203, 209, 210, 211, 217, 243, 244, 272, 287
Tschernobyl 91, 149, 380, 389, 392
Tuwaitha 27, 34
Tzaban, Yair 373, 385

USA 14, 22, 24, 25, 28, 29, 32, 35, 37, 38, 39, 47, 48, 51, 52, 53, 54, 61, 78, 98, 107, 115, 123, 144, 154, 170, 203, 205, 218, 229, 239, 244, 245, 247, 251, 252, 263, 310, 311, 312,

314, 318, 341, 347, 361, 367, 376, 391
Ustica 229, 231

Vanunu, Albert 167, 228
Vanunu, Asher 331, 342, 393
Vanunu, Bruria 81
Vanunu, Danny 80
Vanunu, Haviva 80
Vanunu, Mazal 62, 63
Vanunu, Meir 224, 225, 227, 228, 229, 231, 243, 300, 331, 345, 390, 396, 409
Vanunu, Moshe 80
Vanunu, Nanette 80
Vanunu, Shlomo 62-67, 331
Vanunu, Shulamit 80

Washington 38, 54, 155, 218, 346, 376, 380, 406
Weizman, Ezer 49, 352
Westjordanland 23, 72, 73, 114, 145, 149, 316, 328, 334
Wilner, Meir 373
Wright, Peter 97, 244

Yariv, Aharon 393
Yellow Cake 27, 29, 123
Yom Kippur-Krieg 23, 40, 248, 258, 360

Zamir, Yitzhak 196, 252, 330
Zamir, Zvi 219
Zensor 195, 215, 216, 227, 359, 361, 363, 368
Zensur 120, 191, 192, 195, 196, 214, 215, 216, 217, 227, 245, 300, 337, 341, 357, 359, 360, 361, 363, 366, 368, 369, 389, 399
Zichroni, Amnon 73, 194, 198, 202, 229, 286, 294, 300, 301, 302, 303, 410
Zimmet, Judy 70, 75, 78, 79, 83, 88, 267, 275, 396
Zohar, Meir 174, 175
Zohar, Yosef 174
Zorea-Kommission 261
Zucker, Dedi 342, 344, 353, 394

Weitere Bücher zur arabischen Welt im
PALMYRA VERLAG

Ian Black/Benny Morris

Mossad · Shin Bet · Aman
Die Geschichte der israelischen Geheimdienste

Aus dem Englischen von Torsten Waack
Glossar und Register · 880 Seiten · 13,5 x 21 cm · Gebunden
DM 78,- · ÖS 609,- · SFr 79,90 · ISBN 3-930378-02-7

Ein Standardwerk über Israels Geheimdienste.
Neue Zürcher Zeitung
Die bislang seriöseste und umfassendste Geschichte des israelischen Geheimdienstes.
New York Times

Ali H. Qleibo

Wenn die Berge verschwinden
Die Palästinenser im Schatten der israelischen Besatzung

Vorwort von Amos Oz
Aus dem Englischen von Arno Schmitt
280 Seiten · 13,5 x 21 cm · Gebunden · DM 39,80
ÖS 311,- · SFr 41,- · ISBN 3-9802298-8-2

Ein faszinierendes Buch. Ali Qleibo ist eine einzigartige Mischung aus anthropologischer Dokumentation, Familiengeschichte, Reisebericht aus der eigenen Heimat und mitreißendem dichterischem Bekenntnis gelungen.
Amos Oz

Gernot Rotter
Allahs Plagiator
Die publizistischen Raubzüge des
»Nahostexperten« Gerhard Konzelmann
180 Seiten · 13,5 x 21 cm · Broschur · DM 26,80
ÖS 209,- · SFr 28,10 · ISBN 3-9802298-4-X
Das Buch zur Konzelmann-Affäre

Verena Klemm/Karin Hörner (Hrsg.)
Das Schwert des »Experten«
Peter Scholl-Latours verzerrtes Araber- und Islambild
Vorwort von Heinz Halm
290 Seiten · 13,5 x 21 cm · Broschur · DM 29,80
ÖS 233,- · SFr 31,- · ISBN 3-9802298-6-6
*Mit Beiträgen von Arnold Hottinger, Gernot Rotter,
Petra Kappert, Sabine Kebir u.a.*

Huda Al-Hilali

Von Bagdad nach Basra

Geschichten aus dem Irak

Vorwort von Freimut Duve

190 Seiten · 12,5 x 18,5 cm · Gebunden · DM 29,80
ÖS 233,- · SFr 31,- · ISBN 3-9802298-3-1

Die Geschichten von Huda Al-Hilali sind ein wichtiger Beitrag zur Annäherung an die Menschen im Irak, an ihre Kultur und Tradition. Sie vermitteln aber auch ein besseres Verständnis für die arabische Welt insgesamt.

Georg Stein (Hrsg.)

Nachgedanken zum Golfkrieg

Vorwort von Robert Jungk

300 Seiten · 14 x 21 cm · Broschur · DM 29,80
ÖS 233,- · SFr 31,- · ISBN 3-9802298-2-3

Die erste kritische Gesamtdarstellung über Hintergründe und Auswirkungen des Golfkrieges. Mit Beiträgen von Johan Galtung, Horst-Eberhard Richter, Margarete Mitscherlich u.a.